应用写作·口才演讲

YINGYONG XIEZUO KOUCAI YANJIANG

主　编　赵　明　王长春

副主编　傅　瑶　张鹏飞

主　审　邵家勇

辽宁大学出版社

图书在版编目（CIP）数据

应用写作·口才演讲/赵明，王长春主编. 一沈阳：
辽宁大学出版社，2017.7
高等职业教育重点建设规划教材
ISBN 978-7-5610-8707-7

Ⅰ.①应…　Ⅱ.①赵…②王…　Ⅲ.①汉语－应用文
－写作－高等职业教育－教材②口才学－高等职业教育－
教材③演讲学－高等职业教育－教材　Ⅳ.①H152.3
②H019

中国版本图书馆 CIP 数据核字（2017）第 167483 号

应用写作·口才演讲
YINGYONG XIEZUO KOUCAI YANJIANG

出　版　者：辽宁大学出版社有限责任公司
　　　　　　（地址：沈阳市皇姑区崇山中路 66 号　　邮政编码：110036）
印　刷　者：沈阳市第二市政建设工程公司印刷厂
发　行　者：辽宁大学出版社有限责任公司
幅面尺寸：185mm×260mm
印　　张：18.75
字　　数：450 千字
出版时间：2017 年 7 月第 1 版
印刷时间：2017 年 8 月第 1 次印刷
责任编辑：胡家诗
封面设计：徐澄玥
责任校对：李　佳

书　　号：ISBN 978-7-5610-8707-7
定　　价：39.80 元

联系电话：024－86864613
邮购热线：024－86830665
网　　址：http://press.lnu.edu.cn
电子邮件：lnupress@vip.163.com

前 言

为适应新形势下职业院校人才培养目标的需要，我们组织编写了这部融应用文写作与口才演讲训练为一体的教材。长期以来，职业院校的语文教学一直处于相对尴尬的境地。据编者实地调查了解，当前尽管多数职业院校依然保留语文课，但一般情况下只有个别的专业开设这门课程，而且开设时间较短，通常为一个学期，不超过 32 课时。还有一部分学校将其开设为选修课程。从课程内容的选择上看，各学校的做法也不尽统一，概括起来不外乎以下三种：一是在传统大学语文教学方案的基础上进行了优化，将文学欣赏、应用文写作、口语训练融为一体，有的还将硬笔书法教学纳入其中；二是直接剔除所谓"实用价值"不高的内容，仅保留应用文写作一项，其目的非常明确，就是为了满足学生适应未来实际工作岗位需求；三是开设应用文写作、文学欣赏、口语训练等选修课，让学生根据个人爱好或专长自由选择。

以编者实际教学经历来看，以上三种做法各有利弊。从对学生综合素质的养成来说，第一种做法最为合适，其教学内容丰富，覆盖面广，对学生人文素养的提升和未来职业发展助益良多；但此种选择从目前来看已不太现实，最直接的原因就是课时量严重不足，面面俱到的结果，只能是面面不到。从实际应用价值来看，第二种选择似乎更加有利，其较强的职业针对性也的确能够体现"所学即所用"这样一种职业教育的指导思想，但实际操作起来我们就不难发现，一方面由于学习内容过于单一，显得乏味而枯燥，学生很容易产生倦怠心理，另一方面其较窄的知识面也不利于学生综合素质的提升。第三种选择看起来是把主动权交给了学生，使学生的主体地位得到了强化，但事实证明，选修课本身的性质决定了它无法真正代替必修课，学生对其首先从心理上即产生了"学校不够重视"这样一个概念，另外从选修课的实际教学效果看，相当一部分学生只是来混一个学分，真正能从中学有所得的实在不多。

正是基于以上的思考，在广泛征求职业院校领导、教师和广大学生意见与建议的基础上，特别是通过与用人单位领导和专家深入沟通，进一步了解到来自行业及企业一线的实际需求，我们终于下定决心编写这样一部教材，使其既能凸显适应未来职业岗位的实用价值，同时又能达到加强人文社会科学通识教育，提高学生人际交往素质和能力，助力其未来职业发展和人生成长的终极目的。于是，我们这部《应用写作·口才演讲》就此诞生了。

本教材分为上、下两编。上编为应用写作部分，由王长春、傅瑶、张鹏飞三位同志编写，下编为口才演讲部分，由赵明同志编写。以上几位同志既有从事职业教育二十年以上的中年骨干，又有具备企业、事业单位工作背景的青年才俊，应该说形成了较为合理的编写人员配置。此外，在成书过程中我们得到了本校领导和广大一线专业教师的大力支持，特别还要感谢我们学校原语文教研室主任邵家勇老师，这些领导和同志在本教材的撰写过程中给予了我们无私的指导和帮助，也使得本教材的内容既具有较高的理论水平，同时更具备了非常宝贵的实用价值。当然，本教材的内容还参考和引用了教育界同仁的有关成果，在此深表谢意。

由于我们水平有限，加之成书时间仓促，书中难免存在错误与疏漏之处，敬请大家批评指正，以便我们及时修订、完善。

编　者

2017 年 5 月

目　录

上编　应用文写作

第一篇　应用文写作基本知识和理论 ………………………………………… 3

第一章　应用文概述 ……………………………………………………… 3
第一节　应用文的含义、发展历史 ………………………………… 3
第二节　应用文的分类、特征 ……………………………………… 5
第三节　应用文的作用、意义 ……………………………………… 8
第二章　应用文写作基本理论 …………………………………………… 10
第一节　应用写作的基本要素 ……………………………………… 10
第二节　应用文写作的基本思路及性质 …………………………… 17

第二篇　行政公文写作 …………………………………………………… 19

第一章　行政公文概述 …………………………………………………… 19
第一节　公文的含义、性质及特点 ………………………………… 19
第二节　公文的种类和发文制度 …………………………………… 20
第二章　常用行政公文 …………………………………………………… 23
第一节　命令　决定　决议 ………………………………………… 23
第二节　公告　通告 ………………………………………………… 33
第三节　通知　通报 ………………………………………………… 39
第四节　报告　请示 ………………………………………………… 50
第五节　函　批复 …………………………………………………… 58
第六节　议案 ………………………………………………………… 64

第三篇　事务文书写作 …………………………………………………… 67

第一章　事务文书概述 …………………………………………………… 67
第一节　事务文书的含义、分类及特征 …………………………… 67
第二节　事务文书的格式及要求 …………………………………… 68

第二章　常用事务文书 ⋯⋯⋯⋯⋯⋯⋯⋯⋯⋯⋯⋯⋯⋯⋯⋯⋯⋯⋯⋯⋯ 71

第一节　计划　申请书 ⋯⋯⋯⋯⋯⋯⋯⋯⋯⋯⋯⋯⋯⋯⋯⋯⋯⋯⋯ 71

第二节　调查报告　调研报告 ⋯⋯⋯⋯⋯⋯⋯⋯⋯⋯⋯⋯⋯⋯⋯⋯ 77

第三节　总结　述职报告 ⋯⋯⋯⋯⋯⋯⋯⋯⋯⋯⋯⋯⋯⋯⋯⋯⋯⋯ 89

第四节　简报 ⋯⋯⋯⋯⋯⋯⋯⋯⋯⋯⋯⋯⋯⋯⋯⋯⋯⋯⋯⋯⋯⋯⋯ 97

第五节　启事　声明 ⋯⋯⋯⋯⋯⋯⋯⋯⋯⋯⋯⋯⋯⋯⋯⋯⋯⋯⋯⋯ 102

第四篇　常用文书写作 ⋯⋯⋯⋯⋯⋯⋯⋯⋯⋯⋯⋯⋯⋯⋯⋯⋯⋯⋯⋯⋯ 105

第一章　书信类文书 ⋯⋯⋯⋯⋯⋯⋯⋯⋯⋯⋯⋯⋯⋯⋯⋯⋯⋯⋯⋯⋯ 105

第一节　感谢信　慰问信 ⋯⋯⋯⋯⋯⋯⋯⋯⋯⋯⋯⋯⋯⋯⋯⋯⋯⋯ 105

第二节　求职信 ⋯⋯⋯⋯⋯⋯⋯⋯⋯⋯⋯⋯⋯⋯⋯⋯⋯⋯⋯⋯⋯⋯ 109

第三节　条据 ⋯⋯⋯⋯⋯⋯⋯⋯⋯⋯⋯⋯⋯⋯⋯⋯⋯⋯⋯⋯⋯⋯⋯ 113

第二章　礼仪文书 ⋯⋯⋯⋯⋯⋯⋯⋯⋯⋯⋯⋯⋯⋯⋯⋯⋯⋯⋯⋯⋯⋯ 116

第一节　请柬　聘书 ⋯⋯⋯⋯⋯⋯⋯⋯⋯⋯⋯⋯⋯⋯⋯⋯⋯⋯⋯⋯ 116

第二节　讣告　唁电　悼词 ⋯⋯⋯⋯⋯⋯⋯⋯⋯⋯⋯⋯⋯⋯⋯⋯⋯ 119

第三节　欢迎词 ⋯⋯⋯⋯⋯⋯⋯⋯⋯⋯⋯⋯⋯⋯⋯⋯⋯⋯⋯⋯⋯⋯ 124

第三章　会议类文书 ⋯⋯⋯⋯⋯⋯⋯⋯⋯⋯⋯⋯⋯⋯⋯⋯⋯⋯⋯⋯⋯ 127

第一节　会议方案　会议通知 ⋯⋯⋯⋯⋯⋯⋯⋯⋯⋯⋯⋯⋯⋯⋯⋯ 127

第二节　会议记录　会议纪要 ⋯⋯⋯⋯⋯⋯⋯⋯⋯⋯⋯⋯⋯⋯⋯⋯ 132

第四章　经济类文书 ⋯⋯⋯⋯⋯⋯⋯⋯⋯⋯⋯⋯⋯⋯⋯⋯⋯⋯⋯⋯⋯ 140

第一节　意向书　协议书　合同 ⋯⋯⋯⋯⋯⋯⋯⋯⋯⋯⋯⋯⋯⋯⋯ 140

第二节　招标书　投标书 ⋯⋯⋯⋯⋯⋯⋯⋯⋯⋯⋯⋯⋯⋯⋯⋯⋯⋯ 148

下编　口才演讲

第一篇　理论基础篇 ⋯⋯⋯⋯⋯⋯⋯⋯⋯⋯⋯⋯⋯⋯⋯⋯⋯⋯⋯⋯⋯⋯⋯ 155

第一章　口才 ⋯⋯⋯⋯⋯⋯⋯⋯⋯⋯⋯⋯⋯⋯⋯⋯⋯⋯⋯⋯⋯⋯⋯⋯ 155

第一节　口才综述 ⋯⋯⋯⋯⋯⋯⋯⋯⋯⋯⋯⋯⋯⋯⋯⋯⋯⋯⋯⋯⋯ 155

第二节　口头表达的要素 ⋯⋯⋯⋯⋯⋯⋯⋯⋯⋯⋯⋯⋯⋯⋯⋯⋯⋯ 158

第三节　如何提升口才 ⋯⋯⋯⋯⋯⋯⋯⋯⋯⋯⋯⋯⋯⋯⋯⋯⋯⋯⋯ 164

第二章　演讲 ⋯⋯⋯⋯⋯⋯⋯⋯⋯⋯⋯⋯⋯⋯⋯⋯⋯⋯⋯⋯⋯⋯⋯⋯ 168

第一节　演讲综述 ⋯⋯⋯⋯⋯⋯⋯⋯⋯⋯⋯⋯⋯⋯⋯⋯⋯⋯⋯⋯⋯ 168

第二节　演讲稿的撰写 ⋯⋯⋯⋯⋯⋯⋯⋯⋯⋯⋯⋯⋯⋯⋯⋯⋯⋯⋯ 169

第三节　即兴演讲 ⋯⋯⋯⋯⋯⋯⋯⋯⋯⋯⋯⋯⋯⋯⋯⋯⋯⋯⋯⋯⋯ 176

第四节　竞聘演讲 ……………………………………………………… 179
第五节　销售演讲 ……………………………………………………… 183
第三章　发言 …………………………………………………………… 188
第一节　发言 …………………………………………………………… 188
第二节　表达意见 ……………………………………………………… 191
第三节　领导讲话 ……………………………………………………… 193
第四节　述职报告 ……………………………………………………… 199
第五节　事迹报告 ……………………………………………………… 203
第六节　致词 …………………………………………………………… 208
第七节　开幕词与闭幕词 ……………………………………………… 215
第四章　沟通 …………………………………………………………… 219
第一节　沟通综述 ……………………………………………………… 219
第二节　工作交流 ……………………………………………………… 225
第三节　领导指示与布置工作 ………………………………………… 227
第四节　下级向上级报告情况 ………………………………………… 231
第五节　口头介绍情况 ………………………………………………… 234
第六节　交谈 …………………………………………………………… 240
第七节　电话交谈 ……………………………………………………… 253
第五章　谈判 …………………………………………………………… 258
第六章　辩论 …………………………………………………………… 264

第二篇　实践挑战篇（口才特别训练课程）…………………………… 271
第一课　树立自信　克服恐惧 ………………………………………… 271
第二课　特色的自我介绍 ……………………………………………… 273
第三课　态势语言 ……………………………………………………… 276
第四课　沟通技巧 ……………………………………………………… 281
第五课　言之有物——如何讲故事 …………………………………… 282
第六课　言之有序——"黄金三点论"和"矛盾论" ………………… 286
第七课　终极挑战——即兴演讲 ……………………………………… 287

上编

应用文写作

第一篇　应用文写作基本知识和理论

第一章　应用文概述

第一节　应用文的含义、发展历史

一、应用文的含义

自文字之诞生，人类的写作活动就开始了。所谓写作，是人们用语言符号把感受、认识主观世界和客观世界的思维结果有选择地记录、表述出来的精神活动，是在交流目的下认识和表达相互融合、相互统一的过程。写作从创作目的来看，可以分为文学写作和应用写作两大类。应用写作以应用文书为学习和研究对象，重点研究应用文写作的特点、规律、过程和技法。应用写作，是写作学科的一个重要分支。

"应用文"一词最早出现在宋代。苏轼在《答刘巨济书》中有这样的表述："向在科场时，不得已作应用文，不幸为人传写，深为羞愧。"这里的应用文含义还不是现代意义上的文体概念。清代刘熙载在《艺概·文概》中指出："辞命体，推之即可为一切应用之文。应用文有上行，有平行，有下行，重其辞乃所以重其实也。"虽然刘熙载没有明确阐述应用文的概念，但是其已经指出应用文的重实用、讲实效等特征，这里的应用文已基本具备文体的含义。徐望之在《尺牍通论》中对应用文的含义作了进一步阐述："有用于周应人事者，若书札、公牍、杂记、序跋、箴铭、颂赞、哀祭等类，我名之曰：'应用之文'。"20世纪20年代，关于应用文的著作相继出版，对应用文含义阐述愈加清晰。例如，陈子展所著的《应用文作法讲话》（1931年）从当时社会经常使用的文体中，选出公牍文、电报文、书启文、庆吊文、联语文、契据文、广告文、规章文、题署文九种，对应用文研究和教学产生巨大影响，这种划分基本接近当下学界对应用文体的划分。

随着时代的发展，科学技术、经济文化等社会各领域的变革日益深入，应用文的用途越来越广泛，应用文写作作为一项职业技能也日益受到各行各业的重视。所谓应用文就是国家机关、企事业单位、社会团体以及人民群众在处理各种公私事务、传播信息、解决实际问题时所使用的具有直接实用价值和一定惯用格式的应用文体的总称。

应用文的使用范围相当广泛，各行各业都有其常用的应用文类型，如国家机关中的行政文书、科研部门的学术论文、司法部门的法律诉讼文书，多种多样。个人日常生活中所接触的应用文也不少，如条据、契约、书信等。在现代社会里，应用文与人们学习、工作、生活关系十分密切。对于一名即将步入社会的大学生来说，应用文的写作能力已成为用人单位衡量其素质高低的基本标准。叶圣陶先生曾对青年学生寄语："大学毕业生不一定能写小说诗歌，但是一定要能写工作和学习中实用的文章，而且非写得既通顺又扎实不可。"由此可见，应用文的写作能力是大学生综合素质构成不可缺少的要件。我们必须高度重视职业院校应用文写作教学，指导学生有效提升应用写作能力，以适应当前社会的需要。

二、应用文的发展历史

在中国古代很长一段时间，虽然没有明确应用文的概念，但从今天可查阅的古文献看来，应用文在春秋时期就已经被应用。可以说，应用文写作是随着文字产生而诞生的。纵观应用文发展的历史，我们发现，应用写作是一种历史文化现象，应用文是社会历史发展的产物，它源于实际的需要而产生并得以发展。应用文发展可以分为产生、发展、繁荣等历史阶段：

（一）产生期——商代到西周末年

我国最早的文字记载，可以追溯到殷商时期的甲骨文。《周易·系辞下》中有这样的记载，"上古结绳而治，后世圣人易之以书契，百官以治，万民以察，盖取诸夬"。这里的"书契"即公务文书。甲骨文是商代王室进行占卜时所作的简短记录，短的仅数字，长的也不过百余字，主要记录了当时占卜的内容和结果，所记之事多是卜问国家大事和君主的疑难。甲骨文上的兆、祝辞、神告、占卜文书，实际就是应用文在国家治理中的文字体现。周代盛行在青铜器上铸刻文字，称为"钟鼎文"。钟鼎文有的用来记载统治者的制度法令，有的用来记载征战的胜利，有的用来记载统治者的文德武功，还有的用来记载贵族之间的商务活动，其中也有一些属于私人之间用于物质交换的契约。这类文章也都是应用文。

我国最早的文章总集《尚书》，它分为虞、夏、商、周四大部分，收录了夏、商、周三代的祝辞、誓词、诰言、法令，也有登记土地和财务的会计文书，以及诸侯之间的盟约之书等，这些都具有公文的性质。《尚书》中的文章分为六种体式：典、谟、训、诰、誓、命。其中，"典"用于记述上古典章制度，"谟"是议政的策论，"训"是进行教诲开导的论说文；"诰"是进行训诫的文告，"誓"是军队出征的誓词，"命"是君主的命令和诏书。这些文体，跟现代的命令、决定、决议、指示、布告、公告、通告、通报、报告等，都有一些近似之处。

（二）发展期——秦汉至明清

到了秦代，应用文得以充分地发展，初步确立了公文的文体分类和格式，对上行文和下行文做了区别，如《史记·秦始皇本纪》记载："命为'制'，令为'诏'，天子自称曰'朕'。"应用文的体式也有较明确的规定，以前的公文书一律直书，不提行，不空格，君臣如一；到秦始皇，行文中再提及尊号时则要另起一行，顶格书写。为了提高公文的办事效率和可靠程度，还制定了现在仍在沿用的"抬头"、"用印"等制度。

汉代的公文主要承袭了秦的体制。汉代的公文体式主要有书、议、策、论、疏、诏、制、款、章、奏、表等。其中，皇帝对臣下使用的文体主要是诏、令、策、款、诰，其中"诏"和"令"用于对下发布命令，"诰"专门用来封官赐爵；臣下对皇上则主要用章、奏、表、议、疏等。这一时期，已有了大致固定的下行文和上行文的区分。同时，在表达和结构上，也有了一些相对固定的格式，相对撰写制度更为完善。

　　到了三国时期，由于统治者的重视，应用文也得到了充分发展。曹丕在《典论·论文》中曾说"经国之大业，不朽之盛事"，对应用文写作有了深刻认识和精辟论述。这部专著也将文章分为四类八种："奏议宜雅，书论议理，铭诔尚实，诗赋欲丽。"对不同文体风格做了规定。曹操也有《求贤令》《求逸才令》《慎行令》《建学令》《请增封荀彧表》等名作流传于后世。

　　南朝人刘勰在《文心雕龙》中，把文章分为三十三类，其中具有应用文性质的达到二十一种之多。萧统在《昭明文选》中共选文三十七类，其中也有二十多种为应用文体。可见应用文已成为写作的一个重要文体。

　　到了唐宋时期，随着国家在政治、经济、文化上的发展，"政事之先务"占据着应用文写作的主导地位，促使应用文进一步发展完善，并走向成熟。这一阶段是中国古代公文走向成熟的时期。为我们所熟知的"唐宋八大家"，他们很多成名作品就属于应用文一类，如唐代韩愈的《祭十二郎文》，唐代柳宗元的《段太尉逸事状》，宋代欧阳修的《答吴充秀才书》等。

　　明清时期，应用文的文体分类更加详细。这一时期以清代刘熙载的《艺概·文概》为代表。

　　（三）繁荣期——辛亥革命之后至今

　　辛亥革命以后，中国近代社会有了巨大的变革，这一时期也是应用文的巨大变革期。1912年南京临时政府颁布了第一个公文成式条例，确立了新的公文体式，要求官吏相互称官职，民间相互称先生，并要求用白话写作公文，使用新式标点符号。1921年，中国共产党成立后，很快有了自己的公文体式。第一批公文，就是中共全国代表大会所产生的决议、公文体制、纲领和宣言。1931年瞿秋白同志代表中央起草了《文件处理办法》；1942年陕甘宁边区政府发布了《新公文程式》，规定了公文种类、行文关系和有关制度，这些都推进了公文改革。

　　新中国成立后，我国应用文写作进入了一个崭新的时期。为适应全国政权统一和国际交往的需要，中央人民政府政务院颁布了《公文处理暂行办法》，对公文的草拟、格式、处理程序等作了统一规定，为我国公文体裁的确立奠定了基础。此后又发布了一系列文件，使我国公文走上了规范化道路。1981年2月27日国务院办公厅发布《国家行政机关公文处理暂行办法》；1993年又对《国家行政机关公文处理办法》进行修订，并于1994年1月1日起施行；2000年8月24日，国务院发布了新的《国家行政机关公文处理办法》，于2001年1月1日起施行；2012年4月6日，中共中央办公厅、国务院办公厅联合印发了《党政机关公文处理工作条例》，同时废止了1996年中共中央办公厅印发的《中国共产党机关公文处理条例》和2000年国务院印发的《国家行政机关公文处理办法》，并于2012年7月1日起施行。

第二节　应用文的分类、特征

一、应用文的分类

　　鲁迅先生曾说，"凡有文章，倘若分类，都有类可归"。对现代应用文文体进行分类，目的在于认识各类文体在系统中所处的位置，将现代应用写作知识条理化、系统化，加深对现代应用写作的特点和规律的认识，建立一个多层次的、系统的现代应用写作文体的分类体系。

由于应用文文体种类繁多，使用面极广，且应用文文体分类依据的标准不统一。因此，目前学术界在应用文文体的分类上呈现出"百花齐放"的局面。

第一，从社会功能和应用范围角度，应用文可分为四个大类：

新闻文体：消息、通信、特写等。

理论文体：评论、学术论文、工作研究、理论专著等。

记传文体：史书、传记、方志、年鉴、回忆录等。

实务文体：主要用于直接处理日常发生的公、私事务。包括通用公文、通用事务文书、法规规章文书、社交公关文书、日常生活文书等。

第二，从实用角度，应用文可以分为九类：新闻文体、史传文体、教学文体与学术论文、行政公文、机关事务文书、经济文书、司法文书、日常应用文、对联等。

第三，从类型归类角度，应用文分为十类：规定型、传知型、激励型、求助型、证据型、分析型、介绍型、新闻型、协约型、礼仪型。

第四，从工作性质、内容要求角度，应用文可分为三大部类：

公务文书：行政公文、事务文书等。

行业专用文书：经济文书、法律文书、教育科技文书、新闻出版文书、学术文书、外交文书、军事文书。

日常应用文书：书信、合同、协议等。

第五，按照应用文目的、性质、特点、使用范围、格式的不同，综合诸家观点，应用文一般有以下几类：

行政公文：行政公文是指国家机关、社会团体、企事业单位处理公务时使用的文书，包括命令（令）、决定、公告、通告、通知、通报、议案、报告、请示、批复、意见、函、会议纪要13种。

事务文书：事务文书是指国家机关、社会团体、企事业单位处理内、外部事务时使用的文书，包括计划、申请书、调查报告、调研报告、总结、述职报告、简报、会议记录、启事、声明等。

日常文书：日常文书是指单位和个人在日常生活中所运用的各种常用文书，一般包括书信类和礼仪类两个大类，如感谢信、慰问信、求职信、请柬、聘书、贺信、贺词、祝词、讣告、唁电、悼词等。

日常行业专用文书：日常行业专用文书是指由具有专门行业职能的机关根据特殊需要而使用的具有特定内容和格式的公文。常用的专用文书有法律文书、经济文书、会务文书、商务文书等。

二、应用文的特征

应用文同别的文体比较，有共性，也有个性。共性是都是对客观事物的反映，都要谋篇布局、用词造句、使用标点符号、讲究条理性、逻辑性等。但其个性特征，具体表现在以下几方面：

（一） 实用性

文章的写作都有明确的目的，都是为实现一定的目的而写的。比如，文学作品的写作目的是为了反映社会生活，表现人们的思想感情；说明文的写作目的为了说明某个事理或事物；议论文的写作目的是为了明确或澄清某些问题。应用文的写作目的与它们都不同，应用文是为了处理工作和生活中的实际问题而写的。随着社会经济的发展和信息时代的到来，人们相互间的交往更加频繁，需要传递的信息日益增加，人们几乎随时随地都离不开应用文这个记录、传递信息、商洽、处理问题的工具。无论是党政机关、企事业单位、社会团体撰写的公务文书，还是人们在日常生活、学习、工作中撰写的事务类文书，其根本目的都是为了处理或解决实际问题，都是具有实用价值、为实现一定目的而写的。从这个意义上说，应用文具有直接的功用性和广泛的实用性。

（二） 真实性

真实是指应用文的内容，应用文无论处理公务或私务，都要以诚信、诚实为基础，实事求是，遵守道德，讲求信誉，决不能弄虚作假，虚构编造。文学创作可以虚构，文学作品中的人不等于现实生活中的原型，故事中的情节也并非要照搬生活。应用文作为解决实际问题的应用文体，它必须如实地反映客观现实，必须准确无误。例如在写会议纪要时，不能无中生有、张冠李戴。写调查报告，不能闭门造车，凭想当然来写。应用文书为解决实际问题而写，强调的是方针政策的正确和客观事实的真实。一切从实际出发，按照客观规律行文，事实确凿可信、不虚构，统计数据准确无误、不夸张，有根有据，这是应用文书写作对真实性的基本要求。

应用文的写作目的是为了处理或解决实际问题，它的语言在准确得体的基础上必须做到简洁明快、通俗易懂，不能堆砌辞藻、滥用修辞。

（三） 规范性

规范是指应用文的内容结构和文面格式都有规律可循。应用文的内容结构一般都是约定俗成的。不同于文学作品，应用文写作在格式上具有程式化、规范化的要求。就应用文格式而言，一般可分为两类：一类是已固化并被指定的规范格式，如公文格式、司法文书格式、合同格式等；另一类是惯用格式，虽没有严格的规定，但格式比较稳定一致，如一些会议文书、财务文书和事务文书等应用文一般都有惯用的格式，也就是程式性。应用文在漫长的使用和发展过程中，形成了相对稳定的规范格式和语言。各种文体都有特定的适用范围，不可随意交换使用。

（四） 时效性

应用文的性质和写作目的决定了应用文的时效性，应用文的各个文种都有时间限制，都是针对一定时间内要解决的问题、应对突发事件、迅速及时传递信息情报，如果没有时间限制，就失去了效用。所以应用文要"三快"，即快写、快发、快办。应用文如不及时处理，就会贻误时机，错过解决问题的最佳时间，将会给学习、工作和生活带来诸多不利。此外，应用文的处理，即传递、阅读、办理的整个过程都要讲究时效。

（五） 协作性

在现实中，很多应用文是集体智慧的结晶，需要团队协作来完成。例如一份公文，需要经过行政领导或集体会议决策，有关部门提供材料，共同研究撰写提纲，分工执笔，最后还要领导审核签发才可完成。这与文学创作的独立性有着明显区别。要写好应用文也需要培养团队合作精神，妥善处理好上下、平行单位的关系，加强沟通合作。

第三节　应用文的作用、意义

一、应用文的作用

应用文的作用主要体现在以下几个方面：

（一）宣传和教育

应用文是用来处理公私事务的，就需要摆清事实、讲透道理。借助行政公文的法规制度、党的方针政策得以进行及时和权威的宣传，它们对个人组织做出道德和行为规范，以统一思想和行动。各级企事业单位也可通过宣传类应用文使自己树立良好的社会形象。社会团体和人民群众则可通过报告等形式更好地贯彻执行党的路线、方针和政策。

（二）沟通协调

上级机关可以通过批复、命令等应用文下达指导，下级机关可以通过报告、请示等应用文报请有关事情，企事业单位和人民群众可以通过各种专用书信、启事、函件等应用文来沟通思想、传递信息、加强联系。

（三）依据和凭证

应用文是单位、团体履行职责、开展公务活动的真实记录，大部分文种在宣传政策、指导工作、规范行为、沟通信息的同时，也具有便于检查、监督的凭证和依据作用，一旦阅办完毕，便须立卷归档，以便查考。

（四）管理约束

应用文是行政管理的工具，党和国家的各级组织和各部门的组织系统以及企事业单位，从上到下都是通过公务文书传达法律规范、方针政策、意见办法来部署工作，实现领导职能，如下达的命令、决定、通知、批复、意见等，具有领导和规范作用。

应用文书中一些文种对现实生活中一些公共行为起着规范约束作用，比如国家的法律、法规，在经过一定的法律程序以后，就具有法律约束力，在它所涉及的范围内对任何单位和个人都具有规范与限制作用，任何人不得违反，除非制定和发布的机关经过修改重新发布，否则违反者就会受到不同程度的处罚。此外，领导机关制发的下行公文，如命令、决定、公告、通告、通知、批复等，是要求下级机关和有关人员遵照执行的，虽然它们多数不属于法规性文件，但同样具有法定的权威性，对下级机关具有规范和约束的作用。

二、应用文写作的意义

（一）应用文具有广泛的应用性，是当今社会所必需的一种信息交流的重要手段

在社会经济、科学文化高速发展的当今社会，信息资源愈来愈丰富，信息传递、思想交流愈来愈受重视，应用文作为管理国家、处理政务、传达信息、组织策划、推广成果、发展

科学的一种重要手段，已经深入到社会的各个领域，从政治、经济、军事、文化到人们的日常生活，无处不在，无时不用。应用文已成为党政机关进行管理的常规工具，是实现领导意图的重要手段。

应用文写作作为高等教育适应社会发展的重要组成部分，已直接与高校人才培养模式、人才素质教育、人才与社会适应等紧密联系在一起。从世界上看，很多具有国际影响的一流大学都开设了应用写作课程，如美国的哈佛大学、麻省理工学院、普林斯顿工程学院等。香港工商业繁荣，中文地位日益提高，应用文写作也越来越被重视，一些理工学院也开设了中文应用文写作课。

（二）应用文写作能力水平，已成为提高管理水平和工作效益的重要因素

写作直接或间接地影响着人们的工作效率，关系到社会生产和人们生活的顺利进行，这些已逐渐为人们所认识，也被大量事实所证明。学习写作，尤其是学习应用文写作知识，提高应用写作水平是现代化建设的迫切需要，是当今社会生活提出的重要任务。我们生产和生活的诸方面内容，都要通过应用文的写作来体现。如果应用文写作学得好、写得好，就能准确、科学、及时地反映出工作内容，对于提高管理水平、提高工作效益必然是事半功倍。

应用文写作是综合性的脑力劳动。要写出好的文章，不仅需要作者具备必要的写作能力，而且需要作者熟悉党和国家的方针政策、法令法规，熟悉本职工作以及所在单位的工作情况。要达到这些，作者就必须不断地学习、不断地思索、不断地积累、不断地实践。

（三）应用写作能力已经成为当今社会人才需求的一项核心要素

随着社会的经济、政治和文化的不断发展，行政工作的规范化和自动化程度越来越高，对行政公文的规范性和时效性的要求也就越来越高。信息网络的系统化、全球化，使得新闻写作以及整个应用文写作，从写作工具、形式到内容，都呈现出多元化，信息传播也比以往任何时候都更快捷、更高效。作为一名职业院校毕业生，能写出思想正确、观点鲜明、文理通顺、结构完整、语言流畅并有一定文采的应用文，已经成为我们一项必备的基本技能。具有一定水平的应用文写作能力，是我们个人能力的一种基本要求，是个人综合素质的一种具体体现，是用人单位的一种用人标尺，也是获得成功的基石。

第二章 应用文写作基本理论

第一节 应用写作的基本要素

应用文书主要包括主旨、材料、结构和语言四个要素。人们习惯用下面的比喻来说明应用文书四要素的关系——主旨是灵魂，材料是血肉，结构是骨骼，语言是细胞。

一、主旨

（一）主旨的概念

所谓应用文的主旨，是指写作应用文的目的、用意或意义，即作者通过文章全部内容所表达出来的基本观点或中心思想。它是应用文的统帅和灵魂，它反映出作者的主要意图和基本观点，在这里可以把"主旨"作为"主题"的同义语来看待。主旨也称为"意"、"中心论点"、"中心观点"等。如果没有主旨，作者的取舍材料、措置结构、遣词造句，甚至制订标题、运用表达方式等都会失去依据。正是在这个意义上，我们说主旨是文章的灵魂。

（二）应用文主旨的作用

应用文主旨是应用文写作的立足点，写作全程围绕主旨而展开。主旨是文章的灵魂和生命。主旨决定了应用文质量的高低，价值的大小，作用和影响力的强弱。主旨一旦确立，就是文章的中心，所有写作活动都要围绕它而进行。主旨处于文章的支配地位，主旨统摄材料，材料为主旨服务；主旨决定结构，结构为主旨而设；主旨决定语言风格，语言风格必须符合主旨要求。

（三）应用文主旨确立的原则

应用文主旨的确立要求做到正确、鲜明、新颖、集中。正确就是文章要客观地反映现实社会的实际情况，正确地运用党和国家的方针、政策解决现实矛盾，解决广大人民群众迫切要求解决的问题，如果不相符合，或出现些微偏差，就难以发挥公文的作用，从而不能使其成为治理社会、管理国家、管理机关的工具；鲜明就是作者以鲜明的立场和观点表明对客观事物的看法，在评判相应事实时，不绕弯子，不含糊其辞，不模棱两可，结论带有明确的倾向性；新颖就是要随着社会的不断发展和变化，主旨撰写要与时俱进、富有活力，不能过于守旧；集中就是指一篇应用文只能实现一个写作意图，表达一个基本观点，除了很少的综合性大型报告外，一般要求一文一事，一题一议，一个中心思想贯穿全文。

（四）确立主旨的依据

确立主旨，也被称为"立意"。应依据以下两点：

1. 以写作目的为立意依据。就通常情况看，一些应用文书是用不着由作者提炼主旨的，这些应用文书本身就是一种较为成熟的认识或决策。在这种情况下，写作目的就成为应用文书的主题。这个目的往往体现为机关领导的布置、上级机关文件的某种规定等。

2. 把材料本身的意义作为立意依据。以材料本身的意义为立意依据，需要作者对事实材料进行分析研究，得出正确判断和结论后，再确定文章的主题。这部分应用文书的主题不像第一种"以写作目的为立意依据"的公文那么简单，它需要作者从原材料中提炼主题，而这个提炼难度很大。

（五）应用文主旨常用表现方法

所谓"表现方法"是指表述主旨的句子在文中所出现的位置。一般情况下，有以下几种情况表现主旨：标题点旨，在标题中直接点明主旨；首句点旨，用主旨句揭示全文主旨；开宗点旨，用段旨句概括层次大意；篇末点旨，在篇末结语中点明主旨；小标题点旨，把主旨分解为多个组成部分，每个部分用小标题来显示。

二、材料

（一）材料的概念

材料是指作者为了某一写作目的而收集用于提炼、确立及表现主旨的事实和观念，以及写入文章之中的一系列事实或依据。这里的"事实或依据"，包括作者在写作前搜集和积累的事实、数据、意见、观点、理论根据、科学定理以及上级有关指示精神等。

（二）材料的作用

材料是构成文章内容的物质基础，是写作的前提。材料是引发感受、提炼观点、支撑主旨的基础，如果没有材料的支撑，主旨根本无法确立，如果材料缺乏真实性，运用不恰当，就会动摇主旨的确立。

（三）材料的分类

材料需要搜集、整理，整理就必须给材料分类。根据使用的侧重点不同，材料可以分为以下几类：

1. 直接材料和间接材料。所谓直接材料，就是第一手材料，这些材料来源于工作实践、社会实践、生活实践和调查研究，它带有实录性、实物性和亲历性，多为作者直接获得。所谓间接材料，就是二手材料，这些材料多为"它山之石"，是作者从各种文字资料、图片资料、电子光盘等资料中间接获得的。

2. 正面材料和反面材料。所谓正面材料、反面材料，都是从材料内容本身来看的。前者多为贯彻执行党和国家的方针政策、法令、法规的材料及表彰先进人物和先进事迹的材料，正确反映客观事物并给人以鼓舞振奋的材料，实事求是地反映现实生活、反映人民群众需求、促进各项工作的材料。与之相反的材料，则可视为反面材料。

3. 原始材料和加工材料。所谓原始材料，就是带有素材性的材料。这些材料的获得近于直接材料，且带有原初貌，具有一定的含金量，稍事加工，就是所谓加工材料。当然，加工的材料，更是从具体材料的分析中进行抽象的理论概括得来的，这些材料偏于理性思维，写作中多为阐述提供理论依据。

（四）材料选择的原则

选择材料有以下四项原则：

1. 材料要真实确凿。所谓真实确凿，就是指写入文章中的事实、数据不仅要"确有其事"，还要真实无误。

2. 材料要切题。所谓切题，就是围绕主旨选择材料，就是根据表现主旨的需要来决定对材料的取舍。对能够有力地说明、突出主旨的材料"放行"，而和主旨无关的材料即使再生动，也得忍痛割爱。

3. 材料要典型。所谓典型，就是指那些深刻地揭示事物的本质、具有广泛代表性和强大说服力的材料。任何好文章的材料，从来都是"以一当十"的。之所以能够"当十"，就是因为它反映了事物的本质，是典型材料。

4. 材料要新颖生动。材料的选取要具有强烈的时代感，能表现客观事物的发展变化趋势，反映客观事物的最新面貌，以及现实生活中人们最关心的新人物、新事件、新思想、新成果、新经验和新问题。

（五）材料的使用

选材是解决用什么材料的问题，用材是解决如何运用这些材料的问题。用材要注意两点：

1. 恰当安排材料的先后顺序。对原材料叙述的先后，一般应遵循以下标准：或依照时间的先后，或依据材料的重要程度，或照顾事件之间内部的逻辑联系，或依从说理的顺序，或考虑作者行文的方便等。总之，大的原则只有一个：适合于读者的思维习惯。

2. 确定材料的详略程度。材料入选后，大多都不能够按照材料的原本面貌去表现。每一项材料都有它的前因后果、来龙去脉，以及它与各方面的联系。因此，要注意对材料详略处理的标准：

（1）根据主体的需要确定材料的详略，就是说，对表现主题的骨干材料宜详、一般材料宜略；中心材料宜详，次要材料宜略；典型材料宜详，一般材料宜略。所有材料都要服从主题的需要。

（2）根据文体的特点确定材料的详略。不同的文章体裁具有不同的特点：公文的特点在于直言"说"明，故说明部分详写，议论、叙述部分略写；论文的特点在于以"理"服人，故说理（议论）部分详写，引述事例（叙述）部分略写；市场调查报告是以"事"显理，故叙述事实部分详写，议论、说明部分略写。

（六）材料处理的常用方法

1. 归类法。按材料的共同属性和特征把纷繁的材料进行梳理和归并，使之显出"类"的特点。

2. 筛选法。对材料进行反复鉴别、筛选，力求从纷繁的材料中找到最切合主旨的切合点。

3. 浓缩法。把有价值但又非常详尽纷繁的材料加以压缩，使之更为凝练，材料的精华更加突出。

4. 截取法。选用一个完整事件的片段或一个完整事物中的部分去表现观点。

三、结构

（一）结构的概念

所谓结构是指文章内部的组织和结构。应用文的结构就是按照表现主旨的需要将所有材料进行有条理系统的安排，形成一个有机体。

（二）结构的作用

应用文主旨决定了文章要"写什么"，材料选择决定了文章"用什么写"，合理安排结构就是解决"如何写"的问题。应用文的结构就是让文种样式得以呈现，以恰当的结构把主旨和材料进行有机整合。

（三）结构的内容

结构的内容有：标题、开头、层次、段落、过渡、照应、结尾等。

1. 标题。标题是文章的命名。鲜明、准确的标题能够给读者留下深刻的印象。主旨如果需要改动，整篇文章的选材、组织均需要相应改动，但文章的标题可以多次改动而不影响正文。常见的应用文书标题基本模式有公文式标题和一般式标题两种。

2. 开头。开头是文章的开头部分，常用的开头方式有概述式、目的式、开门见山式、引述来文式四种。

（1）概述式。概述式是指概括叙述有关情况或背景材料的开头方式。常采用概述式开头的有报告、会议纪要、总结、述职报告、调查报告等文种。

（2）目的式。目的式是指阐述发文的意义、宗旨等作为开头的方式。这种方式常用"为了"、"为"等介词构成的短语标明行文目的，也常用"根据"等句式标明行文依据。常采用目的式开头的有通告、通知、计划、招标书、投标书等文种。

（3）开门见山式。开门见山式是指开篇直入内容或主题的开头方式。常采用开门见山式开头的有决定、意向书等文种。

（4）引述来文式。引述来文式是指引述对方来文、来电的标题与发字文号作为开头的方式。常用引述来文式开头的有函、批复等回复性公文。

3. 层次。层次是指文章思想内容的表现次序。它是作者思路展开步骤的体现，最能体现出作者逻辑思维的功力。常用的层次方式有总分式、并列式、递进式、因果式、时序式、三段式等。

4. 段落。段落是构成文章的基本单位，是文章思想内容在表达时由于转折、强调、间歇等情况所造成的文字停顿，俗称"自然段"。分段的目的在于有步骤地显示、表达主题。在语言形式上是以开头和换行为标志。

5. 过渡。过渡是指上下文之间的衔接、转换。过渡在文章中起承上启下作用，使前后相邻的段落自然衔接，以使读者的思路由前者连贯地过渡到后者，不存有间隙。

6. 照应。照应是指前后内容上的关照、呼应。照应并非简单的文字重复，而是根据事物的内在联系所做的有意识有计划的强调和反复。它在一定程度上表现了内容的发展变化和思想的逐步深入，增强了文章的整体感。公文等应用文书中常用的"特此公告"、"特此通报如下"等承启语都表现了思路上的照应。常用的照应方式有首尾照应、文题照应和前后文呼应。

7. 结尾。应用文书结尾的目的是强化主题、明确任务，以达到预期的应用目的。常用的结尾方式有 5 种：

（1）强调式。强调式是指对正文中的主要问题作强调说明以强化读者印象的结尾方式。

（2）期求式。期求式是指在正文结束后表达期求愿望的结尾方式。期求式结尾常用于公文的上行文或函，如请示的结尾通常是"当否，请批示"、"以上内容，如无不妥，请批准各地执行"，报告的结尾是"请予指正"，请批函的结尾是"请予审批"等。

（3）希望式。希望式是指在正文结束后向读者提出要求、号召或希望的结尾方式，可用于各种文体。

（4）说明式。说明式是指在文书结尾处补充说明某些内容的结尾方式。这种情况常在商务文书中出现。

（5）秃尾。秃尾是指没有结尾的结尾，正文结束即告全文结束，也称自然结尾。除了公文以外，其他事务文书也常采用。

（四）结构的要求

对结构的要求有以下四点：

1. 严谨。严谨一般包含两点，一是指思维缜密、无懈可击，二是指组织严密、无破绽可查。

2. 自然。自然是指结撰艺术如行云流水，无人工雕凿斧削痕迹。

3. 完整。完整是指结构主干饱满，首尾圆合。

4. 统一。统一是指形式和谐，通篇一贯。

四、语言

（一）语言的概念

语言是文章的细胞，是人类思想交流最重要的工具，是传达信息的物质媒介。语言是信息的载体，是思想的外衣，是交际的手段。离开语言便没有了应用写作。

语言可分为书面语言、口头语言、肢体语言、表情语言等。在应用写作中，"语言"主要是指书面语言。

（二）语言的作用

语言是表达思想的工具。语言是社会交际和表达思想的工具。在文章中，思想内容也要依靠语言来表达。文章的书写过程要进行思维搭建，而语言是把抽象的思维过程具体化、形象化的必要条件。如果没有语言，这一目的就无法实现。

（三）语言选择的要求

1. 语言要庄重。所谓庄重就是庄严、郑重。在使用语言时要多使用标准语言，如多用书面语，少用口头语，多用朴实语言，少用文学语言等。

2. 语言要平实。所谓平实就是平易、朴实，即言之有理、言之有物，语言朴素无华。应用文中的叙事贵求实、周全，说理贵平易、严谨，说明贵质朴、清晰。

3. 语言要准确。所谓准确就是精准、确切。准确是指用通顺的语言和恰当的表达方式确切无误地传达思想和内容。准确是文章语言最基本的要求。语言的准确，涉及用词、造句、语法、逻辑、修辞等方面的要求。这也是应用文与其他非应用文类在表意上的区别。应用文语言要多用限制性的词语表示事物，多用数字明确表述事物，少写生僻字，不写错别字。

4. 语言要得体生动。所谓得体就是语言要适合交际和语境。所谓生动就是语言要具体形象，新鲜活泼，有立体感、流动感，有声有色，迸发出生命的活力，而不能干瘪无味、套话连篇、言之无物。

（四）数字使用要规范

1. 数字书写需要使用汉字的情况。

（1）公文中作为定型的词、词组、惯例语、缩略语和具有修辞色彩的词语中作为词素须使用汉字。例如，一方面、第三世界等。

（2）概数和约数使用汉字书写的有以下四种情况：

①邻近的两个数字，并列连用表示概数时，应使用汉字，并且两个数字之间不能用顿号隔开。例如，三四天、一二百套等。

②带有"几"字的数字表示约数，必须使用汉字。例如，几十年、几十万分之一等。

③整数一至十，如果不是出现在具有统计意义的一组数字中，也可以用汉字，但要注意照顾到上下文的统一。例如，六辆车、八个百分点等。

④含有月日简称表示事件、节日和其他意义的词组，须使用汉字。例如，七七事变、十八大等。

2. 需要使用阿拉伯数字的情况。凡是可以使用阿拉伯数字而且又很得体的地方，特别是当所表示的数目比较精确时，均应使用阿拉伯数字。遇特殊情形，可以灵活变通，但应力求保持相对统一。

（1）公历世纪、年代、年、月、日和时刻均应使用阿拉伯数字。年份要写全数，不能简化省略。例如，公元前 18 世纪、20 世纪 80 年代等。

（2）计数、计量和统计表中的数值，如正负整数、分数、小数、百分比、比例等必须使用阿拉伯数字。例如，20、1/15 等。

（3）代号、代码和序号。部队番号、文件编号、证件号码和其他序号均应用阿拉伯数字。例如，G1238 火车、邮发代号 37—1 等。

（4）引文标注中版次、卷次、页码，除古籍应与所据版本一致外一般均应使用阿拉伯数字。

3. 可以灵活变通掌握使用的情况。使用阿拉伯数字或汉字数字，有的情形选择是唯一而确定的，但如遇特殊情形，为避免歧解，也可以灵活变通使用。

（1）用"多、余、左右、上下、约"等字表示的约数一般使用汉字。但如果公文中出现一组具有统计和比较意义的数字，其中既有精确数字，也有约数时，为保持公文局部体例上的统一，其约数也可以使用阿拉伯数字。

（2）标题涉及数字时，可以根据版面实际需要，灵活掌握使用阿拉伯数字和汉字数字。

（五）常用应用文专门用语

1. 称谓词，即表示称谓关系的词。在应用文中，涉及机关或个人时，一般应直呼机关的全称或规范化的简称，以及对方的职务或"××同志"、"××先生"。在表述指代关系的称谓语时，一般用下列专门用语：

第一人称："本"、"我"，后面加上所代表的单位简称，如我部、我委、本办、本厅、本局。

第二人称："贵"、"你"，后面加上所代表的单位简称，一般用于平行文或涉外公文。

第三人称："该"，在应用文中使用广泛，可用于指代人、单位或事物，如"该社"、"该部"、"该同志"、"该产品"。"该"在文件中正确使用，可以使应用文简明、语气庄重。

2. 领叙词。领叙词是用以引出应用文撰写的根据、理由或应用文的具体内容的词。领叙词在应用文中出现的频率较高，一般借助领叙词使应用文写得开宗明义，常用的有：根据、按照、为了、接……，前接或近接……，遵照、敬悉、惊悉……，收悉、查悉……，为……，特……，……现……如下，等等。

应用文的领叙词多用于文章开端，引出法律、法规以及政策，指示的根据或事实根据，有的也用于文章中间，起前后过渡、衔接的作用。

3. 追叙词。追叙词是用以引出被追叙事实的词。应用文中有时需要简要追叙一下有关事件的办理过程，为使追叙的内容出现得自然，常常要使用一些追叙的词语，如业经、均经、即经、复经、迭经等，在使用时要注意上述词语在表述次数和时态方面的差异，以便有选择地使用。

4. 承转词。又称过渡用语，即承接上文转入下文时使用的关联、过渡词语，用于陈述理由及事实之后引出作者的意见和方案等。这种词语不仅有利于文辞简明，而且起到前后照应的作用，如为此、据此、故此、鉴此、综上所述、总而言之、总之等。

5. 祈请词。又称期请词、请示词，用于向受文者表示请求与希望，主要有：即希、敬希、请望、敬请、烦请、恳请、希望、要求等。使用祈请词的目的在于营造机关之间相互敬重、和谐与协作的气氛，从而建立正常的工作联系。

6. 商洽词。又称询问词，用于征询对方意见和反映，具有探询语气，如是否可行、妥否、当否、是否妥当、是否可以、是否同意、意见如何等。这类词语一般在公文的上行文、平行文中使用，在使用时要注意确有实际的针对性，即在确需征询对方的意见时使用。

7. 受事词。受事词即向对方表示感激、感谢时使用的词语，如蒙、承蒙等。受事词属于客套语，一般用于平行文或涉外的公文。

8. 命令词。命令词即表示命令或告诫语气的词语，用以增强公文的严肃性与权威性，引起受文者的高度注意。

表示命令语气的词语有：着、着令、特命、责成、令其、着即、责令等。

表示告诫语气的词语有：切切、毋违、切实执行、不得有误、严格办理。

9. 目的词。目的词即直接交代行文目的的词语。人们撰写应用文尤其是公文都有明确而具体的目的，须有针对性地使用简洁的词语加以表述，以便受文者正确理解并加速办理。

用于上行文、平行文的目的词，还须加上期请词，如请批复、函复、批示、告知、批转、转发等。

用于下行文，如查照办理、遵照办理、参照执行等。

用于知照性的文件，如周知、知照、备案、审阅等。

10. 表态词。又称回复用语，即针对对方的请示、问函，表示明确意见时使用的词语，如应当、同意、不同意、准予备案、特此批准、请即试行、按照执行、可行、不可行、迅速办理等。在使用上述词语时应对公文中的下行文和平行文严加区别。

11. 结尾词。结尾词即置于正文最后，表示正文结束的词语。用以结束上文的词语，如此布、特此报告、通知、批复、函复、函告、特予公布、此致、谨此、此令、此复、特此等。

再次明确行文的具体目的与要求，如……为要、……为盼、……是荷、……为荷等。

表示敬意、谢意、希望，如敬礼、致以谢意、谨致谢忱等。

使用这些词语，可以使文章表述简练、严谨并富有节奏感，从而赋予庄重、严肃的色彩。

第二节 应用文写作的基本思路及性质

一、应用文写作的基本思路

（一）准备阶段

1. 领会写作意图。应用文中如总结的观点、调查报告的结论等，需要在调查研究中确立；行政公文更要准确领会领导的意图，才能着手组织材料而进行写作。

2. 明确文章主旨。主旨是应用文的中心思想和灵魂，要做到正确、鲜明、集中、深刻。

3. 选用恰当文种。根据实际工作需要、写作意图、规定惯例等方面来确定文种。

4. 收集选择材料。在确定行文目的要求后，就要进行调查研究，收集并占有丰富的材料，以解决"无米之炊"的问题。

（二）写作阶段

1. 拟写提纲。写作前先拟写一个合理的提纲，可以提高应用写作的质量和效率。一般的应用文提纲可以包括以下几方面：标题、开头、正文、结尾。通常采用标列序号的方法撰写提纲。

2. 正式写作。按照提纲，选择恰当材料组织成篇。

（三）修改阶段

应用文写作好后要反复修改，正所谓"字怕悬，文怕念"，"米淘三遍沙粒少，文改数遍质量高；千锤百炼出好钢，再三修改出华章"。修改时应把握以下几点：文种选择是否正确，主旨是否正确、单纯、统一，材料是否真实、必要，结构模式是否规范，语言是否得体、精确，标点符号是否恰当等。

二、学习应用写作的方法

（一）应用写作理论联系生活工作学习的实际

1. 要熟悉应用写作的基础知识，包括应用文的种类、特点、适用范围、作用，同时掌握文种格式，明确各文种的写作规范等。又要加强理论修养，熟悉方针政策，提高思想水平。

2. 把所学理论紧密地结合自身的生活、工作、学习实际，如此，文章才能做到有血有肉。

（二）多读多写多练是写作能力提高的关键

1. 阅读是写作的基础和前提，应用写作阅读的内容大致包括以下几方面：回归文本，阅读文史哲，培养一定的理论素养，增加知识积累；阅读写作方面的书籍，揣摩名家的方法和技巧；阅读应用文范例等。

2. 写作是一种能力，能力要靠反复实践才能形成。应用写作正如学游泳，站在岸上是学不会的。因此，只有多写多练多修改，应用写作能力才能在这个过程中不断形成和提高。

3. 积极参与到课堂中来，在合作、互动、探究中学习写作应用文。应用写作课堂通过模拟情境，使师生进入预设的情境角色，形成师生互动、生生互动、生组互动，在互动中完成应用写作任务。如此，既解决"无米之炊"的问题，又充分调动学生学习应用写作的积极性，使学生的应用写作能力在合作、互动、探究中得以提高。

三、中文应用写作课程的性质

（一）突出基本功的基础课

自 20 世纪 80 年代以来，中文应用写作初步形成自己的基本理论体系，并不断发展完善。各类高校根据社会对各类人才兼备应用写作能力的客观需要，纷纷开设了应用写作课，并作为基础课。理由如下：其一，应用写作课对后续的专业应用文写作课程，如经济应用文写作、法律文书写作、秘书写作等课程的学习起到铺垫和支持作用；其二，学会用文字工具去"务实理事"已然成为现代人的基本素质；其三，应用写作已经成为管理的基础技术和常规工具。

（二）强化能力的技能课

中文应用写作从其外在的物质形态看是重要的交往工具，它以文本的形式作为交往的一种可靠凭证和依据而存在。应用写作具有明显的"实用性"特点，也决定着要掌握这种工具，必须通过一定的训练才能达成。而从目前教学改革的"能力"取向来看，应用写作课应当作为技能课在高校开设。

（三）体现素养的人文课

中文应用写作是工具性与人文性的统一。应用写作，属于人文学科。为人写，由人写，写给人看，让人做事，都贯穿着人文的内涵。从应用文的目的看，是为处理大众的公务和个人的私务而写，即为人而写，这是人文思想的根本。从应用文工具性标志的模式中，不同程度地体现出人性化的内涵，也具有人文的意味。从应用写作的效用看，应用文让受众得到不同程度的人文关怀，让人类社会的人文精神得到相应的提升，如人的思想行为的法律规范，人类品格的道德教化，人与人的相互沟通，人类文明的有效传承，等等。

第二篇　行政公文写作

第一章　行政公文概述

第一节　公文的含义、性质及特点

行政公文是人类在治理社会、管理国家的公务实践中使用的具有法定权威和规范格式的应用文。行政公文有时也简称公文。

一、公文的含义

公文是公务文书的简称，其概念有广义和狭义两种理解。广义的公文是指我国现阶段所有党政机关、社会团体和企事业单位在处理公务时所使用和形成的格式体例规范、内容系统完整的各种书面材料；狭义的公文是指由《中国共产党机关公文处理条例》和《国家机关公文处理办法》等法规文件对党务公文、行政公文明确规定了种类、名称、性质、用途、效力、格式和办理程序的公务文书。

二、公文的性质

《中国共产党机关公文处理条例》第二条规定：党务公文是党的机关实施领导、处理公务的具有特定效力和规范格式的文书，是传达贯彻党的路线、方针、政策，指导、布置和商洽工作，请示和答复问题，报告和交流情况的工具。《国家机关公文处理办法》总则第二条指出：行政公文是行政机关在行政管理过程中形成的具有法定效力和规范体式的文书，是依法行政和进行公务活动的重要工具。

三、公文的特点

（一）鲜明的政治性

公文是随着国家的产生而出现的，是统治阶级管理国家、维护统治的工具。它的内容集中体现着统治阶级的意志，代表着统治阶级的利益，从而表现出鲜明的政治性。

（二）法定的权威性

公文反映着制发机关的意图，代表着制发机关所行使的法定职权，在法定的时间、空间内，具有法定的权威性和强制性。

（三）作者的法定性

所谓作者的法定性，是指公文必须以"法定作者"的名义来制作和发布。也就是说，只有根据国家的法律、法令和行政法规而成立的或被授权的，能以自己的名义行使职权和承担义务的组织和个人，可以以其名义来制作和发布公文，而其他的单位和个人是无权制作和发布公文的。

（四）特定的程式性

公文的基本格式及各格式要素的内涵有严格的规定，从而形成了一个相对统一、规范的格式体例。这种统一、规范的格式体例，既是公文区别于一般文章的重要标志，又是公文的合法性、有效性、正确性、完整性的必备条件，也是公文处理中避免错乱、提高效率的重要保证。

（五）明显的时效性

由于公文是在公务活动中形成和使用的、为推动机关工作而服务的，因而它明显地受到时间的制约。

（六）语言的庄重性

公文的语言是典雅、庄重的书面语，具有明确、规范、古朴、简洁的特点。它主要用逻辑思维，不用或少用形象思维。在构思和表达时，着重于对事物进行分析与论述，通过判断、归纳、综合，形成语义确定、逻辑严密、条理分明、直书不曲的文字材料，而很少用描写、抒情的手法。同时，公文重视运用专用词语，适当使用文言句式和古语词，恰当运用规范化的缩略语，呈现出典雅庄重、简洁洗练的语言风格。

第二节　公文的种类和发文制度

一、公文的种类

（一）公文的分类方法

按行文关系分：可分为上行文、平行文、下行文三种。

按文件的机密性分：可分为机密文件、内部文件、公布文件三种。

按文件的性质、作用分：可分为法规文件、行政文件、党内文件三种。

按文体的来源分：可分为对外文件、收来文件、内部文件三种。

按文件的使用范围分：可分为通用文件、专用文件两种。

（二）党和国家机关通用公文的种类

《中国共产党机关公文处理条例》中规定：全国党的机关公文种类主要有决议、决定、指示、意见、通知、通报、公报、报告、请示、批复、条例、规定、函、会议纪要等14种。

《国家机关公文处理办法》中规定：国家行政机关的公文种类主要有命令（令）、决定、公告、通告、通知、通报、议案、报告、请示、批复、意见、函、会议纪要等13种。

二、党政机关公文拟制

公文拟制包括公文的起草、审核、签发等程序。

（一）公文起草

公文起草应当做到：

1. 符合党的理论路线方针政策和国家法律法规，完整准确体现发文机关意图，并同现行有关公文相衔接。

2. 一切从实际出发，分析问题实事求是，所提政策措施和办法切实可行。

3. 内容简洁，主题突出，观点鲜明，结构严谨，表述准确，文字精练。

4. 文种正确，格式规范。

5. 深入调查研究，充分进行论证，广泛听取意见。

6. 公文若涉及其他地区或者部门职权范围内的事项，起草单位必须征求相关地区或者部门意见，力求达成一致。

7. 机关负责人应当主持、指导重要公文起草工作。拟稿完成后要填写发文稿纸。

（二）公文审核

审核是保证和提高公文质量的重要环节。公文送领导签发之前，应当由办公厅（室）认真做好审核工作。审核的重点有五条：

1. 行文理由是否充分，行文依据是否准确。

2. 内容是否符合党的理论路线方针政策和国家法律法规，是否完整准确体现发文机关意图，是否同现行有关公文相衔接，所提政策措施和办法是否切实可行。

3. 文种是否正确，格式是否规范；人名、地名、时间、数字、段落顺序、引文等是否准确；文字、数字、计量单位和标点符号等用法是否规范。

4. 其他内容是否符合公文起草的有关要求。

需要发文机关审议的重要公文文稿，审议前由发文机关办公厅（室）进行初核。

（三）公文会签

经审核不宜发文的公文文稿，应当退回起草单位并说明理由；符合发文条件但内容需做进一步研究和修改的，由起草单位修改后重新报送。

（四）公文签发

公文应当经本机关负责人审批签发。重要公文和上行文由机关主要负责人签发。党委、政府的办公厅（室）根据党委、政府授权制发的公文，由受权机关主要负责人签发或者按照有关规定签发。签发人签发公文，应当签署意见、姓名和完整日期；圈阅或者签名的，视为同意。联合发文由所有联署机关的负责人会签。

三、公文的处理

公文的处理程序就是文件在机关内部的运行程序。根据公文的运转流程，可分为收文处理程序与发文处理程序两个方面。

（一）公文的收文处理程序

收文的处理程序一般包括：签收、登记、审核、拟办、批办、承办、催办等，即机关外收发收到公文后，交内收发拆封，清点文件无误后进行登记、摘要、编号，送请主管负责人阅批办理或批交有关业务部门办理。如涉及几个部门，需要会商办理的，应指定主办单位负责联系会办。

批办是领导人批示，提出处理意见；拟办是由业务部门或承办人先拟出意见再送交领导人批示。公文处理中的承办，不是指具体贯彻文件、解决实际问题的过程，而主要指对公文起草、提出处理意见。

（二）公文的发文处理程序

发文的处理程序一般包括：草拟、审核、签发、复核、缮印、用印、登记、分发等。本节主要介绍草拟、审核、签发、复核程序。

1. 草拟。草拟就是拟写公文草稿。

2. 审核。审核就是对公文文稿进行审查核定。公文送负责人签发前，应当由办公厅（室）进行审核。

3. 签发。签发就是负责人对已审核的文稿予以审定、签字，准予印发。以本机关名义制发的上行文由主要负责人或者主持工作的负责人签发。以本机关名义制发的下行文或平行文，由主要负责人或者由主要负责人授权的其他负责人签发。

4. 复核。复核就是再一次对公文制发的工作环节进行审查核对。

（三）公文的投递

公文投递的原则是迅速准确，并根据公文的机密程度，在登记、传递方面采取相应的保密措施。有些重要的绝密、机密文件，还可实行二人护送制度，由直接规定的收拆人签收。

一般公文的投递分别采取四种方式：

1. 设公文投递交换处。

2. 专人专送文件。

3. 机要文件由机要交通递送。

4. 送往远地的普通文件可以邮寄。

第二章　常用行政公文

第一节　命令　决定　决议

一、命令

（一）命令的含义

命令是国家行政机关及其领导人发布的具有指挥性和强制性的公文。它是一种用于依照有关法律规定发布行政法规和规章，宣布施行重大强制性行政措施，嘉奖有关单位及人员的公文。

命令作为一种指挥性的公文，在公文中强制程度最高。其发文机构有严格的限制，根据《中华人民共和国宪法》规定，中华人民共和国人民代表大会委员长、中华人民共和国主席、国务院总理、国务院各部部长、各委员会主任及县级与县级以上人民代表大会、人民政府可以按照法律规定的权限发布命令，有些特殊机构根据授权也可发布命令，如"防汛抗旱指挥部"、"防震指挥部"等，其他机关则无权发布命令。

（二）命令特点

由于命令的适用范围及发布人员的限定，命令具有以下四个特点：

1. 权威性

命令虽然本身不是法律、法规，但是它们可以作为颁布法律、法规的形式。《中华人民共和国宪法》对命令发布人员的限定，更加强了其权威性。命令同时还作为行政管理活动中最具有强制特征的指挥性下行公文。

2. 强制性

命令是以国家宪法和法律为依据，对重要的行政工作进行决策性指挥的工具，也是行政公文中最具有强制性特征的文种。命令一旦发布，有关下级机关或人员都必须无条件、不折不扣地执行，如若违抗命令或延误执行，将受到严肃处理甚至处罚，带有明显的强制性。

3. 重要性

命令涉及的内容和事项，一般都是较为重要的，有的是发布行政法规和规章，有的是宣布实施重大的行政措施。

4. 严肃性

命令的文句简洁而准确，语气坚定而严肃，结构严谨而完整，风格质朴而庄重。此外，命令具有不可抗拒、不可变通、不可延误的执行性，这也是严肃性的表现。

（三）命令的主要类型

命令从功用上划分，主要有任免令、发布令、行政令、嘉奖令、惩戒令、通缉令等。

1. 任免令：用于任免事项，是任命或免除政府官员时所颁发的一种命令。

2. 发布令：用于发布重要的行政法规与规章，赋予所发布的法规、规章以立即生效并实施的法定效力。

3. 行政令：行政令用于采取重大强制性行政措施，实施行政领导与指挥。

4. 嘉奖令：用于表彰有功人员和先进单位、先进集体。

5. 通缉令：是指公安机关依法通缉该逮捕而在逃或者被拘留、逮捕后逃脱的犯罪嫌疑人以及从监狱中逃跑的罪犯而制作的法律文书。

（四）命令的格式和写法

命令一般由标题、编号、受令机关、正文、结尾、签署和日期等部分组成。

1. 标题。标题一般由发文机关（首长职务）、事由、文种三个要素组成。一般情况下，行政令、嘉奖令的标题多具备发文机关（首长职务）、事由、文种三个要素，而任免令、发布令大多只具备发文机关（首长职务）、文种两个要素，忽略事由。

2. 编号。命令的编号一般有两种情况：一是由机关代字、年份、序号三部分组成，如"中华人民共和国国务院关于发行人民币的命令"，其编号是"中发（2011）××号"，这是国务院 2011 年发文的顺序号；二是写令号，标在标题下面正中处，用于个人名义签署的命令，编号的方法是以发令机关或发令人的任期为届，按其在任期内所发命令的流水号编序，至任期满为止。

3. 正文。正文一般由"缘由"和"使命指挥"两部分构成。缘由部分要写明发布命令的原因、依据或理由等，使命指挥部分要有执行要求、注意事项等。因命令的性质不同，其正文结构不尽相同。

命令的正文，"缘由"部分写明发布本命令的原因、理由或依据，"使命指挥"部分写明要求下级机关或有关人员必须遵照执行的使命事项。

上面所讲的，是一般的命令的正文结构，如公布法律、法规的命令，都是带附件的，它强调的是"缘由"，而详细内容则安排在附件中，"使命指挥"也体现在附件中。不带附件的命令，其令文所强调的是"使命指挥"，而"缘由"只是说明发布"使命指挥"的原因、理由或依据。任免令是调整机关人事关系的公文，其正文通常比较简短，有时只需一两句话，就是在"缘由"部分交代清楚发布该令的根据，在"使命指挥"部分写明任命某人为某职或免除某人某职务就可以了。

（1）发布令。发布令用于依照有关法律规定发布行政法规和规章，正文一般包括发布对象，批准机关（会议），批准及生效、施行日期。有的发布令也可不写批准机关。

（2）任免令。任免令主要用于国家高级领导干部和其他工作人员的任免。正文写明任免的机关（会议）名称、任免人员的姓名和任免职务。

（3）行政令。行政令主要用于宣布施行重大强制性措施，一般要明确发令缘由、命令内容和执行要求。

（4）嘉奖令。嘉奖令一般要有缘由、使命指挥和结尾三部分。首先要概括嘉奖对象主要事迹及简要评述，其次要说明嘉奖办法，最后要提出希望和号召。力求条理清晰、文字简洁。

4. 结尾。一般在正文后，都有结尾部分，主要用来写执行的要求，即由哪些机构、单位执行及如何执行，这部分一般都较为简短，格式相对固定。

5. 命令的签署和日期。命令的签署有签署领导机关名称的，也有签署领导人姓名的。凡签署领导人姓名者，必须标明该领导人职务的全称。署名写在正文的右下方。发布命令年、月、日，写在签署的下面，也有的命令在标注下注明发布时间。

（五）命令的注意事项

1. 命令的使用必须严肃，不能错用、滥用。

2. 要注意命令的适用范围，要按照范围传达。

3. 文辞要庄重，用词要精准，文句要简明，结构要严谨，语气要坚定，表达要清晰。

【例文 1】发布令

中华人民共和国主席令

第一号

《全国人民代表大会常务委员会关于修改〈中华人民共和国××法〉》已由中华人民共和国第××届全国人民代表大会常务委员会第××次会议于××××年××月××日通过，现予公布，自××××年××月××日起施行。

中华人民共和国主席 ×××

××××年××月××日

【例文 2】行政令

中华人民共和国国务院令

第 674 号

《残疾人教育条例》已经 2017 年 1 月 11 日国务院第 161 次常务会议修订通过，现将修订后的《残疾人教育条例》公布，自 2017 年 5 月 1 日起施行。

总理 ×××

××××年××月××日

【例文 3】嘉奖令

嘉奖令

中国民航兰州管理局第八飞行大队杨继海机组，××××年××月××日驾驶民航伊尔十八 220 号机执行西安至上海 2505 航班任务，在飞临上海附近上空时，机上五名歹徒突然采取暴力手段劫持飞机。杨继海机组怀着高度的爱国主义精神和保证旅客安全的责任感，临危不惧，坚定沉着，配合有方，在地面正确指挥和机上旅客的协助下，与歹徒进行了机智勇敢的搏斗，终于战胜歹徒，飞机载着全部中外旅客在上海虹桥机场安全着陆。他们在当地人民政府和驻军的配合下，粉碎了一起劫机的严重事件，谱写了我国民航反劫机的一曲胜利凯歌。杨继海机组的英雄事迹，体现了他们热爱党、热爱社会主义祖国的坚定立场，体现了他们为确保旅客安全，为维护祖国声誉而英勇顽强、不怕牺牲的革命英雄主义高尚品德。他们为国家和人民争了光。

为表彰这一英雄事迹，国务院决定授予杨继海机组中国民航英雄机组的称号。给机长杨继海记特等功一次；给杨继海机组八位同志各晋升一级，并分别给予奖金奖励。

国务院号召民航全体空勤人员和广大职工向英雄的杨继海机组学习，兢兢业业，戒骄戒躁，提高警惕，做好工作，确保飞行安全，全心全意为中国人民和世界人民服务，为我国的社会主义现代化建设做出贡献。

国务院

××××年××月××日

【例文4】任免令

关于×××同志任免令

××××年××月××日经党委会研究决定，任命×××同志担任×××处长，免去其×××职务。任期自××××年××月××日起，任期三年。

二、决定

（一）决定的含义

决定是一种适用于对重要事项或者重大行动做出决策和部署，奖惩有关单位及人员，变更或者撤销下级机关不适当的决定事项的公文。决定是应用写作实践中的一种重要文体，属于下行文种，其使用范围相对较广，上至党和国家的重大决策和战略部署，下至基层单位的奖惩事宜均可使用。

（二）决定的特点

1. 规定性。决定是决议性的下行公文，具有法定的强制力，上级的决定一经传达，下级就要贯彻执行，同时要求受文机关和个人认真遵守、落实。

2. 指导性。决定用于记载或传达党和国家领导机关对重要事项或重大行动的决策，有较强的政策性和理论性，是指导工作的准则。

3. 说理性。决定具有一定的说理性，有的决定是上级提出的主张，它要告诉有关单位和人员应该怎样做，不应该怎样做，并说明原因。

4. 单向性。决定只能是上级机关给下级机关发送的文件，而下级机关不能给上级发送。

（三）决定的种类

依据决定的性质，可分为以下三类：

1. 指挥性决定。指挥性决定，也叫部署性决定，就是对重大事项或重大行动做出部署、安排的决定。这些决定，有的是由机关直接发出的，而有些特别重大的行动是由机关制文并要经会议讨论通过方可发出。常见的有规定性决定、规范性决定、指导性决定、指示性决定、具有有关法令性质的决定、处理重大问题的决定和安排重要行动的决定等。这类决定政策性强，要求下级机关要坚决贯彻执行。

规定性决定：是指具有一定权限的组织或机构，依据某些条例和规定对组织内部提出的指挥性决定。

规范性决定：是指具有一定权限的组织或机构，依据某些条例和规定对组织内部提出的规范性决定。

指导性决定：是指具有一定权限的组织或机构，依据某些条例和规定对组织内部提出的指导性决定。

指示性决定：是指具有一定权限的组织或机构，依据某些条例和规定对组织内部提出的指示性决定。

2. 处置性决定。处置性决定就是处理、布置并告知具体事项及内容的决定，其内容多为表彰先进、处理问题、设置机构、安排人事等。这些决定有的是由机关发出的，有的是由会议发出的。

表彰决定：是指机关、团体和企事业单位对所属单位和个人进行表彰时发布的公文。

处分决定：是指具有一定处分权限的组织和机构，依据某些条例和规定，决定给予违反相关纪律及规定的人员处分时所作的书面决定。

机构设置决定：是指具有一定权限的组织和机构，依据某些条例和规定对组织内部的机构设置提出的正式决定。

人事安排决定：是指机关、团体和企事业单位对所属单位进行人事上的安排时发布的决定。

3. 公布性决定。公布性决定就是由会议直接公布某个议案的具体内容的决定或直接公布某一机构对某一问题的处理办法的决定。

（四）决定的格式与写法

决定由标题、正文和落款三部分组成。

1. 标题。决定的标题，一般应包括发文机关、事由、文种三要素，并在题下标明成文时间。例如：《中共××省委关于表彰××省先进基层党组织和优秀共产党员的决定》

成文时间也可视情况而标在正文后面，如一些表彰决定。有些决定，其标题还可以由事由与文种两要素组成，如教育部发出的《关于批准 2001 年普通高等学校国家级优秀教学成果获奖项目的决定》。

2. 正文。决定的正文，一般由原因与事项两部分组成。原因部分要简明扼要地写明做出这一决定的依据与理由，事项部分要直截了当地写明所决定的具体事项。有些表彰先进、处理问题的决定，其正文在事项写完之后，还要加一段希望和号召，如《成都铁路局党委关于表彰 2015 年度党内先进集体、优秀个人和命名优质品牌的决定》，最后一段就有号召：

"局党委号召，全局各级党组织、领导班子、广大共产党员和党务工作者要向受表彰的先进集体和优秀个人学习，学习他们心中有党、对党忠诚的坚定信仰，学习他们清正廉洁、干净做事的优秀品格，学习他们牢记责任、勇于担当的崇高追求，牢牢把握发展机遇、主动迎接困难挑战，积极投身西南铁路现代化建设的伟大事业，为铁路创新发展做出新的更大的贡献！"

3. 落款。落款包括发文机关、发文时间和印章三项内容。如果标题已有发文机关名称，落款处则一般不再写发文机关名称。决定的日期是写公布此项决定的具体日期，其位置通常写在标题下的小括号内。如果是会议通过的决定，还需要在标题下的小括号内写明这一决定是在什么时间、什么会议上通过的。

此外，大家还要注意，在撰写决定时，对所决定的事项，理据要充分，决定事项要周密完整，表达要简明扼要，评价要客观公正，语言要准确。

【例文 1】表彰性决定

关于表彰党内先进集体、优秀个人的决定

局属各党委（总支、支部）：

××××年以来，全局各级党组织和广大共产党员深入贯彻党的十八大和十八届三中、四中全会精神，认真学习习近平总书记系列重要讲话，按照党中央、总公司党组和路局党委、路局的决策部署，扎实开展党的群众路线教育实践活动和"三严三实"专题教育，深入推进基层组织规范化建设和运输一线党支部建设三年基础工程，在全局安全生产、运输经营、铁路建设、改革发展、队伍稳定等中心工作中充分发挥了党委的政治核心作用、党支部的战斗堡垒作用和党员的先锋模范作用，为推进路局创新发展做出了积极贡献，涌现出了一批先进集体、优秀个人。

为表彰先进、树立典型、弘扬正气，路局党委决定，授予××段等×个单位党委"全局先进党委"荣誉称号，授予××车站党总支等×个党（总）支部"全局先进党支部"荣誉称号，授予××段×××等×名同志"全局优秀共产党员"荣誉称号。

一个先进就是一面旗帜。这次受表彰的先进集体、优秀个人，是全局各级党组织、领导班子、广大共产党员和党务工作者的优秀代表，是坚持全面从严治党、践行群众路线、落实"三严三实"要求、带头攻坚克难、推动路局创新发展的先进典型，是提升政治工作科学化水平、加强班子自身建设、创新基层党建工作的模范标杆。他们的先进事迹和崇高精神，集中体现了全局各级党组织和广大共产党员的先进性，具有鲜明的时代特征和典型意义，是推动路局从客运大局向客运强局转变，从传统运输企业向现代物流企业发展，早日实现铁路现代化的宝贵财富和动力源泉。希望受表彰的先进集体和优秀个人，要始终珍惜荣誉、戒骄戒躁、永葆先进，再接再厉、再创佳绩、再立新功！

××铁路局党委

××××年××月××日

【例文 2】人事安排决定

×××市（州）换届人事安排建议方案说明

1. 班子职数。新一届四大班子及法检"两长"职数×名，比上次换届减少（增加）×名，比换届前实际配备减少（增加）×名。其中，党委班子职数×名，比上次换届减少（增加）×名，比换届前实际配备减少（增加）×名；政府班子职数×名，比上次换届减少（增加）×名，比换届前实际配备减少（增加）×名；人大班子职数×名，比上次换届减少（增加）×名，比换届前实际配备减少（增加）×名；政协班子职数×名，比上次换届减少（增加）×名，比换届前实际配备减少（增加）×名。新一届四大班子及法检"两长"拟配备×人。

2. 提名情况。拟提名×人（党政交叉任职只计算党委）为换届人选。其中，党委班子×人（继续提名×人，新提拔×人，转任×人），政府班子×人（继续提名×人，新提拔×人，转任×人），人大班子×人（继续提名×人，新提拔×人，转任×人），政协班子×人（继续提名×人，新提拔×人，转任×人）。党政班子交流面×％。

3. 班子结构。新一届领导班子拟提名人选中，女干部×人，比上次换届增加（减少）×人，比换届前实际配备增加（减少）×人，其中党委班子×人，政府班子×人（党政交叉任职只计算党委），人大班子×人，政协班子×人，法检"两长"×人。少数民族干部×人，比上次换届增加（减少）×人，比换届前实际配备增加（减少）×人，其中党委班子×人，政府班子×人（党政交叉任职只计算党委），人大班子×人，政协班子×人，法检"两长"×人。党外干部×人，比上次换届增加（减少）×人，比换届前实际配备增加（减少）×人……

4. 新提拔人选考察对象情况。共考察新提拔人选×人，其中，正地级干部考察对象×人；副地级干部考察对象×人（党政班子×人，人大、政协班子×人，法检"两长"×人）。正地级干部考察对象中，市（州）委副书记×人，常委×人，副市（州）长×人，人大、政协副职×人。副地级干部考察对象中，县（市、区）党政正职×人（政府正职×人），市（州）直部门×人〔有县（市、区）党政领导工作经历的×人〕；女干部×人，少数民族干部×人，党外干部×人，43岁以下干部×人（40岁以下×人）。

×××年××月××日

【例文 3】规范性决定

××市人民政府关于修改、废止、宣布失效、宣布继续有效规范性文件的决定

××市人民政府令〔××××〕×号

为了加强规范性文件管理，确保法制统一和政令畅通，全面推进依法行政和法治政府建设，根据《××省规章规范性文件定期清理规定》（××××年××月××日省政府令第×

号发布），市政府对××××年××月××日以前发布的市政府规范性文件进行了全面清理。经过清理，市政府决定：

一、对《××市人才市场管理办法》等×件市政府规范性文件予以修改。

二、对《××市人民政府关于××市中国大型炉业产业基地招商引资政策的决定》等×件市政府规范性文件予以废止、宣布失效。

三、对《××市人民防空警报设施管理办法》等×件市政府规范性文件确认继续有效。

四、本决定自发布之日起施行。

附件：

1.××市人民政府修改的规范性文件（×件）

2.××市人民政府废止、失效规范性文件目录（×件）

3.××市人民政府继续有效的规范性文件目录（×件）

市长：×××

××××年××月××日

三、决议

（一）决议的概念

决议是一种用于记录会议讨论通过的重大决策事项的公文。这是 2012 年中共中央办公厅、国务院办公厅联合印发的《党政机关公文处理工作条例》中新增的正式公文文种。决议是指党的领导机关就重要事项，经会议讨论通过其决策，要求进行贯彻执行的重要指导性公文。

（二）决议的特点

1. 权威性

决议是经过党的会议讨论通过才能生效并由党的领导机关发布的，是党的领导机关意志的反映。决议的内容事关重要决策事项，一经公布，全党、全国上下都必须坚决执行。

2. 指导性

决议表述的观点和对事项的评价具有指导意义。

（三）决议的分类

决议一般分为批准性决议、重大问题决议和专门问题决议三种类型：

1. 批准文件的决议。批准性决议是国家或党政机关会议对议案表示肯定或否定意见的文件，目的是要公布议案审议的进程、结果。一般说来，用于公布较高一级代表大会期间讨论通过的会议文件，如重要的工作报告、国民经济与社会发展计划、国家预决算等。按照惯例，应同时公布经大会讨论通过的这一类型的决议。例如，《第十二届全国人民代表大会第一次会议关于 2016 年中央和地方预算执行情况与 2017 年中央和地方预算的决议》。

2. 重大问题的决议。这类决议是指经会议讨论通过的全面总结历史或现实的重要经验教训、阐明重要理论观点的文件，其特点是方针政策性强，有重大的理论指导意义和重要的历史文献价值，如关于政府工作报告的决议等。这类决议问题重大，涉及面广，理论阐述多，篇幅宏大，影响也比较深远。

3. 专门问题的决议。这类决议是会议上就有关专门问题讨论决定后而发布的决议。

（四）决议的格式和写法

决议由首部和正文两部分组成。

1. 首部。包括标题和成文时间两个项目。

（1）标题。决议的标题有两种形式：一种是由发文机关（或会议名称）、事由和文种构成，另一种是由事由和文种构成。

（2）成文时间。即决议正式通过的日期。一般放在标题下，在小括号内注明会议名及通过时间，也可只写年月日。

2. 正文。由决议依据、决议事项和结语三部分组成。

（1）决议依据。一般简要说明有关会议审议决议涉及事项的情况，陈述做出决议的原因、背景、目的或意义等。

（2）决议事项。写明会议通过的决议事项，或会议对有关文件、事项做出的评价、决策，对有关工作做出的部署安排和要求、措施。这部分内容相对比较复杂，写法也相对灵活。

（3）结语。一般要针对决议事项，向大家提出希望、号召和执行要求。有的决议可单列这部分。

【例文 1】重大问题决议

关于中华人民共和国国庆日的决议

（1949 年 12 月 2 日中央人民政府委员会第四次会议通过）

中国人民政治协商会议第一届全国委员会在一九四九年十月九日的第一次会议中，通过《请政府明定十月一日为中华人民共和国国庆日，以代替十月十日的旧国庆日》的建议案，送请中央人民政府采择施行。

中央人民政府委员会认为中国人民政治协商会议第一届全国委员会的这个建议是符合历史实际和代表人民意志的，决定加以采纳。

中央人民政府委员会兹宣告：自一九五零年起，即以每年的十月一日，即中华人民共和国宣告成立的伟大的日子，为中华人民共和国的国庆日。

中央人民政府

1949 年 12 月 2 日

【例文 2】专门性决议

关于接收×××同志为中共预备党员的决议

×××同志于××××年××月××日向党组织提出入党申请后，积极向党组织靠拢，经常向党组织汇报思想，自觉用党员标准严格要求自己。该同志能够认真学习党的基本理论、基本路线和基本知识，不断提高自己的政治理论水平和对党的认识；能够刻苦钻研业务技术，努力提高自己的业务技术水平，完成组织交给的各项任务。该同志思想作风正派，为人正直，对组织忠诚老实。该同志入党动机端正，入党信念坚定，有为党的事业奋斗终生的决心。

支部大会于××××年××月××日讨论了×××同志的入党问题。支部共有党员××名，实到会××名。应到会有表决权的党员××名，实到会××名。大会采取无记名投票的方式进行表决。表决结果：××票赞成，××票反对，××票弃权（或一致同意接收×××同志为中国共产党预备党员），呈报××党委审批。

×××支部委员会

××××年××月××日

【课外拓展一】

行政令与行政决议的区别

从定义上看，行政决议是具有行政权能的组织或者个人行使行政职权或履行行政职责，针对行政相对人所作的直接产生外部法律效果的行为。行政命令是行政主体依法要求相对人进行一定的作为或不作为的意思表示。

从执行上看，行政命令是依法或依职权做出的，具有强制力，这种强制力包含两层含义：一是要求相对人进行一定作为的命令，如纳税令等；二是要求相对人履行不作为的命令，如道路禁令等。如果相对人不想执行行政令，只能通过申请途径解决，不能提起行政复议或诉讼；相对人如果不想执行行政决议，可以依法提起行政复议或行政诉讼。

【课外拓展二】

决定与决议的区别

从使用范围上看，决议一般是指会议通过的重要事项，而决定的使用范围比较宽泛，既包含会议通过的事项，也可以是某个单位、某个组织或者某个人确定的。

从事项重要程度上看，决议所涉及的事项多是较为重要的内容，决定既可以是重大的事项，也可以是相对普通的事情。

从制作程序上看，决议须经某一级机关或组织机构的法定会议对某一议题进行集体讨论，由法定多数表决通过，然后形成正式文件，并以会议的名义公布。决定却不一定经过法定会议讨论通过的程序。它既可以是某种会议讨论研究的成果，形成正式文件予以公布，也可由各级领导机关直接制作并予以公布。

从作用上看，决议一定要求下级机关执行。决定只有"部署性决定"才要求下级机关执行，"宣告性决定"只起知照性作用，一般不要求下级机关执行。

第二节　公告　通告

一、公告

（一）公告的概念

公告是政府、团体对重大事件的有关情况向公众正式公布或者公开宣告、宣布的公文，其中最重要的是向国内外宣布法定事项，依据法律规定告知国内外有关重要的规定和重大行动等。

（二）公告的特点

1. 发布内容重要。公告发布的内容必须是重要事项或法定事项。公告内容要庄严、严肃，既要能够将有关信息和政策公之于众，又要考虑国内国际可能产生的政治影响。

2. 发布范围广泛。公告是向国内外发布重要事项和法定事项的公文，它的信息传达的范围非常广泛，有时是全国，有时是全世界。

3. 发文权力的限制性。由于公告有向国内外发布的功能，所以发布机关多为较高级别的国家行政机关或权力机关，如全国人民代表大会、国务院、各省市人民政府及人大等，也可由法定的有关职能部门来制发，如海关、铁路局、检察院、法院等，一般性质的社团没有发布的权力。

4. 内容和传播方式的新闻性。公告的内容都是近期的、群众应知而未知的事项。公告属公开宣布的告晓性公文，主要用于公布宪法，国家重要领导人出访、任免、逝世以及其他一些国家重大事项等。它不同于一般性的红头文件式的传播，通常在报纸、电视台、电台发布。公告从内容和传播形式上，体现新闻性的特征。

（三）公告的分类

常见的公告主要有重要事项的公告、法定事项的公告和专业性的公告。

重要事项的公告：凡是用来宣布有关国家的政治、经济、军事、科技、教育、人事、外交等方面需要告知全民的重要事项的，都属此类公告。常见的有国家重要领导岗位的变动，领导人的出访或其他重大活动，重要科技成果的公布，重要军事行动，等等。例如，《中国人民代表大会常务委员会关于确认中国人大代表资格的公告》。

法定事项的公告：依照有关法律和法规的规定，一些重要事情和主要环节必须以公告的方式向全民公布。

专业性的公告：有一类公告是属于专业性的或向特定对象发布的，如经济上的招标公告，按专利法规定公布申请专利的公告，属专业性公告；也有按国家民事诉讼法规定，法院递交诉讼文书无法送达本人或代收人时，可以发布公告间接送达，是向特定对象发布的，这些都不属行政机关公文。

（四）公告的写作格式

公告的格式一般由标题、正文、结尾三部分组成。

1. 标题。公告的标题，一般多采用"发文机关名称＋公告"的形式，如《中华人民共和国外交部公告》。少数也采用"发文机关名称＋事由＋公告"的形式，如《中国人民银行关于调整储蓄利率的公告》。

2. 正文。公告的正文，一般由"公告缘由"、"公告事项"和"公告结语"三部分内容组成。

公告缘由也叫公告依据，常常用一两句话即可交代，即要写出根据什么会议或规定发布本公告的。

公告事项是公告的核心部分，要写明公告的具体内容，如果内容较多，可采用分条列项的形式，文字要求简明、具体、准确，一般不需加分析与评论。

公告结语有时使用"特此公告"、"现予公告"等规范性的语言。

3. 结尾。结尾包含印章和发布日期。以机关名义发布的，标题中如已有机关名，就不用再署名了。

（五）公告的注意事项

1. 由于公告传播面广，撰写时要注意：事理周密无漏洞，条理清楚不啰唆，语言通俗不鄙俚，文风严肃不做作，做到易读、易懂、易知。

2. 公告所公布的为重要或重大事项，而且常以报刊、广播、电视、张贴等形式公开发表，所以写作时，要直陈其事，一事一告，就实公告，语言要严肃庄重，不发议论，不加说明，更不能抒情。

3. 公告一般不编号，但当某一次会议或某一专门事项需要连续发布几个公告时，则应在标题下单独编号。

【例文 1】重要事项公告

中华人民共和国外交部公告

中华人民共和国将自 1997 年 7 月 1 日对香港恢复行使主权之日起，启用中华人民共和国香港特别行政区护照。

中华人民共和国香港特别行政区护照是中华人民共和国护照的一种，持上述护照前往世界各国和各地区有效。中华人民共和国外交部请各国军政机关对持照人予以通行的便利和必要的协助。

根据《中华人民共和国香港特别行政区基本法》第 154 条的规定，中华人民共和国政府授权香港特别行政区政府依照法律向持有香港特别行政区永久性居民身份证的中国公民签发中华人民共和国香港特别行政区护照。此外，按照国际惯例，中华人民共和国驻外国的外交代表机关、领事机关和中华人民共和国外交部授权的其他驻外机关也可办理签发香港特别行政区护照的有关事宜。

中华人民共和国外交部已开始通过外交或其他途径向世界各国提供中华人民共和国香港特别行政区护照样本及有关说明材料，并积极准备与有关国家和地区就香港特别行政区护照持有者免办签证事宜进行商谈。中华人民共和国外交部希望各国和地区积极考虑给予中华人民共和国香港特别行政区护照持有者免办签证的待遇。

一九九五年十一月十五日

【例文 2】法定事项的公告

国家铁路局关于调整铁路运输
基础设备目录的公告

国铁设备监〔××××〕×号

为贯彻落实国务院《关于规范国务院部门行政审批行为改进行政审批有关工作的通知》（国发〔2015〕6 号）精神，深化简政放权，依据《铁路运输基础设备生产企业审批办法》（交通运输部令 2013 年第 21 号）规定，国家铁路局对铁路运输基础设备目录进行如下调整：

1. 取消《铁路通信信号设备生产企业审批实施细则》（国铁设备监〔2014〕15 号）铁路通信信号设备目录中的 1 项：3002 列车无线调度通信系统车载（机车）电台。

2. 取消《铁路牵引供电设备生产企业审批实施细则》（国铁设备监〔2014〕13 号）铁路牵引供电设备目录中的 7 项：4005 中心锚结装置、4007 接头连接线夹、4009 弹性吊索线夹、4010 线岔（钢、铝合金）、4013 电气化铁路用铜接触线、4015 电气化铁路用铜承力索、4018 棒形悬式复合绝缘子。

3. 将《铁路道岔设备生产企业审批实施细则》（国铁设备监〔2014〕14 号）铁路道岔设备目录中的 1002 道岔尖轨、1003 道岔基本轨、1005 道岔护轨合并为 1002 道岔重要轨件。

上述取消目录的铁路运输基础设备，不再进行行政审批。合并目录的，申请企业可一次申请并具备合并事项所需条件。

调整后的铁路运输基础设备目录，重新予以公布（见附件）。

本公告自发布之日起施行。

附件：调整后的铁路运输基础设备目录

××××年××月××日

【例文 3】专业性的公告

×××铁路立交桥项目招标公告

项目名称：×××铁路立交桥项目招标公告

实施地：×××市

开标时间：××××年××月××日

招标方案核准号：××招字（××××）第×号

1. 招标条件

本次招标项目×××铁路立交桥项目由××铁路局批准建设，项目业主为×××工程指挥部。资金来源为：由××镇人民政府筹措。招标代理为×××交通建设工程招标有限公司。项目已具备招标条件，现对该项目的施工进行公开招标。

2. 项目概况

×××铁路立交桥，本项目为新建 1—25m 钢筋混凝土空心板梁桥，桥面宽度 17.5m，采用钻孔灌注桩基础，U 型桥台，新建桥梁与铁路线路中心线的夹角为 $75°$，梁底至轨顶最小净空为 6.7m，桥墩承台边缘距最近的既有铁路中心最小距离均为 7.39m。

3. 投标人资格要求

3.1 凡具有建设行政主管部门颁发的铁路工程施工总承包二级及以上资质且近五年无不良业绩的施工单位均可参加报名。报名单位来时携带：①法人授权书原件（含法人代表二代身份证原件及彩色扫描件）；②被授权人二代身份证；③拟派往本项目的项目经理资格要求：桥梁专业工程师或以上职称证、建设部门颁发的二级或以上注册建造师资格证书（不含临时）、二代身份证；④安全生产许可证副本原件；⑤企业营业执照副本原件；⑥资质证书副本原件；⑦组织机构代码证副本原件；⑧基本账户许可证原件，及以上证件加盖公章的彩色扫描件两套。

3.2 施工业绩要求：近五年内完成并通过交（竣）工验收且满足下列要求的一级及以上公路的公铁立交项目：中桥两座。

3.3 本次招标不接受联合体投标。

3.4 具有投资参股关系的关联企业，或具有直接管理和被管理关系的母子公司，或同一母公司的子公司，或法定代表人为同一人的两个及两个以上法人不得同时对本项目进行投标。

4. 投标文件的获取

请投标人于××××年××月××日至××××年××月××日，在×××交通建设工程招标有限公司（××市××区××路×号）购买招标文件，招标文件（含图纸）每套售价×××元，现金支付，售后不退。

5. 投标文件的递交

5.1 递交投标文件截止时间为××××年××月××日 8：30 时整，投标人应于当日 8：30 时前将投标文件递交至××市××区××路×号××室。

5.2 逾期送达或者未送达指定地点的投标文件，招标人不予受理。

6. 本次招标公告在××省招投标网上发布。

7. 联系方式

招标人：×××工程指挥部

招标代理机构：×××交通建设工程招标有限公司

地址：××省××市××区×××街××号

邮政编码：××××××

联系人：×先生

电话：××××－××××××××

××××年××月××日

二、通告

（一）通告的概念

通告是党和国家机关、人民团体、企事业单位在一定范围内公布应当遵守或者周知的事项时使用的公文。行文关系多为下行文，也可以是平行文。

一般情况下，通告不写抬头，无主送单位。

（二）通告的特点

1. 告知性。通告是知照性下行文，具有鲜明的告知性。

2. 广泛性。通告内容广泛，使用普遍，大到国家政策法令，小到公布社会生活中某些需要人们周知、遵守的具体事项，都可使用。其公布方式有：张贴、登报、广播、电视播放等。

3. 通告一般所告知的事项常作为各有关方面行为的准则或对某些具体活动的约束限制，在某种情况下具有法律效力与行政约束力。

4. 业务性。通告经常用于水电、交通、公安、税务等主管业务部门工作的办理、要求和事务性事项，所以通告的内容也具有一定的专业性和事务性的特征。

（三）通告的种类

1. 知照性通告

即告知一些应当知道或需要遵守的简单事项的通告，如《中华人民共和国公安部关于在全国实施居民身份证使用和查验制度的通告》。

2. 执行类通告

即主要向受文者交待需要遵守、执行的政策、措施以及其他行为规范，具有一定的强制力，也称制约性通告，如《关于禁止擅自利用重大政治题材从事商业牟利活动的通告》。

（四）通告的写作格式

通告由标题、事由、通告事项、结语和落款等部分组成。

1. 标题。通告的标题，有三种组成方式：①"发文机关＋事由＋文种"，如《中华人民共和国公安部关于收缴非法持有的枪支弹药的通告》；②"发文机关＋文种"，如《北京公安交通管理局通告》；③"事由＋文种"，如某高校发出的《关于禁止学生酗酒的通告》。如遇特别紧急情况，可在"通告"前加上"紧急"二字。

2. 事由。主要阐述发布通告的背景、原因、目的、意义等。阐述说理要充分，文字简明，末句用"特通告如下"或"现将有关事项通告如下"等惯用语引起下文。

3. 通告事项。这部分是正文的核心，要具体写明本通告的有关事项和有关规定。如果事项或规定的内容较多，可用分条列项的办法写出，一条写一个内容，文字表达要准确、严密、通俗，语气要坚定庄严。

4. 结语。要简明扼要地提出执行日期、措施及希望、要求等，或采用"特此通告"之类惯用语作为结尾。有些通告，也可以没有结语。

5. 落款。落款包括印章与发布日期。正文后签署发布通告的机关名称和日期。有些通告，发布日期也可以写在标题之下。

【例文1】知照性通告

××市公安局交通管理局
关于对××××铁路路段实施交通管制的通告

为确保××××5#道桥一期工程的顺利推进和道路安全、畅通，根据《中华人民共和国道路交通安全法》和《××市道路交通安全条例》的有关法律规定，决定对××××铁路路段实行交通管制措施。现将有关事项通告如下：

一、××××年××月××日至××××年××月××日××××铁路路段禁止所有车辆通行。

二、该路段车辆禁行后，途经该路段的车辆需改道行驶。由×××大桥北桥头驶往×××的车辆，改走×××大桥南桥头×××方向，经×××到达……

三、在施工区域附近通行的车辆，请自觉按照交通民警和施工现场人员的指挥通行，车辆禁止超车、超速行驶和乱停乱放。因工程施工给沿线各单位和居民、驾驶人带来的不便，敬请谅解支持。

特此通告

××××年××月××日

【例文2】执行类通告

××电力工业局关于使用定期借记业务结算方式的通告

根据中国人民银行××分行的通知精神，从××××年××月起，原来使用××市专用委托收款方式结算电费的用电户，将统一使用××电子资金转账系统定期借记系统。为此，对于愿使用专用委托收款结算方式缴交电费的企事业单位客户，我局将从××××年××月起改为使用定期借记方式收取电费。请有关用电户配合我局做好以下工作，以便顺利结算电费：

一、请各用电客户尽快与开户银行联系，按照中国人民银行××分行的统一要求签订《定期借记业务授权委托书》，并于××××年××月××日前将复印件送达所在区供电局。

二、部分商业银行由于系统升级原因更改了开户银行账号格式，请客户在签订《定期借记业务授权委托书》的同时与贵开户银行确认新的银行账号，并于××××年××月××日前以正式公函形式通知我局，若届时未收到客户的《定期借记业务授权委托书》及新的银行账号，客户将无法使用定期借记方式缴交电费，我局将采取现金方式收取电费。

三、由于定期借记业务系统投运后，银行系统将不再代为传递电费票据，故我局将统一采取邮政递送、客户签收的方式派发电费票据予客户。为了确认各客户的邮递地址以及签收人，请客户于××××年××月××日至××月××日前往所在区供电局领取××××年××月份的电费发票，同时填报有关资料交我局工作人员。

特此通告

××××年××月××日

【拓展阅读】

公告与通告的区别

1. 宣布的事项不同。通告用于宣布一般性事项，宣告应当遵守或遵照办理的事项，业务性较强。公告则只用于宣布重大事件，是具有特定用途的公文。

2. 公布的范围不同。通告在国内一定范围内公布，而公告则向国内也向国外公布。

3. 发文机关不同。通告可以由各级政府机关发布，而公告只能由中央最高权力机关和最高管理机关发布。

4. 发布方式不同。公告多用登报、广播的方式发布；通告可用文件形式印发，也可登报、广播或张贴。

第三节　通知　通报

一、通知

（一）通知的概念

通知是一种适用于发布传达要求下级机关执行和有关单位周知或执行有关事项而使用的公文，包含批转下级机关公文、转发上级机关和不相隶属机关的公文。

需要注意的是，行政机关通知取消了"发布规章"的用途，改由命令承担。

（二）通知的特点

1. 广泛性。通知从行文主体角度看，适用范围最为广泛，使用频率最高。通知不受发文单位级别和性质的限制，任何机关、企事业单位，任何级别的组织机构都可使用。从职能上看，通知的职能较多，传达指示、转发文件、布置工作、增设机构、任免干部、召集会议等均可用通知。从内容上看，通知既可以是上级领导机关的重要决策，也可以是日常行政工作。

2. 时效性。通知事项一般要求立即办理、执行或知晓，受文机关要在规定的时间内办理完成，要求行文及时，不得拖延。

3. 行文和形式相对灵活。通知的行文方向既可以是上级对下级，也可以是平行机关或不相隶属机关之间行文。通知不受繁简轻重限制，其结构可以是多段，也可为独段；可以分条书写，也可段、篇合一。

4. 使用频率较高。大到党和国家的大事，小到基层单位的具体事务都可以通知的形式发布。通知是使用频率最高的公文文种。

（三）通知的分类

通知按不同角度，有不同的划分标准。如从执行要求的时间划分，可分为一般性通知和紧急性通知。从适用范围和内容划分，可分为指示性通知、批转转发性通知、发布性通知、部署性通知、会议性通知和任免聘用通知等。本处重点讲述从适用范围和内容划分的六种情况，具体如下：

1. 指示性通知。指示性通知是上级机关对下级机关就某一事项做出具体规定的通知，要求下级机关办理或有关单位共同执行，多用于一些不宜用命令（令）发布的行政法规、章程、办法等的告知，这类通知具有一定强制性、指挥性和决策性的特征。

2. 批转转发性通知，又称批示性通知，用于转发上级、同级或不相隶属机关的公文及批转下级机关的公文。可以分为批转性通知和转发性通知两类。批转的公文必须是下级机关的公文，被批转的公文是通知的附件，但实际上是通知的正文或主要内容，而通知本身是一个批示，以批语形式表达，其重点在"批"，如《国务院批转发展改革委关于20××年深化经济体制改革工作意见的通知》。转发性通知用于转发上级机关、同级机关和不相隶属机关的公文，它由转发语和被转发的公文两部分组成，被转发公文成为通知的附件，其重点在于"转"。

3. 发布性通知。发布性通知是将一些不宜用命令（令）下发的有关行政规定、条例、规则、办法等制度和其他重要文件，以通知的形式发给下级、所属单位或部门贯彻执行的公文。

4. 部署性通知，又称事项性通知、工作通知，用于上级机关要求下属机关办理、执行或需要了解周知的事项时使用的公文。一般除交代任务外，还提出工作原则和工作要求，这类通知具有强制性和行政约束力，如《文化部关于协助中国历史博物馆修改历史陈列调用文物的通知》。

5. 会议通知。会议通知是组织会议的机关、单位将会议内容和相关事项预先告知拟参会的单位、部门或个人而使用的公文，如《××省教育厅关于召开高校党的建设会议的通知》。

6. 任免通知。任免通知是用于上级机关任免和聘用干部的公文，如《××省人民政府关于×××等3名同志职务任免的通知》。

（四）通知的格式与写法

通知的结构由标题、主送机关、正文、落款和附件等构成。

1. 标题。通知的标题一般分为发文机关、缘由、文种三部分，一般有以下几种形式：

（1）由发文机关、缘由和文种三部分组成，如《国务院关于印发"中国制造2025"的通知》。

（2）由缘由、文种两部分组成，如《关于进一步加强和改进工作作风建设的通知》。

（3）省略发文机关和事由，直接用文种"通知"，这类通知主要用于内容简单、发文范围很小的事项性通知，一般作为文件下发的通知不会采用此种形式。

（4）根据特殊情况和具体要求，可以在文种前加表示范围、程度的词语，如"联合通知""补充通知""重要通知"等。

（5）批转、转发通知由发文机关、批转（转发）、始发机关文件标题、通知等要素组成。

2. 主送机关。通知的主送机关，一般在标题下另起一行顶格书写。下行通知和平行通知稍有不同。下行通知一般有多个主送机关，而且常用统称，如国务院下发的通知多用"各省、自治区、直辖市人民政府，国务院各部委、各直属机关"。平行通知一般写出具体的主送机关，主送机关多的，要注意标点符号的正确使用，同类主送机关名称之间标全角"、"，不同类主送机关名称之间标全角"，"，最后一个主送机关名称后标全角"："。

3. 正文。通知的正文一般由缘由、事项、结尾三部分组成，鉴于不同类通知具体格式不同，此处按通知的不同种类，分类说明。

指示性通知的正文。一般由缘由、事项、结尾三部分构成。

（1）缘由。要说明发通知的原因、目的、根据、意义或当前存在的问题。这部分要简明扼要，精练概括，然后以"特作如下通知"、"现将有关事宜通知如下"等承启语转接下文。

（2）事项。主要是部署工作任务，要明白具体地阐述工作意见、措施、办法以及需要注意的问题。这部分多采用分段式或分条列项写作。要求写得具体明确、条理清楚，便于下级机关领会和贯彻执行。

（3）结尾。写执行要求，一般以"以上通知，望认真执行"、"特此通知，请认真贯彻执行"、"本通知自发布之日起实行"等惯用语作结语。

转发批转性通知的正文。转发和批转性通知正文写法大体一致。

（1）缘由。要写明被转发（批转）文件名称，阐述批转的目的或陈述转发的理由，以及批转或转发的必要性和意义等，之后加上呈用语，批转性通知与转发性通知此处略有不同。

批转性通知的基本格式：（发文机关）同意（下级机关）《关于……》（发文字号），现转发给你们，请认真贯彻执行。

转发性通知的基本格式：现将（上级机关下发的通知、发文字号）转发给你们，请遵照执行。

（2）事项。要表述好转发（批转）机关的态度、目的及评价，后面的被转发文件作为通知的具体内容。并针对转发内容有针对性地发出指示，提出贯彻执行的意见、要求。

（3）结尾。常用"请遵照执行""请认真贯彻执行"等惯用语，对转发（批转）的文件精神加以补充、强调或说明。

发布性通知的正文。这类通知正文部分较简短，一般由缘由、事项构成。

（1）缘由。用简要文字交代制文的背景、依据及目的等，并用"现将……"句式引出被发布的文件名称。

（2）事项。要写明发布行政法规、规章制度、办法、措施等内容，并提出贯彻执行的希望和具体要求。如果内容较多，可以分条列项进行写作。

事务性通知的正文。一般由缘由、事项、结尾三部分构成，多采用段篇合一或总分条式结构，直陈其事，简明扼要。

（1）缘由。直接简明地说明行文的原因或依据，然后用"现将有关事项（事宜）通知如下"作为过渡，开启下文。

（2）事项。写受文单位需要了解、知照的事项，要把布置的工作和需要周知的事项阐述清楚，并讲清楚要求、措施、办法等。

（3）结尾。多提出贯彻执行要求，并用"请遵照执行""请认真贯彻执行"等惯用语。如果缘由和事项两部分之间用了过渡句则不用此句作结尾。

会议通知的正文。一般包括召开会议的机关、会议名称、会议起止时间、会议地点、会议内容和任务、参加会议的条件和人数、报到时间及地点、与会人员需携带的文件材料、联系人及方式等内容，一般采用总分条式或条式结构写作。会议通知一般由缘由、事项构成。其格式如下：

（1）缘由。写召开会议的依据、目的或背景等，然后用过渡句承上启下。

（2）事项。达到两个目的：一是使与会人员在会前有所准备，如论文、材料、计划等；二是要求与会人员按时到会。故必须写清楚以上内容。

任免通知的正文。这类通知因涉及人事任免问题，要特别审慎，提法、措辞、人员排列顺序等十分考究，要认真细致。任免通知写法比会议通知更简单，一般的格式是由任免决定和任免对象组成，即"经×××研究决定，任命×××为×××免去其原×××职务"。

4.落款。在正文右下方写明发文机关的名称和日期，并加盖公章。成文日期一般用阿拉伯数字写全，要注意的是，这里年份要用全称，月和日不编虚位。如有附件的，要将附件名称标注在正文下方，左起空两格，多个附件换行与上一附件名称对齐。附件全文要附在通知之后，一同装订。

（五）通知的写作要求

1. 正文事项要具体。通知无论是对有关情况的介绍和评价，还是对有关单位的要求，都要明确清楚，以便办理执行。

2. 要有针对性。通知要针对或切合受文机关的实际情况，讲究实效。

3. 用语要庄严得体。通知的语气必须庄重，也应恳切，既要体现出发文机关权威性和严肃性，又要突出协调性与尊重性。

4. 措辞要严谨缜密。应该注意表述的准确性，让受文单位感受到上级机关的郑重严密、无懈可击。

【例文 1】指示性通知

国务院办公厅关于印发××××年政务公开工作要点的通知

国办发〔××××〕×号

各省、自治区、直辖市人民政府，国务院各部委、各直属机构：

《××××年政务公开工作要点》已经国务院同意，现印发给你们，请结合实际认真贯彻落实。

国务院办公厅

××××年××月××日

【例文 2】批转性通知

国务院关于批转国家税务总局
《关于加强个体私营经济税收征管强化查账征收工作的意见》的通知

国发〔××××〕×号

各省、自治区、直辖市人民政府，国务院各部委、各直属机构：

国务院同意国家税务总局《关于加强个体私营经济税收征管强化查账征收工作的意见》，现转发给你们，请遵照执行。

加强个体、私营经济税收征管，强化查账征收工作是规范个体、私营经济管理，促进个体、私营经济健康发展的重要措施。各级人民政府要高度重视，切实加强领导，协调税务、工商行政管理、公安和金融等有关部门，积极稳妥地做好这一工作，并帮助税务部门解决工作中出现的困难和问题。国家税务总局要结合深化税收征管改革，切实做好对这项工作的组织指导和监督检查。各有关部门要相互支持、密切配合，确保这项工作顺利进行。

本通知的具体实施意见，由国家税务总局会同有关部门制定。本通知的贯彻执行情况，各省、自治区、直辖市和计划单列市人民政府应于××月底前报告国务院，同时抄送国家税务总局。

国务院

××××年××月××日

【例文 3】 转发性通知

××市人民政府办公室关于转发省发改委等七部门《关于做好全省全面供应符合第五阶段国家强制性标准车用油品相关工作的通知》的通知

× 政办发〔××××〕× 号

各县（市）区人民政府，各开发区管委会，市直有关单位：

为加快推进成品油质量升级，改善空气质量，促进大气污染防治，省发改委、省公安厅、省环保厅、省商务局、省工商局、省质监局、省能源局联合下发了《关于做好全省全面供应符合第五阶段国家强制性标准车用油品相关工作的通知》（×发改能源〔××××〕×号）（以下简称《通知》），要求××××年××月××日起全省将全面供应符合第五阶段国家标准（简称国Ⅴ标准）车用汽油（含E10乙醇汽油）、车用柴油（含B5生物柴油）。现将《通知》转发给你们，请认真贯彻落实。

一、请各地结合本地实际，采取多种形式，集中开展辖区内全面供应国Ⅴ标准油品升级行动，严格成品油经营准入标准，强化监督管理，严厉打击扰乱成品油市场的违规经营行为，保障成品油市场经营有序、供应稳定。

二、市商务局负责牵头组织督办全市全面供应国Ⅴ标准油品升级行动，制定全市××××年国Ⅴ标准油品保供方案及应急预案，密切跟踪油品市场动态。严格成品油流通企业市场准入，强化行业监督管理。

三、市环保局负责加强对加油站和油气回收设施环保检查验收，强化污染排放监督管理，做好油气回收治理工作。

四、各有关部门要高度重视，明确职责，密切协作，加大监督检查和宣传力度，确保我市全面完成成品油质量升级相关工作。

××××年××月××日

【例文 4】发布性通知

国务院办公厅关于××××年部分节假日安排的通知

国办发明电〔××××〕×号

各省、自治区、直辖市人民政府,国务院各部委、各直属机构:

经国务院批准,现将××××年元旦、春节、清明节、劳动节、端午节、中秋节和国庆节放假调休日期的具体安排通知如下。

一、元旦:1月1日放假,1月2日(星期一)补休。

二、春节:1月27日至2月2日放假调休,共7天。1月22日(星期日)、2月4日(星期六)上班。

三、清明节:4月2日至4日放假调休,共3天。4月1日(星期六)上班。

四、劳动节:5月1日放假,与周末连休。

五、端午节:5月28日至30日放假调休,共3天。5月27日(星期六)上班。

六、中秋节、国庆节:10月1日至8日放假调休,共8天。9月30日(星期六)上班。

节假日期间,各地区、各部门要妥善安排好值班和安全、保卫等工作,遇有重大突发事件,要按规定及时报告并妥善处置,确保人民群众祥和平安度过节日假期。

国务院办公厅
××××年××月××日

【例文 5】会议性通知

××学院关于召开全校教职工大会的通知

各系、部、部门:

根据工作需要,经学院研究决定,将于××××年××月××日召开本学期初全校教职工大会。现将有关事项通知如下。

一、会议时间:××××年××月××日××点

二、会议地点:××××

三、参会人员:全校教职工

四、有关要求:

1. 请系、部、部门做好通知,并将参会人员名单于××××年××月××日下班前发送至指定邮箱lntzy@163.com。

2. 不能参加会议的要严格履行请假手续。

3. 全体参会人员提前15分钟入场并按指定区域就座完毕。会议期间,参会人员要严格遵守会场纪律,自觉关闭手机或调至振动状态,不在会场内随意走动。

特此通知。

党政办公室
××××年××月××日

【例文 6】任免性通知

××学院干部任免通知

××学院党干字【2017】×号

关于×××同志任职的通知

经学院党委会研究决定：×××同志任×××系党总支书记（××级），免去其原职务。任职时间自二〇一七年一月十四日算起，工资待遇按×××号文件和学院有关规定实行。

中共××学院委员会

××××年××月××日

主送：组织部

抄送：人事处　存档

【拓展阅读】

转发性通知如何解决标题冗长的问题

在拟制转发性通知标题时，要注意标题过长过繁的问题，如《××市人民政府办公厅转发〈××省人民政府办公厅转发《国务院办公厅关于贯彻执行国务院关于加强安全生产有关问题的紧急通知》的通知〉的通知》。

此类标题有两种解决方法：

1. 采用直转法，即在"转发"二字后面，直接采用第一发文机关的标题名称，如《××市人民政府办公厅转发国务院关于解决企业负担过重的若干规定的通知》。

2. 不采用"关于……关于"和"通知……的通知"的句式，而在标题中直接概括文件的主旨，如《××市人民政府转发国务院关于解决企业社会负担过重问题文件的通知》。

二、通报

（一）通报的概念

通报是党政机关、社会团体、企事业单位表彰先进、批评错误、传达重要精神或者情况的一种公文。通报一般是上级向下级发布，属下行公文。

通报有助于互通情况，沟通信息，使有关单位或组织了解工作进程，安排好自己的工作。可以对生产、工作、科研和学习生活中的好人好事进行表扬，介绍先进经验；也可以批评在上述各项活动中存在的缺点和错误。通报比较灵活，使用频率颇高。

（二）通报的特点

1. 典型性。通报的人或事必须有典型性和代表性。正面和反面的人或事都必须能揭示事物的本质和规律，使受文者受到启发和教育。

2. 教育性。通报写作的目的是为了通过正反典型引导人们辨明是非，总结经验，吸取教训，弘扬正气，树立新风。特别是表彰先进或批评错误的通报，具有借鉴、学习和警戒、预防作用，对有关人员具有教育作用。

3. 政策性。通报具有一定的政策性，尤其是表扬性通报和批评性通报，直接涉及具体的单位和个人，具有较大影响。因此，通报必须讲究政策依据。

4. 时效性。通报主要是针对当前工作中出现的重要情况或问题行文，写作必须及时抓住典型，及时通报，否则将失去行文价值。

（三）通报的种类

1. 按照表述方法分，可分为直述式通报和转述式通报两大类。

2. 从内容和性质上划分，大体可以分为表彰性通报、批评性通报、传达性通报三类。

表彰性通报：主要用来表彰先进，介绍单位或个人成功的经验、做法，以学习先进，见贤思齐，改进与推动工作。

批评性通报：用来批评后进，纠正错误，打击歪风，指出有关单位或个人存在的错误事实，提出解决办法或处理意见。

传达性通报：用于传达上级重要精神与重要情况，引起人们的警觉与注意，起到沟通情况、指导当前工作的作用。掌握全局的领导机关发出的情况通报，目的是使下级单位和干部、群众了解全面情况，统一认识步调，推动工作的开展。

情况通报有两种形式：一种只对有关事实做客观叙述；另一种还对有关情况加以分析说明，有时还针对具体问题提出应采取何种对策的指导性意见。

（四）通报的格式及写法

通报由标题、主送机关、正文、落款四部分组成。

1. 标题，由发文机关、事由、文种或事由、文种构成，如《关于××情况的通报》。

2. 主送机关。主送机关可以是一个或多个，也可以是下属所有单位。有的特指某一范围，可不标注主送机关。

3. 正文。这一部分主要写明典型事例发生的时间、地点、有关人物或单位、事情的主要经过和情节、表现等。叙述事例文字应详略得当，表述要简洁平实。

表彰性通报和批评性通报一般分为三部分：一是主要事实。表彰性通报要突出主要先进事迹，批评性通报要抓住主要错误事实。二是分析指出事例的教育意义。表彰性通报要在阐述先进事迹的基础上，提炼出主要经验、意义和值得学习与发扬的精神；批评性通报要分析错误的性质、危害，产生的根源和责任，指出应吸取的主要教训等。三是决定要求。表彰性和批评性的通报，应写明组织结论和予以表彰或处理的决定，同时提出对表彰或批评对象与读者的希望、要求。为了防范和杜绝类似错误发生，批评性通报的结尾处，通常要有针对性地提出防范的措施或规定。传达性通报一般不写决定要求。

4. 落款，在正文右下方标明发文机关名称，加盖印章，写明发文日期。

（五）通报的写作要求

1. 通报的材料要真实、评述要有据。无论是哪种通报，材料都应当真实可靠。特别是批评性通报，通常被认为是对被批评者的一种处分形式，因而应特别慎重。通报应力求事实准确，评论要有分寸，以理服人，只有这样才更有说服力，才能起到教育作用。

2. 要及时、快速。因为通报的内容都是新发生的事件和事情，与推动当前中心工作密切相关，因而必须不误时机。否则，时过境迁，就会失去通报的价值。

3. 材料必须新颖、典型、具有代表性。通报必须选择新颖、典型、具有代表性的人与事，选择与中心任务有关的重大情况和事项，使人周知，引起重视或警惕，从而对各机关的工作有所启示与推动。

【例文 1】表彰性通报

××铁路局关于表彰×××安全包保工作组的通报

局内各站段：

为确保西部线安全，为全局增运增收提供安全保障，路局及局党委决定从××××年××月开始，由常务副局长×××牵头，组成×××安全包保工作组。

××××年××月××日，×××安全包保工作组正式进驻××，各包保组成员各司其职，密切配合，采取公开检查和现场抽查、昼间检查和夜间检查、地面检查和添乘检查相结合的方式，发现和解决了大量影响安全生产的实际问题，为确保×××铁路安全做出了较大贡献。

特予以通报表扬，并予以奖励。

××铁路局

××××年××月××日

【例文 2】批评性通报

关于给予×××同志通报批评的决定

各项目指挥部、总部各处室：

××××年××月××日下午，×××同志不遵守工作纪律，上班时间上网看电影，违反机关效能建设"四条禁令"。事后，该同志认识到自己不遵守工作纪律行为的严重性和负面性，主动做了书面检讨，提出了自己今后改进的方向和措施。为了严肃纪律，根据《××省影响机关工作效能行为责任追究办法》（×委办〔××××〕×号）第×条第×款之规定，决定给予该同志通报批评，扣发其三个月考勤考绩奖，并要求其在全体员工大会上检讨；同时为落实处室负责人"一岗双责"领导责任追究制度，决定给予其部门负责人批评教育，扣发其一个月的考勤考绩奖。

希望全体员工以此为戒，执行作风、效能建设各项规定，严格要求自己，做遵纪守规的好员工；希望各部门负责人进一步认真落实处室负责人"抓业务带队伍"的"一岗双责"领导责任，切实加强本部门的日常管理，努力创建积极向上、爱岗敬业的工作团队。

××项目指挥部

××××年××月××日

【例文3】情况性通报

关于铁路工程检查情况的通报

××××集团有限公司××指挥部：

根据×××建设总指挥部《关于×××××××的通知》文件要求和××月××日指挥长办公会议精神，为了进一步加强×××××工程建设，保质量，保工期，××××年××月××日至××日，××××总指挥部工程部、安质部和×××监理指挥部联合对×××线××××工程进行了检查。通过查看工程施工现场、针对问题指导帮助、进场材料抽查检验等方式，对×××施工单位的基础管理工作、现场工程进度、安全质量控制，特别是标准化基础管理情况等进行了检查。现将情况通报如下。

一、基本情况：

总体看，×××××项目部自进场以来，项目部及其分部重视程度比较高，除个别项目部外，驻地建设比较迅速，思想认识能够到位，人员工作热情、精神状态高涨。项目指挥部机构齐全、设置比较合理，管理层次清晰，干部和各专业岗位职责明确，生产组织方式符合项目特点。

二、存在问题：

1. 现场"七牌一图"内容不标准、不符合规定。施工点无施工现场平面布置图，且工程质量安全监督牌中的监督电话号码均出现错误。

2. 施工现场无安全监察人员。现场作业人员素质较低，现场作业不标准，部分工点还存在施工安全隐患。

3. 人员思想意识不统一，信息交流存在严重障碍，对××月××—××日现场检查交代、处理的问题，反馈不及时。最为严重的是×××车站房屋调整位置避让军用线缆事宜，项目部之间、项目部和分部之间缺少信息沟通，致使×××车站现场施工停滞不前，人员设备窝工。

4. 各项目分部与站前施工单位的协调不得力，截至目前，还存在部分施工点无临电、无混凝土供应协议的问题。

5. ×××标准化工地还没有按要求完全建立，现场材料堆放凌乱，无钢筋棚，无围栏，无现场房屋布局示意图，施工作业环境差。

6. 现场施工管理不到位，施工技术人员欠缺，不能及时组织施工，致使人员、设备处于窝工状态。

7. ××××车站生活给水井与地面平高，没有护壁砌筑，水源安全得不到保证。

8. ××××××现场施工安全防护不到位；工地围栏不规范，没按要求制作安装；现场钢筋、水泥、木料等材料堆放不符合规定。

9. 项目一分部驻地生活无食堂，无厕所；职工吃饭要到8km外的县城，严重影响工作时间。

三、奖惩

通过本次检查，建设总指挥部对××××项目部四个分部的各施工点综合情况进行考核，处理结果如下：

对××××分部罚款 5 万元

对×××××××罚款 10 万元

对×××××××分部罚款 10 万元

对××××分部罚款 10 万元

以上罚款共 35 万元。自接到考核通报起 7 日内，请××××项目部将考核金交总指计财部，迟交一天按 5‰滞纳金折算。

四、整改要求

1. 要求项目部加强领导，按照统一领导、分工负责、突出重点、密切配合的原则，组织、协调工作，确保房建工期要求及安全质量。

2. 加强架子队管理，尽快对进场人员进行安全、环保、标准化培训，同时强化施工交底工作。

3. 加快作业队（架子队）营地、材料堆放、加工场地建设，尽快形成能力。

4. 加强与×××线各参建单位之间的协调，尽早开通临电和签署混凝土供应协议。

5. 加强环保，集中控制建筑垃圾和生活垃圾，按要求排放污水、泥浆。

6. 建立健全现场质量安全作业标准，优化现场布局、合理配置资源、规范作业流程、加强组织协调、落实安全制度、严格互检与交接，切实提高科学组织能力和精细管理水平，实现施工现场人流、物流和信息流运转有序，确保工程质量安全可控。

×××部

××××年××月××日

【拓展阅读】

通报、通告、通知三种公文的区别

1. 所告知的对象不同。通报是上级机关把工作情况或带有指导性的经验教训通报下级单位或部门，无论哪种通报，受文单位只能是制发机关的所属单位或部门；通告所告知的对象是全部组织和群众，它所宣布的规定条文，具有政策性、法规性和某种权威性，要求人们遵照执行，一般都要张贴或通过电台、电视台等新闻媒体大力宣传；通知一般只通过某种公文交流渠道传达至有关部门、单位或人员，它所告知的对象是有限的。

2. 制发的时间不同。通报制发于事后，往往是对已经发生了的事情进行分析、评价，通报有关单位，从中吸取经验教训；通告、通知制发于事前，都有预先发出消息的意义。

3. 目的不同。通报主要是通过典型事例或重要情况的传达，向全体下属进行宣传教育或沟通信息，以指导、推动今后的工作，没有工作的具体部署与安排；通知主要是通过传达具体事项的安排，要求下级机关在工作中照此执行或办理；通告公布在一定范围内必须遵守的事项，有着较强的、直接的和具体的约束力。

4. 作用不同。通报可以用于奖惩有关单位或人员，通知、通告无此作用。

第四节　报告　请示

一、报告

（一）报告的概念

报告是下级机关向上级机关汇报工作，反映情况，提出意见或建议，答复上级机关的询问时使用的公文。

（二）报告的特点

1. 汇报性。报告是下级机关向上级机关反映本机关工作中的基本情况、工作中取得的经验教训、存在问题以及今后工作的设想等，以使上级机关掌握基本情况，及时对工作进行指导，所以汇报性是报告的特点之一。

2. 单向性。报告是下级机关向上级机关的行文，为上级机关进行宏观领导提供依据，不需要上级的批复，是由下向上的一种行文。

3. 陈述性。报告属陈述性的上行公文，它是下级机关向上级机关汇报情况，反馈信息，沟通上下级机关纵向联系的一种重要形式。上级机关收到下级机关的报告以后，一般不需批复。行文主要运用叙述的方式，概括地叙述工作的进程与有关动态、建议，直陈其事。报告中有时也适当加以分析，提出看法，但要求在叙述的基础上采用叙议结合的方式。

4. 事后性。在机关工作中有"事前请示，事后报告"的说法。一般的报告都是在工作开展一段时间之后，或在某种情况发生之后向上级做出的汇报。

（三）报告的种类

1. 工作报告

工作报告是工作进行到一定阶段，以书面形式向上级机关写的汇报材料。工作报告要把前一阶段某项工作的基本情况、取得的成绩、存在的问题、经验教训阐述清楚，并做出恰当的分析和判断，对下一步工作提出具体意见。

2. 情况报告

情况报告是就某一问题或某一偶发事件，向上级写的情况汇报。情况报告涉及的内容主要有两方面：一是工作反省方面的，对工作中出现的重大事故或失误，进行认真检查并总结经验教训；二是把公务活动中出现的新情况、新问题写成书面报告，提供给上级机关了解掌握情况。

3. 呈转报告

呈转报告是下级机关向上级机关提出自己的工作安排、设想和建议，期望得到上级的认可和采纳，转发到有关单位执行的报告。

呈转报告的作者大多是某项业务的主管机关或部门，报告中提出的解决有关业务问题、处理业务工作的方法、措施等，需有关方面通力合作；但在自己职权范围内，又无权向有关协作单位和部门部署工作。因此，采取呈转的形式向上级领导部门做出报告，提出解决问题、开展工作的建议，待上级批准后，转发到有关单位具体贯彻实施。其结束语是"以上报告如无不妥，请批转有关单位执行"。

4. 答复报告

答复报告是下级机关答复上级机关询问时使用的报告。这种报告简单明了，其内容主要包括答复的依据及答复事项即可。

5. 报送报告

报送报告是下级机关向上级机关报送文件、物件时，随文随物写的报告。这种报告的正文内容比较简单，所报送的文件都是报告的附件。

（四）报告的写作格式

报告一般由标题、主送机关、正文组成。

1. 标题。报告的标题，通常有两种组成方式：

一是完全式标题，即由发文机关、事由和文种构成，如《××市爱国卫生运动委员会关于创建国家级卫生城市的报告》。

二是由事由和文种构成，省略发文机关，如《全国物价大检查总结报告》。有的报告内容紧急，则在标题中"报告"两字前加上"紧急"字样。

2. 主送机关。写明主送的领导机关名称。在标题下正文前顶格书写。

3. 正文。报告的正文一般由缘由、事项、结束语和落款四部分组成。

（1）报告的缘由。以简要概括的语言写明报告的原因、依据和目的，或提示报告的主要内容，或简要介绍所报告的事项、情况。而后用"现将有关情况报告如下"之类承启语，转入报告主体。

（2）报告的事实和问题。本部分为报告的核心、主体。要重点写明工作进展情况，采取的措施及取得的成效，存在的问题、不足，对今后工作的意见；或写明事情发生的基本情况，需将突发情况或某事的原委、经过、结果、性质与建议表述清楚。

（3）结束语。报告的结束语常见有两种，一种是根据报告的事实或问题提出几点建议或意见，供领导参考；另一种是用"特此报告"或"请指正"、"请审查"等作结束语。呈转报告常用"以上报告如无不妥，请予批转执行"等结束语。

（4）落款和日期。写在正文之后，写法与一般公文相同。

【例文1】工作报告

党支部书记抓基层党建工作述职报告

根据县委组织部、县直工委有关文件精神和要求，我会以党的十八大和十八届三中全会、四中全会和习近平总书记系列重要讲话精神为指导，以落实从严治党要求为主线，落实从严治党责任，强化党支部履行机关党建工作第一责任人职责，促进夯实基层组织建设，提升机关党建工作科学化、制度化、规范化水平。现将县残联党支部书记抓基层党建工作述职如下：

一、突出重点，夯实党支部建设

我会于××××年××月完成党支部的换届工作，新一届党支部班子更加注重"团结、务实、廉洁、高效"，真抓实干，坚持"民主、公开、公平、公正"原则，进一步完善了党支部会议事规则，遇到重大问题都必须经党支部会集体讨论决定后实施。

二、多措并举，增强基层党建活力

（一）严格党员发展

我会现有党员××名，为确保发展党员工作的规范性、合理性、严肃性、民主性，根据党员发展标准，严把党员入口关，坚持成熟一个发展一个，今年确定党员发展对象×名。

（二）加强党员教育

以增强党性、提高素质为重点，加强党员经常性教育管理，保持党员队伍的先进性和纯洁性，通过召开各种会议、远程教育、警示教育、参观学习的形式，使党员从学中用，从用中学。同时，积极组织各党支部班子成员、后备干部、入党积极分子等参加培训，极大地提高了他们的思想道德素质和工作能力。

（三）党员干部直接联系服务残疾人

为进一步深化干部直接联系服务残疾人工作，我会开展了结对子帮扶残疾人活动，每名党员干部结对子帮扶×户贫困残疾人。

三、强化理论学习、改进工作作风

（一）进一步强化理论学习，增强理论素养，切实增强履职能力

领导班子发挥示范表率作用，增强学习的自觉性和长效性，坚持思想政治理论和业务知识学习两手抓。一是领导班子成员坚持政治理论、习近平总书记关于群众路线活动的系列重要讲话以及中央、省委、市委的相关文件学习，不断提高思想政治素质，保持政治敏锐性，加强世界观的改造，端正人生观、价值观、政绩观与权力观。二是坚持学以致用、用有所成、务求实效的学习观，进行集中学习。

（二）改进机关工作作风，重塑残联新风

加强党员干部思想教育和管理，强化服务意识，整治干部职工庸懒散奢问题，整治"门难进、脸难看、事难办"等"衙门作风"。不断强化为残疾人服务的意识，把广大残疾人的利益放在我们想问题、办事情、做服务的首位。坚持深入基层，实实在在地帮助残疾人、帮助基层解决一些实际困难和问题，努力为残疾人排忧解难，最大限度地让残疾人满意。

（三）坚持密切联系群众，加强调查研究

制定领导干部联系基层联系残疾人制度，领导班子带头密切联系群众，始终保持同干部群众的血肉联系，坚持从群众中来，到群众中去，改进完善党群干群关系。充分认识到调研工作的重要性，要以为民办实事好事为目的，把为残疾人解决问题作为调研的出发点和落脚点，把实现残疾人的愿望、满足残疾人的需要、维护残疾人的利益，贯穿于残疾人工作的全过程，提高调研实效性。

（四）坚持党风廉政建设，落实各项承诺

坚持抓好党风廉政建设，始终坚持勤政为民导向，认真执行干部廉洁自律有关规定，增强干部"自重、自省、自警、自励"的意识；完善谈话提醒制度，加强监督指导，确保领导干部带头遵纪守法，严格执行中央"八项规定"，筑牢防腐拒变的防线；组织开展生动灵活的教育活动，培养全体干部讲党性、重品行、作表率，自觉接受纪律和法律约束，自觉做到为民、务实、清廉，树立对群众负责的形象、推动工作的形象、清正廉洁的形象；要保持共产党人的简朴风格，发扬艰苦奋斗作风，切实为群众多办实事好事。

四、存在的问题和不足

回顾今年以来的工作，我会党建工作取得了一定成绩，但仍存在不足之处。一是党员和干部培训形式较单一；二是干部队伍思想素质和工作作风与加快发展要求存在差距；三是基层组织和党员干部队伍的现状与残疾人事业发展新阶段的要求不完全适应；四是残疾人工作任务十分繁重。

在今后的工作中，党支部将紧紧围绕基层党组织"五好四强"创先进、党员"五带头"争优秀的标准，团结党支部班子成员，改进方法，落实党建工作责任制，积极探索党员服务群众长效工作机制，进一步加强党员干部队伍和基层组织建设，切实增强党的基层组织服务残疾人的能力，为构建和谐的残疾人事业做出更大贡献。

×××××年××月××日

【例文 2】情况报告

××学院关于开展学位论文作假行为处理工作专项自查报告

我校为规范学位论文管理，严肃处理学位论文作假行为，推进良好学风的建立，提高人才培养质量，根据《国务院教育督导委员会办公室关于对学位授予单位开展学位论文作假行为处理工作进行专项检查的通知》（国教督办函〔2014〕31号）、《学位论文作假行为处理办法》（教育部令第34号）和《教育部办公厅关于做好〈学位论文作假行为处理办法〉实施工作的通知》精神以及我校制定的相关实施细则，成立了专项自查工作领导小组，对我校各二级学院学位论文作假行为处理情况进行了全面彻底的检查。自查情况汇报如下：

一、学校领导高度重视，强化制度管理

自学校获得学士学位授予权以来，我校对毕业生学位论文质量高度重视，严格把关制定了一系列相关制度、管理办法。贯彻落实《学位论文作假行为处理办法》和《教育部办公厅关于做好〈学位论文作假行为处理〉实施工作的通知》，并按要求制定完善了我校《关于对本科毕业论文（设计）抄袭情况进行检查和处理的通知》（××学院教发〔××××〕×号）及学位论文作假行为处理的实施细则。在××学院本科毕业论文（设计）管理办法中对指导教师和学生在学位论文的指导和撰写以及学生答辩资格审查方面均作了相关要求。

二、严格执行，认真做好核查

在对我校×个二级学院学位论文作假行为处理工作的专项检查中发现，各二级学院高度重视，严格按照教育部《学位论文作假行为处理办法》以及我校《关于对本科毕业论文（设计）抄袭情况进行检查和处理的通知》（××学院教发〔××××〕×号）等实施细则，规范管理学位论文的指导、撰写、质量监控、考核、归档等环节。

按照实施细则的规定，各二级学院加强了对每位毕业生学术道德、学术规范和学术诚信上的教育与宣传，实行指导教师负责制，明确指导教师指导学位论文的相关职责，除了对毕业生学位论文撰写的指导以外，还必须对其进行学术道德、学术规范及学术诚信方面的教育，同时由院级层面实行全程监控，校级层面抽查成效。×××××年××月以来授予的学士论文引用率＋复写率均在15％以下（实施细则规定），无学位论文作假行为。

三、学位论文质量保障方面的主要做法

（一）制定相应的规章制度及毕业论文写作规范

在启动毕业生学位论文工作之初，我校在指导教师讲述学位论文基本理论知识的同时，严格训练学生论文写作的规范性，并制定统一模板，以便为学生的学位论文写作提供规范的参考格式，同时要求学位论文指导教师严格把关。在学位论文管理过程中，通过中期检查等环节发现问题并及时做出反应，制定了相关补充规定或通知等。

（二）过程监管及时有效

1. 及时商讨，合理部署。

2. 做好中期检查，及时矫正。

3. 抽查论文查重率，确保论文质量。

四、存在的问题及解决办法

（一）存在问题

1. 缺乏统一的学位论文检测系统，导致学位论文查重结果在数据上有所偏差。

2. 部分学生的论文质量不高，缺乏深度、力度和创新点。

3. 由于学校面临转型发展，本科生毕业论文（设计）选题来自社会实践、实习实训及实验方面偏少。

（二）下一步的工作整改

1. 进一步提高学位论文质量监控管理水平，统一学位论文查重数据。

2. 严格执行学位论文开题报告制度，从源头上保障毕业生学位论文选题的价值，使其符合培养目标，体现专业特点，能契合实际内容运用所学知识分析解决实际问题。

3. 开展毕业生学位论文写作培训和学位论文指导教师技能培训。

4. 加大实习实训、实验方面的投入力度，引导本科生毕业论文（设计）选题进一步侧重社会实践、实习实训及实验等方面。

针对以上问题，我校将认真总结经验教训，及时纠正毕业生学位论文中出现的错误，在确保学校毕业生学位论文整体质量的同时，采取切实可行的措施提高年轻教师的指导水平和责任心，进一步加强学生的学术道德、学术诚信等教育，进一步修订毕业生学位论文写作的各项规范，以便更好地完成今后毕业生学位论文的管理工作。

××学院

××××年××月××日

【例文3】呈转报告

关于加强野生动物保护管理工作的报告

国务院：

××××年××月，国务院发出《关于加强野生动物保护严厉打击违法犯罪活动的紧急通知》，召开了全国保护野生动物电话会议。为了检查国务院紧急通知和电话会议精神的落实情况，我们会同高检院、高法院及农业部、公安部、经贸部、工商局、商检局、海关总署等有关部门，组织了六个联合检查组，分别到四川、云南、新疆、广东、广西、福建等省

（区）的四十多个地（州）、县（市），检查了 53 个集贸市场，74 家饭店、餐馆，11 个进出口口岸及一些经营、加工单位。从检查的情况看，各省（区）政府和有关部门都很重视，及时传达、印发了文件，并作了具体部署，乱捕滥猎等违法活动有所收敛，野生动物保护工作得到加强。当前存在的主要问题：

一是违法猎杀倒卖野生动物案件仍不断发生。（略）

二是野生动物及其产品流通领域秩序混乱。（略）

三是宣传不够广泛，对违法活动打击不力。（略）

四是野生动物保护机构不健全、不落实，管理力量严重不足，经费短缺。（略）

五是猎枪生产、销售失控的问题一直没有得到解决。（略）

为进一步加强野生动物保护管理工作，建议采取以下综合治理措施：

一是要提高认识，加强领导。（略）

二是要认真贯彻执行《野生动物保护法》，依法管理野生动物资源。（略）

三是进一步加强对猎捕活动的管理。（略）

四是进一步加强对野生动物经营活动的管理。国家重点保护的野生动物及其产品一律不得进入集贸市场。（略）

五是切实搞好野生动物保护管理的基础工作。（略）

为了掌握全国野生动物资源状况，建议以省、自治区、直辖市为单位，用三年至五年时间进行一次国家重点保护野生动物资源调查。所需经费除请地方财政部门给予安排外，其他有关部门也要给予支持。

以上报告如无不妥，请批转各地执行。

林业部
××××年××月××日

【例文 4】报送报告

<h2 align="center">关于报送××××年度政府信息公开工作年度报告的报告</h2>

市政府办公室：

根据《市政府办公室关于做好政府信息公开工作年度报告编制工作的通知》（×政办发〔××××〕×号），我局编制了《××市××局××××年度政府信息公开工作年度报告》。现予上报，请审查。

附件：××市××局××××年度政府信息公开工作年度报告

××××年××月××日

二、请示

（一）请示的概念

请示是下级机关向其直接上级机关请求对某项工作、问题做出指示，对某项政策界限给予明确，对某事予以审核批准时使用的一种请求性的公文，是应用写作实践中的一种常用文体。

（二）请示的特点

1. 请求性。请示是向上级机关请求指示和批准的公文，具有请求的性质，其目的是向上级机关请求批准。请示的事项大多是比较重要而自己无权、无法解决或自己要解决但没有把握的事项，只有请求上级机关指示、批准、支持才能解决。因此，请求是请示的最基本特点。

2. 事前性。请示必须事前行文，要等上级机关做出批复后才能实施，不能事中、事后行文，更不能出现先斩后奏的情况。

3. 单一性。请示必须是对单一事项进行请示，不能多事一请，要做到"一文一旨"、"一文一事"。只有这样才能便于上级批复，提高行政工作效率。

（三）请示的分类

根据行文目的、作用，请示可以分为直请性的请示和批转性请示两类。

1. 直请性的请示。又称请求批复性请示，即下级机关向有隶属关系的上级领导、指导机关请求指示或批准的请示，它又分为两类。

（1）申述性请示。请示的行文目的是要通过获得上级的批准，解决本单位需要解决的问题，推动工作的开展。这种请示侧重于申述理由，提出解决问题的办法，如对有关方针、政策和上级机关发布的规定、指示有疑问，需要上级机关给予解释和说明的。

（2）安排性请示。这种请示多涉及人事、财务、物资、机构等方面的具体问题，需要获得上级批准以便进行安排实施。当下级遇到新情况、新问题，在有关的方针、政策、规章以及上级的指示中，都找不到相应的处理依据，无章可循，因而没有对策，需要上级机关给以指示。

2. 批转性请示。由于管理权限问题，由发起的机关把某一方面工作的意见、建议、问题等，以请示上报给直属的上级机关，请求上级批转给平级机关和不隶属机关单位予以办理、执行。

（四）请示的格式与写法

请示一般由标题、正文、落款等要素组成。

1. 标题。请示标题一般包括发文机关、事由和文种三个要素。常见格式有以下几种：

（1）全结构标题。由发文机关、事由、文种构成，如《××县人民政府关于××××的请示》。

（2）省略结构标题。省略发文机关，只由事由、文种构成，如《关于开展春节走访贫困学生家庭的请示》。

（3）省略发文机关和事由，直接用"请示"二字。

请示标题的重点是"事由"，应简明、准确地概括请示的意图，便于上级机关把握。要特别注意动词使用的准确性，不能错用、滥用"希望"、"申请"、"请求批准"、"要求"、"请求"等词。

2. 正文。请示正文一般由请示的缘由、事项和结尾三部分组成。

（1）请示的缘由，要用简明的语言交代请示的原因、背景和依据。从请示行文来看，缘由是写作请示的关键，关系到批不批的问题。请示的缘由要做好政策性与实际的结合，语言要简明扼要，符合实际情况，理由充分，具有说服力。

（2）请示事项，是指请求上级机关批准、帮助、解答的具体事项。请示的事项要符合实际，具有可行性和操作性，在行文过程中要注意详略，条理清晰，主次分明，格式规范，以便上级高效处理。

3. 结尾。请示的结尾一般另起一行，加上惯用语，如"请指示"、"请批复"等。直请性请示多用"可否（妥否、当否），请批示"、"以上请示，望予审批"等；批转性请示多用"以上意见（请示），如无不妥，请批转×××执行"等。

（五）请示的注意事项

1. 原则上不越级请示。请示与其他公文一样，一般不越级请示。只有在发生严重自然灾害、特重大事件等特殊情况下，下级机关才能采用越级行文。

2. 不能一文多事。一份请示只能写一件事，如果一文多事，很可能导致受文机关无法批复。

3. 不能多头请示。一份请示，只能送一个上级领导机关或上级主管部门，不能同时主送两个或两个以上机关。受双重领导的机关向上请示工作时，主送一个上级领导机关，抄送另一领导机关。

【例文】

关于解决水利建设资金的请示

××省人民政府：

×××是一个以农业为主的山区市，自然条件较差，农业生产仍是以"靠天吃饭"为主。近年来在省政府及省级有关部门的大力支持下，全市水利设施得到较大改善。"八五"期间，全市累计新建、整治中型水库3座，小型水利工程47座，微型水利工程2万余个（处）。但由于历史原因和自然条件的限制，水利设施基础差，病害工程多。截至1995年年底，全市仅有小型以上骨干工程60余座，其中中型水库仅6座，在4县3区中尚有4个县（区）没有中型水利工程，其中2个县（区）甚至连小型水利工程都没有。连续3年的大旱，加之去冬今春冬旱、春旱低温的影响，使全市农业生产面临着十分严峻的形势，4县3区都有返贫的可能。

市委、市政府高度重视水利基础设施的建设，在市财力十分有限的情况下，1996年市财政已拨款100万元用于水利建设。但是有限的资金不能有效地改善全市农田水利基础条件，因而特请求省政府帮助解决水利建设资金问题，以支持我市水利设施建设。

一、遵照省委、省政府主要领导在××视察时的指示精神，从我市具体情况出发，根据山区特点，以小型水利建设为重点，全市在"九五"期间，计划新建、改建、整治、配套小型水库50座，微型水利工程40万个，实现新增蓄水量5000万立方米、旱涝保收农田20万亩的目标。请求省政府每年解决我市小型水利建设补助资金300万元。

二、"九五"期间，新建、改建、整治、配套中型工程3处。其中新建1座蓄水量为1500万立方米的中型水库，整治、配套2座，使我市中型水利工程有效蓄水量达到1亿立方米。为此，恳请省政府解决中型水利工程建设资金 5000 万元。

妥否，请批示。

×× 市人民政府（印章）

×××× 年 ×× 月 ×× 日

【拓展阅读】

请示与报告的区别

1. 行文目的、作用不同。请示旨在请求上级批准、指示，需要上级批复，重在呈请；报告旨在向上级汇报工作、反映情况、提出意见或建议、答复上级询问，不需要上级答复，重在呈报。

2. 行文时间不同。请示需要事前行文，报告一般在事后或工作过程中行文。

3. 主送机关的数量不同。请示只写一个主送机关，报告则可以有多个主送机关。

4. 收文机关处理方式不同。请示属办件，收文机关必须及时批复；报告属阅件，除需批转的建议报告外，收文机关对其他报告都可不作答复。

5. 涉及内容不同。请示属于向上级机关请求批准、指示，凡是下级机关、单位无权解决、无力解决以及按规定应经上级机关批准认定的问题，均可以请示行文；而报告则用于向上级机关汇报工作、反映情况、提出意见或建议、答复询问。

6. 写作的侧重点不同。虽然都要陈述、汇报情况，但报告的重点只在汇报工作情况，报告中不能夹带请示事项；而请示中所陈述的情况只是作为请示的原因，即使反映情况以及阐述缘由所占的篇幅再大，其重点依然是请示事项。

第五节 函 批复

一、函

（一）函的概念

函适用于不相隶属机关、单位、团体之间相互商洽工作、询问和答复问题，或者向有关主管部门请求批准某事项时使用的公文。它是一种平行公文。函作为公文中唯一的一种平行文种，其适用的范围相当广泛。

（二）函的特点

1. 多用性。函是行政公文中用途最为广泛的文种之一。它主要用于平行机关或不相隶属机关之间的行文，也可以用于上下级之间的公务联系。上至国务院，下至基层组织，各级政府机关、各社会团体、企事业单位都广泛地使用函来沟通信息。

2. 灵活性。函在写作上的灵活性表现在，一是其篇幅短小，简便自由；二是笔调灵活多样，与其他公文相比，限制相对要小一些。

3. 多向性。函是平行文，但可以多向发文，它既可以在平行机关及不相隶属的机关之间使用，也可以在上下级机关之间使用。

4. 沟通性。公文函对于不相隶属机关之间相互商洽工作、询问和答复问题起着沟通作用，充分显示平行文种的功能，这是其他公文所不具备的特点。

（三）函的种类

从不同角度分，函可以有以下分类：

1. 按性质分，函可分为公函与便函两种。

公函：正式的或官方的书信。

便函：非正式的公文信件，一般形式相对简单。

2. 按发函的目的性分，可分为发函和复函两种。

发函：发出的信件或公文。

复函：回复的信件或公文。

3. 按内容和用途分，有商洽事宜函、通知事宜函、请示答复事宜函、催办事宜函、转办函、邀请函等。

商洽事宜函：不相隶属机关之间商洽工作、询问和答复问题的公文。

通知事宜函：印发上级或本级机关有关公文，批转下级机关公文，传达上级机关的请示，发布法规和规章等。

请示答复事宜函：向上级机关请示有关问题的公文。

催办事宜函：一般是催促同级或下级机关办理某事项的公文。

转办函：转发同级或不相隶属机关的公文。

邀请函：邀请专家、知名人士及亲友等参加某项活动时所发的请约性公文。

（四）函的写作格式

函的结构包括首部、正文、落款三部分。

1. 首部。包括标题、发文字号、主送机关等。标题一般有两种写法：一种是由发文机关、事由和文种构成；一种是由事由和文种构成。

2. 正文。一般包括三层：开头、事项和结束语等内容。

（1）开头，要开门见山，直截了当。如果是发函，开头应说明发函的目的、根据或理由。如果是复函，开头则先引述来文，然后，用"经研究，现将有关问题函复如下"等过渡到下文。

（2）事项，要简要介绍背景情况，商洽、询问、答复的事项和问题。

（3）结束语，一般礼貌性地向对方提出要求。给下级发函常用"以函复为要""以函复为盼"等，给平级发函常用"以函复为荷"、"盼复"等，给上级发函常用"恳请函复"等，上级复函常用"特此回复""专此回复"等。

3. 落款。在右下方署上发文单位全称，并于其下写明年月日等内容，然后加盖公章。

【例文 1】公函

关于××单位企业年金方案备案的函

××市劳动保障局：

　　根据《企业年金试行办法》（劳社部令第 20 号）和有关规定，经过集体协商，拟在本单位建立企业年金制度。

　　现将《××单位企业年金方案》送上，请予备案。

×××（单位）

××××年××月××日

【例文 2】便函

会议活动邀请函

尊敬的××先生/女士：

　　过往的一年，我们用心搭建平台，您是我们关注和支持的财富主角。新年即将来临，为了感谢您一年来对××××的大力支持，我们特于××××年××月××日×时在××大学××学术报告厅举办××××年度会议，届时将有精彩的节目和丰厚的奖品等待着您。期待您的光临！

　　让我们同叙友谊，共话未来，迎接来年更多的财富，更多的快乐！

××××公司

××××年××月××日

二、批复

（一）批复的概念

　　批复是上级机关答复下级机关请示事项时使用的公文。它是机关应用写作活动中的一种常用公用文书。

（二）批复的特点

　　1. 针对性。批复属答复性的下行公文，是针对下级机关报来的请示公文被动制发的文件。要针对下级请示的事项表示是否同意或是否可行的态度，因而批复的内容必须简单、明确，有针对性。批复的主送单位通常是单一的，即发给报送请示公文的单位。

　　2. 权威性。上级机关的批复都是依据党和国家的有关方针政策和下级请示内容，有原则地、实事求是地给予明确的答复，这种答复往往具有结论性的意见，下级机关必须执行上级机关的答复，其效用类似命令、决定，具有很强的权威性。

　　3. 被动性。批复是以下级机关的请示或报告为存在条件的，是针对下级机关的请示或报告的事项而发。有来有往，被动行文，这也是批复区别于其他公文的特点。

　　4. 明确性。批复的内容要具体明确，不能有模棱两可的语言，使得请示单位不知道如何处理。

（三）批复的种类

　　批复按照性质和内容的不同，可以分为同意性批复、否定性批复、解答性批复。

　　同意性批复：即对下级机关的请示表明肯定性意见的批复。

否定性批复：上级机关出于全面考虑，不同意下级机关的请示的批复。这类批复要求充分讲明不同意的理由。

解答性批复：对下级机关的疑问做出解答的批复。

（四）批复的写作格式

批复的格式一般由标题、主送机关、正文和落款四部分组成。

1. 标题。批复的标题，最常见的是完全式的标题，由发文机关、事项与文种构成。有的由发文机关、表态词、请示事项和文种构成。也有的批复只写事项和文种。

2. 主送机关。批复的主送机关一般只有一个，即报送请示的下级机关。

3. 正文。批复的正文一般由批复引语、批复意见和批复要求三部分组成。批复引语要点出批复对象，批复的开头通常要引述请示的来文作为批复的依据。引述的方法有四种：

第一种是结合请示的日期引述，如"××××年××月××日来文收悉"；

第二种是结合来文的日期和文号引述，如"××××年××月××日×号文收悉"；

第三种是引述来文日期和来文名称，如"××××年××月××日《关于……的请示》收悉"；

第四种是引述来文日期和请示事项，如"××××年××月××日关于……问题的请示收悉"。

批复意见是针对请示提出的问题所做的答复和指示。意思要明确，表达要准确，语气要适当。如果同意，必要时还可给予一定的指示；如果不同意，一定要阐明不同意的理由并且作出如何处理的指示，使下级机关有所遵循。

批复要求是上级从自己的角度提出的希望和要求。在结尾一般用"特此批复""此复"为结束语。

4. 落款。包括制发机关印章与成文日期，写法与其他公文相同。

（五）批复写作的注意事项

1. 批复必须做到有针对性，要一文一批复，请示要求解决什么问题，批复就必须回答什么问题，不能在一份批复中同时答复几项请示事项。

2. 要做好调查研究。在批复前要核实请示缘由的真实性，研究请示时注意所提意见或建议的可行性，有些情况应先做调查研究。撰写批复，用语要简要准确，语气要肯定，不能用模棱两可、含混不清的词语。

3. 及时批复，以免贻误工作。对不按行文的正常渠道办理或一文多头的请示，应予以纠正，以免误事。

【例文1】同意性批复

××市公安局关于××路禁行 4 吨以上汽车的批复

×× ［××××］ ×号

××区交通分队：

你队 4 月 1 日《关于××路禁行 4 吨以上汽车的请示》（××交［××××］×号）收悉。经研究，同意××路禁止行驶 4 吨以上汽车（包括卡车、客车），由××××年××月开始实施。请做好设置标记等事宜，并注意交通疏导。实行后的情况望及时了解并报告。

　　此复

（公章）

××××年××月××日

【例文 2】否定性批复

××县人民政府关于××乡人民政府
兴建砖瓦厂问题的批复

××乡人民政府：

　　你乡××××年××月××日《关于兴建砖瓦厂的请示》（××发［××××］×号）收悉。经研究现回复如下：

　　改革开放以来，农村盖房使用砖瓦量确实明显增加，因此各乡纷纷兴建了砖瓦厂。据调查，我县已经有40％的农户盖了新房；约30％的农户近年内不拟盖新房，砖瓦需求量相对趋于缓和。其余拟盖房户所需砖瓦的数量，我县现有砖瓦厂完全可以满足。因此，凡申报新建砖瓦厂的请求一律不予同意，以免供过于求，出现新的问题。

　　特此批复

××县人民政府（公章）

××××年××月××日

【例文 3】解答性批复

国务院关于组建
中国铁路总公司有关问题的批复

国函〔××××〕××号

交通运输部、财政部、国家铁路局：

　　原铁道部关于报请审批中国铁路总公司组建方案和公司章程的请示收悉。现就组建中国铁路总公司有关问题批复如下：

　　一、原则同意《中国铁路总公司组建方案》和《中国铁路总公司章程》。

　　二、中国铁路总公司是经国务院批准，依据《中华人民共和国全民所有制工业企业法》设立，由中央管理的国有独资企业，由财政部代表国务院履行出资人职责，交通运输部、国家铁路局依法对公司进行行业监管。

　　三、中国铁路总公司以铁路客货运输服务为主业，实行多元化经营。负责铁路运输统一调度指挥，负责国家铁路客货运输经营管理，承担国家规定的公益性运输，保证关系国计民生的重点运输和特运、专运、抢险救灾运输等任务。负责拟订铁路投资建设计划，提出国家铁路网建设和筹资方案建议。负责建设项目前期工作，管理建设项目。负责国家铁路运输安全，承担铁路安全生产主体责任。

四、中国铁路总公司注册资金为 10360 亿元人民币，不进行资产评估和审计验资；实有国有资本数额以财政部核定的国有资产产权登记数额为准。

五、中国铁路总公司的领导班子由中央管理；公司实行总经理负责制，总经理为公司法定代表人。

六、中国铁路总公司为国家授权投资机构和国家控股公司，财务关系在财政部单列，并依照国家有关法律和行政法规，开展各类投资经营业务，承担国有资产保值增值责任，建立健全公司的财务会计制度。

七、同意将原铁道部相关资产、负债和人员划入中国铁路总公司，将原铁道部对所属 18 个铁路局（含广州铁路集团公司、青藏铁路公司）、3 个专业运输公司及其他企业的权益作为中国铁路总公司的国有资本。中国铁路总公司的国有资产收益，应按照国家有关法律法规和有关规定执行，历史债务问题没有解决前，国家对公司暂不征收国有资产收益。在保证有关企业合法权益和自身发展需要的前提下，公司可集中部分国有资产收益，由公司用于再投入和结构调整。

八、建立铁路公益性运输补贴机制。对于铁路承担的学生、伤残军人、涉农物资等公益性运输任务，以及青藏线、南疆线等有关公益性铁路的经营亏损，研究建立铁路公益性运输补贴机制，研究采取财政补贴等方式，对铁路公益性运输亏损给予适当补偿。

九、中国铁路总公司组建后，继续享有国家对原铁道部的税收优惠政策，国务院及有关部门、地方政府对铁路实行的原有优惠政策继续执行，继续明确铁路建设债券为政府支持债券。对企业设立和重组改制过程中涉及的各项税费政策，按国家规定执行，不增加铁路改革成本。

十、中国铁路总公司承继原以铁道部名义签订的债权债务等经济合同、民事合同、协议等权利和义务；承继原铁道部及国家铁路系统拥有的无形资产、知识产权、品牌、商标等权益，统一管理使用。妥善解决原铁道部及下属企业负债，国家原有的相关支持政策不变，在中央政府统筹协调下，综合采取各项措施加以妥善处理，由财政部会同国家有关部门研究提出具体处理方式。

十一、中国铁路总公司组建后，要加强铁路运输调度集中统一指挥，维护良好运输秩序，保证重点运输、公益性运输，确保铁路运输安全和职工队伍稳定。要有序推进铁路建设，按期完成"十二五"规划建设任务。要根据国家产业政策，完善路网结构，优化运输组织，强化安全管理，提升服务质量，提高运输效率和效益，不断增强市场竞争力。要继续深化铁路企业改革，按照建立现代企业制度的要求，推进体制机制创新，逐步建立完善的公司法人治理结构，不断提高管理水平和市场竞争力。《中国铁路总公司组建方案》和《中国铁路总公司章程》由财政部根据本批复精神完善后印发。

组建中国铁路总公司是深化铁路管理体制改革、实现政企分开、推动铁路建设和运营健康可持续发展的重要举措，各地区、各有关部门要积极支持，做好组建中国铁路总公司的各项工作，确保铁路体制改革顺利、平稳实施。

国务院

××××年××月××日

第六节　议　案

一、议案的概念

议案是由具有法定提案权的国家机关、会议常设或临时设立的机构和组织以及一定数量的个人，向权力机构提出进行审议并做出决定的议事原案。每个国家的议案提交程序和规定都是不一样的，但是都是行使国家权力的重要手段。

二、议案的特点

（一）法规性

议案的内容多是关于国家主权、权力和利益、重要法律法规、国家机关主要领导的任免等。经过人民代表大会审议后，有的还可以通过立法，形成法规，其法规性较强。

（二）定向性

议案只能由各级人民政府行文，并且只能向同级的人民代表大会或其常务委员会行文，其行文具有较强的定向性。

（三）特定性

议案所涉及的事项只有在人民代表大会或常务委员会职权范围内，才能由政府进行提案。

三、议案的种类

议案按照时间和性质可以划分不同类型。

（一）按时间划分：

1. 平日议案：是指依据人民政府日常工作中的重大事项向本级人大常委会提出供常委会审议的议案。

2. 会上议案：是指人民代表大会召开期间，就有关重大事项向该次会议提出供代表大会审议的议案。

（二）按性质划分：

1. 法律、地方性法规案。提请审议法律案的，提请审议地方性法规案的。

2. 重大事项案。关于财政预算决算、重大工程以及关于政治、经济、教育、科技等领域中的重大事项的决策。

3. 建议性议案。行政机关向有关部门提出的建议，供人民代表大会或常务委员会审议、采纳的。

4. 人事任免案。行政机关向权力机关提请任命、免去或撤销行政机关工作人员职务，请人民代表大会审议的。

5. 其他事项案。

四、议案的写作格式

议案一般由标题、正文和落款三部分组成。

（一）标题

议案的标题包含发文机关、事由和文种三部分。标题通常有两种形式，一种是"发文机关＋事由＋文种（议案）"，另一种是"事由＋文种（议案）"。

（二）正文

这是议案的主体，包括案据、方案和结语三部分。

1. 案据：要写明提出议案的事实和道理，要求说明充分的政策依据、法规依据与事实依据。

2. 方案：要写明对所提问题的解决途径和办法，对所审议的事项应提出具体的措施、办法或建议。对于一些提请审议批准条约、法规的议案，其方案有时只用一句话表达，如"这个草案已经国务院同意"。

3. 结语：通常以一句表示祈使的词句结束全文，根据上文内容，可使用"请审议""请审议决定""现提请审议，并请做出批准的决定""现提请审议""请予审议"等词句。

（三）落款

落款分为上款和下款。上款，就是收文机关；下款，就是发文机关和行政首长签名。换行写提请审议的时间。

【例文1】日常议案

关于公交站旁禁止摆摊停车的议案

提案人：××（地区）代表　×××（姓名）×××（姓名）

单位：×××

××城区处于居民区集中地段，但在一些公交车站长期有摆摊的现象。马路长期被挤占，造成交通拥堵，绿地遭到破坏，垃圾较多，一些严重地段长期污水横流，气味难闻，严重影响了居民出行和日常生活。

主要原因：一是烧烤摊点林立，二是众多出租车乱停乱靠。如此不便的环境，严重破坏了××形象，严重影响了交通安全，也严重干扰了市民的正常生活，建议政府协调相关部门。

一、高度关注公交站台区域的环境、秩序和形象，出台明确的规定，严格禁止在站台一定范围内摆设摊点、停靠无关车辆，实行依法管理。

二、加大督查力度，严肃处理违章。对违规者不能姑息，各相关部门都应严格执法，做到令行禁止。

三、积极创新，探索长效管理模式，切实提升站台周边管理水平。

××地区代表：××××××
××××年××月××日

【例文 2】工作议案

关于探索模式加快农村土地流转的议案

土地制度是农村的基础制度。十七届三中全会首次明确可以采取股份合作的形式推进农村土地流转，这是提高农民组织化程度、构建农村市场经济微观主体的重要制度创新。加快农村土地流转，推进农业规模经营，关系到广大农民群众的切身利益和农村改革、发展、稳定的大局。

目前，我县农村实行家庭承包经营的农户有 12.14 万户，承包耕地面积 16.04 万亩。截至今年 12 月底，全县土地流转面积达 3.44 万亩，涉及农户 1.2 万户，分别占承包面积的 21％和承包户数的 10％。总体来讲，我县的土地流转取得了很好的成效，但仍然存在流转行为不规范，农民承包权得不到充分尊重，利益得不到有效保护等问题，土地流转呈现出"四多四少"，即自发流转的多，自觉流转的少；向农户流转的多，向非农户流转的少；零散流转的多，集中流转的少；无序流转的多，有序流转的少。这些情况直接影响土地流转的速度、规模和质量。为此建议，应根据全县农村自然社会经济状况的差异，在深化租赁、转包、转让、互换、入股等基本流转形式的基础上，切实尊重基层和群众的首创精神，立足农村实际，因地制宜，分类指导，探索创新不同的流转模式。

一是对农业基础较好、具备规模经营条件的地方，推行"大户＋农户"的土地租赁模式。通过引入一批符合产业发展方向、有市场前景的项目，由经营大户作业主，向农民租赁土地，实施集约经营，农民以此获取稳定的土地租赁收入，并可在业主租赁的土地上从事务工获取务工收入，实现农户、业主共赢，成为农民增收的新模式。

二是对没有业主来租赁土地实施集约经营的地方，推行"农户＋农户"的股份合作模式。农民以承包土地为纽带，自愿联合组建以土地入股的专业合作社，合作社统一选择产业项目、统一组织生产、统一技术管理、统一市场营销，风险共担，利益共享。

三是对劳动力外出较多、农民不愿耕种的地方，推行"中介＋农户"的委托流转模式。农户自愿申请，签订书面协议，将自己的承包地进行委托，进入流转信息库，由流转服务中心按照委托协议，引进业主租赁经营。

四是对农业产业化龙头企业的原材料基地，推行"企业＋农户"的产业经营模式。围绕各郊县主导产业基地，大力培育和引进各类龙头企业，扩大龙头企业订单补贴覆盖范围，强化基地与农户的利益联结，提升农业产业化水平。

五是对符合规划的集体非农建设用地，推行"投资主体＋农户"的联合开发模式。在土地利用规划确定的城镇建设用地范围外，经批准占用农村集体土地建设非公益性项目，允许农民依法通过多种方式参与开发经营并保障农民合法权益，更多享受城镇化发展的成果。

县政协委员：×××
××××年××月××日

第三篇　事务文书写作

第一章　事务文书概述

第一节　事务文书的含义、分类及特征

一、事务文书的含义

事务文书是机关、团体、企事业单位在处理日常事务时用来沟通信息、安排工作、总结得失、研究问题的实用文体，是应用写作的重要组成部分。由于这类管理类文体处理的日常事务亦为公务，所以事务文书属于广义的公文范畴。

二、事物文书的类别

事务文书种类很多，常见实用的事务文书有：计划、总结、简报、调查报告、述职报告、会议记录、申请书、规章制度、讲话稿、演讲稿、启事、声明等。按照文章的性质分，我们可以分为以下几个类别：

一是计划类：计划、申请书。

二是报告类：调查报告、调研报告、述职报告。

三是总结类：总结。

四是演讲类：讲话稿（开幕式、闭幕式）、演讲稿。

五是记录类：简报、会议记录。

六是告示类：启事、声明。

三、事务文书的特征

（一）事务文书的特定性

事务文书的发放有自己特定的使用范围和读者。从定义中可知，事务文书是发给机关、团体或企事业单位的文书，在其内部或内部一定范围内使用。因此，它有着特定的读者和特定的发放对象。同时，它也有特定的使用目的，如传递信息、汇报工作和记录工作等。它和报纸等不同，不面向社会，而是报送领导和上级单位，或是下发给下级单位，这些都有其特定性。

（二）事务文书的实用性

事务文书写作最重要的特性就是实用性，由于事务文书的发放有自己特定的使用范围和读者，这就要求事务文书一定要实用，所写内容必须是读者所需要用到的，如总结中读者需要看到文章中所有和某一活动相关的内容，与之无关的内容写在文章里就会显得多余，文不对题。所以，事务文书具有实用性。

（三）事务文书的简要性

简要就是语言简洁明白，易于理解。"简要"是事务文书的最基本要求，也是事务文书与其他语体的根本区别。事务文书的内容要扼要，文字要简练，要指出问题或争论之所在。事务文书是党政机关、企事业单位和社会团体用来推动党政公务、沟通业务和解决实际问题的，长篇大论、词不达意无益于实际问题的解决和执行。作为组织沟通业务的重要工具，公务文书应注重其简要性，力争以简短的篇幅、简练的语言传达组织的意思。

（四）事务文书的时效性

事务文书需要的是"言简意赅"、"文约事丰"，要求用最简洁的文字准确表达尽量多的内容和更深的含义，这就需要做到以下几点：首先，要提炼文意。写作之前要明确主旨，这样就能以意遣词，集中凝练。其次，要使用一些语意凝练及含义丰富的成语、熟语或缩略语。使用这些词语要做到约定俗成，合乎心理习惯，同时不能滥用缩略语，避免歧义。再次，要删繁就简。事务文书的实用性要求公文要开门见山、直奔主题，删去无意义的空话、套话，删去所有不着边际的浮泛客套之词，真正体现出事务文书的时效性。

（五）事务文书的准确性

"准确"是公文语体的生命。事务文书的"准确"，要求执笔人能够准确无误地传达党和国家的有关方针、政策，这就要求行文严谨，实事求是地叙述实际情况，要做到不夸张、不虚构，对文中列举的数据、人名、地名应准确无误，不能出现统计失误，对人物、事件、工作的评价应切合实际，不能言过其实。事务文书的"准确"，还要求执笔人应态度明朗、观点鲜明，不含糊其词。事务文书的"现实执行效用"，决定了它的实际应用功能大于供人欣赏功能。

（六）事务文书的参考性和指导性

事务文书与行政公文相比，没有法定的权威性和强制性。例如，一份总结或调查报告等，其经验教训具有一定的参考和引导作用，并不是说其经验教训必须应用到下一次的活动中。有的文章只是通报信息或情报，不是正式行文，如在简报上对某次会议的表扬或者批评，不等于通报表扬或者通报批评。所以，事务文书具有一定的参考性和指导性。

第二节　事务文书的格式及要求

一、事务文书的格式

事物文书由于文种的不同，其格式也不尽相同。但大体上分为标题、正文和落款三个部分。

（一）标题

标题的写法主要是由单位名称、时限、事由和文种四部分组成。其顺序为：

单位名称＋时限＋事由＋文种

在写事务文书的标题时，一般有以下几种格式：

单位名称＋时限＋事由＋文种，如《××××学院 2017 年示范校建设工作总结》。

时限＋事由＋文种，如《2017 年植树造林计划》。

单位名称＋事由＋文种，如《×××教学工作计划》。

事由＋文种。

文种，如《声明》。

（二）正文

事务公文的正文一般由前言、主体和结尾三个部分组成。

1. 前言。这一部分主要介绍事务公文的基本情况，如果是计划就要写明制定计划的依据，如果是总结就要交代是什么总结，根据什么精神，为了什么目的。

2. 主体。主体部分是全文的重中之重，要根据文体的不同写明想要表达的内容。总体上来说有以下几个部分：基本情况、主要目标、主要做法、主要成绩、主要经验、问题和教训、今后打算等。

3. 结尾。结尾部分是全文的补充部分，可以是主体部分的补充，如写一些对未来的展望、提出要求和口号等。

（三）落款

落款通常是在正文的右下方，写明签署单位名称或个人签名，并另起一行标明签署日期。

二、事务文书的要求

（一）以方针政策为指导，以法律规定为依据

事务文书的政策性很强，它是党和国家的方针政策在有关实际工作中具体的体现。拟稿者须认真领会有关的政策，并运用政策原则去指导工作。同时，事务文书还必须以法律规定为依据，不能与现行政策和法规相抵触。

（二）深入调查研究，获取真实材料

撰写事务文书要了解实际情况，进行深入细致的调查研究，尽可能多地搜集、积累材料，只有这样才能明情况、知变化、定决策，才能发挥事务文书的指导性功能与务实的作用。

（三）实事求是，切实可行

事务文书，或拟订计划，或制定规范文书，或调研总结，或拟定会议材料，都是为了解决工作中的实际问题，因而必须要实事求是，要解决问题，具有科学的可行性。

（四）格式约定俗成，语言准确简练

事务文书的格式虽然不像行政公文那样程式化，但许多文种的格式也有约定俗成的共同特点。在结构方面，事务文书要求开门见山、突出重点、层次分明；在语言方面，要求用语准确，尤其是规章类文书，更讲究炼词炼句，不能出现歧义，表述不能模糊。

第二章　常用事务文书

第一节　计划　申请书

一、计划

（一）计划的概念

计划是单位、部门或个人为了更好地完成一定时期内的学习、工作和生产任务，按照上级的部署、要求，结合本单位和本人的实际情况，提出明确的目标、任务，并制定相应的措施、办法、步骤，规定完成期限等具体内容的书面材料。

计划因涉及范围、内容和期限的不同，有不同的叫法。

名称	时间	内容
计划	半年、一年	具体、规范
安排	短期内	事情较具体简单、措施具体
方案	近期、短期或长期	对事项做了最周密具体的计划
打算	近期内	对事情考虑还未周全
规划	长期，三到五年	面广、规模大、只有大轮廓
设想	长远工作	非正式、粗线条
意见	一个阶段（上级对下级）	交代政策提出具体要求

（二）计划的特点

1. 预见性。计划不是对已经形成的事实和状况的描述，而是在行动之前对行动的任务、目标、方法、措施所做出的预见性确认。制订计划要有科学的预见，依据对客观实际情况的精确分析，对未来一定时期的工作目标做出预见性安排。

2. 针对性。计划的内容应做好以下几点：一是要根据党和国家的方针政策、上级部门的工作安排和指示精神而制定，二是要针对本单位的工作任务和主客观条件而定。总之，要从实际情况出发，有针对性地制订出来的计划，才是有意义、有价值的计划。

3. 可行性。计划是为了实现而制订的。计划的各项指标及措施、方法的设置安排必须建立在必要而且可能的前提下。不必要的计划对工作来说毫无意义，而达不到的计划更是一纸空文。所以，作为执行文件的计划必须具备现实的可行性。

4. 指导性。计划一旦成文，就要对实践活动起到控制和约束作用，我们的各项实践活动都要按照计划的设想去做，因而计划具有明显的指导性。

5. 约束性。计划一经通过、批准或认定，在其所指向的范围内就具有了约束作用，在这一范围内无论是集体还是个人都必须按计划的内容展开工作和活动，不得违背和拖延。

（三）计划的作用

1. 指导和依据作用。各个行业、各个单位、各个部门乃至个人，都要根据上级主管部门的要求和自身的实际情况，制订科学合理的计划，并以此为指导，使工作目标明确，能够做到统筹兼顾，随时掌握工作进度。另外，计划又是组织落实任务完成情况的具体依据，是监督、检查、衡量工作情况的客观依据。

2. 提高工作效率的作用。计划一经制订，要求有关的单位、工作人员都应按照计划规定的目的、工作步骤、具体措施、时间要求去执行，从而避免盲目性，使工作人员各司其职、尽职尽责，使人力、物力和财力得到最大限度的利用，保证各项工作有条不紊地顺利进行，有利于提高工作效率。

3. 检查督促作用。制订计划有利于总结经验，吸取教训，能更好地推动工作的开展。而从另一方面来看，上级领导可以通过制订好的计划，随时检查、掌握其工作和学习的进展情况，督促计划的执行，及时肯定成绩，总结和推广经验，发现问题，纠正偏差。

（四）计划的种类

根据不同的标准，计划可分为不同的类别：

1. 按照性质分，有综合性计划、专题性计划等。

2. 按照内容分，有学习计划、工作计划、生产计划、教学计划、科研计划、劳动计划等。

3. 按照范围分，有国家计划、地区计划、部门计划、单位计划、个人计划等。

4. 按照时间分，有长期计划、中期计划、短期计划、学期计划、季度计划、月份计划等。

5. 按照形式分，有表格计划和条文式计划，也有表格和条文式兼用的计划。

（五）计划的写作格式

计划主要包含标题、正文、落款三部分

1. 标题。由于计划的结构形式多样，所以其标题也不拘一格，总体上来看有以下四种结构形式：

（1）计划的标题一般由"单位名称"、"计划时限"、"计划事由"和"文种"四部分组成，如《××××学院 2016－2017 学年第二学期教学工作计划》。

（2）有的计划可以省去单位名称，如《2017 年环境保护工作计划》。

（3）有的计划可以省去计划时限，如《××××学院教科研工作计划》。

（4）有的计划可以同时省去单位名称和计划时限，如《科研工作计划》。

如果计划正处在征集意见阶段或正在讨论阶段，没有最终定稿，须在标题的后面用括号标明"草案"、"初稿"、"讨论稿"等字样。

2. 正文。正文是计划的核心部分，可分为前言、主体和结尾三个部分。

（1）前言。前言部分要概括写明制订计划的依据，如根据上级什么精神或什么指示，根据本单位的实际情况，包括过去的经验和教训，然后提出工作任务和要求。

（2）主体。正文的主体部分是计划的核心，写法灵活多样，根据具体内容而定。通常的结构有三种：文件式、条文式和表格式。不管用什么样的结构，都要有计划的三要素，即"目标"、"措施"和"步骤"都要交代清楚。

目标：写明总的工作任务，要达到什么指标，为实现这一目标要具体完成哪些工作任务。

措施：就是采取什么办法和措施来完成任务。要写明怎样利用优势，依靠哪些力量，创造什么条件，克服什么困难等。

步骤：实现计划的时间和程序。如果说前言是解决"为什么做"的问题，那么措施和步骤就是解决"怎么做"的问题。这一部分要具体、明确、环环相扣，做到先后有序，轻重有别，难易有度。可以使用条文式和表格相结合的写作方法，分层递进。一般包括人力、物力、财力、办法、手段和组织分工等内容。

（3）结尾。结尾是计划的补充部分，可以提出希望、发出号召、展望前景、明确执行要求等，也可在条款之后结束全文，不写专门的结语部分。

3. 落款。落款又称"文尾"，在正文的右下方签署单位名称和日期，如果是上报、下达的计划，则应写明抄报、抄送单位。

（六）计划的写作要求

1. 实事求是，量力而行。制订计划要从实际情况出发，实事求是，既不能因循守旧、思想保守，也不能脱离实际，片面追求高速度、高指标。

2. 集思广益，反复酝酿。在制订计划的过程中，要走群众路线，广泛发动群众、依靠群众，集中群众的智慧和意见。

3. 具体明确，科学合理。计划的目的、任务、指标、措施、办法、完成人和时间都要具体明确，职责分明，便于执行和检查。

【例文】

2016—2017 学年第一学期个人学习计划

为了不断更新自己的知识层次，努力提高自己的综合素质，更好地锻炼自己，特制订2016—2017 学年第一学期的学习计划如下：

一、学习目标

1. 学好本学期开设的英语口语、听力等课程内容，努力做到发音准确、听力良好、词汇量达 1000 个以上。

2. 各门专业课成绩平均达到 85 分以上，体育 75 分以上。

3. 读 7～8 本优秀课外书，坚持读英文报刊《21 世纪报》。

4. 钢笔字达到良好。

二、学习措施

1. 课前预习，上课认真听讲，课后复习。按时独立完成作业，做到口到、手到、心到。

2. 每天坚持早读，背单词、朗诵课文、听录音带。

3. 制订学习时间表，让同学见证、监督自己的学习。

4．利用课外时间到图书馆阅读报刊，充实自己的视野。

5．养成随身携带英语单词表的习惯，随时随处有空就背单词，增加词汇量。

6．积极参加各种集体活动，做到劳逸结合，培养各种有益的兴趣与爱好。

7．坚持每天练字。

三、学习时间安排

时间	事项
上午　6：30—7：30	起床　锻炼身体
7：30—8：00	早读　背诵英语单词和课文
8：00—12：00	上课
中午　12：30—13：30	中午休息
下午　13：30—16：30	上课
16：40—17：30	课外活动
晚上　19：00—21：00	做作业　预习　复习　练字
22：00	休息

四、学习要求

1．循序渐进，持之以恒，切忌"三天打鱼，两天晒网"。

2．统筹兼顾，科学安排，处理好学习与课外活动的关系。

3．融会贯通，学以致用。虚心向老师和同学请教，不断积累知识和经验。

×××

××××年××月××日

二、申请书

（一）申请书的概念

申请书是个人、单位、集体向组织、领导提出请求，要求批准或帮助解决问题的专用书信。

申请书的使用范围非常广泛，个人对党团组织和其他群众团体表达志愿、理想和希望，可以使用申请书；个人在学习、工作、生活上对机关、团体、单位领导有所要求时，可以使用申请书。因此，申请书可以成为沟通个人与组织、个人与领导、下级与上级的一种手段。申请书不仅可以把个人或单位的愿望、要求向组织或领导表达，通过它还可以让组织和领导对下级有所了解，是上级与下级之间的桥梁，使干群之间、个人与组织之间、个人与领导之间、下级与上级之间形成联系紧密、步调一致的整体。

（二）申请书的特点

1．请求性。申请书是集体或个人向上级组织或领导有所请求时使用的，其写作带有明显的请求目的。从写作内容看，申请书是以阐述申请原因、申请理由和申请事项为主要内容的事务文书，具有十分明显的请求性。

2. 单一性。申请书的内容单一明确，形式较为郑重，一般是一事一文，即一份申请书只表达一份请求或一个愿望。

（三）申请书的种类

1. 申请书的分类，从用途上划分，有以下几类：

（1）思想政治生活方面的申请。这种政治申请一般是为加入某些进步的党派团体，如申请加入中国共产主义青年团、中国共产党、少先队、工会，参军等。

（2）工作学习方面的申请。包括求学或在实际工作中所写的申请，如入学申请书、带职进修申请书、工作调动申请书等。

（3）日常生活方面的申请。日常生活中离不开柴米油盐、吃穿住行，我们常常会遇到一些问题，需要个人申请才可以被组织、集体、单位考虑、照顾或着手给予解决，诸如申请福利性住房、个人申请开业或困难补助申请等。

2. 按申请的主体分，申请书还可以分为个人申请和单位申请两种。

3. 按形式分，申请书有文章式和表格式两种。

（四）申请书的写作格式

申请书一般由标题、称谓、正文、结尾和署名五个部分组成。

1. 标题。有两种写法，一是直接写"申请书"，二是在"申请书"前加上内容，如"入党申请书"、"调换工作申请书"等，一般采用第二种。

2. 称谓。顶格写明接受申请书的单位、组织或有关领导，如"尊敬的校领导："。

3. 正文。正文要从称谓的下一行空两格处写起。正文部分是申请书的主体，首先提出要求，其次说明理由。理由要写得客观、充分，事项要写得清楚、简洁。提出的要求和理由最好分段书写，这样既保证了申请书内容的单一性和完整性，又条理清晰，使人看起来容易把握要领。

4. 结尾。结尾部分写明惯用语"特此申请"、"恳请领导帮助解决"、"希望领导研究批准"等，也可用"此致"、"敬礼"等礼貌用语。

5. 署名。个人申请要写清申请者姓名，单位申请写明单位名称并加盖公章，注明日期。

（五）申请书的写作要求

1. 申请的事项和理由要写清楚、具体，涉及的数据要准确无误。

2. 要考虑对象。申请书是让受申请书的组织或领导看的，所以必须从这个特定的读者对象出发来确定申请书的内容和文字。

3. 理由要充分、合理，实事求是，不能虚夸和杜撰，否则难以得到上级领导的批准。

4. 语言要准确、简洁，态度要诚恳、朴实。

【例文】

入党申请书

尊敬的党组织：

我怀着十分激动的心情向党组织提出申请，我自愿要求加入中国共产党，愿意为美好的共产主义事业奋斗终身。

历史和现实已充分证明：中国共产党是一个伟大、光荣、正确的马克思主义政党。它是中国工人阶级的先锋队，同时也是中国人民和中华民族的先锋队，是中国特色社会主义事业的领导核心，代表中国先进生产力的发展要求，代表中国先进文化的前进方向，代表中国最广大人民的根本利益。党的最高理想和最终目标是实现共产主义

历史锻造了中国共产党，历史也把重大责任赋予了中国共产党。中国人民对党给予厚望。党领导人民在 20 世纪谱写了伟大的篇章，也一定能够在 21 世纪带领人民谱写出更加光辉灿烂的新篇章！

进入新时期，以习近平为核心的党中央求真务实，艰苦奋斗。党的十八大报告提出了全面建成小康社会奋斗目标的新要求，首次提出建设美丽中国。为此我们必须坚定信心、埋头苦干。尽管我们在前进的道路上可能会遇到这样那样的困难和风险，但我坚信：有中国共产党的正确领导，任何艰难险阻我们都能克服，新世纪的宏伟目标一定能够实现，一个富强、民主、文明、和谐的社会主义现代化国家必将在本世纪中叶巍然矗立于世界东方！

作为一名在校大学生，多年来，在党的教育和培养下，我认真而自觉地学习马列主义、毛泽东思想、邓小平理论和"三个代表"重要思想，深入贯彻落实科学发展观，加强思想政治修养，真心拥护党的领导。因此，我想加入党组织的愿望日益强烈、日益迫切。同时，我也深深认识到，作为当代中国青年，我想更好地为人民服务，为国家和民族奉献自己的聪明才智。我明白只有将自己的爱国热情化作行动，将自己的理想和祖国的前途命运结合起来，将自己的聪明才智完全地贡献给祖国，紧跟共产党并使自己成为其中的一员，才能够真正实现自己的抱负。所以我一直严格要求自己，随着年龄与文化知识的增长，我对党的认识也越来越深，加入到党组织中来的愿望也越来越强烈。我经常学习党的理论认识，在实际行动上，积极与党中央保持一致，积极参加党的各项活动，时刻争做一名优秀大学生。不断学习，提升自身政治素养，坚定共产主义必胜的信念，树立共产主义的远大理想，更应该脚踏实地，学好科学文化知识和业务知识，积极参加社会实践，积极主动地接受党组织的教育和培养，不断成长、不断进步，首先做到在思想入党，进而争取早日在组织上入党。

今天，我怀着激动的心情向党组织提出入党申请，我深知，按照党章规定的党员标准，自己的差距还很大，自己还有许多缺点和不足，如处理问题不够成熟，政治理论水平不高，对党的认识还不够全面、深刻，与党的要求相比还有很大差距等，希望党组织从严要求，以使我更快进步。我将按照《党章》要求和党员的标准严格要求自己，自觉地接受党员和群众的帮助与监督，努力克服缺点，弥补不足，争取早日入党。

请党组织在实践中考验我。

申请人：×××
××××年××月××日

第二节　调查报告　调研报告

一、调查报告

（一）调查报告的概念

调查报告是对某项工作、某一事项、某个问题经过深入细致的调查后，将收集的材料（信息）加以系统整理，进行综合分析和认真研究，以书面形式反映调查研究结果的一种文体。

别称：调查汇报、调查综述、情况调查、考察报告等。

（二）调查报告的特点

1. 针对性。调查报告是直接服务于现实工作的，这就需要针对现实中的具体工作或问题进行系统的调查，从实际情况出发，调查研究各种社会情况，推广典型经验，及时回答群众关心且迫切要求解答的问题，这决定了调查报告有强烈的针对性。

2. 真实性。调查报告的内容必须真实，作者写作时要力求客观。事实是调查报告的基础，在调查报告中不能夸大，也不能缩小，更不能歪曲事实。必须客观反映调查对象的真实情况，实事求是地分析评价，得出符合客观实际的结论。否则，没有真实性，调查报告就失去了其应有的作用。

3. 逻辑性。调查报告需要条理清晰，有时要从大量的调查问卷中提炼出主要内容，因而就要求调查报告要有极好的逻辑性。

4. 时效性。调查报告服务于实际工作，这就决定了它的时效性。尽管不必像新闻那样紧迫，但必须针对现实需要，回答迫切的、具有现实意义的问题。即便是考察既往的事件，也应该着眼于现在的需要。

（三）调查报告的作用

1. 为领导制定政策、措施提供依据。领导的决策是否正确，措施是否可行，取决于"信息"是否全面、可靠。

2. 总结经验教训，推动工作发展。通过对先进单位或先进个人在生产、学习、工作、管理等活动中取得的经验和好的方法的调查研究，对实际工作起到推动和指导作用。

3. 反映情况、问题，提高人民的认识水平。调查报告反映社会生活，揭露社会生活中存在的问题、不良倾向及其丑恶、腐败现象，并分析这类问题的原因，可以帮助人们明辨是非，提高认识。

（四）调查报告的种类

1. 情况调查报告。即反映情况的调查报告，一般都是抓住社会中的重大问题，通过调查研究，找出规律性的东西，提出解决问题的方法，从而推动社会的前进，如《关于农民看病难住院难问题的调查报告》。

2. 典型经验调查报告。即介绍经验的调查报告，主要是对工作、生产、学习中的典型经验加以推广，从而起到"拨亮一盏灯，照亮一大片"的作用，如《关于××村加强支部建设的调查报告》。

3. 问题调查报告。即揭露问题的调查报告，用于工作中发生的真假难辨的重大问题，通过调查研究，把问题搞清楚，把真相披露出来，如《关于××公司长期亏损情况的调查报告》。

（五）调查报告的前期准备

1. 调查对象。

调查伊始，须搞清调查对象，明确你要调查的问题，设定调查的人群，总之目的要明确。

2. 调查范围

（1）普遍调查

对调查对象总体内所有单位全部进行调查，获得的信息最准确、最权威。但工作量大、难度大，一般用于重大项目。

（2）非普遍调查

对调查对象总体中一部分单位进行调查，包括：典型调查、重点调查、个别调查、抽样调查等。

3. 调查方法。常用的调查方法有访问调查法、问卷调查法、实验调查法、统计调查法、抽样调查法五种。

（1）访问调查法

访问调查法，即调查者与被调查者面对面地直接交谈、询问或开调查会，是通过集体座谈会的方式进行的，也就是说它所访问的对象不是单独的，而是同时访问若干个调查对象。

（2）问卷调查法

问卷调查法，即调查者根据研究的课题，通过设计、制成问卷式的调查表格，寄给或发给调查对象，以此来收集调查资料。

（3）实验调查法

实验调查法就是按照人工可以控制、干预、影响的设计程序，对被调查对象的活动加以观察、记载、分析，以揭示其本质和规律的方法。

（4）统计调查法

统计调查法就是运用统计原理和方法，收集社会各方面的数据资料，并进行数量分析，研究社会现象发生和发展规律、趋势，验证说明社会现象的假设。

（5）抽样调查法

抽样调查法是把调查对象当作总体，从总体中按照随机或非随机的原则，抽出一定的数量进行分析，推断出调查研究的总体状况、特征和性质等情况。

各种调查研究方法一览表

	谈话法	访问事关调查的负责人、知情人、当事人，单独谈话、畅所欲言
调查研究的方法	开会调查法	主持调查会，议题集中，人多、面广、信息量大
	与会调查法	参加并借助别人的会议了解情况，取得资料
	蹲点法	深入调查单位参加工作实践，层层了解情况
	资料调查法	从报纸、杂志、书籍、档案、纪要以及音像材料中收集所需材料
	问卷调查法	将所需调查的内容拟成问答题，印成问卷进行较大面积的调查
	测验调查法	科学地挑选测验对象，由被调查人不记名地发表意见，检测民意
	直接调查法	亲临现场调查，最好是事先不通知，突然到场调查
	综合法	将上述方法综合加以运用

（六）调查报告的写作格式

1. 标题

调查报告的标题有以下四种：

（1）公文式标题，由事由和文种构成，如《关于××市"六五"普法工作情况的调查报告》。

（2）陈述式标题，如《××地区市民法律意识调查》。

（3）提问式标题，如《用公款请客为何愈演愈烈》。

（4）正副题结合式标题，如《基层民主的新验证——××县村民代表会议制度建设调查》。

2. 主体的导入

前言又叫引言、概述，位于全文开头，独立成段。

（1）调查的起因或目的、时间、地点、对象或范围、经过与方法。

（2）调查对象的背景、历史或现状、主要成绩或问题以及事件的简单过程。

（3）有关研究结果的概况。

3. 主体的写作

主体是调查报告的基本内容，是全文的核心部分。这一部分采取摆事实、讲道理的办法，用调查获得的材料（信息）说明真相，得出结论和看法。

（1）反映情况类。应包括三项主要内容：

①基本情况（主要特点或成绩）。

②存在的问题和不足及其原因分析。

③改进的意见和建议。

（2）介绍经验类。应包括三项主要内容：

①基本情况（主要成绩）。

②具体做法（采取的主要措施）。

③取得的主要经验。

（3）揭露问题类。应包括四项主要内容：

①基本情况（问题发生的过程和事实）。

②原因分析及产生的后果。

③应当吸取的教训。

④整改或处理的意见和建议。

（4）结尾。结尾不是调查报告的必备部分，有的调查报告没有明显的结尾部分，随着正文的结束，全文也就结束了。所以，结尾要简短自然、干净利落。

（5）附件。有些资料，如补充材料、统计表册，不能或不便全部写入正文，但对说明调查报告的基本结论很有帮助，可以把这些资料作为附件列在正文之后。如果有附件，应当标明其名称及数量。

（6）落款。同其他事务文书一致。

（七）调查报告的写作要求

1. 在"调查"上突出"认真"二字。深入细致了解调查对象，力求获取全面材料，包括正面的、反面的，现实的、历史的，上层的、下层的（领导和群众）。

2. 在"研究"上突出"深入"二字。要做好三点：一是审查资料，二是整理资料，三是分析资料。

3. 要讲究语言表达技巧。在表现手法上注意叙述和议论有机结合；在语言运用上，应力求通俗易懂，简洁明快，富于表现力。

4. 提出办法和措施时要注意。要将存在的问题（不足）及剖析出的原因相对应，应突出可行性和可操作性。

【例文】

大学生消费问题的调查报告

一、调查的背景

消费观是价值观的体现，大学生作为社会的特殊消费群体，其消费观将直接影响其今后的生活观念。现在网上的各种评论主要都是对当今大学生的消费进行批评的，这引起了我对大学生消费现状的兴趣，于是我于 2017 年 1 月 5 日到 10 日在××学院第一教学楼及××学院学生寝室对一百余名同学做了调查。此次调查共发出调查问卷 104 份，回收有效调查问卷 100 份。

二、数据分析（在附录中已附上调查问卷及调查原始数据）

在此次被调查的一百名同学中有 42 名男生、58 名女生。总体上，接受调查者中有 79% 的同学每月的消费在 500 元到 1000 元之间。这些被调查者有 82% 的同学经济完全来源于父母，有 11% 的同学的主要经济来源是父母给予及奖学金，还有少数同学的经济来源是自己勤工助学或学校等机构的补助，其中女生拿奖学金及自己勤工助学的比例比男生要高。

在电话费的消费上女生普遍要比男生高，在网费的花费上男女生的比例相当，但男生上网时间普遍比女生长，主要是因为男女生带电脑的比例相近（我校拉网线后网费每月 39 元或 42 元，不计时间）。在被调查者中有 58% 的同学表示其每月的恋爱经费为 0 元，在有恋爱经费支出的同学中也只有个别同学的消费在 300 元以上。在服饰消费上女生要大于男生，但大多数同学的消费都在 100 元到 200 元之间，而且 90％以上的同学表示服饰只要适合自己就行，没必要在乎是否为名牌。在娱乐方面消费主要在 100 元之内。在自己生活费开支的主要方面，有一半以上的同学的一年消费在 5000 元到 10000 元之间，有 7％的同学消费在 3000 元之内。

被调查者中有 73％的同学认为自己的消费是合理的，还有 27％的人认为自己的消费不合理。在认为自己消费不合理的同学中有 30％的同学表示非常希望对自己不合理的消费进行改变，另外有 19％的同学对此表示无所谓。在"是什么影响自己的消费观"的问题上有 36％的同学认为是家庭教育，有 45％的同学在家庭和同学之外选择了其他，他们中的多数认为原因是多方面的或者认为他们的消费主要是由具体情况而定的。

三、对大学生消费观原因分析及建议

大学生是一个特殊的消费群体，大学生消费观的形成原因是多方面的。

1. 家庭的影响。随着社会经济的发展，我国的国民生活水平不断提高，且现在的在校大学生都为"90 后"，除来自农村的同学中的一部分同学外，其他同学基本都为独生子女，多数家长都是在尽力满足孩子的所有要求，所以大学生在消费支出上不必担心透支，于是就很少有同学会去计划自己的消费，不计划也就导致了一些不必要的支出。

2. 大学生价值观。现在大学生年龄主要集中在 18 岁到 22 岁之间，还没有形成真正意义上的价值观，一些年轻人容易赶新潮，容易受外界的影响，且会产生与同学攀比的心理。而且大学生刚步入社会，易受社会上一些不良风气的影响。但大学生作为有自己独立思想的社会群体，部分大学生也会自我调节、自我约束，这部分大学生能自己寻找自己的平衡点，自己分析自己的价值观问题，也就会在自己的现实生活中体现，这些学生就能体会父母的不容易，于是就不会在平时生活中大把胡乱花钱。

3. 在此次调查中发现大学生在学习方面的消费明显偏少，导致此现象的原因一方面是因为现在大学生对大学期间的课外积累不重视。这部分学生中有一部分认为大学的学习仅仅是以最后的大学毕业证书为目的，有部分同学认为当今中国现行的大学教育制度不适合自己，现在的社会需要的是各方面的人才，他们错误地认为不学习去做别的也会有出路。另一方面也是因为现在各方面技术的发达，如电脑的普及使得大多数大学生都不再依赖于课本及老师，更多的是自己去寻找、去学习，这也就减少了同学们在购书、辅导课等方面的开支。

4. 学校的影响也是巨大的。学校积极提倡节约对在校学生的消费观形成将起积极的作用。学校，尤其是大学的教育对学生的一生都有影响，教师不仅要教书，更要以育人为目标。

对于这些问题的解决需要多方面的配合与协调。首先，大学生已经步入成人的行列，作为家长应当让自己的孩子尽早懂得生活的不易以及工作的辛苦，让自己的孩子对生活有一个全面的认识，不要再将自己的孩子像公主、王子似的宠着，那样会使得大学生始终生活在温室里，无法了解真正意义上的生活。其次，学校应加强对在校生的消费心理和行为的调查，以便及时了解在校学生的心理状态，并进行及时的引导。再次，作为大学生本人也不应该再一味地依赖父母与学校，应当自己学会自立，对一些不良的行为及习惯提出抗议并积极地调整自己，多计划自己的生活，多体验生活。

四、经验及总结

当代大学生作为新时代的接班人，其消费情况反映了新一代青年的消费观，关系到国家的未来，同时也和青年自身的利益息息相关。此次调查由于时间以及其他方面的原因，只在我校小范围内进行，因此我也只是对我校在校大学生的消费情况进行了粗略的了解，看法难免有些片面，但在此次调查中我自己个人的收获确实很大。

此次调查也让我对我们的消费观进行了思考。当今的大学生基本都是出生在 20 世纪 90 年代，用一个现在流行的词来形容——"90 后"。现在对"90 后"的消费评价基本是批评性的，有人说"90 后"是挥霍的一代，出生的时代对"90 后"的影响使得"90 后"存在虚荣、崇尚享乐主义、自理能力差等缺点。但我个人认为，"90 后"也有着自己特有的优点，如做事凭感觉，不喜欢复杂的人情是非等。"90 后"的不成熟主要是因为社会阅历的不足，相信在经过磨砺之后，现代的大学生一定将会以自己崭新的一面来面对社会的考验。

五、附录（略）

调查人：×××

××××年××月××日

二、调研报告

（一）调研报告的概念

为了对某件事情作比较深入、全面的了解，我们就需要进行一番调查研究，然后形成书面文字，这就是调研报告。

（二）调研报告的特点

1. 真实性。调研报告讲求事实。它通过调查得来的事实材料说明问题，用事实材料阐明观点，揭示出规律性的东西，引出符合客观实际的结论。调研报告的基础是客观事实，一切分析研究都必须建立在事实基础之上，确凿的事实是调研报告的价值所在。因此，尊重客观事实，用事实说话，是调研报告的最大特点。写入调研报告的材料都必须真实无误，调研报告中涉及的时间、地点、事件经过、背景介绍、资料引用等都要求准确真实。一切材料均要出之有据，不能听信道听途说。只有用事实说话，才能提供解决问题的经验和方法，研究的结论才能有说服力。如果调研报告失去了真实性，也就失去了它赖以存在的科学价值和应用价值。

2. 论理性。调查报告的主要内容是事实，主要的表现方法是叙述。但调研报告的目的是从这些事实中概括出观点，观点正是调研报告的灵魂。因此，占有大量材料，不一定就能写好调研报告，还需要把调研的东西加以分析综合，进而提炼出观点。对材料的研究，要在正确思想指导下，用科学方法经过"去粗取精，去伪存真，由此及彼，由表及里"的过程，从事物发展的不同阶段中，找出起支配作用的、本质的东西，把握事物内在的规律，运用最能说明问题的材料并合理安排，做到既要弄清事实，又要说明观点。这就需要在对事实叙述的基础上进行恰当的议论，表达出论文的主题思想。议论是"画龙点睛"之笔，调研报告紧紧围绕事实进行议论，要求叙大于议，有叙有议，叙议结合。如果议大于叙，就成议论文了。所以既要防止只叙不议，观点不鲜明，也要防止空发议论，叙议脱节。夹叙夹议，是调研报告写作的主要特色。

3. 语言的简洁性。调研报告的语言简洁明快，这种文体是充足的材料加少量议论，不要求细腻的描述，只要用简明朴素的语言报告客观情况。但由于调研报告也涉及可读性问题，所以语言有时可以生动活泼，适当采用群众性的生动而形象的语言。同时注意使用一些浅显生动的比喻，增强说理的形象性和生动性，但前提必须是为说明问题服务。

（三）调研报告的分类

1. 按服务对象分，可分为市场需求者调研报告（消费者调研报告）、市场供应者调研报告（生产者调研报告）。

2. 按调研范围分，可分为全国性市场调研报告、区域性市场调研报告、国际性市场调研报告。

3. 按调研频率分，可分为经常性市场调研报告、定期性市场调研报告、临时性市场调研报告。

4. 按调研对象分，可分为商品市场调研报告、房地产市场调研报告、金融市场调研报告等。

（四）调研报告的写作格式

1. 标题。调研报告的标题应简明、贴切，能概括文章的内容，并且要用能揭示内容中心的标题，一般不超过 20 个字，具体写法有以下几种：

（1）公文式标题。这类调研报告标题多数由事由和文种构成，平实沉稳，如《关于知识分子经济生活状况的调研报告》；也有一些由调研对象和“调查”二字组成，如《知识分子情况的调查》。

（2）一般文章式标题。这类调研报告标题直接揭示调研报告的中心，十分简洁，如《本市老年人各有所好》。

（3）提问式标题，如《“人情债”何时了》。这是典型调研报告常用的标题写法，特点是具有吸引力。

（4）正副题结合式标题，这是用得比较普遍的一种调研报告标题，特别是典型经验的调研报告和新事物的调研报告。正题揭示调研报告的思想意义，副题表明调研报告的事项和范围，如《深化厂务公开机制　创新思想政治工作方法——关于武汉分局江岸车辆段深化厂务公开制度的调查》。

2. 正文。调研报告的正文包括前言、主体和结尾三部分。

（1）前言。调研报告的前言简要地叙述为什么对这个问题（工作、事件、人物）进行调查，还包括调查的时间、地点、对象、范围、经过及采用的方法，调查对象的基本情况、历史背景以及调查后的结论等。这些方面的侧重点由写作者根据调研目的来确定，不必面面俱到。调研报告开头的方法很多，有的引起读者注意，有的采用设问手法，有的开门见山，有的承上启下，有的画龙点睛，没有固定形式。但一般要求紧扣主旨，为主体部分做展开准备。文字要简练，概括性要强。

（2）主体。这是调研报告的主干和核心，是引语的引申，是结论的依据。这部分主要写明事实的真相、收获、经验和教训，即介绍调查的主要内容是什么，为什么会是这样的。主体部分要包括大量的材料——人物、事件、问题、具体做法、困难障碍等，内容较多。所以要精心安排调研报告的层次，安排好结构，有步骤、有次序地表现主题。调研报告中关于事实的叙述和议论主要都写在这部分里，是充分表现主题的重要部分。

一般来说，调研报告主体的结构大约有三种形式：

一是横式结构。即把调查的内容加以综合分析，紧紧围绕主旨，按照不同的类别分别归纳成几个问题来写，每个问题可加上小标题，而且每个问题里往往还有着若干个小问题。典型经验性质调研报告的格式，一般多采用这样的结构。这种调研报告形式观点鲜明，中心突出，使人一目了然.

二是纵式结构。有两种形式，一种是按调查事件的起因、发展和先后次序进行叙述和议论。一般情况调研报告和揭露问题的调研报告的写法多使用这种结构方式，其有助于读者对事物发展有深入的全面的了解。一种是按成绩、原因、结论层层递进的方式安排结构。一般综合性质的调研报告多采用这种形式.

三是综合式结构。这种调研报告形式兼有纵式和横式两种特点，互相穿插配合，组织安排材料。采用这种调研报告写法，一般是在叙述和议论发展过程时用纵式结构，而写收获、认识和经验教训时采用横式结构。

调研报告的主体部分不论采取什么结构方式，都应该做到先后有序，主次分明，详略得当，联系紧密，层层深入，为更好地表达主题服务。

（3）结尾。结尾是调研报告分析问题、得出结论、解决问题的必然结果。不同的调研报告，结尾写法各不相同。一般来说，调研报告的结尾有以下五种：对调研报告归纳说明，总结主要观点，深化主题，以提高人们的认识；对事物发展做出展望，提出努力的方向，启发人们进一步去探索；提出建议，供领导参考；写出尚存在的问题或不足，说明有待今后研究解决；补充交代正文没有涉及而又值得重视的情况或问题。总之，调研报告结尾要简洁有力，有话则长，无话则短，没有必要也可以不写。

（五）调研报告的写作要求

1. 必须掌握符合实际的丰富确凿的材料。丰富确凿的材料是调研报告的生命。这些材料一方面来自于实地考察，一方面来自于书报、杂志和互联网。在知识爆炸的时代，获得间接资料似乎比较容易，难得的是深入实地获取第一手资料，这就需要眼睛向下，脚踏实地到实践中认真调查。掌握大量的符合实际的第一手资料是写好调研报告的前提，必须下大功夫。

2. 对于获得的大量的直接和间接资料，要做艰苦细致的辨别真伪的工作。从大量的材料中找出事物的内在规律性，这是不容易的事。调研报告切忌面面俱到。在第一手材料中，筛选出最典型、最能说明问题的材料，对其进行分析，从中揭示出事物的本质或找出事物的内在规律，得出正确的结论，总结出有价值的东西，这是写调研报告时应特别注意的。

3. 调研报告一般是针对解决某一问题而产生的。报告需要陈述问题发生发展的起因、过程、趋势和影响。如果用词概念不清，读者就难以了解事物的本来面目，也就达不到解决问题的目的。尤其是政策调研报告，用词准确有助于政策决策者迅速准确地理解调研报告的内容，有利于政策制定和调整的正确性。

4. 逻辑严谨，条理清晰。调研报告要做到观点鲜明，立论有据。论据和观点要有严密的逻辑关系，条理清晰，论据不单是列举事例、讲故事。逻辑关系是指论据和观点之间内在的必然联系。如果没有逻辑关系，无论多少事例也很难证明观点的正确性。结构上的创新只是形式问题，不能把主要精力放在追求报告的形式上，调研报告的结构可以不拘一格。

5. 要有扎实的专业知识和思想素质。好的调研报告，是由调研人员的基本素质决定的。调研人员既要有深厚的理论基础，又要有丰富的专业知识。一项政策往往涉及国民经济的许多方面，并且影响到不同的社会群体，只有具备很宽的知识面，才能够深刻理解国家的大政方针，正确判断政策所涉的不同群体的需要；才能看清复杂事物的真实面目。恩格斯说过：如果现象和本质是统一的，任何科学都没有存在的价值了。调研人员一定要具备透过现象洞察事物本质的能力。这源于日积月累，非一朝一夕之功。

6. 要对人民有感情，对事业、对真理有追求。任何事物都是一分为二的，调研报告带有一定程度的主观性。作者所处的立场决定了报告的主题和观点，也决定了报告素材选取的倾向性。巴金说，"不是我有才能，而是我有感情"。深入实际搞调研，一定要有为老百姓、为国家解决问题的强烈愿望和感情。

事物的产生和发展都遵循一定的规律，调研报告的写作过程实际上也是探索事物发生发展规律的过程。报告的论点和论据一定要符合自然规律和社会规律，而不是追随潮流，迎合某些群体的需要。这就需要调研人员非常敬业，具有不懈追求真理的精神。

【例文】

大学生消费状况调研报告

一、问题的提出

当前的消费市场中，随着经济社会的纵深发展，大学生作为社会特殊的消费群体，我们的消费观念的塑造和培养更为突出而直接地影响我们世界观的形成与发展，进而对我们一生的品德行为产生重要的影响。因此，关注大学生消费状况，把握大学生生活消费的心理特征和行为导向，培养和提高我们的"财商"，在当前正受到越来越大的关注。由于年龄较轻，群体较特别，大学生有着不同于社会其他消费群体的消费心理和行为。一方面，有着旺盛的消费需求；另一方面，尚未获得经济上的独立，消费受到很大的制约。消费观念的超前和消费实力的滞后，都对大学生的消费有很大影响。特殊群体自然有自己特殊的特点，同时难免存在一些非理性的消费甚至一些消费的问题。为了调查清楚大学生的消费问题，我们决定在身边的同学中进行一次消费的调研。

二、问卷情况详见附录

本问卷共发放 150 份，收回有效问卷 146 份。发放对象以我们周围的同学为主。

三、数据统计和分析

1. 总消费额

统计结果表明，消费额主要集中在 400～800 元，对纯消费群体，我们觉得这个结果略低。我们认为，合适的人数分布峰值应该出现在 500～800 元区间，其他区间大概符合正态分布。

2. 恩格尔系数

由表中数据可看出，饮食方面支出居于 250～350 元的人数最多，"吃饭消费"占总消费的比例较高。因此，大学生这一群体的恩格尔系数较高，这可能是这一群体的特点。虽然考虑到数据受限于学校的物价水平，但还是认为该数据可以反映大学生消费支出的大概情况。

3.通信开支

随机问卷得到的结果，拥有手机的同学居然占到被调查总人数的100%，可见大学校园手机的普及率之高。月花费高于50元的占到43%，已经接近一半。以我们的感觉，似乎大一的时候电话方面支出较多，而大二除了极个别人外似乎这方面的支出锐减，而我们的数据也基本反映了这个特点，接近八成的同学每月都很少打电话。

4.打工目的

考虑到目前的手机普及率，大家这方面的消费还是比较合理。针对打工目的的问题"得票"最高的选项是增长社会经验，可以看出，大部分人打工的目的不在于经济方面，而只是为增加社会阅历，由这点也可以看出大家普遍经济状况较好，有足够的资金应付日常支出。

5.生活资金来源及家庭收入

九成以上的被调查者资金主要是由父母或家庭提供，这个数据还是说明了一些问题的，这种情况是大学生的普遍情况。很多社会因素我们无法改变，但是我们需要关注的是，很多人居然认为这是天经地义的事，即使做家教，也不是为了减轻父母的负担或是尽早经济独立，大学生经济独立意识之差可见一斑。

6.自我评价

结果显示，71%的被调查者认为花销较大，与自己的预期不符。可是，大家又一直保持着这种花费势头，这也算是大学生消费心理脆弱的一定表现。

另外，校风建设范畴中普遍缺少倡导大学生勤俭节约生活消费观的内容。大学生的消费心理和行为除了在个人喜好、穿着打扮等较少方面比较注重突出个性以外，他们对于时尚品牌、基本生活用品、生活费用等主要消费内容都具有群体从众心理。高校校风主要体现的正是学生的群体心理和行为特征。在校风建设上应注重塑造和强化学生良好的消费意识和消费行为，培养学生良好的消费习惯。

四、结论与建议

综合以上分析，我们可以看出大学生的消费心理总体上处于成长健全期。他们在质量、价格、品牌、情绪等诸多影响购买的因素里面，首先考虑质量的因素，但更注重品牌与情绪的影响。因此可以说大学生的消费观是充满感性而略掺有理性的。而对于流行与时尚的追求似乎更是一个令人彷徨的十字路口。适度的追求是合理的，但过分的攀比会产生危险的影响。

对于大学生在消费中产生的问题，我们提出以下建议：

1.增强独立意识，培养和加强理财能力

（1）正确认识金钱及金钱规律的能力。

（2）正确运用金钱及金钱规律的能力。

2.克服攀比情绪

树立适应时代潮流的、正确的、科学的价值观，逐渐确立正确的人生准则，给自己理性的定位。

通过这次调研，我们基本掌握了当代大学生消费心理趋势及现状。大学生的基本生活消费大体上是现实的、合理的，但离散趋势明显，个体差异大。在以寄生性消费为主的大学生中，培养独立的理财能力、科学的价值观应是当务之急。

3. 形成大学生良好消费风气

良好校风是师德师风和学生学习、生活作风的有机组合。其中学生的消费心理和行为是体现学生生活作风的重要部分。一旦良好的消费习惯得到培养和加强，就会对良好校风的塑造起促进作用，并形成校风助学风的良性循环。因此，应该把大学生良好消费心理和行为的培养作为校园文化建设的重要组成部分。在校园文化建设中设计有关大学生健康消费理念的活动专题，并且持之以恒做下去，以大学生良好的消费心理和行为促进良好生活作风的形成，进而促进良好学风、校风的巩固与发展。

附录一：大学生消费状况调查问卷

为了解我校大学生的消费问题，我们决定在身边的同学中进行一次消费的调研，请尽量如实填写。

一、客观题

1. 您的月消费额大概为多少？（　　　）

    A. 400 元以下　　　　　　　　　　B. 400～500 元

    C. 500～800 元　　　　　　　　　　D. 800～1100 元

    E. 1100 元以上

2. 您每月饮食方面支出（包括零食饮料）大概为多少？（　　　）

    A. 250 元以下　　　　　　　　　　B. 250～350 元

    C. 350～450 元　　　　　　　　　　D. 450～600 元

    E. 600 元以上

3. 您每学期学习方面的花费（包括文具、书籍、复印、培训班等）大概为多少？（　　　）

    A. 200 元以下　　　　　　　　　　B. 200～300 元

    C. 300～400 元　　　　　　　　　　D. 400～600 元

    E. 600 元以上

4. 您是否有定期出去聚餐的习惯或请朋友吃饭的行为？如果有，平均每月用于这方面有（　　　）元支出

    A. 50 元以下　　　　　　　　　　　B. 50～100 元

    C. 100～150 元　　　　　　　　　　D. 150～200 元

    E. 200 元以上

5. 如果您是女生，您花在服饰和化妆品方面平均每个月的消费大概为多少？（　　　）

    A. 基本不花费　　　　　　　　　　B. 50 元以下

    C. 50～100 元　　　　　　　　　　　D. 100～200 元

    E. 200 元以上

6. 您每月谈恋爱浪漫气氛"制造费"是多少？（　　　）

    A. 我尚单身　　　　　　　　　　　B. 100 元以下

    C. 100～200 元　　　　　　　　　　D. 200～400 元

    E. 400 元以上

7. 您拥有手机吗？如果有，每个月话费支出为多少？如果没有，请回答下一题。
   A. 50 元以下 　　　　　　　　　　B. 50～100 元
   C. 100～200 元 　　　　　　　　　D. 200～300 元
   E. 300 元以上

8. 您每月用于通信方面的支出为多少？（仅限于使用电话卡的情况）（　　　）
   A. 20 元以下 　　　　　　　　　　B. 20～50 元
   C. 50～80 元 　　　　　　　　　　D. 80～110 元
   E. 110 元以上

9. 您是否有打工的经历？如果有，或有此打算，目的是（　　　）
   A. 补贴日用 　　　　　　　　　　B. 增长社会经验
   C. 赶时髦 　　　　　　　　　　　D. 渴望独立
   E. 闲着没事，干就干了

10. 您花费的资金主要来自（　　　）
   A. 学子勤工俭学 　　　　　　　　B. 用休息日在外做家教
   C. 给企业打工 　　　　　　　　　D. 主要从家里拿钱，很少自己挣钱
   E. 其他

11. 您的家庭月总收入为（　　　）元。
   A. 500 元以下 　　　　　　　　　B. 500～1500 元
   C. 1500～3000 元 　　　　　　　D. 3000～5000 元
   E. 5000 元以上

12. 您觉得您现在每月消费情况如何？（　　　）
   A. 高得惨不忍睹 　　　　　　　　B. 偏高
   C. 刚刚好 　　　　　　　　　　　D. 偏低
   E. 低得一塌糊涂

二、问答题

1. 您有没有在不知不觉中花去很多钱的体验？

2. 如果有，您觉得这部分花费是否必要？

3. 如果您认为不必要或者很大一部分不必要，您能想出什么办法避免这部分花费么？

【拓展阅读】

调研报告和调查报告的区别

　　调研报告不同于调查报告，调查报告是因为发生了某件事（如案件、事故、灾情）才去做调查，然后写出报告。调研报告的写作者必须自觉以研究为目的，根据社会或工作的需要，制订出切实可行的调研计划，即将被动的适应变为有计划的、积极主动的写作实践，从明确的追求出发，经常深入到社会第一线，不断了解新情况、新问题，有意识地探索和研究，写出有价值的调研报告。

　　调研报告的核心是实事求是地反映和分析客观事实。调研报告主要包括两个部分：一是

调查，二是研究。调查，应该深入实际，准确地反映客观事实，不凭主观想象，按事物的本来面目了解事物，详细地钻研材料。研究，即在掌握客观事实的基础上，认真分析，透彻地揭示事物的本质。至于对策，调研报告中可以提出一些看法，但不是主要的。因为，对策的制订是一个深入的、复杂的、综合的研究过程，调研报告提出的对策是否被采纳，能否上升到政策，应该经过政策预评估。

调查报告是整个调查工作，包括计划、实施、收集、整理等一系列过程的总结，是调查研究人员劳动与智慧的结晶，也是客户需要的最重要的书面结果之一。它是一种沟通、交流形式，其目的是将调查结果、战略性的建议以及其他结果传递给管理人员或其他担任专门职务的人员。因此，认真撰写调查报告，准确分析调查结果，明确给出调查结论，是报告撰写者的责任。

第三节　总结　述职报告

一、总结

（一）总结的概念

总结是对以往的一段时间内某项工作、生产、学习、思想的情况进行系统的回顾，通过分析研究，做出客观的评价，肯定成绩，找出问题，得出经验教训，摸索出事物发展规律，为发扬成绩，纠正错误，提高认识，明确方向而写成的书面材料。

（二）总结的特点

1. 自身性。总结都是以第一人称，从自身出发。它是单位或个人自身实践活动的反映，其内容行文来自自身实践，其结论也为指导今后自身实践。

2. 指导性。总结以回顾思考的方式对自身以往实践作理性认识，找出事物本质和发展规律，取得经验，避免失误，以指导未来工作。

3. 理论性。总结是理论的升华，是对前一阶段工作的经验、教训的分析研究，借此上升到理论的高度，并从中提炼出有规律性的东西，从而提高认识，以正确的认识来把握客观事物，更好地指导今后的实际工作。

4. 客观性。总结是对实际工作再认识的过程，是对前一阶段工作的回顾。总结的内容必须要完全忠于自身的客观实践，其材料必须以客观事实为依据，不允许东拼西凑，要真实、客观地分析情况、总结经验。

5. 概括性。总结是对前一阶段工作的经验的总结概括，是感性认识到理性认识的上升。

（三）总结的作用

总结是工作由感性认识上升到理性认识的重要环节。总结是对一定时期内的工作加以总结、分析和研究，肯定成绩，找出问题，得出经验教训，摸索事物的发展规律，用于指导下一阶段工作的一种书面文体。它所要解决和回答的中心问题，不是某一时期要做什么、如何去做、做到什么程度的问题，而是对某种工作实施结果的总鉴定和总结论，是对以往工作实践的一种理性认识。

总结是做好各项工作的重要环节。通过它可以全面系统地了解以往的工作情况，可以正确认识以往工作中的优缺点，可以明确下一步工作的方向，少走弯路，少犯错误，提高工作效益。

总结还是认识世界的重要手段，是由感性认识上升到理性认识的必经之路。通过总结，使零星的、肤浅的、表面的感性认识上升到全面的、系统的、本质的理性认识上来，寻找出工作和事物发展的规律，从而掌握并运用这些规律。毛泽东同志曾指出：领导者的责任，就是不断指出斗争的方向，规定斗争的任务，而且必须总结具体的经验，向群众传播这个经验，使正确的获得推广，错误的不致重犯。

写好总结，须勤于思索，善于总结。这样可以提高领导的管理水平，培养出更多理论与实践相结合、具有工作能力的干部。总结中，须对工作的失误等有正确的认识，勇于承认错误，可以形成批评与自我批评的良好作风。写好总结，须从以往的工作实际出发，可养成调查研究之风。

总之，写好总结是非常重要的，但也是非常困难的。难度主要表现在两方面；一是总（过去的工作），二是结（工作的经验、教训、规律）。要正确处理好两者关系：总是结的依据，结是总的概括。

（四）总结的种类

1. 按性质分，有学习总结、生产总结、科研总结、工作总结、劳动总结等。

2. 按内容分，有全面总结和专题总结等。

3. 按时间分，有长远总结、学期总结、年度总结、季度总结、月份总结等。

4. 按范围分，有个人总结、单位总结、部门总结。

总结的种类可以按性质、内容、时间和范围等不同角度来划分，但不管按什么方式来分类，归结起来不外乎三种：综合总结、专题总结和个人总结。

综合总结，是一个部门、单位对一定时期内的各项工作进行的全面的总结，要展现本部门、本单位一定时期工作的全貌。

专题总结，是对一定时期的某项工作或某一方面的问题所做的专门性的总结，这类总结偏重于总结成绩、经验，其他可以少写或不写。

个人总结，是个人在工作或学习已告一段落后，将自己的实践进行回顾。这种总结要抓住主要问题，突出经验、教训和收获、体会；要注意防止陈列式、记流水账，也不要写成检讨书、决心书。

（五）总结的写作格式

1. 标题。总结的标题有公文式标题和内容概括式标题两种形式。

（1）公文式标题

①单位名称＋时间＋事由＋文种，如《××市××局2016年工作总结》。

②单位名称＋事由＋文种，如《×××公司创先争优活动总结》。

③事由＋文种或时间＋文种，如《教育工作总结》。

（2）内容概括式标题

①单标题：标题只是内容的概括，并不标明"总结"字样，但一看内容就知道是总结。如《一年来的谈判及前途》等。

②双标题。正标题点明文章的主旨或重心，副标题具体说明文章的内容和文种，如《加

强医德修养　树立医疗新风——南方医院惠侨科精神文明建设的经验》。

2. 正文。正文部分一般由前言、主体和结尾三个部分组成。

（1）前言

概述基本情况。包括单位名称、工作性质、主要任务以及总结目的、主要内容提示等。作为开头部分，要注意简明扼要，文字不可过多。

（2）主体

主体部分应该从基本情况、主要成绩和经验、存在的问题和教训、今后努力的方向四个方面来写作。

①基本情况

基本情况即对总结对象的大致情况，如工作、学习的时间、地点、范围、过程、结果、成效及相关背景做全面的归拢，给读者一个关于总结对象的总体认识。

②主要成绩和经验

主要成绩可以概括为几点或几个方面来写，要写得具体些，要有事实材料和必要的统计数据，有时还需要与上期工作情况、本期计划规定的任务指标进行对比说明。主要经验要说明工作的基本做法、体会和取得成绩的原因。总结经验要既有观点又有材料，光讲道理不行，要有具体的典型事例，让事实去说明道理；只摆事实更不行，没有从材料中概括、提炼出观点，指出规律性的东西，就不能说明问题，达不到总结的目的。所以，对成绩和经验的归纳总结，既不能就事论事，忽视理论分析，又不能空泛议论，没有具体材料。要从观点和材料的统一、理论和实践的统一上形成结论，总结出经验。

③存在问题和教训

存在问题即没有做好、没有完成的工作中有待进一步解决的问题及工作中的失误和缺点。教训是工作没有做好及工作出现失误、缺点的原因。写缺点也要实事求是，不能为了表示谦虚或保证总结内容的绝对全面而去生硬拼凑。在一些专题性经验总结中，由于工作成绩突出，又是为了供上级机关在全局推广先进经验，这方面的内容便可以少写甚或不写。

④今后的努力方向

在总结经验和教训的基础上提出今后的任务和打算，包括以后如何发扬成绩、克服缺点、纠正失误及要首先解决哪些问题等，上述内容，要切合实际，严肃认真地写好，而不能用几句不着边际的官腔话敷衍了事。在全篇结构上，这些内容可以单列一个部分，作为主体的一个层次，也可以用作全篇的结束语。

（3）结尾。应在总结经验教训的基础上，提出今后任务和措施，表明决心，展望前景。

（4）正文写作的注意事项

①简洁明了。开头不需写过多的感慨，开门见山，直截了当。

②先写大纲。然后再把大纲中涉及的事件加进去，进行细致加工。

③平时记录。养成平时做工作笔记与周报的习惯。

④突出重点。在内容上必须有效地选取和整理，展现出自己的工作重心和亮点。

⑤注意排版。这是一次向领导展示的好机会，一定要呈给领导一份版面清晰、一目了然的总结报告。

3. 落款。在全文的右下方写明称谓和时间。

（六）总结写作要求

1. 实事求是。要坚持实事求是的原则，从实际出发。用辩证的观点观察分析问题，不是肯定一切或否定一切的绝对化、"一点论"，而是用"一分为二"的观点，既看到成绩，又认识缺点，既报喜，又报忧，不搞哗众取宠、文过饰非的一套，也不是孤立地、静止地看问题，这样才能对工作或学习的成绩和缺点、经验和教训做出正确的评价，得出符合实际的认识，用以指导以后的实践。

2. 掌握全部资料。要全面地掌握情况，占有材料。写总结需要的材料大致有工作或学习的进程、情况、方法、效果，开展此项工作或学习的有关背景，有代表性的典型事例，精确的统计数据等。需要掌握的情况大体包括上级的有关指示、安排，本单位的计划部署，与本单位有关的其他部门、单位的同类情况等。只有在占有丰富材料、全面掌握情况的基础上，通过认真的分析研究，找到事物的内部联系，才能认识事物的本质，把总结写好。

3. 抓住重点。要总结出规律性的东西，这是写作的难点，也是写好总结的关键。总结要对今后的实践起指导作用，就不能只是对工作实践过程的铺叙和对工作情况的罗列，也不能是概念与事例的生硬而又简单的相加，而应当通过对所占有的材料和所掌握情况的透彻分析和深入研究，找出规律性的东西，实现从感性认识到理性认识的飞跃。

4. 言简意赅。语言要准确、简洁。所谓语言准确，就是要判断明确，推理严密。反映情况要恰当地表现出事物的不同性质和状态，评价事物要准确地反映出程度、分量的差别，诸如"一般地""大体上""差不多"之类的不确定词语，应限定在特定情况下使用；"显著提高""很大提高""空前提高"等评价性用语要严格区别情况选用。所谓简洁，就是语言要简明扼要、朴实无华，而不能空泛冗长，华而不实。对实践过程不必做过细的渲染和描写，即使是典型事例也要简要叙述。当然，准确简洁不是不要生动活泼，那些概括性强、意义深刻的生动活泼的群众语言，对于总结这种文体还是很重要的。

【例文】

理工科大学生毕业实习个人工作总结范文

今年 3 月份，我正式走进实习单位，开始了自己人生中的第一份实习工作。由于我是应届毕业生，本身对具体实习科目和工作都知之很少，由老师傅们带我学习，他们以师傅带徒弟的方式，指导我的日常实习。在老师傅们的热心指导下，我依次对公司的基本工程、工程结构、信息化实施进行了了解，并积极参与相关工作，注意把书本上学到的土木理论知识对照实际工作，用理论知识加深对实际工作的认识，用实践验证大学所学确实有用。以双重身份完成了学习与工作两重任务：跟公司同事一样上下班，协助同事完成部门工作；又以学生身份虚心学习，努力汲取实践知识。我心里明白，我要以良好的工作态度以及较强的工作能力和勤奋好学来适应公司的工作，完成公司的任务。简短的实习生活既紧张，又新奇，收获也很多。通过实习，我对公司概况和工程细节有了深层次的感性与理性的认识。

我在公司主要的工作任务是现场勘察、计算工程量、制作工程施工计划、现场调研等。这些都是公司的重要活动，决定了公司工程的区域性分配情况，以及每个分公司能够完成的工程等情况。由于缺乏经验，我在实习期间做数据统计的工作走了很多弯路，给同事的工作带来了很多麻烦，但是我们经理没批评我，而是让我继续认真地把事情做好，我很受鼓舞，同时也很努力地去把事情做好。

我对实习生活的感触是很深的，提高的方面很多，但对我来说最主要的是工作能力的进步。毕业实习主要的目的就是提高我们应届毕业生社会工作的能力，让我们懂得如何学以致用，给我们一次将自己在大学期间所学习的各种书面以及实际的知识用于实际操作、演练的机会。自走进实习单位开始，我本着积极肯干、虚心好学、工作认真负责的态度，积极主动地参与施工现场调查、质量跟踪、工程量计算以及对企业的各种工程的了解，加强对企业分公司的熟悉，让自己以最快的速度融入公司，发挥自己特长。同时认真完成实习日记，撰写实习报告，成绩良好。实习单位的反馈情况表明，在实习期间反映出我具有较强的适应能力，具备了一定的组织能力和沟通能力，能很好地完成企业在实习期间给我布置的工作任务。

实习收获，主要有四个方面：

一、通过直接参与企业的运作过程，学到了实践知识，同时进一步加深了对理论知识的理解，使理论与实践知识都有所提高，圆满地完成了本科教学的实践任务。

二、提高了实际工作能力，为就业和将来的工作取得了一些宝贵的实践经验。

三、我在实习单位受到认可并促成就业，并为毕业后的正式工作进行了良好的准备。

四、通过实习，我对我国房地产行业品牌的发展有了大致的了解，也准备在实习结束后，借回校的机会，抓紧时间，学习更多相关的理论知识，提高自己的专业水平，为正式工作做好准备。

从一开始轻轻松松地来，到现在即将沉甸甸地回去，仅短短的两个月时间，就让我如此受益匪浅。我真的非常感谢这次难忘的实习经历，我会在今后不断努力，充实自己，争取做得更好。

×××

××××年××月××日

【拓展阅读】

总结与其他文体之间的关系

一、总结与计划的关系

总结与计划既有区别，又有联系。首先，在时间上，总结是在计划执行阶段或完成后写的，它要检查计划的执行情况，找出规律性的东西，作为修订或制订新计划的依据，这是两者之间的密切联系。其次，在表述上，两者都有特殊性，计划是为完成一定任务所做的具体步骤、方法和措施，重在陈述说明；总结则是对计划执行情况的分析、评价，重在议论。最后，在要求上，计划所要回答的是"做什么，怎么做，做到什么程度"的问题，而总结所要回答的问题是"做了什么，做得怎么样"。总之，计划在前，总结在后，计划是总结的前提和依据，总结是计划的检验和结果，二者相辅相成。

二、总结与述职报告的关系

个人述职报告和个人总结既有联系，又有区别。

（1）述职报告与总结的相同之处是，它们都可以谈经验、教训，都要求事实材料和观点紧密结合，从某种程度上说，个人述职报告可以借鉴总结的某些写作方法。

（2）述职报告与总结的不同之处在于以下三点。

①要回答的问题不同。总结要回答的是做了什么工作，取得了哪些成绩，有什么不足，有何经验、教训等。述职报告要回答的则是什么职责，履行职责的能力如何，是怎样履行职责的，称职与否等。

②写作重点不同。个人总结的重点在于全面归纳工作情况，体现工作实绩。个人的工作述职报告则必须以履行职责方面的情况为重点，突出表现德、才、能、绩，表现履行职责的能力。

③表述方式不同。总结主要运用叙述的方式和概括的语言，归纳工作结果。述职报告则可以采用夹叙夹议的写法，既表述履行职责的有关情况，又说明履行职责的出发点和思路，还要申述处理问题的依据和理由。

二、述职报告

（一）述职报告的概念

述职报告是指各级各类机关工作人员，主要是领导干部向上级、主管部门和下属群众陈述任职情况，包括履行岗位职责，完成工作任务的成绩、缺点问题、设想，进行自我回顾、评估、鉴定的书面报告。

（二）述职报告的特点

述职报告是任职者陈述自己任职情况，评议自己任职能力，接受上级领导考核和群众监督的一种应用文，具有限定性、陈述性、严谨性和唯一性的特点。

1. 内容的限定性。述职报告必须紧紧围绕岗位职责和目标来进行。无论是汇报工作成绩，还是说明存在问题，概括今后工作打算，所用的材料都被限定在述职人的职责范围内，不属于自己的岗位职责，即使做了某些工作也不必写入报告中。

2. 实绩的呈现性。述职报告表述的重点应该是工作实绩，即在一段时间内做了哪些工作，有什么突出贡献，包括工作质量、效率、完成情况及程度、水准等，实事求是地做出自我评价。写述职报告，切忌泛泛空谈，抽象论证。

3. 时间的限制性。述职报告有严格的时间界限：一是述职的内容必须是在任职期限内的，不是这一期间做的工作不需写入；二是报告时间的限制性，述职者必须在考核期间，按考核时间的要求写出书面报告，向本部门群众宣读并上交上级有关部门。

4. 行文的严肃性。述职报告是考查干部的重要依据之一，一般都要存入干部人事档案，加上领导的重视，需要面对群众报告以及报告场合的庄重性，这些都决定了述职报告具有极强的严肃性。因此，述职者必须严肃认真地对待述职报告的写作。报告中述说的"实绩"，必须真实准确，语言质朴平易，切不可添枝加叶、凭空想象，或含糊其辞、文过饰非。

5. 履职的自荐性。依据岗位规范、职责，对自己作自我评价、鉴定、定性。一般自评内容包括任期内德、能、勤、绩、廉等情况。

（三）述职报告的种类

述职报告的分类，可以从几个不同的角度进行划分，因而存在着交叉现象。

1. 从内容上划分：

（1）综合性述职报告：是指报告内容是对一个时期所做工作的全面、综合的反映。

（2）专题性述职报告：是指报告内容是对某一方面的工作的专题反映。

（3）单项工作述职报告：是指报告内容是对某项具体工作的汇报。这常常是临时性的工作，又是专项性的工作。

2. 从时间上划分：

（1）任期述职报告：这是指从任现职以来的整体工作进行报告。一般来讲，时间较长，触及面较广，要写出一届任期的情况。

（2）年度述职报告：这是一年一度的述职报告，写本年度的履职情况。

（3）临时性述职报告：是指担负某一项临时性的职务后，写出其任职情况。比如，负责了一期的招生工作，或主持了一项科学实验，或组织了一项体育比赛，而后写出其履职情况。

3. 从表达形式上划分：

（1）口头述职报告：这是指需要向选区选民述职，或向本单位职工群众述职的，用口语化的语言写成的述职报告。

（2）书面述职报告：是指向上级领导机关或人事部门报告的书面述职报告。

（四）述职报告的写作格式

述职报告的格式，一般由标题、主送机关或称谓、正文和落款组成。

1. 标题。述职报告的标题可简单标明《述职报告》，也可以根据正文内容另行拟制，结构为"单位名称＋时限＋事由＋文种"。标题也可由正标题和副标题组成，副标题的前面加破折号。正标题是对述职内容的高度概括，副标题与单标题的构成大体相似。

2. 主送机关或称谓。标题下一行顶格写，写明主送机关或称谓。向上级机关呈送的述职报告，应写明收文机关；向领导和本单位干部职工作述职报告，则应写明称谓。

3. 正文。述职报告的正文由导言、主体和结尾三个部分组成。

（1）导言。包括两方面内容：一是任职介绍，说明自己的任职时间、担任职务和主要职责，简要交代述职的内容和范围；二是任职评价，扼要介绍任职以来的工作情况。这一部分力求简洁明了。

（2）主体。这是述职报告的核心，主要陈述履行职务的情况，包括三个方面的内容：一是任职期间的任务完成情况，取得的主要工作成绩；二是存在的问题及经验教训；三是今后工作的努力方向、目标或打算。

述职报告的主体要选择几项主要工作，细致地将过程、效果或失误及认识表述出来。这一部分要写详细，对一些重大问题的决策过程，对棘手事件的处理思路，对群众迫切关心的问题的认识和处理，都要交代清楚。要对履行职责的情况和对履行职责的事迹进行深入的分析研究，做出具有一定理论层次的概括。要回答称职与否的问题，应从思想道德素质、政治理论素质、开拓进取精神、政策法律水平、处事决断能力、分析综合能力、文字和口头表达能力、廉洁模范作用、上下左右关系及工作作风和工作方法等方面，描述自己的形象，回答好称职与否的问题。述职报告的主体还要说明履行职责过程中的得与失。竞争上一级职务的述职报告要注意紧扣上一级职务的有关要求来写，以说明自己有充分的理由担当上一级的职务。这部分是述职报告的关键部分，一定要精心构思，写出特色。

（3）结尾。述职报告要采用谦逊式结尾、总结归纳式结尾或表决心式结尾等形式。可简述一下自己对自己的评价，并表明自己的态度，最后一般要求用格式化的习惯语来结束全文，如"谢谢大家"。

4. 落款。包括署名、成文或述职时间两方面。也可以将署名放在标题之下。

（五）述职报告的写作要求

1. 实事求是。述职报告要讲真话、讲实话、讲心里话，以诚感人，无论称职与否都要与事实相符。要正确处理个人与集体、主观与客观的关系，要分清功过是非。承担责任要恰如其分，既不争功，也不必揽过。

2. 内容周详，重点突出。在全面汇报任职期间所做各项工作的基础上，要突出任职期间的重大成绩和创造性业绩，以表明自己的事业心。应当明确，述职报告必须围绕"职责"二字做文章。它的写作目的，不是评功摆好，而是为了说明是否称职。

3. 情理相宜。述职报告在叙事说理过程中，要有适度的感情色彩。述职，是向机关和群众汇报工作。写作述职报告之前，应对自己进行认真的全面的反思，并虚心听取群众的意见，弄清群众的不满和要求，对群众意见较大的问题尤其要如实阐述，以坦诚的胸怀，赢得群众的谅解和支持。接受群众的监督，而不是做报告，这个特定的角色必须明确，这也是写好"述职报告"的前提。

【例文】

学生会干部个人述职报告

在过去的半年中，我履行了一名办公室副主任的职责。在自己的职位上尽力做好工作，带头遵纪守法，注意自己的言行在同学们心目中起好表率作用，注重树立良好的个人形象，在全局工作中当好助手，当好配角。在繁琐的、不起眼的工作中体会着人生的乐趣，实现着自身的价值，以下是我对自己工作的总结。

第一，作为学生会办公室的一员，部门的常规工作是我们必须要完成的。首先，在开学之初我们就对内部成员的值班表进行了调整，根据实际调整情况认真将新的院干部、班干部名单、电话号码等信息制成图表，方便老师、主席团及各部门联系工作。其次，完成了学生干部综合素质测评表的制订，根据上个学期的基本活动情况，做好学生会干部考评工作。再次，我们还积极做好各项会议的考勤、记录工作，学生会用品管理以及文件、档案管理工作，并且对各部门、各班级、各项活动的计划、总结以及相关系学生会的所有资料进行整理，做好期末存档工作。

第二，组织形式多样的活动。自开学至今，我们积极开展各项活动，如迎新生工作、学生干部招聘新成员工作，以及各种形式的交流活动，充分发挥我们的桥梁与纽带作用，促进整个学生会工作的顺利开展。

第三，在自身发展方面，我自在办公室任职以来，收获良多，而且我也坚信这些收获将使我在今后的社会生活中受用无穷。大一伊始，在担任干事期间，我努力工作，多方面汲取知识，不仅在组织协调能力上得到了很大提高，在人际交往、为人处事方面也积累了很多经验。为了锻炼自己，在大一一学年的学习工作中，我积极参加学校、学院组织的各项活动，如"我爱我家"主题征文、"天使之音"征稿，并且被录用一篇，还参加了院篮球赛和羽毛球赛等。此外，我还积极组织学生会干部和其他兄弟学院同学的联谊活动，增进彼此之间的交流，以便借鉴其优秀之处。只有不断学习才能不断进步，而且我的努力和认真工作学习的态度也得到了学院领导的认可，在大一学期期末被提升为办公室副主任。

有句话说，"金无足赤，人无完人"，可能在某些方面我还有待提高，但我一直以来，始终保持积极向上的心态，努力做到使自己更加完美。在思想上，我拥护党的领导，坚持党的基本路线，关注国家时事；在学习上，并没有因为工作而影响自身的学习，认真协调好工作和学习的关系、工作和生活的关系，努力做好与各部门之间的协调沟通，并且保持个人学习成绩始终处于前列；在生活上，节俭朴素、团结同学，和同学相处融洽，积极参加各项活动。

我坚信，只要付出了，就一定会有相应的回报，在付出的过程中，我成长了。我也坚信伴随着我的不断进步，在以后的日子里我会把办公室工作越做越好。

谢谢大家。

×××

××××年××月××日

第四节 简 报

一、简报的概念

简报是传递某方面信息的简短的内部小报，是具有汇报性、交流性和指导性特点的简短、灵活、快捷的书面形式。简报又可以称"动态"、"简讯"、"要情"、"摘报"、"工作通讯"、"情况反映"、"情况交流"、"内部参考"等。也可以说，简报就是简要的调查报告，简要的情况报告，简要的工作报告，简要的消息报道等。

二、简报的特点

（一）内容专业性强

公开的报纸，一般是综合性的，内容广泛，各方面的新闻都有，如政治经济文化、工农商各行各业、城市乡村、国内国外的新闻等；除了新闻，还有文艺作品。这样，它就能满足各阶层读者的需要，有宣传政策、沟通信息、传播知识和陶冶性情等多方面的作用。简报就有所不同，它一般由有关单位、部门主办，专业性十分明显，如《人口普查简报》、《计划生育简报》、《水利工程简报》、《招生简报》等，分别由主办单位组织专人撰写，传递该项工作的各种信息，包括情况、经验、问题和对策等，一般性的东西少说，无关的东西不说，专业性的东西多说。这样，对一般读者来说，能使他们了解工作的进展情况，增强责任感。对领导机关来说，"各级领导接到这样的简报，掌握了情况，有问题就有办法处置了"。

（二）篇幅特别简短

虽然所有报纸篇幅都有限，文章都较简短，但比较起来，公开的大报，一般都有4版，有4万多字；地方小报，每期也有2万多字。简报姓"简"，简是它区别于其他报刊的最显著的特点。一期简报甚至只登一篇文章、几段信息，或一期几篇文章，总共一两千字，长的也不过三五千字，读者可以用很短的时间把它读完，适应现代快节奏工作的需要。简报的语言必须简明精炼。

（三）限于内部交流

一般报纸面向全社会，内容是公开的，没有保密价值，读者越多越好，正因为如此，它除了新闻性外，还要求有知识性和趣味性。简报则不同，它一般在编报机关管辖范围内的各单位之间交流，不宜甚至不能公开传播，特别是涉外机关和专政机关主办的简报更是如此。有的简报，往往是专给某一级领导人看的，有一定的保密要求，不能任意扩大阅读范围。

三、简报的种类

按时间划分，简报可分为定期简报和不定期简报。

按发送范围分，简报可分为内部简报和普发性简报。

按内容公开度分，简报可分为有密级简报和无密级简报。

按内容来分，简报可分为工作简报、经验简报、生产简报、安全简报、会议简报、信访简报、科技简报、教学简报等。

简言之，按内容来分主要有三种简报：

一是工作情况简报。主要用于反映工作中的动态和一般工作进展情况。

二是经验交流简报。即专门用来简要介绍一些工作经验的简报。

三是会议简报。指在某一会议召开期间，为交流代表观点，反映会议动态而缩写的简报。

四、简报的作用

（一）反映情况

通过简报，可以将工作进展情况以及工作中出现的新情况、新问题、新经验，及时反映给各级决策机关，使决策机关了解下情，为决策机关制定政策、指导工作提供参考。

（二）交流经验

简报体现了领导机关的一定指导能力，通过组织交流，可以提供情况、借鉴经验、吸取教训，这样对工作有指导和推动作用。

（三）传播信息

简报本身即是一种信息载体，可以使各级机关及从事行政工作的人互相了解情况，吸收经验、学习先进、改进工作。

五、简报的写作格式

尽管简报的种类很多，但其结构却不无共同之处，一般都包括报头、标题、正文和报尾四个部分。

（一）报 头

1. 简报名称。一般用套红印刷的大号字体。如有特殊内容而又不必另出一期简报时，就在名称或期数下面注明"增刊"或"××专刊"字样。秘密等级写在左上角，也有的写"内部文件"或"内部资料，注意保存"等字样。

2. 期号。位置在简报名称的正下方，一般按年度依次排列期号，有的还可以标出累计的总期号。属于"增刊"的期号，要单独编排，不能与"正刊"期号混编。

3. 编印单位。编印单位应标明全称，位置在期号的左下方。

4. 印发日期。写在与编印单位平行的右侧。在下面，用一道横线将报头与报核隔开。

5. 密级和保存要求。密级要求印在报头的左上角顶格。分别标明"机密"、"绝密"等等字样。

6. 编号。编号位于报头右上方，保密性简报才用编号，一般简报不用编号。

报头部分与标题和正文之间，一般都用一条粗线拦开。

（二）标 题

简报的标题类似新闻的标题，要揭示主题，简短醒目。

（三）主 体

主体写作要注意以下几点：

1. 抓支点。抓支点就是抓要害，抓主导，抓全局性、指导性的问题，抓问题的核心、关键，即抓住这次教育活动的支点，那就是全局性、指导性的问题。抓支点，应该注意四点：

（1）从全局着眼。

简报的作者必须站在单位领导的高度、全局的高度去观察事情、分析问题。一定要跳出自己工作岗位的"小天地"，放眼全局，做到"全局在胸"。

（2）善于抓趋势。

所谓趋势性问题，既不是偶然发生的问题，也不是个别的问题，而是反映事物发展的动向性问题。这种动向，有好的，也有不好的，不论哪一种，只要及时抓住，就能提炼出有针对性的好的简报主题。

（3）善于抓苗头。

所谓苗头性问题，就是那些代表新生事物的先声、新创造的火花、新经验的先导，具有强大的生命力，采写简报应该对这种代表事物发展方向但还处于萌芽状态的苗头性问题予以高度的注意。

（4）具备工作敏感。

所谓工作敏感，是指作者对于单位内外各种客观事物具有敏锐的观察能力、判断能力和预见事物发展进程的能力，以及能够及时、准确反映事物的能力。我们要抓准问题，从长远看，必须不断地提高自己的工作敏感。工作敏感不是一日之功，它是长期学习、观察和实践的结果。

2. 抓热点。热点问题不仅是群众关心的问题，同时也是各级领导关心的问题。

3. 抓沸点。所谓沸点，就应比热点问题更让人关注，因而引起的反响会更大。

4. 抓亮点。亮点，必定是能让人眼睛一亮、为之一振的事情。

5. 抓材料。简报作为加强领导和推动工作的重要工具，必须保证内容绝对真实、准确。否则，就会造成不良后果。简报一是要准确。不允许对那些心理活动、环境、气氛等无形的事实进行"合理想象"，必须深入调查研究，不走马观花、浮光掠影，更不可"听风就是雨"，保证材料绝对真实可靠。二是要强调真实性。必须注意做到不为迎合而弄虚作假，不赶"浪头"追时髦，不歪扭写作角度，不搞事态发展的"提前量"，必须忠实于事实，保证符合事物本来面貌。

6. 简明扼要。简报的写作必须注意做到简短、明快，用尽可能少的文字说清楚必须说明的问题。一是注意主题集中，一稿一事，不贪大求全。一份简报只抓住一个问题，不搞面面俱到才能使简报的主题凝聚，篇幅短小，问题说得透彻。二是注意精选材料，围绕主题精心挑选典型事例。简报所使用的材料和其他文章一样，总是以个别反映一般，不能也没有必要写尽事物的整体。要通过材料的剪裁突出主题、缩短篇幅。使简报的主题充分而明确地表现出来，使简报的内容更加简洁。三是注意既要求简，又要写清。简报求简，是在说明问题的前提下求简。"简"，应该是服从内容的需要，不能由一个极端走向另一个极端。

7. 讲究时效。简报是单位领导对一些问题做出决策的参考依据之一，也是单位推动工作的一个重要手段。简报的功能，决定了简报的编者必须讲求时效。这就要求简报的作者思想敏锐、行动敏捷，对问题反应快，对材料分析快，写作构思快，动笔成稿快。同时，还要求简报的编辑、签发、打印、发稿速度快，把握好发稿时机。

8. 内容实在。简报的写作既不同于文学作品，也不同于评论文章。文学作品的创作，靠刻画形象来表达主题思想；评论文章的写作，靠理论论证来阐述观点。简报则和新闻报道一样，是靠现实生活中活生生的生活事实来宣传党的路线、方针、政策。用事实说话，是简报的主要特征之一，也是我们编写简报应该注意的一个重要问题。

（四）结尾

结尾或指明事情发展趋势，或提出希望及今后打算。如果主体部分已经把事情说清楚，那就不必再加结尾了。

（五）报尾

报尾部分应包括简报的报、送、发单位。报，指简报呈报的上级单位；送，指简报送往的同级单位或不相隶属的单位；发，指简报发放的下级单位。如果简报的报、送、发单位是固定的，而又要临时增加发放单位，一般还应注明"本期增发×××（单位）"。报尾还应包括本期简报的印刷份数，以便于管理、查对。报尾部分印在简报末页的下端。

六、简报写作的注意事项

1. 字体要大。字体太小的话，摆出来也没有人可以看到，就失去了意义。

2. 切忌在简报内插入表格。在简报中切记不要插入表格，特别是资产损益表之类的表格。没有人有心思去细阅每一行字所表达的内容。

3. 内容不要过多。简报不要在每一版塞入太多内容。每一版内最多放四五行字，太多的话，也最多分成两版或三版表示。要是你发觉你的内容超过三版，那表示你的简报不够简洁。

【例文】

××市政协××市×届×次会议
简 报
（第×期）

大会秘书处 　　　　　　　　　　　　　　　　××××年××月××日

今年政府应办的几件实事

××委员说：建议市长要有相应的任期目标，要像×××那样一年办几件实事，年终总结，有哪些完成，有哪些没完成，为什么。

改"三公开一监督"为好

×××、×××委员说：报告在谈到廉政建设时，提出实行"两公开一监督"，我们认为应改为"三公开一监督"，即再增加公开市、县两级主要领导的经济收入，以便接受人民群众的监督。

不能再走大投入低效益之路

×××委员认为：1998年我市社会总产值为180亿元，国民收入为74亿元，而全市的财政收入只有9.15亿元，很明显，经济效益是很低的。而1998年的计划数字，基本上是按比例同步增长，经济效益无明显提高。这是我市多年来生产发展的一个关键性的问题，即大投入、低效益，致使财政拮据，入不敷出。市领导应着眼长远，从当前入手，立足于大力提高经济效益和增强生产后劲（包括政策、体制、发展规划、产业结构、环境整顿，提高管理水平、提高劳动力的素质、提高劳动生产率，大力发展科技、教育等多方面综合治理）。只有这样，才能使我市的经济进入高一层次的发展，形成良性循环。这才是提高经济效益的真正出路。

报：××政协
抄：××部门
送：××政府

（共印×份）

第五节　启事　声明

一、启事

（一）启事的概念

单位或个人，为公开向人们告知、表白某事，并请求公众协助支持而写的文书。"启"含有陈述的意思，"事"即事情，"启事"就是公开陈述某件事情。

（二）启事的种类

启事的种类繁多，日常生活中常用的有：开业启事、征稿启事、招领启事、征婚启事、更正启事、遗失启事、迁址启事等。启事可分为三大类：

1. 征招类启事，如招生、招聘、招工、招领、征文、征婚、换房启事等。
2. 告知类启事，如迁移、更名、开业、停业、竞赛、讲座、解聘等启事。
3. 寻找类启事，如寻人、寻物启事等。

（三）启事的特点

1. 公开性。通过传媒向社会发布。
2. 单一性。事项要单一，不掺杂无关内容，一文一事。
3. 期望性。期望得到人们的理解、支持和协助，但不强制读者承担责任和义务。

（四）启事的写作格式

1. 标题

（1）可简单地由事由和文体名称构成，如"招聘启事""招工启事"。

（2）还可以加上事由的具体内容，如"招聘打字员启事""招聘科技人员启事"。

（3）还可写明单位的名称，如"×××服装厂招聘启事"。

2. 正文

（1）基本情况，如招聘方的业务、工作范围及地理位置等。

（2）具体要求，如对招募人员的工作性质、业务类型，以及招募人员的年龄、性别、文化程度、工作经历、技术特长、科技成果、户粮关系等的要求。

（3）其他情况，如有必要可以写联系的地点、联系人、电话号码等。

3. 落款

落款要求在正文的右下角，必须署上发表启事的单位和启事发文时间，时间在署名的下面。

【例文】

"中国梦　我的梦"征文启事

今年是新中国成立 68 周年，在这艰苦奋斗的 60 多年里，我们的祖国经历风风雨雨，在困难中不断前进，值得我们每一个中华儿女骄傲和自豪的是，我们的祖国在各项事业中取得了辉煌的成就。习近平总书记提出了"中国梦"这个概念，我们全国人民的中国梦是：国家富强，民族振兴，人民幸福。为了迎接新中国成立68周年，抒发我们每个中国人的"中国梦"，现决定举办迎国庆——"中国梦　我的梦"征文大赛，现将有关事宜通知如下：

一、征文主题：征文以"中国梦　我的梦"为主题。

二、征文对象：全体在校学生。

三、征文时间：即日起至××××年××月××日止。

四、征文要求：

1. 题材符合中学生特点，以"中国梦　我的梦"为主题，感情真切，内容健康，贴近生活。

2. 文章体裁不限：散文、随笔、小说、诗歌等均可。字数不超过1200字，不低于600字。

3. 文章必须为原创，不得抄袭、套改。

五、投稿方式：以书面形式投稿，以班级为单位交与团委×××老师处。

六、奖项设置：本次征文分别评选出一等奖1名、二等奖3名、三等奖5名。

××××校团委

××××年××月××日

二、声明

（一）声明的概念

声明本用于国家、政党、政府或团体公开说明真相，或向公众表明自己的立场、态度和主张，局限于政治、外交等领域。后来，声明的适用范围扩大到工作和日常生活领域，一般单位和个人也可以使用声明来说明与本单位或本人直接相关的问题或事实真相，向公众表明自己的立场、态度和观点。

（二）声明的特点

1. 公开性。声明就是要公开宣布，对相关事项或问题进行事实披露或澄清，让公众知晓事情的真相。因此，声明具有公开性。

2. 表态性。声明就是要表明自己的态度和立场。表态性是声明的本质特征。

3. 警示性。一些声明具有警告、警示他人，保护自己的合法权益的作用。

（三）声明的写作格式

声明通常由标题、正文、落款三个部分组成。

1. 标题。声明的标题有四种情形：

（1）单位＋文种。例如："××大学声明"。

（2）态度＋文种。例如："郑重声明"。

（3）事由＋文种。例如："知识产权声明"。

（4）以文种直接命名。例如"声明"。

2. 正文。正文部分通常分为原因、立场和结束语三个部分：

（1）写明发表声明的原因，包括作者对基本事实的认定。这是发布者表达自己立场和态度的基础，要写得简明扼要。

（2）表明发布者的立场和态度，有时直接写明下一步将要采取的行动。写作时，要视声明的重点而定。如果重在披露或澄清事实，可以采取概述的方式；如果重在说明问题，可以依照一定的顺序或以条文的方式逐一表达；如果重在主张某项权利，可以将该内容单列一段。

（3）结束语。有的声明以"特此声明"作为结束语，以示再次强调，有时也可以不写。

3．落款及日期。在正文之后署上发布者的名称，可以是单位，也可以是个人。并在下一行写明声明发布的日期。

（四）声明的注意事项

1．声明的内容要真实，表述要简明扼要，措辞要得体。

2．声明内容不能侵犯他人权利。有的声明大多为了维护自己的合法权益，但在表达自己的态度、立场时，要注意不能侵犯他人的合法权益。

3．遗失声明登报时另有格式。遗失声明在报纸上刊登时，报社通常会从广告处理和版式设计的角度对其格式进行处理。

【例文】

声　　明

本公司职工×××已于××××年××月××日离开本公司，他在离职后签订的一切与本公司有关的合同及所有承诺，一律无效。

特此声明。

××省××公司

××××年××月××日

第四篇　常用文书写作

第一章　书信类文书

第一节　感谢信　慰问信

一、感谢信

（一）感谢信的概念

感谢信是对关心、帮助、支持过自己的党政机关、企事业单位、社会团体或个人表示真心感谢的专用书信。

（二）感谢信的特点

1. 情感性。感谢，顾名思义就是有感而发，对对方的帮助、关心发自内心的感谢，使对方在付出后得到心理的受益。所以感谢信要写得真挚、诚恳，不能矫揉造作。

2. 表扬性。感谢信除了具有感谢的意思之外，还有表扬的功能。感谢信除了送给对方或对方所在单位之外，也可以寄到报社刊载或由电台、电视台播报。

3. 礼节性。感谢信是一种礼仪文书，一方受惠于另一方应及时地向对方表达谢意，并以此为契机形成与对方的友好合作关系。为了体现真诚，感谢信最好要手写，字体要规范、工整，感谢信必须用大红纸抄写。

（三）感谢信的分类

感谢信依据不同的标准可以有不同的分法。

1. 按感谢对象的特点来分

（1）写给集体的感谢信。这类感谢信，一般是个人处于困境时，得到了集体的帮助，并在集体的关心和支持下最终克服了困难，渡过了难关，摆脱了困境，所以要用感谢信的方式表达自己的感情。

（2）写给个人的感谢信。这类感谢信，可以是个人，也可以是单位，也可以是集体为了感谢某个人曾经给予帮助或照顾而写的。

2. 按感谢信的存在形式来分

（1）公开张贴的感谢信。这种感谢信包括可在报社登报、电台广播或电视台播报的感谢信，是一种可以公开的感谢信。

（2）寄给单位、集体或个人的感谢信。这种感谢信直接寄给单位、集体或个人。

（四）感谢信的写作格式

感谢信的结构一般由标题、称谓、正文、结语、落款五部分构成。

1. 标题。感谢信的标题通常有以下几种形式：

（1）单独由文种构成，只在首行居中写"感谢信"三个字。

（2）由感谢对象和文种构成，如《致××的感谢信》。

（3）由感谢双方和文种构成，如《××致××的感谢信》。

2. 称谓。顶格写感谢对象的单位名称或个人姓名，然后加冒号。

3. 正文。主要写两层意思，一是写感谢对方的事由，即"为什么感谢"，二是直接表达感谢之意。

（1）感谢事由。精炼地叙述事情的前因后果，交代清楚人物、时间、地点、事迹、过程、因果等基本情况。然后在叙事基础上对对方的帮助做恰当、诚恳的评价，以揭示其精神，实为肯定对方的行为。在叙述和评价的字里行间要自然渗透感激之情。

（2）表达谢意。在叙事和评论的基础上直接对对方表达感谢之意，根据情况也可在表达谢意之后，表明将以实际行动向对方学习的态度。

4. 结语。一般写上敬意、感谢的话，常用"此致"、"敬礼"或"再次表示诚挚的感谢"之类的话。

5. 落款。署上发文单位名称或发文个人姓名，并且署上成文日期。

（五）感谢信的写作要求

1. 叙述对方对自己或本单位的帮助，一定要把人物、时间、地点、原因、结果以及事情经过叙述清楚，便于组织了解和群众学习。

2. 信中要洋溢着感激之情。在叙述事实的过程中，除了要突出对方的好思想和表示谢意外，行文要始终饱含着感情。这感情要真挚、热烈，使所有看到信的人都受到感染。

3. 表示谢意的话要得体，既要符合被感谢者的身份，也要符合感谢者的身份。

4. 感谢信以说明事实为主，切勿不着边际地大发议论。文字朴实、精炼，措辞恰当，篇幅要短小。

【例文】

感谢信

《大学生》杂志社：

请贵刊转告全国所有关心我的大学生、解放军战士、工人、教师及各界朋友，我的病情得到多家大医院治疗和各界的关心，目前已得到控制，现正在家休养。如不出意外，下学期即可返校学习了。

顽疾缠身，是人生中的不幸，我遭此一难，几乎摧毁了我和我的家庭。由于《大学生》的呼吁，一封封来自远方的书信、一张张几经周折转来的药方，使我那不情愿跳动的心又恢复了正常的节奏；几乎凝滞的血，又沸腾了。一双双援助的手，一颗颗充满爱的心，指明了我生活的路，温暖了我一家几乎冷却的心。

可敬的叔叔、阿姨、各位同学们，我和你们天各一方，相见无期，你们却把微薄的收入，或者把你们的助学金、生活费或者靠卖几个字画的钱寄给了我。而你们当中甚至有人就可能患有疾病，没有经济收入，却要用你们宝贵的血汗钱来挽救我……近来我的脑海中经常出现你们的身影：有年迈的老人、有可爱的军人、有可敬的老师、还有很多我不相识的人……我无法具体描绘你们的形象，但你们的高尚品格、助人为乐的精神将永存于我心中，永存于我家乡父老的心中……

唯一遗憾的是我不能当面答谢各位。在此请接受用你们的爱心挽救的人的深深谢意，愿你们的爱的春风暖遍祖国、充满世界。

为了不辜负你们的一片爱心和良好祝愿，我将继续我的学业，继续我的事业，争取取得优异的成绩，献给关心我的远方的各位朋友们。

愿我们的心永远相通。

××××

××××年××月××日

二、慰问信

（一）慰问信的概念

慰问信是以组织或个人的名义，向在某方面做出特殊贡献、遇到意外损失和巨大灾难的群体或个人表示热情关怀和亲切问候的一种专用书信。慰问信也可以在节假日向对方表示问候关心。

（二）慰问信的特点

1. 发文的公开性。慰问信可以直接寄给本人，但大多是以张贴、登报，在电台、电视上播放的形式出现的。公开性是慰问信的一个特点。

2. 情感的沟通性。无论是对有突出贡献者的慰问还是对遭遇困难者的慰问，情感的沟通是支撑慰问信的一个深层基础。慰问正是通过赞扬，表达崇敬之情，或通过表达关切之意的方式来达成双方的情感交流和相互理解的目的。节日的慰问，尤其是为某一群体而设的节日的慰问，更是起着相互沟通情感的作用，如三八妇女节、教师节等的节日慰问。

（三）慰问信的种类

从慰问的对象和内容上来看，慰问信可以分为三种类型：

1. 对做出贡献的集体或个人的慰问。这类慰问主要针对那些承担艰巨任务、做出巨大贡献甚至牺牲了自己的生命、取得突出成绩的先进个人或单位，如对抗洪抢险的解放军战士的慰问、对保家卫国的边防军人的慰问、对春节期间仍坚守岗位的铁路工人的慰问等。

2. 对遭受困难或蒙受损失的单位或个人的慰问。这类慰问信通常是针对那些由于某种原因（如车祸、火灾、地震、暴雨等）而遇到暂时困难或蒙受严重损失的集体或个人，对他们表示同情、安慰，鼓励他们克服暂时的困难而加倍努力工作。如对灾区人民的慰问、对边区群众的慰问等。

3. 节日慰问。是在节日之际上级对下级、机关对支援群众的一种慰问。一般表示对他们以前工作的肯定和赞扬，并鼓励他们在未来的工作中做出更大的成绩。

（四）慰问信的写作格式

慰问信通常由标题、称呼、正文、结尾、落款五部分构成。

1. 标题。标题通常有以下几种方式：

（1）单独由文种构成，只在首行居中写"慰问信"三个字。

（2）由慰问对象和文种构成，如《致××的慰问信》。

（3）由慰问双方和文种构成，如《××致××的慰问信》。

2. 称呼。标题下空一行顶格写上受文者的名称或姓名称呼。如果是写给个人的，应在姓名之后写上"同志"、"先生"等字样，后加冒号。

3. 正文。正文要另起一行，空两格写慰问的内容。正文一般由发文目的、慰问缘由或慰问事项几部分构成。

（1）说明写慰问信的背景、原因。常用的表述如"值此 2017 年新春佳节即将到来之际……""正当举国人民欢度国庆的日子里……""正当你们与全国人民一道为实现祖国强大而努力奋斗时，突然遇到了×××自然灾害……"；在介绍背景和形势之后接着写亲切慰问的话，如"致以节日的祝贺""致以亲切的慰问"等。

（2）慰问缘由或慰问事项。本部分要概括地叙述对方的先进思想、先进事迹，或战胜困难、舍己为人、不怕牺牲的品德和高尚风格；简要叙述对方所遭受的困难和损失，以示发信方对此关切的理由，要表现出发信方的钦佩或同情之情。

4. 结尾。结尾表示共同的愿望和决心，如"让我们携手并进，为早日实现中华民族伟大复兴的梦想而奋斗"，又如"困难是暂时的，最后的胜利一定属于我们"等。接着写祝愿的话，"祝你们取得更好的成绩""祝节日愉快"等。

5. 落款。署上发文单位的名称或发文人的个人姓名，并在署名下方署上成文日期。

（五）慰问信的写作要求

1. 要明确写作对象和写作目的。如果对方是在承担艰巨任务时做出了巨大贡献，内容就应该着重赞扬、歌颂对方的功绩；如果对方是遇到困难或遭受灾害，信的内容应着重向对方表示关心和支援，使对方得到精神上的安慰，增强战胜困难的勇气。

2. 感情要充沛、真挚，语言要朴实、精炼，措辞要恰当，篇幅要短小。

【例文】

慰问信

全路干部职工同志们：

今天是"五一"国际劳动节，中国铁路总公司党组向节日期间坚守岗位的同志们表示诚挚的问候！向全路干部职工及家属致以节日的祝贺！向全路各级先进集体、劳动模范和先进工作者致以崇高的敬意！

铁路职工队伍是我国产业大军的重要力量，是工人阶级队伍的中坚和骨干，在不同的历史时期，一代代铁路人以高度的组织纪律性、卓越的劳动创造、忘我的拼搏奉献，谱写出一曲曲排除万难、不怕牺牲的革命之歌，一曲曲自力更生、艰苦奋斗的建设之歌，一曲曲锐意进取、改革发展的创新之歌。在革命战争年代，英勇无畏的铁路工人，用鲜血和生命进行了彪炳史册的"二七革命"，铺就了摧不毁、炸不断的"钢铁运输线"。在社会主义建设时期，勤劳勇敢的铁路建设者，在异常艰苦的条件下，筑就了一条又一条钢铁大动脉，创造了"四通八达、安全正点"的运输业绩。在改革开放新时期，特别是党的十八大以来，新一代铁路人紧紧团结在以习近平同志为核心的党中央周围，认真落实党中央、国务院对铁路工作的决策部署，牢固树立"四个意识"，提高政治站位，强化责任担当，推进铁路改革发展取得辉煌成就。到 2016 年底，全国铁路营业里程达到 12.4 万公里，其中高铁 2.2 万公里，"四纵四横"高铁网基本形成，铁路工程建设、技术装备和运输安全等主要指标昂首行进在世界先进行列，铁路运输服务保障能力显著增强，为促进经济社会持续健康发展作出了重要贡献。伴随革命、建设和改革开放的伟大实践，具有铁路特色、历史印记的铁路精神不断升华。"改革、奉献、拼搏、争先"的火车头精神，"挑战极限、勇创一流"的青藏铁路精神，"安全优质、兴路强国"的新时期铁路精神……无不体现着铁路人的优秀品格、使命意识和责任担当。实践充分证明，铁路职工队伍是一支最听党的话、坚定跟党走，特别能吃苦、特别能战斗、特别讲奉献的队伍。

当前我国正处在全面建成小康社会的决胜阶段，我们比历史上任何时期都更接近中华民族伟大复兴的宏伟目标。铁路作为国民经济大动脉、国家重要基础设施、大众化交通工具和重要民生工程，在经济社会发展中具有重要地位和作用。全路干部职工要充分认清铁路在实现中华民族伟大复兴中国梦中肩负的重大责任和神圣使命，爱岗敬业，劳动创造，劳动快乐，劳动光荣！

让我们更加紧密地团结在以习近平同志为核心的党中央周围，坚持稳中求进总基调，充分发扬铁路优良传统，大力弘扬劳模精神、工匠精神、火车头精神，以主人翁的姿态，抓好铁路安全、运输、经营、建设、改革、稳定和党建等各项重点工作的落实，强基达标，提质增效，奋力开创铁路安全稳定、改革发展新局面，以优异成绩迎接党的十九大胜利召开，以铁路人的不懈努力为中国梦添彩，以铁路强国为中华民族伟大复兴当好先行！

中共中国铁路总公司党组

××××年××月××日

第二节 求职信

一、求职信的含义

求职信是求职者写给用人单位或有关领导，向用人单位介绍、推荐自己，以谋求工作职位的一种专用书信。求职信是针对特定的用人单位而写的，要求集中突出个人的特征与求职意向，让用人单位相信自己适合担任某项工作或从事某种活动，因此写好求职信是敲开职业大门的重要步骤。

二、求职信的特点

（一）针对性

求职者应对单位或雇主有所了解，对所求取的职位有所了解，对自己的条件有所了解，针对自己实际能力和雇主所需职位的要求来写求职信。另外，针对不同企业的不同职位，求职信的内容也要有所变化，侧重点要有所不同。

（二）自荐性

求职信主要是推销自己，表达自己对应聘职位的兴趣以及介绍自己的最突出的能力和条件。求职者与单位或雇主之间从未谋面，互不相识，所以在求职信中要善于自我推销，要让用人单位觉得，这个岗位非我莫属。

（三）竞争性

求职就是竞争，尤其是那些知名度高、实力雄厚的大公司、大企业，人才竞争格外激烈。要在竞争中取胜，必须突出自己的优势，在求职信中应将自己的长处淋漓尽致、实事求是地表现出来，以求在竞争中取胜。

三、求职信的种类

根据诉求目标的不同，求职信可分为自荐信和应聘信两种。

1. 自荐信：是指求职者主动向某单位介绍自己的情况，申请某种职位、职务的信函。它是毕业生向用人单位自我推荐的书面材料，往往要同时准备多份，一信多投。

2. 应聘信：是指根据对方的招聘启事，应聘其中某种职位、职务的书面申请。因此，应聘目的、对象单位十分明确，是根据有关招聘启事的要求、目的而撰写的，求职者可以"投其所好"地撰写。

四、求职信的写作格式和内容要素

求职信的结构一般由标题、称呼、引言、正文、结语、附件、落款七个部分组成。

（一）标题

在第一行正中位置用较大字体写上"求职信"三个字。

（二）称呼

顶格书写招聘单位负责人或联系人的姓名并加上恰当的称呼。

（三）引言

信的开头部分，一般先简单作自我介绍，然后交代写信缘由与目的，表明你竭诚为其效力的愿望。一般在开头部分要明确提出所要谋求的工种或职位。

（四）正文

这是求职信的重点，要简洁而有针对性地介绍自己的情况，写出个人背景，申述自己的志向、兴趣、性格和适合有关职位的情况，介绍自己的学历、经验、希望和信心，写清应聘工种、职位等。在信中，要突出自己的技术专长，展示自己的业绩与能力，这是很有必要的。但是，要注意不可偏离对方提出的条件，空泛地介绍自己，要针对应聘岗位做有重点的发挥。写求职信不必面面俱到，流水账似地介绍学习、工作经历，而是有技巧地突显你的长处，根据招聘单位的需要来剪裁你的经历。要运用事实和数据来说明你的能力，而不是用一些空洞的赞美词语来自我标榜。

（五）结语

也就是结束语，包括自己的愿望、要求和祝颂语。求职信的末尾，可强调自己的愿望，如"如能给我面试的机会，我将不胜荣幸""希望得到您的允诺"等。接着以简洁、合适的祝颂语礼貌地结束全文。

（六）附件

一般为对信中介绍的内容起到证明作用，将自己的简历、学历证书、专业课程成绩单、发表的论文和出版的著作及获奖证书、科研成果、发明创造等的复印件作为附件。如有专家或其他人的推荐文书，也可附在后面。附件不宜过多，应选择最有说服力的附件。自荐信上应当说明信中所附的有关资料文件，如毕业证书、学位证书、获奖证书的影印件，发表作品的影印件，学校的推荐信或毕业生推荐表等，给对方以办事认真、考虑周全的印象。

（七）落款

最后写姓名、日期、通信地址或联系方式等。记住要表达面试的愿望，希望得到回信，并且热切地希望有面试的机会。要写清楚自己的详细通信地址、邮政编码和电话号码，必要时还应说明何时打电话较为合适等，以便相互联系。

五、求职信写作的注意事项

（一）1000 字以内，一般不超过一页纸，太长了有关人员就可能没有耐心把它读完。

（二）求职信的内容要针对不同单位、不同职位做相应的调整。要使对方觉得你的经历和能力与所聘职位的要求相一致。

（三）如果向外企或合资企业求职，对方对你的外语水平肯定是有所要求的。所以，向外企发出的求职信一般要用外语书写。通常是用英语，最好准备好中英文两种文本的求职材料，以备不时之需。

（四）关于待遇（如底薪、奖金、福利等）问题，可在适当时机提出，不要放在首要位置上考虑。总之，不能给招聘者留下你是奔钱而来的坏印象。

【拓展阅读】

求职信与简历的区别

个人简历并不等同于求职信。求职时简历不能单独寄出，必须附有信件，即求职信。求职信与个人简历的撰写目的一样，都是要引起招聘人员的注意，争取面试机会，但两者有所不同：求职信是针对特定的个人来写的，而简历却是针对特定的工作职位来写的；简历主要叙述求职者的客观情况，而求职信主要表述求职者的主观愿望。相对于简历来说，求职信更要集中地突出个人的特征与求职意向，从而打动招聘人员的心，是对简历的简洁概述和补充。

【例文1】

求职信

尊敬的策划部×经理：

　　您好！

　　读了本市几家报纸对贵公司的连续报道，我对贵公司艰苦创业的精神深感钦佩。贵公司为××产品所作的广告策划尤其令人叫绝，足见贵公司是一个有相当实力和前途的广告公司。听说贵部尚缺少文案策划人员，本人有意申请这个职位，成为贵公司的一员。倘能如愿，实在感谢！

　　本人姓×名××，男，现年31岁，是广州大学广告学专业××××届毕业生。曾在《广州日报》社广告部供职，从事广告策划工作，有多种作品面世。其中关于《实用文案写作》一书的策划案获得全国广告策划比赛鼓励奖。如能加入贵部，可在文案策划方面做出成绩，促进贵公司广告运作更上一台阶。本人身体健康，为本市户口，家住××路×号，联系电话××××—×××××××。兹附上身份证、毕业证、获奖证书及作品复印件，请阅。

求职人：×××

××××年××月××日

【例文2】

自荐信

尊敬的校领导：

　　您好！

　　我叫×××，是东北师范大学历史系教育专业××××届应届毕业生。同所有毕业生一样，我怀着一颗热切的心，企盼在毕业之前找到适合我发展的空间，企盼早日绽放自己的才华。

　　现代市场的竞争，是人才的竞争。贵校能在改革开放市场经济的浪潮中搏浪击水，击节而进，必得益于高素质的教师队伍。作为一名即将踏入社会的学生，我坚信：只要给我一个机会，我一定能证明你我的选择是正确的。因为在我走过的人生旅途中，我已经学会了生活，学会了创新，学会了成功。

　　几载寒窗苦读，收获颇多。大学四年，我认真学习专业课并广泛阅读与专业知识有关的文、史、哲书籍。英语和计算机是21世纪的通行证，因而我也努力学习并一次性通过了国家英语四级和国家英语六级考试，而且不断地提高英语听、说、读、写各方面的能力。在计算机方面，大学二年级我就通过全国计算机二级考试，并掌握了基本的操作能力，能熟练运用Office、PowerPoint、Authorware制作课件辅助教学。

　　在学习之余，我还积极参加各种实践活动培养自己的组织能力、团结合作能力和创新能力。特别是在全国名校××师大附中的教育实习经历，使我更深地理解了为人师表的含义，提升了作为一名优秀人民教师应具备的素质和教学技能。相信我，我一定能胜任这一神圣的职业！

经年苦读，呕心沥血，唯愿学有所成；深思熟虑，百折不悔，矢志于教育事业。毛遂自荐，求展鲲鹏之志；慧眼识才，诚谢知遇之恩。

此致
敬礼

自荐人：×××
××××年××月××日

第三节 条 据

一、条据的含义

条据是人们在日常生活中使用最广的应用文体之一。人们交往过程中为处理财务、物资或事务往来而写给对方作为凭证或有所说明的纸条，就是条据。

二、条据的分类和写法

条据按不同的划分标准，可以分为很多种，主要有两大类，即凭证式条据（如借条、欠条、领条、收条等）和说明式条据（如请假条、留言条、托事条等）。

（一）凭证式条据

凭证式条据一般包括标题、正文、署名、日期四部分。规范用语有"今借（收、领）到"、"此据"。

1. 借条

借条是向他人或单位借钱借物时，写给对方作凭证的条据。借条要标明数量、归还日期、原因和用途等。其中款项的写法是"币种＋大写＋币种单位＋小写＋币种单位"，然后写上"整"字。如果款项较大，要写明利息。所借物件要写明详细清单，数字也必须是大写，数字前不留空白，后面写上计量单位名称（如件、台、架等）。如果是贵重物品，物品损坏程度和损坏后的赔偿方法也要注明。正文后面或另起一行写"此据"二字，以防添加或篡改。

【例文】

借 条

今借到校学生会音响设备壹套（包括主机、播放机各壹台，音箱肆个），设备完好。该音响用于新老生联谊会。九月二十日前送还。此据。

×××

××××年××月××日

2．收条

收条是收到单位或个人的现金、财物时写的条据，也称收据。基本写法与借条相同。如果是借出的东西归还，还要写明是否受损等情况。

如下文，学生会遗失了借条，在接收音响时，给对方出具的收条。

【例文】

收　条

今收到×××同学归还音响设备壹套（包括主机、播放机各壹台，音箱肆个），经检查机件完好。原借条作废。此据。

接收人：×××（盖章）

××××年××月××日

3．欠条

欠条是为证明一方欠另一方财物而立下的字据。出具欠条的原因很多，具体可能包括因买卖产生拖欠货款、因运输产生拖欠运费、因劳动产生拖欠工资、因承包产生拖欠承包金、因违约产生拖欠违约金、因侵权产生拖欠赔偿金等事实而形成，欠条是欠款关系的证明。而出具借条的原因则是唯一的，只能是因为特定的借款事实而形成的，借条是借款关系的证明。

欠条一般由标题、正文、落款三部分组成。

标题：一般由文种名构成，即在正文上方中间以较大字体写上"欠条"两字。也有的在此位置写上"暂欠"或"今欠"字样作为标题，但这种标题正文则在下一行顶格写。

正文：欠条的正文要写清欠什么人或什么单位什么东西、数量多少，并要注明偿还的日期。

落款：落款要署上欠方单位名称和经手人的亲笔签名。是个人出具的欠条则须署上欠方个人的姓名，并同时署上欠条的日期。单位的要加盖公章，个人的要加盖私章。

【例文】

欠　条

原借×××人民币贰万元（20000 元）整，已还壹万元（10000 元）整，尚欠壹万元（10000 元）整，六个月内还清。此据。

欠款人：×××（签印）

××××年××月××日

（二）说明式条据

说明式条据一般由称谓、正文、署名和日期四部分构成。请假条要写标题、称谓、祝颂语等，格式同一般书信。

请假条是因故不能按时上课、上班或出席活动时，写给老师、单位负责人的条据。主要说明请假原因和请假时限，要简明扼要。规范用语是"特此请假"、"请予准假"。

【例文】

请假条

××老师：

我因昨晚感冒发烧，今天体温仍达 39 度，不能上课，特此请假一天，请老师准假。

此致

敬礼

附：医院诊断书一份。

学生：×××

××××年××月××日

第二章　礼仪文书

第一节　请柬　聘书

一、请柬

（一）请柬的概念

请柬又称请帖，是为邀请宾客参加某活动时所使用的一种书面形式的通知。请柬在社会交际中用途广泛，如会议、典礼、宴饮、晚会等活动，用请柬邀请宾客表示举行的活动的隆重以及对宾客的尊重。请柬其实就是简便的邀请书。

（二）请柬的特点

1. 告知性。发请柬的主要目的是告知被邀请者活动的有关情况，因而请柬中一定要准确写明相关活动的时间、地点、内容和要求等，不能出错或遗漏。

2. 郑重性。请柬具有邀请书的属性，但它比邀请书更为郑重，发请柬能表明对被邀请者的尊敬，也能表明邀请者的郑重态度。因此，即使被邀请者近在咫尺，也须送请柬。凡属比较隆重的喜庆活动，邀请客人均以请柬为准。

3. 艺术性。请柬除了具有一般应用文的实用价值之外，也具有特殊的艺术价值。请柬是邀请客人用的，所以在装帧、款式设计上讲究艺术性。通常可以用书法、绘画、剪纸等来装饰请柬，一封精美的请柬会使人感到亲切和愉快。

4. 及时性。请柬的发送时间要讲究，如果过早发送，被邀请者容易遗忘，如果过迟发送，被邀请者会来不及准备。

（三）请柬的写作格式

请柬一般由标题、称呼、正文、结尾、落款五部分构成。

1. 标题。在封面上写"请柬"（请帖）二字。一般要做一些艺术加工，可用美术体的文字，文字的色彩可以烫金，可以有图案装饰等。需说明的是，通常请柬已按照书信格式印制好，发文者只需填写正文即可，封面也已直接印上了名称"请柬"或"请帖"字样。

2. 称呼。要顶格写出被邀请者（单位或个人）的名称或姓名。如"某某单位"、"某某先生"等称呼，后加上冒号。

3. 正文。要写清活动内容，如开座谈会、联欢晚会、生日派对、国庆宴会、婚礼、寿诞等。写明时间、地点、方式。如果是请人看戏或其他表演还应将入场券附上。若有其他要求也需注明，如"请准备发言"、"请准备节目"等。

4. 结尾。要写上礼节性问候语或恭候语，如"此致——敬礼""谨致——崇高的敬意"

"敬请光临"等，在古代这叫做"具礼"。

5. 落款。署上邀请者（单位或个人）的名称、姓名和发柬日期。

（四）请柬的写作要求

1. 用语要准。即要准确，不要堆砌辞藻或套用公式化的语言。

2. 表意要雅。即要讲究文字美，请柬是礼仪交往的媒介，乏味的或浮华的语言会使人很不舒服。

3. 叙述要顺。不可为了雅而去追求古文言，要尽量用新的、活的语言。古朴典雅的文言语句可偶尔用之，但需恰到好处。

4. 效果要佳。从整体上来说，要根据具体的场合、内容、对象、时间认真地措辞，做到简洁明确，庄重文雅，大方热情。

二、聘书

（一）聘书的概念

聘书是聘请书的简称，它是用于聘请某些有专业特长或名望权威的人完成某项任务或担任某种职务的专用书信。

（二）聘书的特点

1. 郑重性。聘书往往是以单位的名义加盖公章，按照一定的格式写成，并且常在某种公开场合由聘用单位负责人当面颁发给被聘者。

2. 证明性。聘任某人担任某职务或从事某项工作的聘书，是对被聘任者身份和业务水平以及工作能力的一种认可。

3. 约定性。被聘者接受了聘用单位的聘书，说明被聘者和聘用单位之间就存在了某种约定的关系，被聘者必须按照聘用单位的要求履行其职责。

（三）聘书的种类

1. 按照其内容来划分，可分为职业聘书、职务聘书和职称聘书三大类。

2. 按照聘任方式来分，又可以分为临时聘书和正式聘书。

临时聘书是一个单位在某项工作、生产、科研活动中，因为自身力量不足，需要聘请外单位有关人员承担某个职务或某项工作时而使用的凭证。临时聘请书由聘人单位负责人签署，任务完成后，聘请书即告失效。

正式聘书一般在实行聘任制的单位中使用。这种聘请书包括专业技术职务聘书和聘约书。聘约书是单位与受聘人的协议，由双方商定协议内容并由双方签署。聘约书一经签署，双方都要履行所担的权利与义务，期满则失效。

（四）聘书的写作格式

聘书一般已按照书信格式印制好，中心内容由发文者填写即可。完整的聘书格式一般由以下几部分构成：

1. 标题。聘书往往在正中写上"聘书"或"聘请书"字样，有的聘书也可以不写标题。已印制好的聘书标题常用烫金或大写的"聘书"或"聘请书"字样组成。

2. 称谓。聘请书上被聘者的姓名称呼可以在开头顶格写，然后再加冒号，也可以写在正文中。如常见的印制好的聘书则大都在第一行空两格写"兹聘请××"。

3. 正文。聘书的正文一般包括以下内容：

首先，交待聘请的原因和被聘者将做的工作，或所要担任的职务。

其次，写明聘任期限。如"聘期三年"。

再次，写明聘任待遇。聘任待遇可直接写在聘书之上，也可另附详尽的聘约或公函写明具体的待遇，这要视情况而定。

另外，写明对被聘者的希望。这一点一般写在聘书上，但也可以不写，而是通过其他的途径使受聘人切实明白自己的职责。

4. 结尾。聘书的结尾一般写上表示敬意和祝颂的结束用语。如"此致——敬礼""此聘"等。

5. 落款。落款要署上发文单位名称或单位领导的姓名、职务，并署上发文日期，同时要加盖公章。

（五）聘书的写作要求

1. 交代要清楚。对为什么聘请、聘请谁、聘去干什么等问题，一定要说清楚。

2. 行文要简洁，语气要诚恳。简洁就是用三言两语说清楚聘请的理由和被聘者所从事的工作。诚恳就是切忌居高临下、发号施令，必须站在"求"人家帮忙的立场，恭敬礼貌地措辞行文。

3. 要加盖公章。因聘书是以单位的名义发出的，所以一定要加盖公章才能生效。

【例文 1】

请　　柬

××女士/先生：

兹定于××月××日晚7：00—9：00在市政协礼堂举行中秋茶话会，届时敬请光临。

此致

敬礼

××市政治协商会议

××××年××月××日

【例文 2】

聘　　书

兹聘请×××同志为××家电集团维修部总工程师兼主任，聘期自××××年××月××日至××××年××月××日，聘任期间享受集团高级工程师全额工资待遇。

××家电集团

××××年××月××日

第二节　讣告　唁电　悼词

一、讣告

（一）讣告的概念

讣告又称为"讣文"、"讣闻"，"讣"是报丧的意思。讣告是由逝世者的亲属或治丧委员会或逝世者生前的工作单位，向逝世者生前亲友和有关团体、个人报丧所使用的一种文书。

讣告一般由死者的亲属或治丧委员会发出。讣告应该在向遗体告别仪式之前发出，以便死者的亲友及时地做出必要的安排和准备，如准备花圈、挽联等。

（二）讣告的种类和写法

目前，讣告可分为一般式讣告、公告式讣告与新闻报道式讣告三种形式。

1. 一般式讣告

一般式讣告是人们常用的讣告，写作时要写明以下几方面内容：

（1）开头第一行正中写"讣告"二字，或在逝世者的姓名之后加上"讣告"二字，如"××讣告"。字体要略大于正文的字体。

（2）写明逝世者的姓名，身份，职务（有的还要写上党和人民对逝世者授予的荣誉称号），逝世原因，逝世时间、地点，终年岁数等内容。

（3）简介逝世者的生平事迹，着重简略介绍死者生前具有代表性的经历，并对此做出评价。

（4）通知吊唁以及开追悼会的时间、地点，或根据遗嘱和逝世者家属的意见写明对丧仪活动的安排。

（5）署明发讣告的团体或个人的名称，以及发讣告的时间。

【例文1】

讣　　告

×××厂老工人×××同志，因长期患肝硬化，经多方医治无效，于一九九四年元月五日上午九时二十分逝世，终年××岁。×××同志自参加工作以来，工作一贯负责，踏实肯干，多次被评选为先进生产者，深受全厂职工的尊敬和好评。他的病逝，使我们失去了一个好同志。为了寄托我们的哀思，兹定于元月八日上午九时在本厂礼堂召开追悼会，请×××同志生前好友届时参加。

×××同志治丧委员会

××××年××月××日

2. 公告式讣告

公告式讣告比一般性讣告庄严郑重，一般适用于党和国家重要领导人和国内的重要人物或对社会影响大的人物的逝世。这种讣告是根据逝世者的职务、身份，由党和国家或一定级别的机关团体等作出决定发出的。可以登报，也可以通过电台、电视台播放。

公告性讣告的内容由两个部分组成：

（1）公告逝世的消息。写明公告发出的单位的名称及"公告"二字，写明逝世者的姓名、职务、逝世原因、逝世时间、逝世地点及终年岁数，写明对死者的简单评价和哀悼之辞。

（2）治丧委员会情况。写明"××同志治丧委员会公告"，交代对丧事的安排和具体要求，署明发公告的时间。

【例文2】

中国共产党中央委员会
中华人民共和国全国人民代表大会常务委员会
中华人民共和国国务院
公告

中国共产党中央委员会，中华人民共和国全国人民代表大会常务委员会，中华人民共和国国务院以极其沉痛的心情宣告：我国爱国主义、民族主义、国际主义和共产主义的伟大战士，杰出的国际政治活动家，卓越的国家领导人，中华人民共和国名誉主席，中华人民共和国全国人民代表大会常务委员会副委员长宋庆龄同志因慢性淋巴细胞白血病，于1981年5月29日20时18分在北京逝世，终年90岁。

宋庆龄同志的逝世，是我们国家和全国人民的巨大损失。决定为宋庆龄同志举行国葬，以表达我国各族人民的沉痛悼念。

宋庆龄同志治丧委员会已经成立。

我国爱国主义、民族主义、国际主义和共产主义的伟大战士，卓越的国家领导人宋庆龄同志永垂不朽！

1981年5月29日

3. 新闻报道式讣告

这种形式常作为一则消息在报纸上公布，旨在晓谕社会，内容和形式都很简单，但也有报道得较详细。

（三）讣告写作的注意事项

1. 讣告的各项内容必须准确无误，对逝世者的生平事迹要简要概括，评价要适当，表达的哀悼之情要真挚。

2. 讣告的语言要求准确、简练、严肃、郑重，以体现讣告的严肃性和庄重性。

3. 拟写讣告要用白纸，书写黑字。

4. 讣告写好后要注意及时发出，以便要参加丧仪活动的人做准备。

二、唁电

(一) 唁电的概念

唁电是向丧家（死者家属、单位或国家）表示吊唁的电报。它既可以表示对死者的悼念，又可以向丧家表示问候和安慰。重要人物的唁电除直接发给丧家外，还要登报、广播或在电视中播放。

(二) 唁电的特点

1. 哀悼性。唁电不同于一般的电报，它的主要内容是表示对逝者的哀悼，要充分地表达对死者的情谊及悼念之情，要写得质朴深沉，千万不要油腔滑调。

2. 礼仪性。唁电一方面是用来表示对逝者的哀悼，另一方面又可以用来向丧家表示问候和安慰，具有较强的社交礼仪性质。

(三) 唁电的类型

唁电一般有如下几种类型：

1. 单位团体之间拍发的唁电。这类唁电所悼念的逝者多是原机关单位或群众团体的主要领导人或在某方面有建树、为社会做出了巨大贡献的杰出人物、英雄、模范、艺术家、科技工作者及其他知名人士等。这类情况往往是因为发电方同逝者不在同一地，来不及前往悼念，故而以唁电形式表示哀悼和慰问。

2. 以个人名义向丧家发的唁电。这类唁电的拍发者在逝者生前往往是志同道合的朋友，有过亲切交往或深受其教诲、关怀或帮助。在惊闻噩耗后，以唁电表示悼念之情。

3. 国与国之间拍发的唁电。这类唁电一般发给对方的国家政府机关或其他相应的重要机构。逝者一般为重要的国家领导人或为两国之间的和睦关系、经济发展做出过巨大贡献的重要人物。这样，一方发去唁电以表示对逝者的哀悼。

(四) 唁电的写作格式

无论哪种类型的唁电，一般都由五部分构成。

1. 标题。唁电标题的形式有以下两种：

(1) 标题由文种名称构成，在首行正中书写"唁电"二字。

(2) 标题由逝者亲属姓名或单位名称加上文种构成，如"致×××的唁电"。

2. 称呼。顶格书写逝者单位或国家的名称、逝者家属的姓名。收唁电者是家属的，应在姓名后加上"先生"、"同志"、"女士"、"夫人"等相应称呼，称呼后加冒号。

3. 正文。正文要另起一行，空两格写。正文通常由以下几项内容构成：

(1) 用两三句话直接抒写得知噩耗以后的悲恸心情。

(2) 以沉痛的心情，简单追述和赞颂逝者生前在交往中所表现的优秀品德及功绩，激起人们的缅怀和思念。

(3) 表达致哀单位或个人继承逝者遗志的决心，或表达要在逝者优秀品德或精神的感召下奋勇前进等。

(4) 向逝者家属表示亲切的问候和安慰。

4. 结尾。结尾一般写上"肃此电达"、"特电慰问"等字样。

5. 落款。落款写在右下方，要写明拍发唁电的单位名称或个人姓名，然后署上时间。

附：唁电常用词语摘录

唁电常用如下表述，"惊悉""×××同志仙逝，曷胜悲悼，望祈家属节哀""良友云逝，伤感自多，尚望珍重""令郎玉折，深为惜悼，兄达人知命，尚祈不做无益之悲""惊承讣告，悲悼不已，专电致唁，并慰哀衷""接×××长逝之耗，凡在相好，无不同深惋惜"等。

【例文】

致许广平女士的唁电

上海文化界救国联合会转许广平女士鉴：

鲁迅先生逝世，噩耗传来，全国震悼。本党与苏维埃政府及全国苏区人民，尤为我中华民族失去最伟大的文学家、热忱追求光明的导师、献身于抗日救国的非凡领袖、共产主义苏维埃运动之亲爱的战友，而同声哀悼。谨以至诚电唁。深信全国人民及优秀之家必能展续鲁迅先生之事业，与一切侵略者、压迫势力作殊死的斗争，以达到中国民族及被压迫的阶级之民族和社会的彻底解放。

肃此电达。

中国共产党中央委员会
苏维埃中央政府
一九三六年十月廿二日

三、悼词

（一）悼词的概念

悼词是指向死者表示哀悼、缅怀与敬意的悼念性文章。它有广义和狭义之分。广义的悼词指向死者表示哀悼、缅怀与敬意的一切形式的悼念性文章。狭义的悼词专指在追悼大会上对死者表示敬意与哀思的宣读式的专用哀悼的文体。今天的悼词是从古代的谏辞、哀辞、吊文、祭文一步步演化而来的。

（二）悼词的种类

悼词有不同的分类角度和标准。

1. 按照用途分：

（1）宣读体悼词

这种悼词专用于追悼大会，由一定身份的人进行宣读。它是对在场参加追悼的同志讲话，而不是对死者讲话。悼词表达出全体在场的人对死者的敬意与哀思，同时勉励群众化悲痛为力量。宣读体悼词以记叙或议论死者的生平功绩为主，而不以个人抒情为主。另外，宣读体悼词受追悼大会本身的时间、地点、条件的限制，在形式上相对来说也较为稳定。

（2）艺术散文类悼词

这类悼词内容广泛，包括所有向死者表示哀悼、缅怀与敬意的情文并茂的文章，这类文章大都发表在报纸杂志上。这种文章通过对死者过去的事情的回忆，展现死者的品质和精神，虽志在怀念，但却落脚在死者的精神对活着的人的鼓舞和激励上。

2. 按照表现的手段分：

（1）记叙类悼词

记叙类悼词以记叙死者的生平业绩为主，并适当地结合抒情或议论。这是现代悼词常见的类型。朴实的记叙文体，字里行间却充满对死者的哀悼和怀念之情。宣读体悼词和书面体悼词均可以采用这种形式。如朱自清《哀韦杰三君》。

（2）议论类悼词

以议论为主，抒情、叙事为辅的悼词。这类悼词重在评价死者对社会的贡献，议论类悼词能够和现实生活紧密结合，是社会意义较强的一种哀悼文体。如恩格斯《在马克思墓前的讲话》。

（3）抒情类悼词

这类悼词以抒发对死者的悼念之情为主，并适当地结合叙事或议论。抒情类悼词经常以抒情散文的形式出现，文学色彩浓厚，能在情感上打动人。它与一般抒情散文的不同在于悼词的情感不同于普通的情感。它崇高而真挚，质朴而自然。如郭沫若的《罗曼·罗兰悼辞》。

（三）悼词的写作格式

通常来讲悼词没有固定的格式，但宣读体悼词形式却相对稳定，这里主要介绍一下宣读体悼词的格式与写法。宣读体悼词主要由三部分构成。

1. 标题。标题的组成方式有两种情况：

（1）直接由文种名称承担标题，如《悼词》。

（2）由死者姓名和文种名称共同构成，如《在宋庆龄同志追悼会上的悼词》。

2. 正文。悼词的正文通常由开头、主体、结尾三部分构成。

（1）开头。以沉痛的心情说明召开或参加此次追悼会的目的，尽可能全面而准确地说明死者的职务、职称和称呼，以示尊崇，要注意这些称呼之间的先后排列顺序。接着简要地概述死者何年、何月、何日、何时、何地、何原因与世长辞，以及享年等。

（2）主体。承接开头、缅怀死者。这是悼词的主体部分。该部分主要由两方面组成。一是介绍死者的生平事迹，即对死者的籍贯、学历以及生平业绩进行集中介绍，应突出死者对人民、对社会的贡献。二是对死者的思想、精神、作风、品质、修养等做出综合的评价，介绍其对他人和社会产生的积极影响。如鼓舞、激励了青年人，为后人树立了榜样等。该部分的介绍可先概括地说，再具体介绍，也可先具体地介绍，再概括地总结。

（3）结尾。主要写明生者对死者的悼念及如何向死者学习、继承其未竟事业、化悲痛为力量，为国家、为社会做出更大的贡献等内容。最后要写上"永垂不朽"、"精神长存"之类的话。

悼词的结尾要积极向上，不应该是消极的。所以最后的结尾尽量不用"安息吧"这句话。因为"安息吧"是西方天主教为死者举行仪式时用的一句话，这里面含有人生在世是辛苦的，只有死后才能幸福的消极思想。

3. 落款。悼词一般在开头就已介绍了参加追悼会的人员情况，所以悼词的最后落款一般只署上成文的日期即可。

（四）悼词写作应注意的问题

1. 悼词以"悼"为中心，饱含深情。全文要写得深沉、庄重、肃穆，但不要低沉、伤感、凄惨。要达到哀悼死者、激励后人的目的。

2. 悼词的作者对所悼念的对象应该比较了解。悼词所写的死者生前的经历、对国家对人民的贡献，材料必须真实，既不夸大，也不能缩小。对死者的评价要恰如其分，既不要无原则地颂扬，也不要故意贬低。死者的缺点，一般不要写入悼词。悼词写好后，最好征得死者单位或家属同意。

【例文】

悼　　词

同志们、朋友们：

今天，我们怀着十分沉痛的心情深切悼念离休干部×××同志。×××同志因患肝癌病医治无效，于 2006 年 6 月 15 日晚 9 时 15 分在××市人民医院与世长辞，享年 81 岁。

×××同志 1925 年 4 月生于广东省××县，1947 年 5 月参加革命工作，1949 年 12 月加入中国共产党。解放前夕担任东江纵队联络员。解放后，任××县粮食局科长、副局长，××公社副书记、书记。后任××市财政局副局长，××集团公司党委书记兼董事长。1985 年 5 月离休。

在几十年的革命生涯中，×××同志忠于党，热爱祖国，热爱人民。在错误路线干扰下，受到极不公正的待遇，蒙冤 10 多年仍矢志不移，坚持革命信念，其高尚的品格堪为后人楷模。

×××同志一生勤勤恳恳，任劳任怨。他无论是在行政管理岗位，还是在企业管理岗位，总是一心扑在工作上，敬业爱岗，廉洁自律。×××同志为人正直，谦虚谨慎；生活节俭，家庭和睦；对子女从严管教，严格要求。

×××同志的逝世，使我们失去了一位好同志。他虽离我们而去，但他那种勤政廉政和无私奉献的精神，仍值得我们学习和汲取。我们要化悲痛为力量，以×××同志为榜样勤奋学习和努力工作，再创佳绩，以慰×××同志在天之灵。

×××同志精神永存！

××集团公司

××××年××月××日

第三节　欢迎词

一、欢迎词的概念

欢迎词是由东道主出面对宾客的到来表示欢迎的讲话文稿。

近年来各地纷纷举办不同内容和形式、不同规格和规模的节庆活动。按照惯例和程序，在节庆活动开幕式上，常常要由一位东道主方面的要员向来宾致敬。那么，撰写一篇合乎规范的节庆活动欢迎词自然就是活动筹备过程中一项不可忽视的细节工作了。

二、欢迎词的特点

（一）欢愉性

中国有句古话是"有朋自远方来，不亦乐乎"，所以致欢迎词当有一种愉快的心情，用词用语务必富有激情，并表现出致词人的真诚。只有这样才可给客人一种"宾至如归"的感觉，为下一步各种活动的顺利举行打下良好的基础。

（二）口语性

欢迎词本意是现场面向宾客口头表达的，所以口语化是欢迎词文字上的必然要求，遣词用语上要运用生活化的语言，既简洁又富有生活的情趣。口语化会拉近主人同来宾的距离。

三、欢迎词的种类

（一）从表达方式上分

1. 现场讲演欢迎词：一般由欢迎人在被欢迎人到达时在欢迎现场口头发表的欢迎稿。

2. 报刊发表欢迎词：这是发表在报刊或公开发行刊物之上的欢迎稿。它一般在客人到达前发表。

（二）从社交的公关性质上分

1. 私人交往欢迎词：私人交往欢迎词一般是在个人举行较大型的宴会、聚会、茶会、舞会、讨论会等非官方的场合下使用的欢迎稿。通常要在正式活动开始前进行。私人交往欢迎词往往具有很强的即时性、现场性。

2. 公事往来欢迎词：这样的欢迎词一般在较庄重的公共事务中使用。要有事先准备好的得体的书面文字，措辞上的要求较私人交往欢迎词要正式和严格。

四、欢迎词的写作格式

欢迎词一般由标题、称呼、正文、落款组成。

（一）标题

欢迎词的标题一般由致辞人、致辞场合和文种三要素构成，如"××在××会上的欢迎词"。

（二）称呼

在开头顶格书写被欢迎者的称呼，要写明来宾的姓名称呼，如"尊敬的各位先生们、女士们""亲爱的××大学各位同仁"等，后要加冒号，个人姓名要用尊称。

（三）正文

首先要说明致辞者代表什么人向哪些来宾表示欢迎；接着阐述来访或欢迎的意义、作用，赞扬客人的成就、贡献，回顾双方的交往和友谊；最后再次表示欢迎之意，以及对今后的祝愿和希望。

（四）落款

要署上致辞单位名称，致辞者身份、姓名，并署上成文日期。

五、欢迎词写作的注意事项

欢迎词是出于礼仪的需要而使用的，因而要十分注意礼貌。具体而言，要注意以下几点：

（一）称呼要用尊称，感情要真挚，要能较得体地表达自己的原则立场。

（二）措辞要慎重，勿信口开河，同时要注意尊重对方的风俗习惯，应避开对方的忌讳，以免发生误会。

（三）语言要精确、热情、友好、温和、礼貌。

（四）篇幅短小，言简意赅。一般欢迎词都是一种礼节性的外交或公关辞令，宜短小精悍，不必长篇大论。

【例文】

第四届国际水产遗传学会议主席的欢迎词

女士们、先生们：

我非常荣幸地代表大会组织委员会向应邀前来参加会议的全体与会者表示诚挚欢迎。

本次大会将探讨水生生物、营养学、生理学、畜牧学中的各种遗传问题以及水生经济动物的疾病问题。会议的议题还将包括正在培养或有潜在培养价值的淡、海水鱼类，两栖类，龟类，软体动物以及甲壳动物等。

我们还将邀请诸位游览观赏武汉和中国其他地方的风景名胜。

我们深信本次会议定能取得圆满成功，并将是该领域最大的一次国际聚会。

请接受我们最热烈的欢迎。

会议主席：×××

××××年××月××日

第三章　会议类文书

第一节　会议方案　会议通知

一、会议方案

（一）会议方案的概念

会议方案是在会议召开之前对构成会议的各个要素做出系统周密的书面安排的会议文书。会议方案一般是为大中型或重要的会议所做的预设方案。

制定好会议方案，在会议召开前对会议的目的、规模、时间、地点、设施、内容、议程、日程、组织形式、会议文件、经费、后勤服务等要素做出周密安排，能促进会议顺利进行，取得完满的预期效果。有些会议还需要向上级机关请示核准，会议方案可作为上级审核批准的重要依据。有些会议方案也可发挥通知的作用，向联办或与会单位通报筹备情况，以便做好必要的准备。

（二）会议方案的特点

1. 程序性。会议召开一般都有一定的会议规程，因而在制定会议方案时，要针对会议的特征和要求，确定基本程序，确保会议圆满召开。

2. 针对性。会议方案是针对大型会议所做的规划安排，因而要依据要求在方案中对会议主题有针对性开展筹备工作。

3. 指导性。会议方案对会议整个进行过程具有指导作用。

4. 多样性。由于会议种类多样，相应的会议方案也具有多样性的特点。

（三）会议方案的种类

按会议性质分，可分为代表会议方案、工作会议方案、表彰奖励性会议方案三种。

1. 代表会议方案。代表会议一般参加人数较多，召开时间较长，会议程序严格，而且不同级别的代表会议，有不同要求，其方案也比较复杂。

2. 工作会议方案。工作会议虽然不像代表会议在程序和规格上要求那样严格，但在材料的准备工作上有自己突出的特点。

3. 表彰奖励性会议方案。表彰奖励性会议除会议本身之外，因涉及奖旗、奖状、奖品之类，在财务和物资方面需要做好准备，其会议方案比较复杂。

（四）会议方案的写作格式

会议方案通常由标题、开头、主体、结尾、落款等五个部分组成。

1. 标题。会议方案标题的规范写法由召开单位或范围、会议名称、文种名称（方案）"三要素"构成，有时可以省略会议召开单位。常用的文种名称有：方案、筹备方案、筹备接待方案、计划、策划方案等。

2. 开头。在开头之前，有的要写明方案的送达机关。属于要送上级机关批示的，就写送达上级机关名称；属于要下级知晓的，发给与会机关或个人的，则写机关名称或个人姓名（尊称）。开头部分一般写明召开会议的缘由、根据、单位、会议名称、会议时间、地点、会期等，对会议的基本要素进行说明，引出下文。大致相当于一般专题方案中"指导方针"、"总体设想"部分。

3. 主体。主体部分一般要写明会议的宗旨、主题（内容、议题）、规模（与会人员）、议程、日程、会议形式、会务机构的组织和分工、会议文书、会议经费、保障措施、筹备情况等事项，相当于一般计划中的"目标要求"、"措施方法"、"实施步骤"。一般分条列项写出。

4. 结尾。结尾语部分的写作，要根据会议方案的性质而定，属下级机关请示上级机关的，可写上类似请示报告结尾的用语。如"以上方案，当否，请批示"。

5. 落款。一般写明方案的制发文机关、签署日期，并加盖公章。

（五）会议方案的写作注意事项

1. 科学安排，考虑全面。会议方案是召开会议的依据，会前要把举行会议的有关规定、各种程序、各方面可能遇到的情况都要考虑到、估计到，总揽全局、全面统筹。

2. 明确要求，安排细致。大中型会议涉及人员多，头绪繁，内容杂，在设计会议筹备方案时应周密考虑，妥善安排有关事项。如对材料撰拟与分发、会标制挂、座位排列制作、安全保卫、医疗服务等都做明确的安排。对会议衔接时间计算准确，周密计划，精心安排。

3. 留有余地，灵活机动。既要把任务、时间尽可能计算准确，同时，又要为相关活动留有弹性空间，防止安排太紧、太满而造成被动。

4. 层次分明，合理安排条款顺序。写作时合理安排各条款间的逻辑顺序，既要条款分明，又要顺序合理。

【例文】表彰奖励性会议方案

××××学院××××年度总结表彰大会筹备方案

一、会议主要任务

以党的××大和××届三中、四中全会精神为指导，以科学发展观为统领，进一步传达贯彻×××文件和×××会议内容，认真回顾总结全局年度的各项工作，表彰在工作中涌现出来的先进集体和先进个人，研究部署××××学院新一年重点工作，鼓励动员，团结奋进，开拓创新，再接再厉，为推动全院各项工作再上新台阶而努力奋斗。

二、会议时间、地点

拟于××月××日（星期×）上午9：00在×××楼会议室召开。

三、与会人员

1. 邀请的上级有关领导

2．院领导班子成员

3．本院全体师生

4．受表彰的先进集体和个人代表

四、会议主持

建议会议由×××主持。

五、会议议程

1．由×××宣读表彰决定

2．请有关领导为先进集体和先进个人代表颁奖

3．由院长做年度工作总结，部署新年度重点工作任务

4．上级有关领导作重要讲话

六、会务分工

建议会议由××部门牵头筹备，成立材料组、后勤组和组织组三个小组。具体人员及分工如下：

1．材料组：负责起草会议材料、报送有关领导审阅（特别是上级有关领导讲话的审阅）、印制材料。组长由×××担任，成员为×××、×××等。

材料主要有：①院长讲话②上级领导讲话③表彰决定（院文件形式）④主持稿

2．后勤组：负责会场筹备。组长由×××担任，成员为×××、×××等。

主要工作内容：

会前：

①会议通知

②会场卫生

③会标制作

④核实上级出席的领导

⑤主席台桌签打印及摆放

⑥音响效果检查

⑦奖牌准备及受奖人员座次安排。

会中：

①茶水服务（包括接待室）

②照相、摄像

③颁奖中间播放音乐

④颁奖奖牌准备及传送（要排练）。

会后：

①车辆安排

②就餐安排

③纪念品发放

3．组织组：组长由×××担任，成员为×××、×××等。

主要工作内容：

①安排专人接送领导

②邀请电视台、报社等记者参加会议，并安排专人接送

③信息宣传、图片报送（市院、区委、媒体）

④督促前两组工作进度。

××××学院

××××年××月××日

二、会议通知

（一）会议通知的概念

会议通知是上级对下级、组织对成员或平行单位之间部署工作、传达事情或召开会议等所使用的应用文。是我国党政各级机关乃至企事业单位、群众团体经常使用的公文文种，是应用写作中常见的一种文体。

（二）会议通知的特点

1. 简明性。会议通知一般情况下篇幅都相对短小，语言往往简明扼要，只需说清召开会议的主题、时间、地点、参会人员和注意事项等。

2. 时效性。会议通知的时效性较强，往往时间要求相对紧迫。

（三）会议通知的种类

会议通知依据性质和内容的不同，可以分为经济性会议通知、学术性会议通知和行政性会议通知等。

（四）会议通知的写作格式

会议通知一般包括标题、称呼、正文、落款四个部分。

1. 标题。会议通知的标题一般有三种写法：一是只写"通知"二字，二是视轻重缓急而写成"重要通知"、"紧急通知"等，三是"事由＋通知"的模式。

2. 称呼。称呼是被通知的对象和范围，多视具体情况而定。

3. 正文。会议通知的正文是主体部分，一般包括开会的时间、地点、参会人员、会议类型、会议要求及其他事项等。如果事情较为重要，还可以加上"请务必准时参加"等字样。

4. 落款。落款包含署名和日期两部分。一般要分两行居右下写。

需要注意的是，会议通知发布形式有布告形式和书信形式两种。所谓布告形式，就是通过张贴布告形式，把事情通知有关人员，如学生、观众等，通常不用称呼；另一种是以书信的形式，发给有关人员，写作形式同普通书信。

当然，随着新媒体的出现，利用网络的便利发布会议通知也成为一种极为常见的选择。

【例文1】信件式会议通知

××××年城市轨道交通客流预测技术研讨会第×轮会议通知

一、会议宗旨

随着城市化进程的不断加快，修建轨道交通已成为大城市社会发展和城市发展的必然需求。轨道交通客流预测作为轨道交通建设过程中的一个十分重要的环节，是各项规划、设计和运营工作的基础。为探讨城市轨道交通客流预测理论、方法以及存在的问题，提高城市轨道交通客流预测水平，为从事轨道客流预测、轨道线网规划及运营的专家学者、规划师和模型师提供一个交流平台，我中心特举办此次研讨会。

二、会议内容

本次会议主题为"提高我国城市轨道交通客流预测水平"，主要包括以下方面议题：

1. 国内外城市轨道交通客流特征和成长规律

2. 国内外城市轨道交通客流预测新技术

3. 城市轨道交通客流预测理论探讨以及预测方法

4. 城市交通模型在城市轨道交通客流预测中的应用技术

5. 目前客流预测中存在的主要问题分析及提高客流预测精度的方法建议

6. 城市轨道交通客流预测后评价

三、会议组织

1. 会议时间和地点

时间：××××年××月××日－××日

地点：×××酒店

2. 会议形式

本次会议采用大会发言和讨论形式，拟邀请国内轨道交通方面的知名专家做主题发言，以及国内轨道交通规划、设计、咨询、运营等相关单位技术人士做专题报告。会议主要活动安排如下：

（1）专家主题演讲

邀请到会行业专家作专题学术报告

（2）自由互动

参会人员就城市轨道交通客流预测的相关问题自由发言、讨论，交换意见

3. 会议主办

会议主办方为×××研究中心

4. 会议论文

会议收集的论文资料将印刷成会议论文集

5. 会议注册费

×××元（住宿、交通费自理）

四、会议组委会联系方式

联系人：×××　电话：×××－×××××××××　邮箱：×××@126.com

请参会单位于××××年××月××日前将反馈意见回馈会议组委会。

【例文2】布告式会议通知

关于举行社团文化节的通知

"社彩"缤纷，青春激扬，"百团"争鸣，共舞华章。第×届社团文化节闭幕式即将精彩

上演，敬请您的关注和参加。

一、活动时间

××××年××月××日 18：30

（18：00 开始检票入场）

二、活动地点

学校××报告厅

三、领票方式

××月××日—××日，到各分团委领取纸质门票或关注文化节二维码领取电子门票。

×××学生社团联合会

××××年××月××日

第二节 会议记录 会议纪要

一、会议记录

（一）会议记录的概念

会议记录是指在会议过程中，由记录人员把会议的组织情况和具体内容记录下来，就形成了会议记录。"记"有详记与略记之别。略记是记会议大要，会议上的重要或主要言论；详记则要求记录的项目必须完备，记录的言论必须详细完整。若需要留下包括上述内容的会议记录，则要靠"录"。"录"有笔录、音录和影像录几种，对会议记录而言，音录、影像录通常只是手段，最终还要将录下的内容还原成文字。笔录也常常要借助音录、影像录，以之作为记录内容是最大限度地再现会议情境的保证。

（二）会议记录的特点

1. 综合性。会议记录是在对会议中各种材料、与会人员的发言以及会议简报等进行综合分析和概括提炼的基础上形成的，它具有整理和提要的基本特点。

2. 指导性。这一特性包含两层含义：一是会议本身的权威性，二是会议记录集中反映了会议的主要精神和决定事项。因而记录一经下发，将对有关单位和人员产生约束力，起着类似于指示、决定或决议等指挥性公文的作用。会议记录还可以作为与会同志向单位领导汇报、向群众传达的文字依据。

3. 备用性。一些会议记录主要不是为了贯彻执行，而是为了向上汇报或向下通报情况，必要时可作查阅之用。

（三）会议记录的种类

按照会议性质来分，会议记录大致有办公会议记录、专题会议记录、联席（协调）会议记录、座谈会议记录等。

办公会议记录是记述机关或企业、事业单位等对重要的、综合性工作进行讨论、研究、议决等事项的一种会议记录。办公会议记录一般有例行性办公会议记录，即记述例行办公会议情况及其议决事项的会议记录；以及现场办公会议记录，即为解决某重大问题而召集有关方面和有关单位在现场研究、议决或协商的办公会议记录。

专题会议记录是专门记述座谈会讨论、研究的情况与成果的一种会议记录。其主要特点是主题的集中性与观点意见的分呈性相结合，既要归纳比较集中、统一的认识，又要将各种不同观点和倾向性意见都归纳表达出来。

（四）会议记录的写作格式

一般来说，会议记录主要由标题和内容两个部分组成。

1. 标题。会议记录的标题主要由单位名称、事由和文种构成。

2. 内容。会议记录的详细内容包括两个部分。第一部分，是记录会议的基本情况，主要有：会议的名称、开会的时间、地点、出席人、列席人、主持人、记录人。这些内容要在宣布开会前写好。至于出席人的姓名，会议人数不多，可一一写上；会议人数多，可以只写他们的职务，如各校正副校长、教导主任；也可只写总人数。如是工作例会，可只写缺席人的名字和缺席原因。第二部分，是记录会议的内容，它是会议记录的主要部分，主要有：主持人的发言、会议的报告或传达、与会者讨论发言、会议的决议等。内容的记录，有摘要和详细两种。

（1）摘要记录。一般会议只要求有重点地、扼要地记录与会者的讲话和发言，以及决议，不必"有闻必录"。所谓重点、要点，是指发言人的基本观点和主要事实、结论。对一般性的例行会议，只要概括地记录讨论内容和决议的要点，不必记录详细过程。

（2）详细记录。对特别重要的会议或者特别重要的发言，要做详细记录。详细记录要求尽可能记下每个人发言的原话，不管重要与否，最好还能记下发言时的语气、动作表情及与会者的反应。如果发言者是照稿子念的，可以把稿子收作附件，并记下稿子之外的插话、补充解释的部分。

（五）会议记录的写作

1. 会议记录的基本要求

（1）准确写明会议名称（要写全称），开会时间、地点，会议性质。

（2）详细记下会议主持人、出席会议应到和实到人数，缺席、迟到或早退人数及其姓名、职务，记录者姓名。如果是群众性大会，只要记参加的对象和总人数，以及出席会议的较重要的领导成员即可。如果某些重要的会议，出席对象来自不同单位，应设置签名簿，请出席者签署姓名、单位、职务等。

（3）忠实记录会议上的发言和有关动态。会议发言的内容是记录的重点。其他会议动态，如发言中插话、笑声、掌声，临时中断以及别的重要的会场情况等，也应予以记录。

记录发言可分摘要与全文两种。多数会议只要记录发言要点，即把发言者讲了哪几个问题，每一个问题的基本观点与主要事实、结论，对别人发言的态度等，做摘要式的记录，不必"有闻必录"。某些特别重要的会议或特别重要人物的发言，需要记下全部内容。有录音机的，可先录音，会后再整理出全文；没有录音条件，应由速记人员担任记录；没有速记人员，可以多配几个记得快的人担任记录，以便会后互相校对补充。

（4）记录会议的结果，如会议的决定、决议或表决等情况。

会议记录要求忠于事实，不能夹杂记录者的任何个人情感，更不允许有意增删发言内容。会议记录一般不宜公开发表，如需发表，应征得发言者的审阅同意。

2. 会议记录的重点

会议记录应该突出的重点有：

（1）会议中心议题以及围绕中心议题展开的有关活动

（2）会议讨论、争论的焦点及各方的主要见解

（3）权威人士或代表人物的言论

（4）会议开始时的定调性言论和结束前的总结性言论

（5）会议已议决的或议而未决的事项

（6）对会议产生较大影响的其他言论或活动

3. 会议记录的写作技巧

一般说来有四条：一快、二要、三省、四代。

（1）快，即记得快。字要写得小一些、轻一点儿，多写连笔字。要顺着肘、手的自然去势，斜一点儿写。

（2）要，即择要而记。就记录一次会议来说，要围绕会议议题、会议主持人和主要领导同志发言的中心思想、与会者的不同意见或有争议的问题、结论性意见、决定或决议等做记录。就记录一个人的发言来说，要记其发言要点、主要论据和结论，论证过程可以不记；就记一句话来说，要记这句话的中心词，修饰语一般可以不记。要注意上下句子的连贯性、可读性，一篇好的记录应当独立成篇。

（3）省，即在记录中正确使用省略法。如使用简称、简化词语和统称。省略词语和句子中的附加成分，比如"但是"只记"但"，省略较长的成语、俗语、熟悉的词组，句子的后半部分，画一曲线代替，省略引文，记下起止句或起止词即可，会后查补。

（4）代，即用较为简便的写法代替复杂的写法。一可用姓代替全名，二可用笔画少易写的同音字代替笔画多难写的字，三可用一些数字和国际上通用的符号代替文字，四可用汉语拼音代替生词难字，五可用外语符号代替某些词汇等。但在整理和印发会议记录时，均应按规范要求办理。

【例文】

×××有限公司办公室会议记录

时间：××××年××月××日（星期×）

会议地点：×××

会议主持人：×××

会议记录人：×××

出席人：公司各部门人员

缺席：×人

会议内容：

公司召开了业务会议，为了公司的良好发展，提出了以下内容。

×××经理提出：

1. 关于公司人员的重新分配，从今天开始，×××着重投身入于网络的优化，做好网

页的宣传，而新入职的办公室助理则接手×××之前担任的行政工作内容，其他人继续做好自己的岗位工作。

2. 严格管理业务部，业务是最重要的模块，要加大力度抓紧和投入。

3. 严格执行考勤制度，一个月内迟到两次要相应地扣除工资，遵守打卡制度，如有特殊情况，须提前通知请假，且请假的员工需在次日到×经理处补名。

4. 有关座位的重新编排，把业务部的人员规划在一起，让公司有一个严谨、规范的形象。

5. 最后，规范一个专门对外接受咨询的邮箱，每天专门由×××一人负责登录，然后分派给业务员，到月末统计网上咨询了解公司产品和信息的客户人数。这样有利于决定加大还是保持公司的投入力度。

总经理×××提出：

1. 加强生产、销售，销售是重点，需要用心做。另外，提议员工多走车间，这样可从中更好地了解产品的参数和构造。

2. 对商品的投放力度要加大，努力完成网站的优化。

3. 尤其外贸部这一模块，需对其进行更详细的细化、整理。最后，×××总结出做业务最重要的是快和专业。

×××提出：

1. 由于下班时候办公室没有业务员的情况下仍然有电话打进，建议将电话转接到业务员的手机，以便能够及时接到电话。

2. 办公室的形象要靠大家一起树立，小至每一个人的座位，大至公司的财产保护，尽力改善公司的形象，让别人看到公司的规范。

3. 同事之间应该互相提出建议，做到共同进步和努力。

最后，×××总结了今天的会议内容，每一个员工都需要用心投入，付出与收获是成正比的，公司的发展离不开每一位员工的努力。

二、会议纪要

（一）会议纪要的概念

会议纪要是依据会议记录和会议文件在其他有关材料的基础上进行概括、提炼、整理而成的。是反映会议基本情况或主要精神、决定事项等内容的纪实性和指导性公文。

（二）会议纪要的特点

1. 提要性。会议纪要的依据是会议材料和会议记录，是对会议重要内容和事项进行的有针对性的整理、概括。

2. 指导性。会议纪要集中反映了会议的主要精神和决定事项。会议纪要一经下发，将对有关单位和人员产生约束力，对机关和单位具有指导性作用。

3. 纪实性。会议纪要的内容必须是会议宗旨、基本精神和所议定事项的概要纪实，不能随意增减和更改内容，要遵照真实材料整理。

4. 备考性。有些会议纪要的有关事项不是为了贯彻执行，而是向上级汇报或向下级通报情况，必要时作为重要材料查阅之用。

（三）会议纪要的种类

会议纪要按照不同形式可以有多种划分：

1. 按照会议性质分：办公会议纪要、专题会议纪要、协调会议纪要和座谈会议纪要等。

办公会议纪要：是主要是记录机关、企业、事业单位等对重要的、综合性的工作进行讨论、研究、决议等事项的一种会议纪要。办公会议纪要还可以分为例行性办公会议纪要和现场办公会议纪要。

专题会议纪要：主要记录座谈会讨论、研究的情况与成果的一种会议纪要。

2. 按照会议内容的不同：决议性会议纪要、研讨性会议纪要和协议性会议纪要等。

决议性会议纪要：主要记载和反映领导层制定的决策事项，作为传达和部署工作的依据，对今后的工作具有指导作用。常用于领导办公会议。

研讨性会议纪要：主要记载和反映经验交流会议、专业会议或学术性会议的研讨情况，旨在阐明各方的主要观点、意见或情况。主要用于职能部门和学术研究机构召开的专业会议或学术研讨会议。

协议性会议纪要：主要记载双边或多边会议达成的协议情况，以便作为会后各方执行公务和履行职责的依据。对协调各方今后的工作具有约束作用。常用于领导机关主持召开的多部门协调会或不同单位联席办公会。

此外，会议纪要按照表述形式分，还可以分为决议式纪要、概述式纪要和记录式会议纪要等。

（四）会议纪要的写作格式

会议纪要一般由标题、正文两部分组成。

1. 标题。会议纪要的标题一般有两种形式，一是单一式的，即在会议后加"纪要"二字；二是复合式的，即正、副标题式，正标题概括会议主要精神，副标题一般为会议名称和文种组成。

2. 正文。会议纪要的正文由导言、主体和结尾三部分组成。

（1）导言，即会议组成情况。通常采用简述式写法，简述会议时间、地点、出席人员、中心议题和议程等。

（2）主体，即会议的主要精神。要对会议的主要内容、主要精神、主要原则以及基本结论和今后任务进行具体的综合和阐述。

下面分别介绍综述式会议纪要、分项式会议纪要、摘要式会议纪要主体的写法。

综述式会议纪要：即对会议的内容或议定事项，进行综合概括，按性质分成若干部分，然后依据一定的逻辑顺序排列写出。议题比较重大、涉及面较广的会议纪要多属此类。

分项式会议纪要：即把会议的内容或议定事项，分条列项地写出。很多办公会议纪要或讨论解决较具体、较专门问题的会议纪要属于这一类。

摘要式会议纪要：即将与会者的发言按中心议题的要求择其要点摘录出来，按内容性质归类后写出。对发言者要写出真实姓名和职务、职称。这种写法能客观地反映与会者的观点和主张，还能较大限度地保留谈话风格。

3. 结尾。结尾一般写对与会者的希望和要求，也有的会议纪要不写专门的结尾。

（五）注意事项

1. 会议纪要要忠于会议精神。会议纪要是对会议全部材料的概括、综合和提炼。因此，必须广泛搜集会议材料，全面掌握会议情况；按照会议精神，对材料分类和筛选。

2. 要抓住会议重点要点。突出会议主题，把会议的主要情况简明、真实、准确、扼要地反映出来，把议定的事项一一叙述清楚。

3. 语言表达上，以叙述为主。语言要精练、通俗，篇幅一般不宜太长。

4. 根据会议的内容及规模，选用恰当的写作结构。结构安排要合乎逻辑，条理清楚。

5. 注重使用会议纪要的习惯用语。会议纪要常常以"会议"为第三人称来记述会议内容。因此，主体部分应注重使用"会议认为""会议提出""与会者一致认为""会议决定""会议要求""会议希望""会议号召"等作为层次或段落的开头语。

【例文1】办公会议纪要

中共××市委常委会议纪要

[××××] ×号

时间：××××年××月××日至××日

地点：市委主楼×××会议室

主持人：×××

出席：×××、×××、×××、×××

列席：×××、×××、×××、×××

议定事项

一、会议认真学习了省委××××年××月××日《关于进一步统一认识，坚决搞好治理整顿》的通知，对我市前段治理整顿的情况和一季度形势逐项进行了分析和深入讨论，进一步统一了思想，明确了当前和今后治理整顿的任务和工作重点。

会议认为，半年来我市在贯彻中央治理整顿方针的过程中，态度坚决，工作扎实，初见成效，但对成绩不能估计过高，要看到思想认识的差距和治理整顿任务的艰巨，要按照中央精神，进一步统一思想，认真抓好治理整顿的各项工作。

会议决定：

在省委传达中央工作会议精神后，召开市委工作会议，通过传达中央工作会议精神，分析我市治理整顿形势和任务，提高认识，统一思想，动员广大党员一心一意搞好治理整顿。会议定于××月底召开，由市委办公室做好会议筹备工作。

二、听取了×××同志关于××××年××立功竞赛表彰大会准备工作的汇报，原则上同意"立功办"提出的大会方案及召开时间，原则上同意市级劳模及文明单位的名单，责成"立功办"根据市委常委意见进行调整，并做好大会准备工作。有些需要进一步研究的问题由"立功办"再做准备，向书记办公会汇报。

【例文 2】专题会议纪要

关于协调解决××大街×号首层房屋使用权问题的会议纪要

第××号

××××年××月××日上午，市政府办公厅×××主任主持召开会议，协调解决××大街×号首层房屋使用权问题。参加会议的有省政府办公厅交际处、广东胜利宾馆、市商委、市国土房管局、二商局、市外轮供应公司等有关部门的负责同志。

会议认为，××大街×号首层房屋使用权的问题，是在过去计划经济和行政决定下形成的历史遗留问题。早几年曾多次协调，虽有进展，但未有结果。最近，按照省、市领导同志"向前看"、"了却这笔历史旧账"的批示精神，在办公厅的协调下，双方本着尊重历史、面对现实、互谅互让的原则，合情合理地提出解决这宗矛盾的方案。

经过协商、讨论，双方达成了一致的认识。会议决定如下事项：

一、市外轮供应公司应将××大街×号房屋的使用权交给胜利宾馆。

二、考虑到市外轮供应公司在×号经营了 30 多年，已投入了不少资金，退出后，办公地方暂时难以解决，决定给予其商品损耗费、固定资产投资和搬迁费等一次性补偿费用共 95 万元。其中省政府办公厅和广东胜利宾馆负责 80 万元；考虑到省政府领导曾多次过问此事和省、市关系，另 15 万元由广州市政府支持补助。

三、省政府办公厅和胜利宾馆的补偿款于××××年××月××日前划拨给市外轮供应公司。市政府的补助款于××月××日左右划拨，市外轮供应公司应于××月××日开始搬迁，××月××日前搬迁完毕并移交钥匙。

四、市外轮供应公司原搭建的楼阁按房管部门规定不能拆迁。空调器和电话等于××月××日前不能搬迁的，由胜利宾馆协助做好善后工作。

会议强调，双方在房屋使用权移交中要各自做好本单位干部群众的工作，团结协作，增进友谊，保证移交工作顺利进行。

××市政府办公厅
××××年××月××日

【拓展阅读】

会议纪要与会议记录的区别

会议纪要是在会议记录的基础上产生的，它是对会议记录的归纳和概括。因而它虽然来源于会议记录，但却又明显地不同于会议记录。

会议记录不是公文，只是一种事务文书，是会议情况的原始记录，是拟写公文的原始参考材料。因此，会议记录一定要按会议的实际进程详细地记录开会的情况和每位发言人的发言，真实地反映发言人对每个议题的看法和意见，不能随意增删。一般来说是发言人怎么说就怎么记，不能人为地加以整理和归纳，尤其是会议在某一问题上出现分歧的时候，会议记录更要准确详尽地将分歧意见完整地记录下来，以体现会议的实际面貌。若想了解会议的全过程，查看当时的会议记录是最佳的方法。

　　会议纪要是一种正式的公文，它记载的是会议的要点（与会各方所达成的共识），诸如会场的气氛、会上的分歧、每位发言人的详细发言等过于细致的情况在纪要中是不可能得到完整、全面反映的。因此我们说，想从会议纪要中看到会议的全貌是不可能的。

第四章　经济类文书

第一节　意向书　协议书　合同

一、意向书

（一）意向书的概念

意向书是当事人双方或多方之间，在对某项事务正式签订条约、达成协议之前，表达初步设想的意向性文书。意向书为进一步正式签订协议奠定了基础，是"协议书"或"合同"的先导，多用于经济技术的合作领域。

（二）意向书的特点

1. 协商性。意向书是当事人之间意向性洽谈后的产物，它只是一种临时性的协商性的文书，对任何一方都没有约束力，不具备协议书、合同那样的法律效力。

2. 灵活性。意向书不像协议、合同那样，一经签约不能随意更改；意向书比较灵活，在协商过程中，当事人各方均可按各自的意图和目的提出意见，在正式签订协议、合同前亦可随时变更或补充，最终达成协议。

3. 简略性。意向书所表达的意思简略，只是当事人各方协商结果的大致轮廓，在正式签订协议、合同时还要补充、完善。

（三）意向书的分类

意向书按合作关系的不同可分为多种类型：加工承揽意向书、建设工程意向书、货物运输意向书、财产保险意向书、科技协作意向书等。

（四）意向书的写作格式

意向书的结构是：标题、正文、落款。

1. 标题。意向书标题常见形式有：一是项目名称和文种；二是合作单位、合作项目和文种；三是文种，如《意向书》。

2. 正文。正文主要包括导语、主体、结尾三部分。

（1）导语。应写明各方单位名称、商谈时间、地点、合作事项等，然后用"本着××原则，××项目"作为导语的结束。

（2）主体。分条款写明各方达成合作意向的具体内容。

（3）结尾。写明"未尽事宜，在正式签订合同或协议时予以补充"一语，以便留有余地。

3. 落款。署合作各方法定名称，各方洽谈代表签字，并加盖公章、私章及日期。

【例文】

关于合资建企业的意向书

×××厂（甲方）   ×××公司（乙方）

双方于×××年××月××日在×地，对建立合资企业事宜进行了初步协商，达成意向如下：

一、甲、乙两方愿以合资或合作的形式建立合资企业，暂定名为××有限公司。建设期为×年，即从×××年—×××年全部建成。双方意向书签订后，即向各方有关上级申请批准，批准的时限为×个月，即×××年××月××日—×××年××月××日完成。然后由×××厂办理合资企业开业申请。

二、总投资×万元（人民币），折×万（美元）。××部分投资×万元（折×万美元），××部分投资×万元（折×万美元）。

甲方投资×万元（以工厂现有厂房、水电设施现有设备等折款投入）；

乙方投资×万元（以所折美元投入，购买设备）。

三、利润分配：各方按投资比例或协商比例分配。

四、合资企业生产能力：……

五、合资企业自营出口或委托有关进出口公司代理出口，价格由合资企业定。

六、合资年限为×年，即×××年××月—×××年××月。

七、合资企业其他事宜按《中外合资法》有关规定执行。

八、双方将在各方上级批准后，再行具体协商有关合资事宜。

本意向书一式两份。作为备忘录，各执一份备查。

×××厂（甲方）   ×××公司（乙方）

代表：   代表：

×××年××月××日   ×××年××月××日

二、协议书

（一）协议书的概念

协议书是在公关活动中就某一问题或某些事项交换意见，经过协商、谈判达成共识后，由有关各方共同签署的具有法律效力的记录性应用文。

（二）协议书的特点

协议书与合同有着极其相似的文体特征。作为一种独立的契约性文书，它除了合法性、合意性、公平性、诚信性的特点外，还具有原则性、灵活性和广泛性。

1. 原则性。它表现为签订协议书的双方当事人对合作的内容、条件、要求等做粗线条的约定，详细具体的合作内容与形式需继协议书之后再经充分协商签订正式的合同。

2. 灵活性。它表现为协议书由于内容广泛，且没有固定统一的写作格式，内容的安排和条款的详略等完全由双方当事人协商议定。

3. 广泛性。它表现为协议书的使用范围比合同要宽泛得多，凡是不宜签订合同的合作形式，只要当事人双方协商一致，均可签订协议书。

（三）协议书的种类

根据协议书的作用，协议书可以分为以下三种：

1. 意向式协议书。意向式协议书制作于正式合同之前，为正式签订合同提供依据和参考，是签订合同的"前奏"、"序曲"。

2. 补充修订式协议书。补充修订式协议书制作于正式合同之后，即补充修订已签订合同中条款内容的不足，是合同签订后的"尾声"。

3. 合同式协议书。凡是在《合同法》规定的15种合同形式之外的合作形式，均可用协议书的形式来表现。

（四）协议书的写作格式

协议书由标题、协议当事人的名称、正文和结尾四个部分组成。

1. 标题。协议书的标题，或是突出协议书的中心内容，如《××公司、××毛纺厂联营协议书》；或是突出协议书的性质，即是什么协议，如《工程协议书》、《合作协议书》。

2. 签订协议当事人的名称。在标题的左下方，并列写上签订协议的双方当事人的单位名称及法定代表人姓名，或自然人姓名。为了下面行文方便，规定某一方为"甲方"，另一方为"乙方"，并在名称或姓名后面用括号注明。

3. 正文。正文是协议书的主要部分。在正文部分必须写明当事人双方所议定的事项，写清楚当事人双方各自承担的义务和所享受的权利，即完成什么项目，达到什么要求，何时完成，所应得到的报酬，不能按时完成的责任，不能付酬的责任等。这些内容通过以下条款来表达，其形式和合同相同，只是详略粗细不同。

第一项：标的；

第二项：数量；

第三项：质量；

第四项：价款或者报酬；

第五项：履行的期限、地点和方式；

第六项：违约责任。

除此之外，正文部分还要写明本协议一式几份，由谁保管；注明协议的附件，有效期限。

4. 结尾。结尾包括签订协议书的当事人双方的单位名称及法定代表人姓名，或自然人姓名，均需加盖印章，最后写明签订协议书的日期。

【例文】

技术合作协议书

××建筑工程公司（甲方）：

××装修设计公司（乙方）：

为发挥双方的优势，共谋发展，并为今后逐步向组成集团公司过渡，双方经过充分友好的协商，特订立本协议。

一、建立密切的技术合作关系，今后凡甲方承接的工程，装修设计任务均交给乙方承担。

二、乙方保证，在接到任务后，将立即组织以高级工程师为领导的精干设计队伍，在10日内提出设计方案，并在方案认可后一个月内完成全部设计图纸。

三、为保证设计的质量，甲方将毫无保留地向乙方提供所需的一切建筑技术资料。

四、装修施工队伍由甲方组织，装修工程的施工由甲方组织实施。施工期间，乙方派出高级工程师监督施工，以保证工程的质量。

五、甲方按装修工程总费用的千分之×向乙方支付设计费。

六、本协议自签订之日起生效。

七、本协议书一式两份，双方各执一份。

附：《××建筑装修工程集团公司组建意向书》一份。

甲方：××建筑工程公司（盖章）　　乙方：××装修设计公司（盖章）
法人代表：×××（签字）　　　　　法人代表：×××（签字）
××××年××月××日　　　　　　××××年××月××日

甲方地址：××××××　　　　　　乙方地址：××××××
邮政编码：××××××　　　　　　邮政编码：××××××
电话兼传真：××××××　　　　　电话兼传真：××××××
银行账号：××××　　　　　　　　银行账号：××××
联系人：×××　　　　　　　　　　联系人：×××

三、合同

（一）合同的概念

合同，又称为契约、协议，是平等的当事人之间设立、变更、终止民事权利义务关系的协议。依法成立的合同，受法律保护。广义合同指所有法律部门中确定权利、义务关系的协议，狭义合同指一切民事合同。还有最狭义合同仅指民事合同中的债权合同。

合同是一种协议，是广义的协议书中的一种。有时，人们把"合同"当作"协议书"，或是把"协议书"当作"合同"，这是不够准确的。"协议书"是国家、政党、团体、企事业单位或者个人共同协商订立的具有经济或其他关系的契约，它的项目往往较多，内容较原则而宽泛，而合同则是为某单一项目（专项）而订立，内容具体而细致。同时，合同主要运用于经济领域，所以又称它为"经济合同"。经济合同是法人之间、法人与自然人之间，为实现一定的经济目的、明确相互权利和义务而订立的协议。

（二）合同的特点

1. 合法性。签订合同是一种民事法律行为，合同以产生、变更或终止债权债务关系为目的。撰写合同时要严格遵照《合同法》的规定，按程序依法进行。

2.平等性。合同是两个以上法律地位平等的当事人表示意思一致的协议,具有平等性。

3.诚信性。在签订合同时,当事人双方均应当诚实地表达自己的意思,实事求是,在履行合同时,应当信守自己的承诺。

（三）合同的种类

合同种类很多,不同行业、不同部门、不同行为或活动都有不同的合同。按照不同划分标准,可以有以下几种划分:

1.按时间划分,可以分为长期合同、中期合同和短期合同等。

2.按地域划分,可以分为国内合同和涉外合同等。

3.按双方权利和义务划分,可以分为双务合同和单务合同等。

4.按形式划分,可以分为条款式合同、表格式合同和条款表格结合式合同等。

5.按性质和内容划分,可以分为买卖合同,供用电、水、气、热力合同,赠与合同,借款合同,租赁合同,融资合同,承揽合同,建筑工程合同,运输合同,技术合同,保管合同,仓储合同,委托合同,行纪合同,居间合同等。

（四）合同的订立原则

《合同法》规定了订立、履行合同应当遵循的基本原则:

1.平等原则。《合同法》第三条规定,合同当事人的法律地位平等,一方不得将自己的意志强加给另一方。

2.自愿原则。《合同法》第四条规定,当事人依法享有自愿订立合同的权利,任何单位和个人不得非法干预。合同的当事人应该在自愿的基础上,在不违背法律和政策的前提下,由双方协商一致,确定合同的签订以及条款内容。

3.公平原则。《合同法》第五条规定,当事人应当遵循公平原则确定各方的权利和义务。在合同的条款中（单项合同除外）,当事人的权利与义务是对等的,如果合同有失公允,当事人一方有权请求人民法院或者仲裁机构变更或撤销合同。

4.诚实信用原则。《合同法》第六条规定,当事人行使权利、履行义务应当遵循诚实信用原则。诚实信用,一是在签订合同时,当事人应做到真诚坦白,实事求是,不能隐瞒或夸大,更不能欺诈。二是在履行合同时,当事人也应该讲求信誉,恪守信用。

5.遵守法律,不得损害社会公共利益的原则。《合同法》第七条规定,当事人订立、履行合同,应当遵守法律、行政法规,尊重社会公德,不得扰乱社会经济秩序,损害社会公共利益。

（五）经济合同的写作格式

经济合同有着固定的结构形式,一般包括标题、约首、正文、落款四个部分。

1.标题。标题写在合同首页上方居中的位置。写清合同的名称,指明合同的性质,主要有以下几种写法:一是将合同的种类作为合同的名称,二是合同约定事项＋合同种类,三是时间＋合同种类,四是签约单位名称＋合同种类,五是将以上四种写法结合起来作为合同的名称。

2.约首。约首包括合同编号、当事人名称等内容。在标题之下,左半部分写明立合同人,即订立合同双方;先写甲方（供方、卖方）,再写乙方（需方、买方）;右半部分写合同编号、签订地点、签订时间。立合同人应写单位、企业全称（工商部门注册的名称）,不可随便简化，也不能写别称，然后注明简称，如"甲方"、"乙方"，"供方"、"需方"或"卖方"、"买方"等。

3. 正文。正文包括引言和主体两个部分。

引言：简要写出订立合同的目的、依据、签订方式等。

主体：即合同的具体条款，具体包括标的，数量和质量，价款或酬金，履行的期限、地点、方式，违约责任和解决争议的方法等。最后再写明合同份数、保管情况、有效期限和附件等。

（1）标的。合同中当事人双方权利和义务共同指向的对象称为标的。标的是经济活动所要达到的目的。如货币、物资、产品或某种劳务服务。标的必须明确、具体，否则合同就无法履行。

（2）数量和质量。数量是用计量单位和数字来衡量标的的尺度，也是确定权利与义务的标准。合同中计量单位必须明确。数量计量单位有统一规定，重量、长度、体积、面积都要用国家标准计量单位。质量是标的内在素质和外观形态的综合反映，如产品的品种、规格、型号等。质量必须有具体的规定，如国家标准、部颁标准或企业标准。

（3）价款或酬金。价款、酬金是标的的价值标志。以物为标的叫价款，以劳务为标的叫酬金。二者都是以货币数量计算支付，以国家的价格规定为准则。允许议价的，当事人协商议定。

（4）履行的期限、地点和方式。履行期限，指合同各方实现承诺的时间界限，当事人双方必须严格执行协议的时间，期限时间宜实不宜虚，宜具体不宜笼统，最好确定具体日期，如不能确定实际时间，应用"以前"、"以内"，而不应用"以后"，也不可用"尽可能在"或"争取在"。

（5）违约责任。指当事人不遵守合同所应负的责任，这是对违约者的惩罚。处罚应是对等的，是对双方的共同要求。订违约责任时，应尽量细致、周全、具体、明确，尽量避免使用模糊语言，以免执罚困难。

（6）解决争议的方法。发生争议时，是通过仲裁方式解决，还是通过法院审判方式解决，在合同中应明确约定。

除上述条款外，还应根据合同法或法律规定或当事人的要求写明一些必须的条款。要注明合同份数、有效期、变更合同的条件、合同附件的名称或件数等。

4. 结尾。结尾是当事人双方签名盖章和签订日期。一般要写各方单位或姓名的全称，并分别盖章。如需上级单位或公证机关签署意见，要注明并盖章。当事人是企业法人的，应盖合同专用章，不得加盖行政专用章。另外，双方的电话、账号、开户银行、地址等，都应写清。

【例文】房屋租赁合同

×××房屋租赁合同

订立合同双方：出租方：　　　　（以下简称甲方），承租方：　　　　（以下简称乙方）

根据《中华人民共和国合同法》及有关规定，为明确甲、乙双方的权利义务关系，经双方友好协商一致，签订本合同。

第一条　甲方将自有的坐落在××市××街××巷×号第×栋房屋×间，建筑面积××平方米、使用面积××平方米，类型××，结构等级××，完损等级××，主要装修设备×出租给乙方作××使用。

第二条　租赁期限及终止合同情形

租赁期共×年，甲方从××××年××月××日起将出租房屋交付乙方使用，至××××年××月××日收回。

乙方有下列情形之一的，甲方可以终止合同，收回房屋：

1. 擅自将房屋转租、分租、转让、转借、联营、入股或与他人调剂交换的。

2. 利用承租房屋进行非法活动，损害公共利益的。

3. 拖欠租金×个月。

合同期满后，如甲方仍继续出租房屋的，乙方拥有优先承租权。

租赁合同因期满而终止时，如乙方确实无法找到房屋，可与甲方协商酌情延长租赁期限。

第三条　租金和租金交纳期限、税费和税费交纳方式

甲乙双方议定月租金_____元，按年交，由乙方在每年的××月××日交纳给甲方。先付后用。甲方收取租金时必须出具收租金凭证。无收租金凭证乙方可以拒付。

甲乙双方按规定的税率和标准交纳房产租赁税费，交纳方式按下列第一款执行：

1. 有关税费按××部发［××］号文件规定比例由甲、乙方各自负担。

2. 甲、乙双方议定。

第四条　租赁期间的房屋修缮和装饰

修缮房屋是甲方的义务。甲方对出租房屋及其设备应定期检查，及时修缮，做到不漏、不淹、三通（户内上水、下水、照明电）和门窗完好，以保障乙方安全正常使用。

修缮范围和标准按城建部［××］号通知执行。

甲方修缮房屋时，乙方应积极协助，不得阻挠施工。

出租房屋的修缮，经甲乙双方商定，也可采取下述第×款办法处理：

1. 按规定的维修范围，由乙方出资并组织施工。其维修费用凭正式发票在乙方应交纳的房租中分×次扣除。

2. 由乙方负责维修。

3. 甲乙双方议定。

乙方因使用需要，在不影响房屋结构的前提下，可以对承租房屋进行装饰，但其规模、范围、工艺、用料等均应事先得到甲方同意后方可施工。对装饰物的工料费和租赁期满后的权属处理，双方议定。

工料费由_____方承担（　　　　）。

所有权属_____方。

第五条　租赁双方的变更

1. 甲方按法定手续程序将房产所有权转移给第三方时，在无约定的情况下，本合同对新的房产所有者继续有效。

2. 甲方出售房屋，须在三个月前书面通知乙方，在同等条件下，乙方有优先购买权。

3. 乙方需要与第三人互换用房时，应事先征得甲方同意，甲方应当支持乙方的合理要求。

第六条 违约责任

1. 甲方未按本合同第一、二条的约定向乙方交付符合要求的房屋，负责赔偿××元。

2. 租赁双方如有一方未履行第四条约定的有关条款的，违约方负责赔偿对方××元。

3. 乙方逾期交付租金，除仍应补交欠租外，并按租金的×‰，以天数计算向甲方交付违约金。

4. 甲方向乙方收取约定租金以外的费用，乙方有权拒付。

5. 乙方擅自将承租房屋转给他人使用，甲方有权责令停止转让行为，终止租赁合同。同时乙方应交纳违约金，违约金标准按约定租金的×‰，以天数为单位由乙方向甲方支付。

6. 本合同期满时，乙方未经甲方同意，继续使用承租房屋，按约定租金的×‰，以天数计算向甲方支付违约金后，甲方仍有终止合同的权利。

上述违约行为的经济索赔事宜，甲乙双方议定在本合同签证机关的监督下进行。

第七条 免责条件

1. 房屋如因不可抗拒的原因导致损毁或造成乙方损失的，甲乙双方互不承担责任。

2. 因市政建设需要拆除或改造已租赁的房屋，使甲乙双方造成损失，互不承担责任。

若因上述原因而终止合同，租金按实际使用时间计算，多退少补。

第八条 解决争议的方式

本合同在履行中如发生争议，双方应协商解决；协商不成时，任何一方均可向房屋租赁管理机关申请调解，调解无效时，向市工商行政管理局经济仲裁委员会申请仲裁，也可以向人民法院起诉。

第九条 其他约定事宜

1. _____

2. _____

第十条 本合同有效期限：××××年××月××日至××××年××月××日。

第十一条 本合同未尽事宜，甲乙双方可共同协商，签订补充协议。补充协议报送市房屋租赁管理机关认可并报有关部门备案后，与本合同具有同等效力。

第十二条 本合同一式4份，其中正本2份，甲乙方各执1份；副本2份，分别送市房管局、工商局备案。

出租方：（盖章）   承租方：（盖章）

法定代表人：（签名）   法定代表人：（签名）

单位联系地址：   单位联系地址：

电话：   电话：

委托代理人：（签名）   委托代理人：（签名）

第二节　招标书　投标书

一、招标书

（一）招标书的概念

招标书也称招标通告、招标公告、招标启事，是指招标人在进行某项科学研究、技术攻关、工程建设、合作经营或大批物资交易之前，所发布的用以公布项目内容及其要求、标准和条件，以便优选承包对象而制作的文书。

一般都通过报刊、广播、电视等公开传播媒介发表。在整个招标过程中，它是属于首次使用的公开性文件，也是唯一具有周知性的文件。

（二）招标书的特点

1. 竞争性。招标书是吸引竞争者加入的一种文书，它具有一定的竞争性。

2. 操作性。招标过程有一个严格的程序，需要按照相关程序进行逐项操作。

（三）招标书的种类

招标书按照不同划分方式有不同种类：

1. 按方式划分可以分为公开招标书、邀请招标书等。

2. 按时间划分可以分为长期招标书和短期招标书等。

3. 按内容及性质可以分为企业承包招标书、工程招标书、大宗商品交易招标书等。

4. 按招标范围可以分为国际招标书和国内招标书等。

（四）招标书的写作格式

一般情况下，招标书包括标题、正文、落款三个部分。

1. 标题。标题是招标书中心内容的概括和提炼。由三项组成，即：招标单位名称＋招标项目名称＋文种名称。也可简化标题内容，但标题中的"招标"二字不宜省略。如果是招标公司制作的招标书，则在标题下一行标明文件编号，以便于归档和查核。

2. 正文。正文由前言、主体、结尾组成。

前言。主要写招标单位的招标根据、目的、项目名称（或产品名称）、规模（或批量）、招标范围等。有的根据需要还在导言部分介绍本单位、本企业的优势，如"历史悠久"、"技术力量雄厚"、"产品曾获××××年××××评比金质奖"等。表述时应注意语言简洁，突出重点，使读者从中了解到招标单位的概况，并考虑是否应该与之合作。

主体。这是招标书的核心。一般采用横式并列结构，将有关要求逐项说明，有的还需要列表。层次要清楚，表达要明确，能给人以清晰的印象。具体包括：

（1）招标内容和项目。这是招标公告的主体部分。要把即将发包的工程项目名称、规格、工程总量或购买物资的名称、价格、数量等予以明确反映，以使投标单位根据自己的实际承担能力决定是否应招。

（2）招标步骤。一般包括招、投标的起止时间，投标者购买招标文件的时间，有关条件和要求，以及开标的方式、地点、时间等。

结尾。写明招标单位名称、地址、电话号码、传真号码、邮政编码等。若是两个以上单位联合招标，应依次写明。结尾中的单位不一定和标题中的招标单位一致，它可以是招标单位的上级主管部门，也可以是某一承办部门。如果是国际招标书，还应该写明招标范围，包括哪些国家、用什么货币、付款办法等。

3. 落款。写明制定招标书的日期。

【例文】招标书公告

<h2 style="text-align:center">××大学修建计算机大楼招标公告</h2>

经上级主管部门同意，我校将修建一栋教学大楼，由××市城市建设委员会批准，建筑工程实行公开招标，现将招标有关事项公告如下：

一、工程名称：××大学计算机大楼

二、施工地点：××市××区××路×号

三、建筑面积：×××m²

四、设计及要求：见附件

五、承包方式：实行全部包工包料

六、投标条件：凡有投标意向的具备法人资格且具有一、二级施工执照的企业，并有其主管部门和开户银行的认可，均可投标。

七、招标要求：投标人请于××××年××月××日前来人或来函索取招标文书，收取成本费××元，逾期不予办理。

投标人请将投标文书及上级主管部门的有关签证等，密封投寄或派员直接送我校基建处。收件至××××年××月××日截止。开标日期定于××××年××月××日，在××市公证处公证下启封开标，地点在我校第一会议室。

招标单位地址：××市××路×号

电话：×××××××××

联系人：×××

××大学招标办公室
××××年××月××日

二、投标书

（一）投标书的概念

投标书是指投标单位按照招标书的条件和要求，向招标单位提交的写明报价并填具标单的文书。它要求密封后邮寄或派专人送到招标单位，故又称标函。它是投标单位在充分领会招标文件，进行现场实地考察和调查的基础上所编制的投标文书，是对招标公告提出的要求的响应和承诺，并同时提出具体的标价及有关事项来竞争中标。

（二）投标书的特点

1. 竞争的公开性。目前，随着我国的市场经济发展的日趋成熟，经济活动中的招标竞争也逐渐规范起来，以促进正当、合法的竞争，因而大都实行公开竞标，以体现公开、公平、公正的原则。

2. 竞争的规范性。投标书的制作既要遵守国家对招、投标工作的有关规定和具体办法，又要执行国家颁布的技术规范和质量标准，不能随心所欲，任意制作。

3. 承诺的可行性。对投标书承诺的各项条件（包括项目标价、规格、数量、质量及进度要求等），承诺单位务必保证其可行性，一旦中标，必须严格履行承诺，绝不能反悔。

4. 时间的限定性。招、投标活动一般都有严格的时间限定，必须在限期内将投标书递交招标单位，过期将视同自动放弃。同时，对投标项目的进度要求也有严格的时间限定。

（三）投标书的种类

投标书按照不同标准有不同划分方式：

1. 按投标的范围可分为国际投标书和国内投标书。国际招标书或投标书要求有两种版本，按国际惯例以英文版本为准。一般是以建设采购方所在地的语言为准。如国外的企业进行国际投标，一般是以英语（或当地语言）为准。如果是中国单位进行国际投标，投标文件中一般注明，当中英文版本产生差异时以中文为准。

2. 按投标的标的物划分，又可分为三大类：货物、工程、服务。根据具体标的物的不同还可以进一步细分。如工程类进一步可分施工工程、装饰工程、水利工程、道路工程、化学工程等。每一种具体工程的投标书内容差异非常大。货物投标书也一样，简单货物如粮食、石油；复杂的货物如机床、计算机网络。投标书的差异也非常大。

（四）投标书的写作格式

投标书的内容与招标书相对应，包括标题、主送机关、正文、落款这四个部分。

1. 标题。标题一般由招标项目名称、文种组成，也可只有文种，如《投标书》。

2. 主送机关。主送机关指招标单位名称，要求顶格书写。

3. 正文。正文部分可采用条款式或分段分行的行文方法来写，包括前言、主体两部分。

（1）前言。表述投标目的、依据，点明投标的项目和内容。

（2）主体。主体是投标书的核心，一些重要内容都要在这部分得到详细说明和阐述。主体部分须表明投标者的态度、保证事项。将投标的项目名称、数量、技术要求、商品价格、商品规格、交货日期等进行逐项说明。

4. 落款。注明投标单位名称、负责人姓名、地址、电话、传真、开户银行等，以便招标单位进行联系，并注明日期。

【例文】

上海－苏州－无锡－常州往返×××合同车辆招标书

投标人名称：

投标人全权代表：

投标人签字（加盖公章）：

×××× 年 ×× 月 ×× 日

一、公司简介

××× 物流集团公司创立于 ×××× 年，总部设立在上海，是一家全国性、网络型的物流集团公司。公司在全国 110 多个城市开设 200 家分公司。公司以良好的企业信誉、专业的物流运作赢得了企业的长足发展，××× 物流依托优秀的员工团队、先进的信息系统、超前的服务理念和遍布全国的运营网络，致力于提高客户的物流能力，降低客户的物流成本。

二、投标资质

在国内注册的合法运输企业、个体运输户，拥有合法的运输车辆。

三、投标要求

1. 投标线路和运行情况

本次招标的线路是上海－苏州—无锡—常州往返运输，单车月运输至少 15 个往返。

2. 车辆要求

车龄在五年以下的 210 马力以上牵引车，全程平均行驶时速 65KM；三轴车辆，载重量 16—18 吨；车辆安装 GPS；购买交强险以及商业保险的财产险、第三者责任险、驾驶人员人身险；能开具符合税务机关要求的运输发票（如不能提供发票须同意在运费中扣除 3.5% 的税金）。牵引车的行驶证须是 ×××× 年 ×× 月 ×× 日以后。并按附件二表格要求提供车辆相关资料。

3. 保险

请提供和保险公司签订保险合同的复印件和原件，以及所有车辆的交强险、商业险复印件；要求购买货险，如发生意外导致货物损失，承运方承担赔偿责任。

4. 合同时间

中标后，一周内签订合同；合同时间为一年。

5. 结算方法及结算期

结算方法：双方核对账后开出发票，按约定时间汇入对方指定账号。

结算周期：委托方收到发票 30 天、45 天或 60 天支付。

起止地	30 天结算报价	45 天结算报价	60 天结算报价
上海－苏州—无锡—常州			

报价包含税费，具体结算条款按双方约定的运输合同（附件一）相应条款执行。

6. 需提供的资料

营业执照、法人机构代码证、法人委托书、税务登记证、道路运输许可证、车辆行驶证对应的司机驾驶证复印件；自然人需提供车主及驾驶员身份证明及车辆所有权证明材料。

同时请填写附件二调查表的内容。

7. 投标截止时间及投递

标书请投递到：上海市长宁区协和路 1158 号鑫达商务楼二号楼 8 楼佳宇物流运营部杨浩峰收

投标截止时间：×××× 年 ×× 月 ×× 日 17：00

招标文件答疑

联系人：×××　电话：×××—××××××××—××××

邮箱：×××@126.com

请在工作时间的每天下午 13：30—16：30 来电询问；其他时间恕不接待，谢绝来访。

8. 关于评标

评标小组由××公司总经理、运营副总经理、财务总监等五人组成，在小组成员到齐后，拆封议标。

下编

口才演讲

第一篇 理论基础篇

第一章 口 才

第一节 口才综述

一、口才的含义

什么是口才?《现代汉语词典》上的解释为:名词,说话的才能。

有学者将口才更加明确地定义为:在口语交际的过程中,表达主体运用准确、得体、生动、巧妙、有效的口语表达策略,达到特定的交际目的,取得圆满交际效果的口语表达的艺术和技巧。

优职口才与沟通研究院对口才的定义为:人们运用声音和态势语言对自身或他人的思维进行扫描和表达的综合能力。根据这种观点,口才已经不仅仅是"口"上的能力,还包含了身体语言、观察能力和思维能力。

一般来说,我们认为所谓"口才"即指一个人的口头表达能力,也就是"说"的才能。所以,我们研究口才必须由口头表达入手,去准确把握它的内在要素及系列特征。

二、口才的价值

人类接受信息进行思想交流,必须具备四种能力:听、说、读、写。而说的能力,则是最基本的能力。国外一些学者认为,口头表达能力是现代复合型人才的基本素质,思维敏捷、能言善辩是个人寻求发展机会的重要条件,也是事业成功的保证。就目前而言,立足于高速运转的现代社会,口才在一定程度上发挥着比文才更加重要的作用,也越来越受到人们的重视。

很早以前,我国杰出的文学家、教育家叶圣陶先生就曾说过:"不妨看看咱们的社会主义社会,在工作中,在交际中,说话的机会超过过去时代何止十倍百倍,谁的说话能力差,不仅是他个人的吃亏,往往间接又会造成社会的损失。"口才也是生产力,表达与演说同样可以创造巨大的价值,在当今的中国,这一点从马云、李开复、俞敏洪等许多人的身上都得到了淋漓尽致的体现。

三、口才的特征

要深入研究口头表达能力,首先应当明确口头语言和书面语言的不同。

（一）口头语言和书面语言的区别

二者的不同主要表现在以下五个方面。

1. 对象不同

口头语言的对象是听众，说话的针对性比较强，随时都可以了解到听者的反应。它要求说话的人要边讲述，边观察，边判断，有时还要听取意见，综合分析，十分敏捷地做出相应的回答。这与把自己要说的话写成文稿，让读者去阅读是截然不同的。口头表达是人与人面对面的交流，而书面表达则是看不见对象的有距离的交流。

2. 口头语言需要借助声音和表情等手段表达复杂的情感

说话人不仅运用声调和节奏强调词语的意义，而且借助表情、手势、姿势等体态行为表情达意。这些辅助手段可以说是口头语言的重要组成部分。因此，口头语言是一种立体式表达，它所描绘的生动形象、情景和它所收到的效果，是书面语言无法达到的。

3. 口头语言表达时间短促，过程不可逆转

它从接收处理信息、确定思路、组织语言到调整气息，一旦转化为连续的发声就是最终的形式，看似极为复杂的过程，却是在电光石火之间，转瞬即逝，不能修改。这一特征决定了说话人必须思维敏捷，反应迅速，判断准确，善于调动语言资源，迅速将思维加工成恰当的言辞，组织出语意清晰连贯的句子，随机应变，脱口而出。书面语言就不同了，人们在写作时一般都有较为充足的时间构思、推敲、修改。

4. 口头语言是一种"有声语言"

它直接将思维诉诸受话者的听觉。而且说话的人自身也要通过视觉和听觉同时接受现场信息，及时调整思维，更准确地表达自己的思想，形成交流的互动。书面语言是一种"无声语言"，它主要是将思维诉诸观者的视觉，其交流形式是间接的，不存在现场的互动。

5. 口头语言使用的范围广、频率高

和书面语言比较起来，口头语言更具有广泛性和群众性。在日常生活中，口头语言是人们交流思想的主要工具，任何一个人总是要说话的。对于本民族的口头语言，就是不识字的人也都能完成正常的交流。而相对来说，书面语言使用的范围就小多了。

（二）口头表达的特点

1. 靠声波传递信息

思维内容和思维形式通过声波的振动传递给他人。没有声波做媒介，口头表达就不能实现。

2. 易懂是交流的前提

话是说给别人听的，让别人能听懂，表达才有意义。一个不懂英语的中国人和一个不懂汉语的英国人碰在一起，两人究竟如何交流，结果可想而知。

3. 语言容易消失

口头语言没有形状、没有颜色、没有味道，也不能留下自然的痕迹，它随着声波的振动而发出，随着声波的消失而消失。除非通过外在条件，如别人的片段记忆、录音等做有限的保留。

4. 说话具有个性

每一个人说话的音质、频率、声调都有自己的特点，语言运用水平更是千差万别。这与

先天生理条件、成长环境及后天所接受的教育等因素密切相关，后天可以通过学习、锻炼提高表达质量，但一些个性化的特点不会轻易改变，甚至无法改变。

（三）口头表达的要求

口头表达是一种人与人的面对面交流，使自己的思想能得到准确表达，所说的话使人便于理解、便于接受是它的基本要求。具体来说，应做到以下几点：

1. 清晰

说话清晰是口头表达的第一要务。首先，语言必须标准化。浓重的方言、乡音是口头交流的障碍。除非讲话时特别需要，否则要尽量避免使用土话和俚语，提倡讲普通话。其次，要口齿清楚、字正腔圆。要注意发音的部位、方式和声调正确。原则是让人能听清。再次，要声音洪亮，声波的传递要覆盖现场的所有受话对象，必要时可以借助扩音设备，要求能让人听得见。此外，清晰还有一层含义就是说话的意思要通俗明了，是什么、为什么、怎么样，能让人听得明明白白，绝不能含糊其辞。总之，清晰就是要让人能听清、听懂。

2. 准确

不论是叙事还是说理，任何一件事情，一个看法，都应当严格符合事实或真实情况。说话如果与事物的本来面目有出入，与客观情况不相符，就会降低交流的可信度，甚至导致处事错误。实事求是是准确的基本前提。一个负责任的人，应当言必由衷，经得起实践的检验，经得起时间的考验。所以，说话审慎是不可忽视的，话一出口，覆水难收，君子一言，驷马难追。

3. 恰当

恰如其分而且完整地表达说者的意思是非常重要的。会说话的人绝不会口无遮拦，随心所欲。什么话能说，什么话不能说，什么话说到什么程度，是很有讲究的。这既是一个修养问题，经验问题，也是个素质问题。在现实生活中，被人们形容的所谓"蠢话"、"冒失话"、"不识深浅的话"、"出格的话"、"没有分寸的话"，甚至"胡说八道的话"，的确屡见不鲜。只因为"不过脑"就说出来，不是伤害了别人，就是自己把事情办砸，严重者则祸从口出，惹出麻烦，引起是非。

4. 严密

说话要讲逻辑性，不能结构上违背思维规律，层次上颠三倒四，内容上不知所云，语意上模糊不清，用词上产生歧义。严密有赖于思维缜密，头脑清晰，阅历丰富，思考成熟。所谓头头是道、句句在理、滴水不漏、金口玉言、片言九鼎，都是对慎思谨言的要求。

5. 流利

说话要通顺畅达，做到一气呵成，干净利落，不能吞吞吐吐、断断续续、结结巴巴，让人听得费劲，听得着急。流利不只是表达功能问题，更重要的是思维的连贯性问题，思维"断流"，不免言辞枯竭。因此，口头交流一定要保持思维的活跃和敏锐，不求出口成章，但切忌在交际场上笨嘴拙舌。

6. 口语化

口头语言同样追求"文采"，但有一个原则，要掌握口语的特点：易懂、好听。一方面，说话要避免使用可能产生听觉困难的书面语言。譬如这样一句话，"某某老师为教育事业呕心沥血，其精神令人怅触"。作为书面语言，这样写当然可以，但作为口头语言就应当采用大家都能听懂的表述方法，如"某某老师为教育事业呕心沥血，他的精神让人感动"。另一方面，不要使用不规范的令人摸不着头脑的简约语言。例如，"在抗非典抗禽流感的斗争中，广大村民意志坚强"。"抗非典抗禽流感"是抗击非典型性肺炎和抗击禽流感两大瘟疫的简称，但这种简称是不规范的，无疑会给听众带来理解上的困难。再一个是要善于掌握口语的语法结构和表现手段，以增强口语的表现力。例如这样一句书面语言，"随着一阵马蹄声，一位将军自远而近，只见他马鞭一甩……"在评书中，却成了这样的一个句子，"只听得哒哒哒哒一阵响，叭！一甩马鞭，一位将军来到了眼前……"这里与书面语言的表述方法完全不同，却很生动、形象。

以上这些只是口头语言的基本要求，在此基础上，要进一步追求讲话的生动性、形象性、技巧性，从而提高口头语言的感染力和说服力，使我们的思维活动能通过言语的表达取得最佳效果。

第二节　口头表达的要素

一、口头表达的三要素

口头表达由语言、对象、表情三大要素构成。

语言作为交流思想的工具，它主要是两部分：一个是意义，一个是声音。口头表达就是通过声音揭示事物的内在本质、客观规律以及表达人的主观情感的过程。

对象是表达思想的目标、说话的客体。任何人说话都得有人听，自言自语不叫思想交流，没有对象，就不会发生口头表达，口才也就没有用武之地。对象可以是一个人，也可以是一群人。

表情是面部和身体其他部位，伴随说话发生的面容和姿态变化，并由此展示出说话者内心丰富的思想感情。恰当的表情是增强口头表达感染力不可缺少的组成部分。

这三个要素在进行口头表达时有不同的要求，为了表述方便的同时也为了更能体现口头表达的特性，我们把声音从语言中分开来介绍。

（一）语言

口头语言应当做到平易、丰富，富有感情色彩，同时讲究语序。交际的目的是使要说的内容能准确表情达意，因而在我们说话的时候，首先应当追求让人便于听懂、便于接受，甚至能成为听众的一种享受，在此基础上，能给人有所启迪，有所收获。"与君一席话，胜读十年书"，说的就是这个道理。

1. 平易

说话平易，首先要求采用大众口头语言。一方面如前面说的那样，尽可能不用色彩浓重的方言、土语，避免生僻词。例如，把"打扮"说成"捯饬"，把"打瞌睡"说成"打盹儿"，一般南方人就可能听不明白。另一方面，不能为了显示水平高而把话讲得文绉绉的，或者堆砌名词术语，自以为出口不凡，实乃阳春白雪，曲高和寡。

其次，要尽量用短句子，或者合乎人们说话习惯的层次较少的单一句；避免那些叠床架屋式的、大句子里头套小句的话。譬如这样一句话："关于这个同志的诸如脑子灵活、工作扎实、团结同事等方面的优点都是应该充分肯定的。"不如分成几个短句："这个同志有优点，比如脑子灵活、工作扎实、团结同事等，都应该充分肯定。"这样既朴实自然，又通俗易懂。

再其次，尽可能少用那种书面味道很浓厚的词，如"马上"说成"即刻"，"很好"说成"颇佳"，听起来就不顺耳。再如"世卫专家来我省考察"这样一席话，如果写出来，通过阅读，当然能理解是世界卫生组织的专家来我省考察，但口头说出来就可能听不明白了，尤其是文化层次不高的人，可能听成"侍卫专家"，也可能听成"示威专家"，或"市委来的专家"，无疑令人费解。

还有，用数量词说明事物的大小或者多少时，最好能用常人熟悉的事物比较一下。例如，某地建了一个花园，占地多少亩，再补充一句"有四五个篮球场大"，更容易使人明白。

2. 丰富

使语言表达更加丰富有很多方法。

一是用词不要单调，不要千篇一律。汉语言的词语有很多可以找到它的同义词、近义词、反义词。我们说话时如果充分发挥这一优势，能使语言变得生动有趣。比如"看"这个词的意思，就可以根据不同的需要选用瞧、瞅、观、盯、瞥、瞄、窥、注视、观察等近义词来表达。譬如：

"下面请欣赏魔术：您将看到的是大变活人！瞧，魔术师上来了；一位英俊的男士进入了道具箱，手脚被捆起来了；注意观察，可得盯紧点；魔术师正在发功，大家密切注视是什么结果。哇，太神奇了，男士变成了一位靓丽的小姐！"

如果把带下划线的词全换成"看"字，并非不可以，但语言的趣味性就大打折扣了。

再如这样一句话：

"我们遇事要考虑周详，分个高低，知个深浅，识个好歹，看个方圆，想个远近。"

连用了五个反义词，形成一种起伏之势。

二是引用名言警句、民谚、成语、歇后语，可以使语言更加活泼。例如，"学习要循序渐进，不能投机取巧，欲速则不达，想一口吃个胖子，那只能是幻想，搞不好竹篮打水一场空"。这里用了三句成语，两句俗语，增强了语言的生动性。

3. 感情色彩

口头表达不仅是交流思想，同时也是沟通感情。因此，追求语言的感情色彩，也是不可忽视的。感情色彩不是靠修辞来装饰，而是靠内心的真诚，只有情真意切，交流才能达到预期的目的。例如，邓小平同志说的"作为一个为共产主义事业和国家独立、统一、建设、改革事业奋斗了几十年的老党员和老公民，我的生命是属于党、属于国家的"，"我是中国人民的儿子，我深情地爱着我的祖国和人民"。（《西藏日报》2004年9月18日）这些话听起来朴实无华，却寄托了邓小平同志对祖国、对人民的深厚感情。

4. 语序

语序，是指词语组合的次序。它既反映了一定的语言习惯，又反映了事物间的逻辑关系。语序有时可以决定语义，变更语序后语义会产生很大的变化；有时语序变更后虽不改变语义，但却可以改变语言的表达效果。因此，无论是从语法的、逻辑的还是修辞的角度看，语序的正确安排都是很重要的。

正确安排语序，应注意"四性"：

一是尊重语序的习惯性。词中的语素、词组中的词，其先后次序有许多都必须按约定俗成的习惯排列，否则人们就不易接受。譬如，表达方位时，习惯上称"东西南北"，就不能随意变为"西东北南"。再如说人，三个一群两个一伙，用"三三两两"来形容。但如果把次序倒过来"两两三三"，听起来就很别扭。还有，有些词如"救火"、"救灾"、"抢险"，看上去不合逻辑，却不能纠错，因为通过人们长期的口头流传已成定式。

二是注意事理的逻辑性。语言的次序是客观事物内部规律的反映，因而是安排语序的主要依据。例如："这个宣传片很有教育意义，它能引人深思，促人猛醒，催人奋进。"如果把位置调整一下，"这个宣传片很有教育意义，它能催人奋进，促人猛醒，引人深思"，就不合逻辑了。因为事物的发展过程是由思考到醒悟，再到进步。再如："他天一亮就起床，吃完饭，洗了脸，穿好衣服，出门去了。"这不符合人们的生活习惯，可能有个别人是这样做的，但恐怕是特殊例子。应当按普遍的习惯来表述："他天一亮就起床，穿好衣服，洗了脸，吃完饭，出门去了。"

三是注意语序的强制性。语序既然受语言习惯、事理逻辑的制约，也就具备了强制性。例如，某厂有工人到政府机关上访，信访办的工作人员向领导汇报时说："几个工厂的工人来机关反映奖金不兑现的情况。"这话就有歧义，他的原意是"几个来自工厂的工人"，但听起来却像"几个工厂的工人"都来了，传递给领导的信息比实际情况严重得多。应当把"几个"放在"工人"前面，"工厂的几个工人来机关反映奖金不兑现的情况"。可见类似这种情况不能按照自己的表述习惯说话，而必须严格遵守语序的要求。

四是注意语序的选择性。从局部的和具体的情况看，语序的强制性中又有一定的可选择性，只要不出现语法错误，不改变语义，对词语的位置做一些调整，也可能取得更佳的表达效果。据说曾国藩的部下在给朝廷起草奏折时，说与太平军作战很艰难"屡战屡败"。曾国藩把它的语序调整一下，改成"屡败屡战"。反映的情况是相同的，但意义却大不一样。前者给人的印象是湘军无能，后者却反映出湘军的坚忍不拔。

（二）声音

声音要讲究声调的张弛、急缓、断连和起伏。声调的变化，或是慷慨激昂，如疾风暴雨；或是娓娓道来，如潺潺小溪。它感染听众的情感，撞击听众的心灵，是提高口头表达效果一个非常重要的方面。因此，我们在说话时，就不能不注意声音张弛、急缓、断连和起伏的问题了。

1. 张与弛

较长时间的说话，如演讲、发言、汇报等，要善于运用紧张和松弛的调节，来提高讲话效果。松弛可以使听众精神放松一下，减轻疲劳；紧张可以刺激听众的听觉神经，使听众处于兴奋状态。所以，讲话要做到时而语调和缓如春风拂面，时而情绪高昂如疾风骤雨，有张有弛，张弛结合。

2. 急与缓

急与缓，首先是语言表达的速度问题。说话的速度，反映说话人喜、怒、哀、乐的情绪，而这种情绪又会直接感染听众。一般讲述喜、乐、怒、险的事情，速度应快一些；讲述悲哀、痛苦、艰难、绝望的事情，速度要慢一些。另外，要注意发挥声音特质效用。声音特质包括嗓音的音质、音调、强度和节奏。恰当使用声音特质能加强语言的说服力和感染力。

提高音调和声音强度，或者降低音调和声音强度、放慢节奏等，都能起到强调语言内容的作用。

3. 断与连

书面语言可以通过标点符号和换行，起到辅助表示语意、传达思想的作用。而口头语言只能通过什么地方停顿，停顿时间的长短，来反映说话人语言的意义。所以，讲话时的断与连，对于准确表达思想是十分重要的。有一个故事，古代一个县官，让他的师爷为自己的儿子请个私塾先生，私塾先生对酬金没有异议，只是对伙食提出了要求，他写了一张纸条，让师爷带给县官。纸条是这样写的："无鸡鸭亦可无鱼肉亦可一碟青菜就够了。"师爷拿着纸条回来回话，他把纸条念给县官听："无鸡鸭亦可，无鱼肉亦可，一碟青菜就够了。"县官听了很高兴，就把事情定了。但私塾先生就任以后看到只有蔬菜而没有荤菜，便提出抗议。县官说那是你自己写在纸上的，怎么反过来却有意见呢？私塾先生说："是呀，我写得很明白——无鸡，鸭亦可，无鱼，肉亦可，一碟青菜就够了。"县官一看纸条，实在是无话可说，只好责怪师爷没有说清楚。再譬如讲述一次球赛，有这样一句话，"韩国队赢了中国队战胜了日本队"，就可以作两种理解：

韩国队赢了中国队 ｜ 战胜了日本队。

韩国队赢了 ｜ 中国队战胜了日本队。

上述两例说明，停顿的地方不同，表达的意思会完全不同。其次，说话的停顿，对于表达感情和增强语言表现力起到强调、提示作用。此外，适度的停顿也是调剂听众注意力或观察对方反应的一种技巧。

4. 起与伏

"文似看山不喜平"，是说写文章要有蓄势，跌宕起伏，不宜平淡。讲话也是一样，有疾有徐，有峰有谷，起伏跌宕，高低错落，听起来才有吸引力。讲话的起伏，可以从四方面努力。

一是注意表现技巧，运用设问句、反问句、排比句、对偶句、感叹句、谐音句等来增强表现力。例如：

谁是我们的敌人？谁是我们的朋友？这个问题是革命的首要问题。（设问）

吃要讲营养，穿要讲高档，住要讲宽敞。（排比）

双桥好走，独木难行。（对偶）

文章拟题目，一要立意好，二要字数少，三要构思巧。（谐音）

二是通过声调的变化，增强声音的高低强弱，语气的轻重缓急。

例如这样一句话：

"我代表全校师生员工，向来自祖国各地的莘莘学子，向来自大江南北的新同学，表示最热烈的欢迎和亲切的慰问！"

其语气应当是逐渐加重的，尤其是"表示热烈的欢迎和亲切的慰问"一句，必须提高声调才能体现出激情，并调动听众情绪。

三是通过讲话速度的快慢和缓急加强节奏感，提高表达效果。下面这段话如果用同一种频率和同一种速度说出来，无疑会显得平淡、生硬；如果把前面的话用稍缓的速度说出，从"但是"开始速度逐渐加快，省略号之后再度减缓，其效果肯定不一样。

"他们没有出众的外貌，没有诱人的权力，更没有令人羡慕的家财，但是，他们有一颗真诚的心！他们用真诚把我们带出黑暗，用知识点亮我们的前程；他们以朴实无华的本质指导人，以沉稳扎实的学问吸引人，以亲切和蔼的态度打动人，以诲人不倦的毅力培养人，以默默无闻的精神奉献人……"

"笔尖耕耘桃李地，汗水浇开智慧花"，跨世纪人才如雨后春笋。而他们燃烧的却是自己蜡烛般的生命，从顶燃到底，一直都那么光明绚丽，令人称颂。

四是运用悬念、设置疑问，以及把握内容的语感而突出感情色彩，形成表达过程的波澜。例如：

"五四以来，中国青年们起了什么作用呢？起了某种先锋队的作用，这是全国除开顽固分子以外，一切人都承认的。什么叫作先锋队的作用？就是带头作用，就是站在革命队伍的前头。"

（三）对象

作为表达的对象，即听说话的人，不仅外表上千姿百态，而且内在的接受能力、心理需求、性格特征诸多方面更是差异性很大。同时，不同的条件还会产生不同的心情。因此，说话不仅要注意人的区别，同时要考虑环境、场合和气氛的协调。因人而异，情景交融，语言得体，恰到好处，才能提高交流的效果。

1. 说话对象要注意六个"区别"

一是生与熟的区别。熟人说话相对来讲可以自然一些，随便一些，关系好的开开玩笑还可以制造亲密、活泼的气氛。但不熟悉的人说话就应当委婉些，客气些，语言的表达要注意慎重，有分寸。

二是长与幼的区别。与长辈交流，要有分寸、有耐心，说话彬彬有礼，言辞谦逊恭谨，特别注意不要涉及衰老、死亡、患病一类的话题。与晚辈说话，既不要摆架子，盛气凌人，也不可太随便，有失庄重，有失长辈身份，应能平等相待，平易近人。

三是男与女的区别。说话的确要注意"男女有别"。跟男同志能说的话，跟女同志不一定能说；跟女同志能说的话，跟男同志也不一定能说。譬如，在非正式场合，都是熟悉的男同志，把上厕所方便说得直白一些也无妨。但若有女同志在场，就只能说"对不起，我去趟洗手间"。再如，男女同事同席喝酒，其中某女士申明"身体不适不能喝"，但某男士不肯放过，硬要刨根问底，弄得别人很尴尬。

四是文化层次的区别。和文化程度较高的人说话可以适当使用一些所谓"文词"，用些专业术语也无妨；但与文化程度较低的人说话则要注意通俗浅显，要考虑对方能不能听懂。你对一个只有小学文化程度的人畅谈"诗词歌赋"或者"石墨烯"、"超级电容器"，自然难以沟通。

五是个性特征的区别。人的性格、背景、职业、生理等各有不同，说话时一定要顾及对方的情况，避开别人的短处和弱势，切不可戳人家的伤疤。譬如，我们平时评论自己无拘无束，说"和尚打伞，无法（发）无天"，也许很生动，但如果旁边有一个谢顶的人，一定会以为是讽刺他。有一位班主任，在班上批评一个迷恋网上游戏的学生时说"你父母离婚了，没人管你，你奶奶把你托付给我，你看我为你操多少心！"这样的话会给学生的心灵造成很大的伤害。

六是心情好坏的区别。人的情绪不免有波动，对方心情好时说话容易投机，办事也爽快，心情不好时则容易引起对立，交谈的效果可能适得其反。

2. 说话的场合要考虑三个区别

一是公开和私下的区别。属于公事、涉及群众共同利益的事，要公平、公正、公开，正所谓"背人无好事，好事不背人"。而涉及别人的尊严、缺陷、隐私、秘密，却不可口无遮拦，不顾场合；即使是可以不避开人的事，也要考虑对方的感情和感受。譬如批评人，有时在公开场合下可能引起抵触，而个别交谈却容易沟通。

二是正式和非正式的区别。正式场合对说话的"得体性"要求较高。说什么，怎么说，事先要想好，来得及的话要打好腹稿。把握不大的事和容易引起误解的话，绝不可信口开河，须知"祸从口出"的道理。有的人因为说话不当而挫伤听众的积极性甚至导致对立情绪，效果适得其反者不乏其例。2003年美国发动伊拉克战争后，小布什在回答记者提问时把"这是一场反恐战争"说成"这是一场宗教战争"，触动了阿拉伯世界的敏感神经，后来驻伊美军遇到的麻烦，不能说与小布什的口误没有关系。

三是严肃与活泼的区别。严肃的场合不能说俏皮话，甚至不能用幽默语言；活泼的场合却又不必一本正经，生硬呆板。

3. 说话的环境气氛要注意三个不同

一是喜庆与哀伤的不同。在别人的婚礼上祝贺新人相敬如宾，白头偕老，是令人高兴的。但把话题扯到一些人对婚姻不负责任，把离婚当儿戏，就很是离谱了。参加某人的追悼会，见到一个久违的朋友，当众大谈相见之喜，阔别之情，搂搂抱抱，笑语喧哗，是缺乏修养的表现。

二是热烈与安静的不同。在气氛热烈的场合说话可以声调高一些，节奏快一些，风格豪放一些；而在诸如图书馆、科技馆、博物馆等安静的场所，则应轻声细语，甚至多用体态语言来传情达意。

三是紧张与轻松的不同。在双方争执不下时，说话要冷静；在谈判桌上意见相左时，要能用巧妙的话语打破僵局；在遇到突发事件时，说话要镇定自若，切不可语无伦次而影响别人情绪，贻误大事。

（四）表情

表情要坦诚、自然、表里如一、情为心动。既不可夸张做作，也不能呆板无神，像个冷血动物。

表情是人的一种自然功能，是一种无声的语言。国外一位心理学家曾得出一个惊人的结论：人们全部有效的信息表达中，有55％来自面部表情。实际上表情并不光是来自面部，除了面肌、眼神的变化外，手势、姿势、脚步（如来回走动）等，都能起到传达思想感情的作用。所以，身体的动作又叫体态（态势）语言。

体态语言的运用，应当与说话和谐统一。

1. 表里如一

动作和表情要能准确表达思想活动。一方面要克服心理障碍。有的人本来想说一件很好的事情，但由于胆怯、害怕，说话的时候不知手往哪里放，低着脑袋不敢看人，话未出口脸就红了，说着说着掉下眼泪来。另一方面不能虚伪、做作。假笑、假哭、点头哈腰、假装热情、假装谦虚，这都是对内心活动的一种掩饰，虽然不是演员，却特会演戏。要克服一些习惯性的动作。有的人说话总爱龇牙咧嘴，摇头晃脑；还有的人离别人很近，扶人家的肩膀，拍人家的后背，弄得人家很不自在，甚至令人生厌。

2. 坦诚相待

体态语言的坦然与真诚，能增强交流的生动性和亲切感。

一是要注意目光的运用。在倾听对方说话时，目光要相对集中，既是礼貌的需要，又是自信的表现。但也不能长时间注视对方的眼睛，因为凝视使人感到不自在，容易引起对方的心理防御，妨碍彼此真诚交流。在发表意见时，眼睛要看着对方，目光不可游移不定，否则使人感到难以捉摸，降低自己的影响力。

二是注意形体姿势和空间距离。倾听对方说话时，身体应稍微向前倾，空间距离宜小一些，表示你很关心，很有兴趣；发表意见时，身体应坐端正并稍微向后仰，显得自信；空间距离也要适中，太远给人一种隔阂感，太近则给人一种压抑感。

三是注意手势的运用。说话时适当的手势也能起到强调内容的作用。但要注意两点：一是手势不能太频繁，幅度也不能太大；二是不要摆手。

四是注意头部动作的运用。听对方说话时轻轻点头是表示对对方的赞许，可以获得对方的好感；但不要摇头，即使不同意对方的说法也不能摇头，摇头容易引起对立情绪。

3. 体态恰当

有的人有一些习惯性的肢体动作，而这些动作并不代表其内心活动，但会影响与人交流的效果，甚至会产生副作用、反作用。例如：

摇头晃脑。表示什么事都不同意，什么事都反对；也可能给人的印象是不实在，处事轻浮。

皱眉。表示厌恶、烦恼、否定、担忧。

鼓眼。表示愤怒、仇恨，抑或给人以暴躁、好斗、缺乏修养的印象。

目光斜视。表示不屑一顾、心不在焉，抑或给人挑逗异性、心怀不轨的印象。

捂脸。表示害羞、痛苦，或不接受别人的意见。

晃腿。表示不屑一顾、心不在焉，或轻视别人。

拍肩。表示亲热、鼓励、爱护；但如果对象与场合不合适，就会给人不庄重、不尊重，甚至被骚扰、被侮辱的感觉。

双臂抱胸。表示自信，但也很容易造成自负、傲慢、拒绝、不合作的感觉。

乱打手势。给人印象是说话力不从心，缺乏条理，思维紊乱。

在口头表达的过程中，既要运用体态语言增强感染力和生动性，又要克服不恰当的表情和动作，以追求最佳的表达效果。

第三节　如何提升口才

一、口才的高低，主要取决于以下五个方面

第一，锻炼敏捷的思维和清晰的思路。思维敏捷，来自于人的丰富的知识结构。一个人如果博学多识，阅历丰富，讲话的时候自然会思维活跃，反应敏捷；因为各种知识会使你触类旁通，左右逢源，毫无思维阻塞的感觉。所以要多读书读报，多接触社会实践。思路清

晰，一是来自于对所要讲的事物的熟悉，正所谓世事洞明皆学问，人情练达即文章；二是掌握思维规律，一个人讲话，所要表述的不外乎三个环节：是什么、为什么、怎么样。这两点既在于平时的锻炼，也在于临场发挥能抓住根本，做到万变不离其宗。

第二，掌握足够的词汇量。讲话不论长短，都是由词组成的，一个人掌握的词汇量大，讲起话来就可以选择更准确、生动、鲜明的词语，就不会出现由于词语贫乏而语塞的现象。

词汇量的增加有两点很重要：一是平时阅读时多加留意，可以做点笔记，对不求甚解的词语要及时查阅词典；二是多留意别人说话，从群众语言中吸取营养。

第三，要调整好情绪。情绪对讲话的效果影响很大，一方面，情绪不稳定，诸如胆怯、紧张、害羞等，会直接影响讲话的效果，成功的可能性较低；另一方面，虽然有讲话的临场经验，但情绪调动不起来，缺乏激情，甚至精神萎靡不振，讲话同样不会理想。这里要注意三点：一是讲话前和讲话中都要有充足的自信，要以饱满的热情面对每一次讲话；二是要熟悉讲话的内容，要事先理清思路，并且设计好表达技巧；三是平时要多讲多锻炼，在实践中不断总结经验教训，不断提高自己的口头表达水平。

第四，要把握口头表达的个性。个性首先是指每一个讲话的人，首先要注意逐步形成自己的语言特色和表达特色，这要在表达技巧上和语法结构上下功夫。其次要把握不同口头语体的个性。例如：主题演讲与面对公众的讲话，报告情况与介绍情况，虽然都是口头表达，有相通之处但也都有各自的特点。传递信息的要求和表达思维的方式以及语气、语调等是不一样的。这些将在后面作具体的介绍。

第五，要把握口头表达的特性。口头表达除了要讲清主题，明确表明是什么、为什么、怎么样之外，还应当注意六性：即讲话的目的性、缘由的根据性、观点的明确性、层次的清晰性、语言的生动性、表达的技巧性等。

二、练好口才，还要注意克服一些常见的毛病

一个人要把话说好，说得有水平、有艺术，所谓掷地有声、绕梁三日、回味无穷，的确是要下功夫的。但有的人不能把话说好，却容易把话说坏，或者让人见笑，或者让人厌烦，总之表达的毛病比较突出。所以我们要把话说好，倒不如从克服把话说坏开始，把常见的毛病克服了，对把话说好无疑会取得不可估量的效果。

口语表达十戒：

一戒陈词滥调

陈词滥调就是陈旧而没有新意的话，人云亦云，套话连篇。有首歌叫《都是月亮惹的祸》，本来有些新意，但被人反复套用，什么"都是合同惹的祸"、"都是新球惹的祸"、"都是种子惹的祸"、"都是螺钉惹的祸"、"都是手机惹的祸"……简直俗不可耐。

二戒语义不清

语义不清大多有三个原因：一个是自己不求甚解、概念不清。譬如，有人在讲某地的发展、变化时说，"旧貌变新颜，面目全非"，结果留下了笑柄。另一个是思路不清晰，事先没有把要讲的内容理出头绪来，颠三倒四，不得要领。还有一个就是没有讲究表达技巧，讲话之前没有考虑怎样才能使自己的意思说得更清楚、更明白、更能为听者所理解；或者表述概念和术语时生搬硬套，缺乏深入浅出的表达能力。

三戒啰唆重复

啰唆重复有四种表现：一是事无巨细，不着边际，没有节制地发挥，张口千言，离题万里，十分钟能说完的事，没有半小时甚至一小时下不来。二是重重复复，一个事说一遍又一遍，竟然津津乐道。三是炒现饭，这次说了的事下次又说，再下次还说，别人听过几十遍了，他却念念不忘。四是拖泥带水，同语反复，正如"二郎者，大郎之弟，三郎之兄，老郎之子也""人说树在庙前，吾独谓庙在树后"之胡言，古人讽刺的这种现象在现实生活中并不少见，说"夹生饭"式的废话不乏其人。

四戒咬文嚼字

有的人讲话故作高深，卖弄自己的功底，爱用一些半文半白的、生僻的，或者专业性过强的词语唬人，来显示自己的本事，炫耀自己的层次，结果活脱脱一个孔乙己，满口之乎者也，教人半懂不懂的，效果适得其反，听众产生逆反心理，或者嗤之以鼻，或者充耳不闻。

五戒字词错误

一个人在讲话之前，对一些读音和表意没有把握的字、词，要翻阅字典、词典。如果在讲话时出现错字、别字、白字，其后果不仅影响听众情绪，令人倒胃，情况严重时，听众的注意力完全转移，讲话的主要内容被错误的字、词所抵消。诸如把"抚恤金"说成"抚血金"，把"酗酒"说成"凶酒"，把"蜕变"说成"脱变"，把"掣肘"说成"制肘"，把"披荆斩棘"说成"披荆斩刺"，把"高屋建瓴"说成"高屋建瓦"等。

六戒言不由衷

说话要言为心声，不能小和尚念经，有口无心。有一则笑话：某人求友办事未遇，便在友人家等候。忽一老鼠窜出打翻油瓶，其衣服被溅污。正恼火间，主人归，其反赔笑道："敝人在此恭候尊友，因一时疏忽，惊动尊鼠，尊鼠慌急之下撞翻油瓶，造成损失，抱歉之至。"这当然是虚构的故事，但正好讽刺了那些表里不一、虚情假意的人。

七戒油腔滑调

讲话提倡幽默生动，但不能以庸俗的语言取悦听众；口齿伶俐但不能巧舌如簧、哗众取宠；特别是不要讲脏话痞话，借助辅助手段时不能摇头晃脑。否则，必然给人留下轻浮、粗俗、低级趣味、缺乏教养的不良印象。

八戒语无伦次

讲话如果颠三倒四，东一榔头西一棒子，前言不搭后语，就容易把听话的人搞糊涂。克服这种毛病主要是做好两条：一是事情要一件一件地说，一件事没有说完不说另外一件事；二是即便说的是一件事，也要分清主次，分出先后，确定先说什么后说什么，做到有条不紊。

九戒不得要领

不得要领就是脱离了讲话目的，抓不住中心。一般来说讲话都有一个动机，或赞扬人或批评人，或鼓动人或说服人。讲话的过程实际上是从动机到目的的语言组织过程，在这个过程中，说话的人心里要有一根主线，并能紧紧扣住，不要枝蔓横生；另一方面，从口里出来的话句句都是为动机和目的服务的，要把话说到点子上，做到表意集中，纲举目张。

十戒咄咄逼人

说话要想达到自己的目的，首先要考虑让别人愿意接受，因而很重要的一条就是说话要"中听"。不论是在劝说、批评人的时候，还是发生争论的时候，都应以理服人，以诚感人，谦逊耐心。切不可语言尖酸刻薄，语气盛气凌人。既要奉行"有理走遍天下，无理寸步难行"的准则，又不可得理不饶人，逼人太甚，这也是口头表达中需要时刻注意的问题。

思考题

1. 什么是口才？练好口才有哪些意义？

2. 口头语言与书面语言有何区别？

3. 结合实例，谈谈你对口头表达的各种要素的理解。

4. 你在口头表达方面存在哪些毛病，准备如何克服？

第二章 演 讲

第一节 演讲综述

一、演讲的含义

善于演讲是好口才的重要标志，也是 21 世纪优秀人才的必备素质之一。习惯上我们把演讲又称作讲演或演说，一般是指在公众场所，以有声语言为主要手段，以体态语言为辅助手段，针对某个具体问题，鲜明、完整地发表自己的见解和主张，阐明事理或抒发情感，进行宣传鼓动的一种语言交际活动。

通俗地说，演讲就是演讲者在特定的场合（比如：庆祝活动、纪念活动、就职演说或专门的主题演讲会等）面对特定的听众，就某一方面的问题，用慷慨激昂的语言充分阐明自己的认识、观点和见解的口头表达行为。它以宣传、鼓动或引导听众的思想情感为目的。

二、演讲的分类

演讲，从动机看，有说服人的演讲、鼓动人的演讲、激励人的演讲；从方式看，有照读式演讲、背诵式演讲、提纲式演讲，即兴式演讲；从内容看，有政治、经济、教育、军事、宗教等几方面，常见的有竞聘演讲、就职演讲、销售演讲、学术演讲等。

所谓"说服人"，就是通过阐明道理去引导听众的思想，影响听众的观点和信念，让听众信服和接受自己的见解。这种演讲的特点是以道理启迪人。

所谓"鼓动人"，就是通过演讲者的宣传提倡，去影响听众的行为举止，使听众明白什么事自己应该去做，义不容辞、责无旁贷。使人产生为某种理想、事业的实现而有所作为的欲望。这种演讲的特点是以感情打动人。

所谓"激励人"，就是通过感人的事理、真诚的情感与听众沟通，给人以希望和力量，激发斗志，振作精神，摒弃假丑恶，追求真善美，使人放眼未来，朝着一种健康的目标前进。这种演讲的特点是以能量传导人。

不同形式的演讲，难易程度有天壤之别。

照读式演讲，亦称读稿式演讲。演讲者拿着事先写好的演讲稿，走上讲台，逐字逐句地向听众宣读一遍。其内容经过慎重考虑，语言经过反复推敲，结构经过精心安排，话讲得郑重。它比较适合于在重要而严肃的场合运用，如大会报告、纪念重大节日的领导讲话、国家重要机关发布的声明等。它的缺点是照本宣科，影响演讲者与听众之间思想感情交流。

背诵式演讲，亦称脱稿演讲。演讲者事先写好演讲稿，反复照背，背熟后上讲台，脱稿向听众演讲。这种演讲方式比较适合于演讲比赛和初学演讲者，可以在一定程度上检验和培养演讲者的演讲能力。其缺点是不便于演讲者临场发挥，使听众觉得矫揉造作，一旦忘词儿，就难以继续，往往要当场出丑。据说，英国首相丘吉尔曾有一次因背不出讲稿而栽倒在讲台上。所以，运用这种演讲方式，必须做好充分准备，语言尽量口语化，表达自然，切忌表演的痕迹。

提纲式演讲，亦称提示式演讲。演讲者只把演讲的主要内容和层次结构，按照提纲形式写出来，借助它进行演讲，而不必一字一句写成演讲稿，其特点是能避免照读式演讲和背诵式演讲与听众思想感情缺乏交流的不足——演讲者根据几条原则性的提纲进行演讲，比较灵活，便于临场发挥，真实感强，又具有照读式演讲和背诵式演讲的长处——事先对演讲的内容有充分准备，可以有一定的时间收集材料，考虑好演讲要点和论证方法，但不要求写出全文，而是提纲挈领地把整个演讲的主要观点、论据、结构层次等用简练的句子排列出来，作为演讲时的提示，靠它开启思路。这是初学演讲者进一步提高演讲水平的行之有效的一种演讲方式。

即兴式演讲。演讲者预先没有充分准备而临场发挥所发表的演讲，它是一种难度最大、要求最高、效果最佳的演讲方式，它要求演讲者根据现场实际情况，针对听众的普遍心理和特别需要，灵活机动，迅速调动语言的一切积极因素，以滔滔不绝的悬河之口、生动直观的体态语言以及发自肺腑的情感表达，给听众带来强烈的视觉冲击和巨大的心灵震撼，这是其他各种演讲方式都无法比拟的。使用此种演讲方式需要演讲者在德、才、学、识、胆等诸方面具有很高的修养，拥有非凡的记忆力、丰富的想象力、敏捷的思维能力、大量的语言和材料储备……如果不具备这些条件，即便使用这种演讲方式，也不会取得理想的效果。相反，往往还会出现信口开河、漫无边际、逻辑混乱、漏洞百出的现象，结果适得其反。虽然如此，每个演讲者都应将其作为努力的方向和终极目标，争取掌握这种演讲方式。相信只要下苦功，肯定是会学到手的。

为帮助大家提高口才，我们将在接下来的章节中分别就即兴演讲、竞聘演讲和销售演讲做详细阐述。

第二节　演讲稿的撰写

一、演讲稿的特点

演讲稿是为了演讲而准备的书面文稿或腹稿。它是演讲的基础。实际上，书面文稿最终应变成腹稿，因为带着一摞稿纸到台上去念，演讲的效果无疑会大打折扣。

演讲稿除了具有议论文观点的鲜明性、表述的逻辑性等共性特点外，它还有其自身的特殊要求。

（一）讲题的针对性

讲题，就是演讲要阐明的中心问题。有了讲题，演讲稿就有了"灵魂"，演讲就有了明确的目的。演讲者虽然在台上占有主导地位，但演讲的内容是受听众制约的，如果只凭自己的好恶，想讲什么就讲什么，这样的演讲是很难成功的。一次成功的演讲，关键在于讲题的针对性。讲哪方面的问题，讲什么样的主题，要有明确的目的，要有的放矢。

讲题的"针对性"主要从三个方面考虑：

一是讲题应是听众最关心或是当时社会最热门的话题。演讲与做报告的最大区别在于，做报告可以"灌输"，而演讲则不能与听众的兴趣风马牛不相及，应当紧扣听众的关心点，直面现实，"借题发挥"。因此，演讲之前要做的一件非常重要的事就是了解听众的关心点。

二是讲题要与演讲的具体场合、环境和气氛相协调。例如，同是毕业晚会，面对一批工作已经落实、情绪高昂的毕业生，与面对一批就业困难、情绪消沉的毕业生，讲题肯定是不一样的。

三是讲题要与听众的具体情况相适应。要提前了解听众的社会背景、文化背景、受教育程度、身份、年龄、民族、信仰等，进而决定该讲什么，不该讲什么。

（二）内容的可听性

提高演讲的可听性，关键是在内容上要做到"三新"，即观点新、材料新、语言新。

一是观点新。就是对事物的理解、对问题的看法，要有与众不同的认识，有自己独到的见解，或者能找到不同的观察点、不同的思维角度。譬如，"天下兴亡，匹夫有责"这样一句格言，很多人用来作为自勉和励人的信条，但台湾一所学校的校长高震东却提出"天下兴亡，匹夫有责"等于大家无责。"匹夫有责"要改成"我的责任"。这是一个逆传统的见解，不能说没有道理。文学大师王瑶先生评价鲁迅是真正的知识分子，"什么是知识分子？他首先要有知识，其次他是'分子'，有独立性"。这是对事物深入研究得出的认识，让人耳目一新。

二是材料新。就是演讲中引用的事例，一是新鲜，二是有新意。像爱国学者钱学森、人民公仆孔繁森、贪官污吏王宝森之类的大众式的材料是很难达到预期效果的。只有多数人没有听到过或者很少听到过的事例，才是新鲜的。这要靠平时广泛涉猎，善于积累。另外，事例虽然是大家熟悉的，但如果反映出来的意义与众不同，或者换一个角度理解，也可能挖出新意来。某报载：2002年四川某化工厂一工人不慎栽进100℃高温的碱水池，王某凭着逃生的信念，奋力挣扎两分钟后终于保住了性命。记者的主旨在于探究人的应急潜力。后有人提出了相反的观点，认为把一场恶性工伤事故从残忍的角度来报道，显示了记者法制观念的淡薄和缺少应有的人道主义精神及保护弱势群体的意识；并对企业的安全生产标准提出了质疑。应当说后者对材料实质的把握是准确的。

三是语言新。就是演讲的词语要有感染力，或愉悦或煽情或震撼，能引起听众心灵的共鸣，给人以美的享受。

第一，能把抽象的道理形象化。而不是像议论文那样诠释概念，像说明文那样介绍定义。例如，要告诉听众什么是"友谊"，可以用这样的话说"友谊是黑暗中一缕不灭的灯光，是长途跋涉时紧紧相随的拐杖，是彷徨时十字路口伫立的路标，是泥泞中一只搀扶的手，是成功时一杯苦涩的清醒剂，是绝望时沙漠中的一片绿洲……"

第二，能把具体的事物理性化。就是把生活中平凡的事物上升到一定高度，使之具有智慧的理性。例如，说怎么做人，"我们要做一个高尚的人，一个纯粹的人，一个脱离了低级趣味的人，一个有益于人民的人。我们要做一个有理想、有道德、有文化、有纪律的人。我们要做高瞻远瞩、肩负民族大任、振兴祖国未来的社会主义事业接班人！"

上述两点可以看出演讲语言的特点：即抽象的道理必须形象化而不应概念化，具体的事物必须理性化而不应感性化。

第三，能充分调动大脑语言库中的资料。每一个人的记忆中都可能存在大量的语言信息，如名言、民谚、格言等，以及多种多样的修辞技巧。要想语如源开、言如泉涌，关键是要有激情，要使自己的思维处于兴奋状态，这样才能找到开启语言库的钥匙。

（三）表达的鼓动性

演讲的鼓动性有赖于严密的逻辑性、说理的充分性和情感的丰富性。只有逻辑上严谨周密，才能使人信服，达到引导思想、启迪心智的目的。说理的充分首先要求作者对自己的见解、观点充满自信。它不像议论文那样通过推理加以论证，而是通过生动的事例来说明道理，因而要求有根有据，说服力强。丰富的情感是演讲以情动人的基本要求。要使听众激动一分，就必须演讲者自己激动十分。从某种意义上说，演讲稿是用感情写出来的，更是用激情、汗水和泪水写出来的。因此，要想写好演讲稿，必须先调动自己的感情，特别是激情。

二、确定讲题

每一次演讲，都应当有一个中心问题。对演讲的中心问题的确定，除前面讲到的有关针对性之外，还要考虑三点：

一是要与时代精神合拍。要从高处着眼，既要反映当前形势的主流，又要蕴含事物发展的前景。把握时代脉搏，显示时代气息。

二是选择一个角度。一般要把大题目变小，做到小中见大。比如："热爱祖国"的题目很大，而"我是中国人"不仅题目比前者小，角度比较新，也容易展开。

三是讲题要单一。不能一篇演讲稿有几个中心问题，中心多了反而会讲不透。

三、演讲稿的写法

演讲稿的写作，关键是开头、主体、结尾三个部分。

（一）开头

演讲稿的开头，也就是人们常说的"开场白"。开场白开得好不好，直接关系到整场演讲的成败。一般开场白既要求开门见山，张口切题，同时又要能出言不凡。在上台的瞬间，控制住听众的情绪，吸引住听众的注意力，起到"镇场"的作用。

因此，只有匠心独运的开场白，睿智、新颖的诉求，才能给听众留下美好的第一印象，从而为接下来的演讲做好铺垫。

常见的开场白有：

1. 反弹琵琶，出人意表

譬如，某班主任在欢送毕业生的晚会上致词："我原来想祝福大家一帆风顺，但仔细一想，这样说不恰当。"这句话一下就把大家镇住了，同学们屏声静气地听下去——"说人生一帆风顺就如同祝某人万寿无疆一样，是一个美丽而又空洞的谎言。人生漫漫，必然会遇到许多艰难困苦，比如……"最后得出结论："一帆风不顺的人生才是真实的人生，在逆风险浪中拼搏的人生才是最辉煌的人生。祝大家奋力拼搏，在坎坷的征程中，用坚实有力的步伐走向美好的未来！"真是反弹琵琶，扣人心弦。

2. 风趣自嘲，幽默铺路

老作家萧军在一次作家代表大会上演讲，第一句话就是："我叫萧军，是一个出土文物。"幽默中带着沉重，自嘲时留下疑问，引人深思。胡适在一次演讲时这样开头："我今天不是来向诸君做报告的，我是来'胡说'的，因为我姓胡。"话音刚落，听众大笑。这个开场白既体现了演讲者的谦逊，又活跃了场上气氛，拉近了与听众的距离。

3. 借题发挥，巧妙过渡

以眼前的人、事、景为话题，引出讲题，把听众不知不觉地引入演讲之中。譬如说在教师节庆祝大会上，那天恰好天气阴沉沉的，你不妨这样开头："今天天气不太好，阴沉昏暗，但我们却在这里看到了一片光明。"接着转入讲题，讴歌教师燃烧自己照亮他人的奉献精神，为人类的未来缔造光明。

4. 引述故事，顺水推舟

用形象性的语言讲述一个故事作为开场白会引起听众的莫大兴趣。但选择故事一定要短小，有意味，能发人深思，并且紧扣讲题。

1962 年，82 岁高龄的麦克阿瑟回到母校——西点军校。一草一木，令他眷恋不已，浮想联翩，仿佛又回到了青春时代。在授勋仪式上，即席发表演讲，他这样开的头："今天早上，我走出旅馆的时候，看门人问道：'将军，你上哪儿去？'一听说我到西点时，他说：'那可是个好地方，您从前去过吗？'"这个故事情节极为简单，叙述也朴实无华，但饱含的感情却是深沉的、丰富的。它说明了西点军校在人们心中非同寻常的地位，从而唤起听众强烈的自豪感，也表达了麦克阿瑟对母校深深的眷恋之情。接着，麦克阿瑟不露痕迹地过渡到"责任——荣誉——国家"这个主题上来，水到渠成、自然贴切。

5. 运用设问，引人入胜

1947 年 8 月，著名女革命家蔡畅在一次演讲中是这样开头的："一个女人能干什么呢？我的回答是：'能干，什么也能干，不干，什么也不能干，能干又不能干，不能干又能干。'"这个开头富有哲理，一下子就吸引了听众，让人感觉非听下去不可。接着她释疑解惑"要确定女人是否能干，既要看环境，又要看个人努力。环境恶劣，即使个人非常努力，也不能干。环境好，自己不努力，只靠人家解放，那就什么也不能干"。

演讲稿的开头方法很多，如用悬念吸引听众，用设问制造气氛，用比喻描绘形象，用修辞抒发感情，用哲理表明观点等。采用何种方法一般应服从讲题和场合的需要。

开场白有两点应当特别注意：首先要用简短的语言与听众沟通感情，拉近与听众的思想距离，排除听众的不在乎心理甚至逆反心理，增强听众的信任感和亲近感。紧接着要告诉听众演讲的主题或演讲哪方面的问题。切不可堆砌闲话，更不可故弄玄虚。例如，鲁迅的《无声的中国》的开头："以我这样没有什么可听的无聊的讲演，又在这样大雨的时候，竟还有这许多来听的诸君，我首先应当声明我的郑重的感谢。我现在所讲的题目是：无声的中国。"不仅亲切感人，意图明确，而且对要讲的内容又设了一个悬念。

（二）主体部分

1. 主体部分的层次安排

对于初学写演讲稿的人，不妨分五步走：

第一步，先确定一个讲题。

第二步，找三五个新鲜的事例（即我们所说的材料），或更多一些，以供选择。

第三步，对事例进行分析，看它能反映出什么意义，对自己要讲的事情有多大的作用。

要注意的是，每一个事例的意义应当不同，但又都要符合讲题的要求。

第四步，把选中的事例的思想含义标出来，然后按照提纲进行排列。

第五步，完成演讲稿。

从表面上看，演讲稿有一个中心讲题，然后围绕中心讲题从不同的侧面来阐述自己的认识，很有些议论文的味道。但是，它与议论文不能相提并论，在写法上完全不是一回事。演讲是一种感慨的抒发，它通过叙事、抒情、描写、议论、说明等多种方式，来表达演讲者的主张和思路；它不是靠逻辑的论证和推理说明问题，而是用生动形象的、有感染力的、鲜为人知的事例烘托出演讲者对事物的认识、理解，进而达到思想的升华。

2005 年 4 月，前国民党主席连战在北大作了一次演讲，看看他的演讲的基本思路。

讲题：坚持和平，走向双赢。

材料 1：北大，母亲的学校。中国现代新思潮的发源地。引出题意："循思想自由的原则，取兼容并包之意"。

材料 2：我的母校台湾大学，与北大的关系。引出题意："自由的思想"，"系出同源"。

材料 3：回顾中国近百年以来整个思想的发展。引出题意："自由主义思想在中国的坎坷，自由主义所代表的一个深刻理念"。

材料 4：对中国的未来的思考。点明讲题"坚持和平，走向双赢"。

主张：两岸的对话与和解，大家的相互合作。指出合作具备的条件：国共两党都以中国的富强、康乐为目标；邓小平、蒋经国促进了经济和民主；民心所向，应当多元包容。

结论：互惠双赢，坚持和平，是我们的历史责任。

纵观通篇演讲，连战先生紧紧扣住一个基本理念：坚持和平，走向双赢要以多元包容的"自由思想"为基础。我们不去评价其局限性或进步性，单从演讲的结构看，是有借鉴意义的。

2. 主体部分写作应注意的问题

一是紧扣讲题，和谐完美地组织观点和材料，使二者结合得不露痕迹。如果观点归观点，材料归材料，演讲起来零散、繁杂，就会使人感到生硬僵化。听众就不可能留下深刻印象，也就难以实现演讲的目的。

在组织观点和材料的时候，要注意段与段之间的巧妙过渡，句与句之间的紧密衔接。衔接是指把演讲中的各个内容层次联结起来，使之具有浑然一体的整体感。由于演讲的节奏需要适时地变换演讲内容，因而也就容易使演讲稿的结构显得零散。衔接是对结构松紧、疏密的一种弥补。它使各个内容层次的变换更为巧妙和自然，使演讲稿富于整体感，有助于演讲主题深入人心。

二是跌宕起伏，张弛有度，富有节奏。演讲稿切忌平铺直叙，要写得时而如疾风骤雨，时而如缓缓细流。通过抑扬顿挫的表述，环环相扣，层层深入，紧紧抓住听众。演讲稿结构上的节奏，主要是通过演讲内容的变换来实现的。演讲内容的变换，是在一个由中心讲题统领的内容中，适当地插入幽默、诗文、逸事等内容，以便听众的注意力既保持高度集中而又不因为高度集中而产生兴奋性抑制。优秀的演说家几乎没有一个不长于使用这种方法。演讲的节奏既要鲜明，又要适度。平铺直叙，呆板沉闷，固然会使听众紧张疲劳，而内容变换过于频繁，也会造成听众注意力涣散。所以，插入的内容应该为实现演讲意图服务，而节奏变换的频率也应该根据听众的心理特征来确定。

三是层次一定要清晰。层次是演讲稿思想内容的表现次序。它体现演讲者思路展开的步骤，也反映了演讲者对客观事物的认识过程。演讲稿结构的层次是根据演讲的时空特点对演讲材料加以选取和组合而形成的。由于演讲是直接面对听众的活动，所以演讲稿的结构层次是听众无法凭借视觉加以把握的，而听觉对层次的把握又要受限于演讲的时间。

怎样才能使演讲稿结构的层次清晰呢？根据听众以听觉把握层次的特点，显示演讲稿结构层次的基本方法就是在演讲中树立明显的有声语言标志，以此适时诉之于听众的听觉，从而获得层次清晰的效果。此外，过渡句和设问的运用，也是使层次清晰的有效方法。

（三）结尾部分

结尾要简洁有力，余音绕梁。结尾是演讲内容的自然收束。言简意赅、余音绕梁的结尾能够使听众精神振奋，并促使听众不断地思考和回味；而松散疲沓、枯燥无味的结尾则只能使听众感到厌倦，并随着事过境迁而被遗忘。怎样才能给听众留下深刻的印象呢？美国作家约翰·沃尔夫说："演讲最好在听众兴趣到高潮时果断收缩，未尽时戛然而止。"这是演讲稿结尾最为有效的方法。在演讲处于高潮的时候，听众大脑皮层高度兴奋，注意力和情绪都由此而达到最佳状态，如果在这种状态中突然收束演讲，那么保留在听众大脑中的最后印象就会特别深刻。

四、演讲稿写作的要求

（一）要讲真话，摆真事，抒真情，传真理

讲真话，就是演讲稿的内容要如实反映现实生活，敢于触及实际中的敏感问题，不回避矛盾，不搞"假、大、空"，不说违心话，不哗众取宠。

摆真事，就是列举的事例是实际生活中确实存在的，而且准确、客观、公正，不凭空编造，不加工拔高。引述的理论依据和间接材料要有根有据，不断章取义，要忠实于原意或原貌。

抒真情，就是演讲稿要以真诚的热情之火使听众激动。真情来自于演讲者爱憎分明的情感。整篇演讲既要有鞭辟入里的分析，富有哲理的概括，又要有热情的鼓动，感人的抒情。既有所怒，又有所喜；既有所憎，又有所爱。入情入理，情理交融。

传真理，就是要宣传马列主义、毛泽东思想和邓小平理论，宣传党的路线、方针、政策。坚持用历史唯物主义和辩证唯物主义观察、分析和解决问题。

（二）要言之有理，言之有物，言之有序，言之有文

言之有理，就是演讲者所说的是有道理的，是可信的。向听众阐发某种道理是演讲稿写作的根本目的，如果通篇都是些空洞的口号，演讲就没有意义，只会浪费听众的时间。因此，把道理说充分，是演讲稿写作时要特别注意的。但演讲稿主要不是用道理说服听众，而是要用道理启迪听众。

言之有物，就是道理的阐发是以材料来支撑的，演讲是通过对材料的评价阐发作者见解。只有材料本身具有说服力，道理才会有说服力。如果演讲缺乏应有的材料，空洞无物，就只能是干巴巴的说教，收不到好的效果。

言之有序，就是要思路清晰，层次分明，结构的逻辑性强。演讲稿写好之后最终要用嘴说出来，如果言而无序，听众就难以把握，理解不了你所表达的意思，甚至感到困惑，也就

听不下去。

言之有文，就是语言要生动活泼，富有文采。能把抽象的东西具体化，概念的东西形象化。既通俗易懂，可听性强，又有声有色，给听众留下美好印象。

（三）要举新鲜之例，用典型之材，说感人之事

例、材、事，是指出现在演讲稿中的材料、事例。

新鲜，就是列举的事例是别人很少用过，甚至没有用过的。这要靠平时多收集、多积累；或者虽然别人用过，但作者能赋予它新的含义。这要善于挖掘材料的意义。新鲜的事例才能提炼出新颖的主题，才能带给听众耳目一新的感受。这是演讲稿具有吸引力的一个重要条件。

典型，就是用于说明问题的材料的代表性最强，最有分量，能以一当十。用到演讲稿中的材料，要注意比较，做到百里挑一，优中选优。典型的材料不仅说服力强，而且能增强演讲的气势，避免冗长。

感人，就是叙述的事情要能感染、打动听众。没有感人的事例，就说不出感人的道理。另外，作者在写作和演讲时，都要投入真挚的感情，没有真挚的感情，就不能调动听众的情绪，引起听众的共鸣。

【案例】

我是中国人

同学们：

今天，能有幸在国旗下演讲，我感到无比自豪！这种自豪感之所以油然而生，不是因为别的，而是因为我是中国人！

历史，凝结了华夏古国五千年的奋斗和希望，也积淀给炎黄子孙太多的沉重与屈辱。但是，"儿不嫌母丑"，爱国将领吉鸿昌就不以祖国贫穷落后为耻。1931 年他在美国纽约遭到邮局职员冷遇后，竟自制了一块小木牌，上面书写着"我是中国人"五个大字，无论赴宴还是参观，都佩戴在胸前。闻名世界的大科学家钱学森，20 世纪 40 年代就担任美国空军科学顾问团火箭组主任，但仍然每时每刻都没有忘记为贫穷落后的祖国效力，他对朋友们说："我是中国人，我的事业在中国，我的成就在中国，我的归宿在中国。"

就是这样一大批高喊着"我是中国人"、高唱着"把我们的血肉，筑成我们新的长城"的志士仁人们，是他们的呕心沥血、舍生忘死、前赴后继、勇往直前，使得中华民族在炼狱之火的磨难里，在新生的腾飞的追求中，迎着世界激荡的风云，终于昂起了坚强的头颅！看吧，这面鲜艳的五星红旗可以作证，她象征着革命，象征着胜利，象征着团结，象征着奋进，象征着我们中华民族的扬眉吐气！难怪北京女中学生梁帆 1990 年 5 月应邀去荷兰参加联谊活动时，看见高悬在宾馆门前的 50 多个国家的国旗中没有五星红旗时，立即对外国人说："一定要升起中国国旗，因为我在这儿，我是中国人！"

"我是中国人。"这句极为朴实、极其平常的话语，却又是多么的含义深刻、铿锵有力！它是民族自尊的真实写照，它是民族自强的真情流露，它是民族自爱的高度概括，它是民族自信的生动体现！它是我们中华民族最美的语言，它是我们中华民族最强的音符！

同学们，引以为自豪吧，因为我们都是中国人。为了21世纪中华民族的腾飞，让我们无比自豪地面对五星红旗宣誓吧，让我们发自内心地高声呼喊吧：我是中国人！我是中国人！！我是中国人！！！

谢谢！

（王广清《学生演讲稿写作指要及构思示范》《应用写作文体》2001年第5期）

第三节 即兴演讲

一、即兴演讲的含义和特点

即兴演讲是常规演讲的一种。区别在于：演讲者是在没有准备或没有充分准备的情况下，面对一定范围的听众，应会议（也可以是某种活动、某种仪式）主持人的要求，或者自己感受所至的一种临时性表达行为。

即兴演讲有三个特点：

一是即时性。与会之前没有准备或者没有充分准备，也就是说事先并没有讲话的打算，全靠演讲者临场发挥和快速反应。

二是制约性。演讲的讲题受到活动主题的制约，也就是说不能离题发挥。

三是简短性。因为即兴演讲只是某一活动程序的一部分，甚至只是一个插曲，所以演讲的时间宜短不宜长，一般要在几分钟之内结束。

凡是参加集体性社交活动的人，都有可能碰上即兴演讲的机会。因此，学会即兴演讲的技巧是十分有意义的，它是一个人观察能力、应变能力、分析能力、思维能力和表达能力的综合反映。学会即兴演讲并不难，只要掌握了技巧，有说话的勇气，经过一定的锻炼，就能提高即兴演讲的水平。

二、即兴演讲的四个部分

（一）称谓

就是向与会者或参加活动的人打招呼。这既是表示礼貌，也是"镇场"的开始，暗示大家我要演讲了。因此，这种打招呼的声音要洪亮，要有一点突发性。

（二）开头语

开头的话要能引起听众的兴趣，不可平铺直叙，要做到语出惊人，先声夺人。其方法很多，如：

一是谈古论今。例如，毕业生晚会，班主任即兴演讲的开头："孔夫子很悲哀，弟子三千，贤人七十二。我呢？四十八个人带了四年，个个都是贤人，所以我很幸运，很自豪。"对比中实际是赞扬自己的学生，使听众在慰藉中倾听下文。

二是借景生情。例如，国民党主席连战2005年4月29日在北大的演讲的开头："……我的母亲三十年代在这里念书，所以今天来到这里可以说是倍感亲切。……台湾的媒体说我今天回母校，母亲的学校。这是一个非常正确的报道。"情真意切，而且富有幽默感。

三是突出题意。例如，校长跟学生讲遵纪守法，这样开头："我作为校长，你们应不应当服从我？不，我不要你们服从我，我要你们服从法律、服从纪律。"通过设问，同时造成悬念，从而把题意突出出来。

四是借题发挥。例如，"刚才这位先生关于交通安全问题有独到的见解，我想列几个数字证明这个问题的严重性。大家不要以为我说得骇人听闻，这些数字却是完全真实的。"虽然是借话说话，却又暗示了自己讲话的分量。

开场白有两项任务：一是"建立说者与听者的同感"；二是"打开场面，引入正题"。因此，几句短短的开场白就要开门见山，单刀直入，直截了当地导出讲题，拐弯抹角绕圈子是令人生厌的。

即兴演讲与常规演讲、竞聘演讲一样，开头要讲究艺术，而方法则多种多样，讲得多了自然熟能生巧。

（三）主体部分

主体部分一般讲三个层次。

第一层，向听众交代"你们为什么要听我的演讲"。也就是告诉听众我为什么要讲这个问题，它的重要性在哪里。演讲时要求准确、鲜明、毫不含糊地摆出自己的观点。例如，谈社会道德问题，你应该把听众摆进去，使之与你同步振荡，使其动情动魄。听众只有明了他们同你讲话主题的利害关系，才会集中注意力捕捉你发言的主旨。

第二层，举例予以证明。就是用形象的事例阐发讲题，以激起听众的兴趣，有助于理解意图，深化记忆。这里要注意三点：

一是举例一定要新鲜，能愉悦人们的听觉，而不是人们非常熟悉的那种事情。例如，用"中国古时候有个文学家叫做司马迁的说过：'人固有一死，或重于泰山，或轻于鸿毛。'"的典故，引出"为人民利益而死，就比泰山还重；替法西斯卖力，替剥削人民和压迫人民的人去死，就比鸿毛还轻"的道理来，不仅让人耳目一新，而且事与理之间顺水推舟，很有说服力。

二是所举的例子必须与你的讲题有密切的关系，对你的讲题能起到证明作用，例如，"你说的办法对人民有好处，我们就照你的办。'精兵简政'这一条意见，就是党外人士李鼎铭先生提出来的；他提得好，对人民有好处，我们就采用了。"（毛泽东《为人民服务》）观点和事例得到了和谐的统一。

三是举例应该简洁明快，不要拖泥带水，东一榔头，西一棒子。上述毛泽东的《为人民服务》中的两例，既简洁明快，又让人一听就懂，这种举例方法是很高明的，是值得学习的。

第三层，告诉听众应该怎么办，也就是提出解决问题的办法。这是演讲的归宿。如果你讲了半天，听众得不到任何启示，那必然是失败的。"怎么办"言不在多，但要合情合理。譬如说，"今后我们的队伍里，不管死了谁，不管是炊事员，是战士，只要他是做过一些有益的工作的，我们都要给他送葬，开追悼会。这要成为一个制度。这个方法也要介绍到老百姓那里去。村上的人死了，开个追悼会。用这样的方法，寄托我们的哀思，使整个人民团结起来。"（毛泽东《为人民服务》）这可是改变几千年丧葬陋习的好办法，是合情合理的。

（四）结尾部分

即兴演讲的结尾恰恰要求不留尾巴，最好在达到高潮时戛然而止，回答了"怎么办"，演讲的任务完成了，目的达到了，话也到此为止了。这样必会强化听众的印象，使之有回味的余地。

三、如何应对即兴演讲

即兴演讲具有突然性，演讲的效果如何，全凭快速反应。当然"突然性"也不是绝对的，一般在会议或活动开始之前主持人会跟你打招呼，你仍然会有一个很短时间的打腹稿的机会。在短时间内你要确定五个问题：一是我讲什么；二是我怎么开口；三是我为什么要讲这个问题；四是我用什么事例说明；五是这个问题怎么解决。我们可以进一步简化为：讲什么——开口——为什么——举例——怎么办。

讲什么，就是要赶快确定要讲什么问题，也就是确定话题。话题的确定有三条原则：一是自己熟悉的；二是找一个角度，不可泛泛而谈，像毛泽东在张思德追悼会上的演讲，从死的价值这样一个角度引出为人民服务的话题；三是不重复别人的，要有新鲜感。

怎么开口，就是设计一个能抓住听众注意力的开场白。

为什么要讲这个问题，就是说明"这个问题"的重要性，有力地阐明自己的观点和主张。

用什么事例，就是选择新颖的、有说服力的、简洁明快的例子证明自己的观点、主张。

问题怎么解决，就是向听众指明前进的方向、努力的方向。

四、即兴演讲要注意的问题

第一，要把一次即兴演讲看作是一次展示自己才华的机会，要相信自己一定会讲得很出色。

第二，缓解紧张，专心致志，不受外在环境影响。可以恰到好处地使用不醒目的辅助器具，如铅笔、卷起来的小纸棍等。

第三，演讲中发生语言阻塞时不要着急，记住自己讲到了哪个层次，注意临场发挥。

第四，表情轻松愉快，手势适度，注意目光与听众的交流。

第五，语言口语化，速度适中，声调抑扬顿挫，说话不重复，尽可能有点幽默感。

第六，注意控制时间。有话则长，无话则短。有时话多了反而"言多必失"；话少，只要精妙，却能使人终生难忘。北伐战争开始时，瞿秋白应邀到广州向全军政工人员演讲，他郑重登台，却只讲了一句话："宣传关键是一个'要'字，鲁智深三拳打死镇关西，拳拳打在要害上。"说毕拱手而退。全场愕然，寂静几秒钟之后，全场掌声雷动。

【案例】

为人民服务

我们的共产党和共产党所领导的八路军、新四军，是革命的队伍。我们这个队伍完全是为着解放人民的，是彻底地为人民的利益工作的。张思德同志就是我们这个队伍中的一个同志。

人总是要死的，但死的意义有不同。中国古时候有个文学家叫做司马迁的说过"人固有一死，或重于泰山，或轻于鸿毛。"为人民利益而死，就比泰山还重；替法西斯卖力，替剥削人民和压迫人民的人去死，就比鸿毛还轻。张思德同志是为人民利益而死的，他的死，是比泰山还要重的。

因为我们是为人民服务的，所以，我们如果有缺点，就不怕别人批评指出。不管是什么人，谁向我们指出都行。只要你说得对，我们就改正。你说的办法对人民有好处，我们就照你的办。"精兵简政"这一条意见，就是党外人士李鼎铭先生提出来的；他提得好，对人民有好处，我们就采用了。只要我们为人民的利益坚持好的，为人民的利益改正错的，我们这个队伍就一定会兴旺起来。

我们都是来自五湖四海，为了一个共同的革命目标，走到一起来了。我们还要和全国大多数人民走这一条路。我们今天已经领导着有九千一百万人口的根据地，但是还不够，还要更大些，才能取得全民族的解放。我们的同志在困难的时候，要看到成绩，要看到光明，提高我们的勇气。中国人民正在受难，我们有责任解救他们，我们要努力奋斗。要奋斗就会有牺牲，死人的事是经常发生的。但是我们想到人民的利益，想到大多数人民的痛苦，我们为人民而死，就是死得其所。不过，我们应当尽量地减少那些不必要的牺牲。我们的干部要关心每一个战士，一切革命队伍的人都要互相关心，互相爱护，互相帮助。

今后我们的队伍里，不管死了谁，不管是炊事员，是战士，只要他是做过一些有益的工作的，我们都要给他送葬，开追悼会。这要成为一个制度。这个方法也要介绍到老百姓那里去。村上的人死了，开个追悼会。用这样的方法，寄托我们的哀思，使整个人民团结起来。

（毛泽东1944年在中共中央警备团追悼张思德同志的会上所作的即兴讲演。《毛泽东选集》第三卷）

第四节 竞聘演讲

一、竞聘演讲的含义和特点

竞聘演讲，也叫竞职演讲，它是指参加竞聘者为了实现竞争上岗，就自我竞聘条件、未来的施政目标和构想所发表的公开演讲。事先为这种演讲写成的书面材料就是竞聘演讲词。竞聘演讲越来越有实用价值，引起了越来越多的领域的重视。要想在竞争的大潮中实现自我奋斗目标，竞聘演讲的水平是竞聘成功的关键。所有参与竞聘的人必须重视竞聘演讲词的准备。

竞聘演讲有如下三个特点：

一是目的的明确性。竞聘演讲与我们第一节所讲的专场演讲不同，它有明确的目的和特定的范围。竞聘者向评审人员和听众演讲时，必须把握两条：一要讲清自己的应聘条件，突出自己的优势，并且这种优势足以胜任应承担的职务和工作；二要说明"若在其位，如何谋其政"。要在规定的时间内把这两个方面表述清楚，演讲的内容应当紧紧扣住演讲的目的，即如何做好（所竞聘的）岗位职务工作。切不可开口千言，离题万里。

二是内容的竞争性。竞聘演讲的内容就是竞聘者对未来岗位工作施政的方针（指导思想）、目标、措施等方面的陈述。演讲的过程，实际上是评审人员和听众对所有候选人提出的施政方案进行比较与选择的过程。竞聘者除了要具备基本的素质条件之外，更重要的是施政方案的竞争。因此，在竞聘演讲的准备过程中，要突出自己施政方针、施政目标、施政措施的明确性、可行性、先进性、创造性，讲出自己的特色来。这是竞聘成功的关键。

三是演讲的技巧性。竞聘演讲是演讲的一种，同样有演讲的技巧问题。它除了要求演讲者在自信、气质、不亢不卑的态度、良好的心理素质、谦和专注的神情、清晰的语言表达能力等方面有良好的表现外，更为重要的是理直气壮而又不失风度地、大胆而巧妙地表达"相比之下唯我能行"、"我才是这个岗位的最佳人选"的诉求。既要积极推销自我，又不能有贬低别人之嫌。需要特别注意的是，应当充分考虑竞争对手与听众的心态、情绪，以及临场状况等多种因素，做到"攻心为上"，"知己知彼，百战不殆"。

二、竞聘演讲词的撰写

竞聘演讲，由标题、称谓、开头、主体、结尾五个部分组成。在演讲时，一般从称呼开始，不要把标题念出来。

下面介绍称谓及其他几个部分的写法。

（一）称谓

即对评委或听众的称呼。如"尊敬的评委、同志们、朋友们"；或"尊敬的评委、女士们、先生们、朋友们"；或"各位领导、各位代表（在职代会代表参加的情况下）"等，视具体情况而定。最好不要加问候语，有的人喜欢来一句"你们好"、"下午好"之类的话，反而让人感到不自然。

（二）正文

1. 开头

同样要设法"镇场"，要给听众留下良好的"第一印象"。千万不要别人怎么说我也怎么说，落入俗套，一上台就让人感到乏味。可考虑从以下几个方面引入话题：

一是借助名人名言，如"小平同志教导我们要抓住机遇，我今天是抓机遇来了。"既幽默又坦率。

二是从自己的感受说起，如"昨晚一宿没睡好，为什么？心里紧张。面对实力强大的对手，面对评委和同志们的高标准严要求，怎么不紧张呢？不过我还是鼓起勇气上来了。我想，给自己一个机会吧！"这是一种是先抑后扬的技巧，看似贬自己，实际上传达的是自己的决心与信心。

三是借助现场气氛，如"大家的掌声如此热烈，这是对我的鼓舞。我衷心感谢大家对我的信任和支持。谢谢。"肯定听众的情绪，形成一种先声夺人之势。

四是借助会场环境，如"今天的竞聘会既紧张又热烈，大家对竞聘者寄予了厚望。我不知道自己能不能交上一份满意的答卷，但愿给评委和在座的各位能留下一个好印象。"自己不确定却又期望听众认可，诉求时的"提醒"为听众留下了评价的空间。

2. 主体

这是竞聘演讲的基本内容，一般从以下几个方面来展开：

简要介绍个人的基本情况。包括两个方面：一是竞聘者的自然情况，如姓名、年龄、学历、政治面貌、健康状况等。这种介绍，在简洁的前提下，语言要尽可能活泼一点。二是自己的工作经历。要特别突出与所竞聘的岗位有联系的工作经历和资历。介绍时要详略得当，重点突出，切忌烦琐冗长，记流水账，避免让人听起来乏味。

说明竞聘条件。包括道德品质、政策水平、业务能力以及才、学、胆、识等诸方面的条件。竞聘条件是决定竞聘者能否被聘任的重要因素之一，应该强调重点，切忌夸夸其谈。要结合实践经验来写，如自己曾做过什么相关的工作，绩效如何。譬如在管理某一个部门时，这个部门曾经获得上级什么样的评价或者获得过什么奖励，或者经济效益明显提高等。多用事实和数据说话，不要下结论，如"成绩突出"、"办事能力强"、"经验丰富"这一类的话不要从自己口里说出来，让评委和听众去下结论。

提出施政方案。这是最重要的部分。要认真说明自己如果从事这个岗位的工作，将采取什么样的施政方针（指导思想），达到什么样的工作目标，有什么样的施政构想。

写这一部分时要注意四点：

一是政策性。施政方案要与国家的大政方针与政策法规一致，不能闯"红灯"，踩"边线"。

二是可行性。既要体现岗位的特点，更要体现客观实际，办不到的事、实现不了的目标不要说。

三是先进性。要有时代特征，要有超前意识，要有科学含量，同时要定性定量相结合，能量化的尽量量化，以便评委和听众进行比较、评估。

四是独特性。应围绕人们较为关注的焦点、难点和重点问题，能对你要竞聘的岗位的工作提出与众不同的思路，实现目标的措施要有自己的特色。

3. 结尾

一是表示自己有做好未来岗位工作的决心和信心；二是表明自己一颗红心两种准备的态度；三是对大家听自己的演讲表示谢意。结尾要简短有力，千万不可画蛇添足。

三、竞聘演讲词的写作要求

竞聘演讲词最终展示的不仅仅是竞聘者的文字水平，也是其政治素养、理论水平、业务能力等多方面素质的综合反映。因此，在写作过程中除了要观点鲜明、内容充实、语言通顺外，还要注意以下问题：

第一，强调实事求是。介绍自己的情况不能说假话，要避免出现自褒自夸；要避免贬低其他应聘者；对未来工作的设想一定要切合实际，要让人感到实在。

第二，注重调查研究。事先要切实弄清楚竞聘岗位相关情况的历史、现状，尤其对于当前存在的焦点、难点问题以及根本原因要问清查透，力争找到解决问题的最佳途径，以便在演讲时有根有据，切中要害，从而获得竞聘的成功。

第三，诚恳、平和、礼貌、得体。只有给人以谦虚、诚恳、平和、礼貌的感觉，才能被认可和接受。所以，竞聘演讲词十分讲究语言的分寸，表述既要生动，有风采，能打动人心，同时又要诚实可信，情感真挚。演讲过程中有五忌：一忌信口开河，杂乱无章；二忌狂妄自大，目空一切；三忌妄自菲薄，过分谦虚。四忌吐词不清，含混模糊；五忌服饰华丽，神态不端。

【案例】

竞聘教务处处长演讲词

尊敬的各位评委、各位职工代表、同志们：

我还没有感受过这么热烈的掌声，很受感动、很受鼓舞。我衷心感谢大家对我的信任和支持。谢谢。

我的个人情况大家都熟悉，姓名没改，性别也没变（笑）。我这次报名竞聘教务处处长岗位。不少同志对我要离开组织人事处处长这一岗位感到难以理解，其实我的主要原因是：觉得自己还是适合搞教学，我参加工作18年，在组织人事处3年，其中15年任教，与教学工作结下了不解之缘，对教学的一切我有着太多的眷恋和深厚的感情，并且积累了一定的教学和管理经验，在最接近教学第一线的教务处处长岗位上，自己的专长和优势可以得到充分的发挥；而相比之下，我对人事工作的经验和业务熟悉程度还有一定的差距。因此，竞争教务处处长岗位，是我的最佳选择。

我的经历比较简单，1984本科物理专业毕业，1999年学校送我到北京师范大学进修教育心理学一年。有五年班主任工作经验，三年教务处副处长经验，三年组织人事处处长经验。现在的技术职务是副教授。光阴荏苒，蓦然回首，我在学院工作已经20年，从事教学也已有17个年头了，可以说我最美好的年华是在教学岗位上度过的。我放弃了两次调往重点本科院校的机会，因为我眷恋我们的学院，我不愿离开熟悉我、了解我的领导，我不愿离开关心我、支持我的同事，我愿为我们学院教育事业的兴旺发达效犬马之劳。

下面谈谈我竞争教务处处长岗位的条件和工作设想。

一、竞聘的条件

（一）有较好的思想品德修养

我为人处事的原则是：正派为人，扎实办事，愉快生活。平时注重个人品德素质的修养，努力做到待己严格，待人宽容。这些年上下合作比较愉快，群众基础较好。思想上要求上进，工作上计划性强，注重到位，注重落实。连续五年被评为优秀党员，连续三年被评为学院先进个人。2001—2004年聘任期满考核优秀。

（二）有较高的专业水平

多年来我坚持收集物理学术资料，积极参加各级物理学术会议和学术讲座，不断了解专业领域的新进展和新成果，使自己的专业知识得到进一步充实、更新和拓展。先后在国家级、省级学术刊物或汇编发表学术和教研论文近20篇，参与编写高等教育出版社出版的教材2本。

1998年参加省里的高校教育心理学协会，2001年被选为副理事长。

（三）有较强的教学能力

从选择教师这门职业的第一天起，我最大的心愿就是做一名受学生欢迎的好老师，为了这个心愿，我一直不懈努力，要求自己做到牢固掌握本学科的基本理论知识，熟悉相关学科的文化知识，不断更新知识结构，精通业务，精心施教，把握好教学的难点重点，认真探索教学规律，钻研教学艺术，努力形成自己的教学特色。近十年来，我的教学考评结果一直保持稳定在90分以上，我的教学风格和教学效果普遍受到学生的认可和欢迎。2002年被评为全省优秀教师。

二、工作设想

如果这一次竞聘得到领导和同志们的支持，有幸担任教务处处长职务的话，我对新岗位的工作是这样设想的：

一是认真贯彻执行党的教育方针和学校党委的各项决定，站在为祖国的强大育人，对民族的未来负责的高度，努力探索高职教育的规律，注重学生的综合素质培养，注重学生的上岗能力培养，教会学生既会做人又会做事。其中又以教师队伍的建设为主导，进一步提高老师的事业心、责任心和使命感，着重解决老师自身的动手能力和知识结构问题，加大"双师"型教师队伍建设。力争在任期内，使上述两个方面有一个根本性的转变，使我校的教学工作、人才培养工作形成我院自己的特色。

二是合理地、科学地、规范地进行教学管理，加强教学质量监控，做好教学检查和教学质量分析，开展教学专题研究，及时反馈、总结和交流教学经验，改进教学薄弱环节，保证不断提高教学质量。

三是组织开展目标明确、有针对性的教研活动，强化教师的教研和科研意识，创造条件组织进行科研项目申报立项，带动教研室科研和教研工作的进步。这项工作打算第一年启动，第二年运作，第三年见成效。

四是加强制度建设。对部分已经不适应高职教育特点的教学规章制度进行修订完善。这项工作在上任之初，就要作为一件大事来抓，通过制度建设规范管理，提高教学工作的有效性和科学性。

五是加强特色专业建设，抓紧做好迎接国家级评估的准备工作。争取第一年通过两个专业的评估，第二年和第二年各三个，三年内通过十个以上专业的评估。

我虽然自己觉得能胜任教务处处长这一岗位的工作，但我也知道其他同志同样很优秀。如果领导、评委和同志们选择了我，我一定努力实现自己的目标，如果我落选了，我也绝不气馁，无论在哪个岗位，我都会兢兢业业地工作！

谢谢各位领导！谢谢各位评委！谢谢同志们！谢谢！

（作者：赵醒民）

第五节　销售演讲

一、销售演讲的含义和特点

这里所说的销售演讲，是指工商企业的专业销售人员，在产品展销会、订货会或其他场所，通过较系统的介绍、沟通客户，促成其认同产品、实现销售目标的诉求过程。

销售演讲有如下五个特点：

一是专业性。演讲者要求是熟悉营销业务，掌握产品性能、功用、特点、规格、技术参数等知识的专业人员。

二是鼓动性。演讲的动机是促销产品。因此，演讲者应当善于运用推销技巧、演讲技巧和广告诉求技巧，调动顾客或用户的购买欲望，促使其产生购买动机。

三是多重性。销售演讲与常规演讲不同，常规演讲的内容是单一的，销售演讲一方面很可能同时推销几种产品或一个产品系列，另一方面顾客要求了解的问题也是不一样的，因而演讲的内容具有多重性。

四是互动性。销售演讲特别需要演讲者用自己的目光读懂顾客的无声语言，通过表情观察掌握顾客的心理需求，从而不断调整讲话内容的针对性；同时顾客常常会当场提出问题，演讲者与顾客的对话就是最直接的互动。在很多情况下，演讲可能会出现一对一或一对多的状况。

五是应变性。现场的情况有时并不在预料之中，预先准备的内容可能与顾客的需要有出入，有时甚至大相径庭，演讲者必须随机应变，满足听众的心理需求，绝不可以使听众失望。

二、销售演讲的准备

不管销售演讲面对的是三五人，还是上百人，都要做好充分准备，要让每一位拿出宝贵时间听介绍的人都有所收获。

销售演讲的准备包括下述内容。

（一）熟悉推销目标

每一个演讲者都有具体推销的产品，不论是单个产品、多个产品还是产品系列，对其功用、性能、特点、规格、优势、科技含量、技术参数及相关的知识，要有相当的了解。

（二）掌握客户信息

在做销售演讲之前，一定要充分收集客户资料。客户资料大体分为四大类：

背景资料。客户来自哪个地区、使用某一产品的历史、目前的实力等。

竞争对手资料。客户使用其他企业同类产品的情况，如数量、价格及相关费用，以及竞争对手的市场占有率、产品的优势与劣势、价格、售后服务、销售方式等情况。

项目资料。客户某些项目的投资状况、发展动态、发展势头、需求量及采购意图等。

客户个人资料。包括与采购相关的人员的资历、地位、性格、心态以及与本企业及竞争对手的交往历史等。

（三）制订销售演讲计划

客户的采购流程大体上分为四个阶段：看货——从直观上了解产品；听介绍或询问——深入了解产品；比较评价——对产品的选择；订货或购买——完成采购流程。

客户基本上可以从三个方面进行分类：从采购量来看，有大、中、小之分；从双方关系来看，有新、老和潜在客户之分；从购买行为、购买动机、购买心理来看有理性与感性客户之分。

销售演讲计划的制订，要针对产品采购流程阶段的不同以及客户的不同来进行。销售演讲计划与销售演讲内容是统一的，换句话说，销售演讲内容要体现计划性，缺乏计划的演讲是盲目的演讲，也可能是失败的演讲。

销售演讲计划包括以下内容：

一是推销策略。考虑各个采购流程阶段和不同客户特征所采取的推销方针、推销技巧和推销艺术。

二是推销目标。包括猎获更多的和业务量更大的用户，以及产品的定购量增幅。

三是推销途径。指猎获用户的具体方法，展开宣传攻势的措施。并非一次推销产品演讲就能征服所有用户，须知演讲的过程既是本次产品推销的机会，也可为日后推销产品打下基础。因此，制订推销计划自然要考虑怎样扩大潜在用户，这就要注意收集用户信息，以便在未来的销售中取得更大的主动权。

四是推销步骤。不同销售阶段有不同的演讲内容，开始阶段介绍公司概况，看货阶段介绍产品，询问阶段突出产品特色和科技含量，评价阶段介绍营销方案等。

另外，推销步骤还应当考虑以下因素：

一是认真设计第一印象。一开口就要让客户有好感，并能吸引对方耐心地听你的介绍。

二是认真设计结束印象。不论成交与否，都要让客户对你充满信心。即便对方没有选择你，也要把良好的印象留在客户的记忆中，买卖不成仁义在，须知今后还有机会。

三是认真设计精彩的情节。例如，某些用户使用本公司产品的故事，或者本公司售后服务的动人事迹，巧妙地穿插在销售演讲中，不仅使表述更加生动，而且能增强可信度。

四是认真设计思维的转换。销售演讲要适应现场的变化，善于巧妙过渡产品不同优势的介绍。对于不利的提问能及时避短扬长。

五是认真设计重复的技巧。为了加深客户的印象，对某些内容需要重复介绍，但要讲究艺术，语言的巧妙是很重要的。

三、销售演讲的技巧

（一）开场白要精彩

销售演讲面对的场面一般比较嘈杂，开始如何"镇场"是关键。和谐而又不失醒目的着装，出场节拍的把握，借鉴戏剧"亮相"技巧但不做作，洪亮、清晰的声音，巧妙的语言等，这是开场白的要领。

（二）简要介绍企业

最好能拿出有分量的事件提起话题，如"大家知道占领欧洲三分之一市场的××产品来自哪里吗？它来自中国的××省，我们就是生产××产品的企业……"所介绍的企业内容要严格选择，紧扣为产品推销服务这一根本目的，重在企业的实力和产品的国际国内地位。内容要简洁，不要冲淡主题。

（三）介绍产品

它包括产品概况。例如：获得过何种大奖，市场占有状况、服务信誉，以及本产品有哪些系列，技术上达到什么水平；在同类产品中是否具有出类拔萃的优势；产品特点，主要是功能特色，给用户带来的好处；产品规格，重点介绍各类产品的不同用途，相关的技术参数；产品原理及适用范围等。

销售演讲中产品介绍与产品说明书的内容要一脉相承，但表述方式和表述重点却不一样，它要有生动的语言，并且讲究表达技巧。有些内容要用现实中的事例来说明。而且介绍时何处详何处略，受制于用户和顾客的心理需求。一般属于技术进步的和提高使用效果的应当重点介绍。

（四）为客户释疑

销售演讲很重要的一个问题是，演讲者不能无休无止地滔滔不绝。相反，应当在产品介绍的过程中巧妙而不露痕迹地运用转换技巧促使听众提问，这种问和答的过程实际上是一种推销技巧的转换，因而要十分重视。提问的人越多，说明关心产品的客户越多。听众提问时，一定要明确问题的真正含义，没有弄清楚之前不要轻易回答，以免答非所问。同时也可以向提问人询问，以了解客户的动机和需要。

释疑要注意以下技巧：

第一，以亲切的目光注视对方，用友好的手势和礼貌的语言请客户提问。

第二，赞许客户的动机，对客户的问题表示兴趣。

第三，当客户对于产品的好处表示怀疑和误解时，出示证据以证明自己介绍的真实性，让客户明白你是值得信任的。

第四，当客户指出的缺陷真实时，巧妙地一言带过，重提产品的益处，以淡化缺陷，如果有好的例证，可以进一步举例。避免与客户争论，避免陷入被客户纠缠的境地。

第五，对于偏激的客户，可以讲一段关于产品的动人的故事以引导听众。既不可无原则退忍，更不能针锋相对，此二者都可能导致演讲的失败。

（五）向倾听演讲的客户致谢

演讲接近尾声时，要感谢客户对企业的支持、对产品的信任。

（六）引导客户订货并签订协议

对已经有了明确采购意图的客户，要带领他们到预定的地点与负责人具体谈妥订货的数量、规格及质量指标等具体事宜，并签订有效合同。这是销售演讲的最终目标。

四、销售演讲的要求

一是要充满自信。演讲者如果自己都底气不足，就不可能打动客户。自信来自对企业的信心，来自敢于竞争的勇气，来自良好的心理素质，来自对产品前景的正确分析和对同类产品的恰如其分的判断。

二是要有为客户排忧解难的姿态。销售演讲不是一种强制推销，"王婆卖瓜，自卖自夸"未必能取得客户信任。要能站在客户的角度，帮客户提出问题，帮客户分析问题，帮客户解决问题，达到感情上的互动，心灵上的沟通。

三是要熟悉产品。要了解有关产品的全部知识，以及国内和世界上同类产品的发展水平，这既是生动介绍产品的需要，也是为了避免在客户提问时"江郎才尽"。同时，对本产品以往的市场状况要了如指掌，特别是要收集那些感人的事例和动人的故事。

四是要有动人的表达能力和技巧。口齿流利，语言幽默风趣，表达抑扬顿挫，体态语言配合自如，这都是销售演讲要锻炼的基本功。还有，对内容的驾驭与对听众情绪的驾驭要恰到好处，能掌握推销的主动权。

【案例】

某省邮电管理局准备上一个计费的项目，有厂家来投标，几家公司提供产品都差不多。时间安排也非常紧，几个厂家介绍下来，客户就开始打呵欠，一点精神都没有了。最后一天，是一个礼拜六，客户都懒洋洋的了，很多人准备离开，这时来了一个厂家的女代表。她到主讲台上一站，先用目光扫视全场，她的目光传达了这样一个意思：我都站在这里了，你们还不听我讲话？客户们就开始注意她，场面刷地静下来。她一口气介绍了三个小时，客户不仅没有离场，而且情绪完全被调动了。结束的时候掌声雷动。随后，客户们就针对这个女代表介绍的数据库产品进行了评估，当场拍板确定了50万美元的订单。

为什么客户会当场为50万美元的订单拍板呢？这个公司不仅关心客户的产品，还关心客户的需求。50万美元的需求，一定是一个迫在眉睫的问题，如果不是有非常大的压力，不会花50万美元来解决。所以她不仅给出了一个产品，还给出了一个解决方案。她的介绍非常专业，首先提出问题，让每个客户都很发愁，再让客户想办法，然后又一步一步地把解决方案呈现在客户面前，客户觉得这个就是我要的产品，我要的方案。

（周朝晖主编《财经应用写作文体》中国商业出版社）

思考题

1. 演讲稿有何特点？写演讲稿有哪些要求？
2. 怎样确定演讲的讲题？演讲的开头有何技巧？怎样写好演讲稿的主体？
3. 竞聘演讲词有哪些特点？怎样写竞聘演讲词？写竞聘演讲词有何要求？
4. 如何应对即兴演讲？即兴演讲要注意什么问题？
5. 怎样做好销售演讲的准备？销售演讲有哪些技巧？释疑有哪些技巧？

第三章 发 言

第一节 发 言

一、发言的含义和特点

发言是在会议或某种集体活动中开展讨论时，针对某一个问题发表自己的认识和看法。

发言与提意见不同。发言的场合是特定的，如讨论会、座谈会、课堂或某些集体活动。发言人只是其中的与会人或参加者。与提意见的独立性行为不同，发言不要求达到预定的目的，它追求的只是效果和影响力；而提意见事先有预定的目的，它要为达到目的而努力。

发言有如下特点：

一是"自由"。发言虽然一般是有要求的，有时甚至被人"点将"，但它并不带有强迫性，你可以在讨论或座谈会中多次发言，也可以一言不发；另外，发言的内容也是自由的，只要在会议主题范围之内，可以"知无不言，言无不尽"。

二是"议论"。一般的发言都是"议事"，对某件事情认为可行还是不可行，是赞成还是反对，是褒扬还是贬低，为此提出自己的看法、主张，发表议论。

三是"限时"。发言的整体时间由主持人掌握，一般要照顾发言的"面"，因而每一个发言者的发言不能太长，必须给别人留时间。有时主持人甚至明确规定发言时间不得超过几分钟。

二、发言的技巧

怎样发言？发言人面对的是两个问题：一是选题，就是选择要讲什么问题；二是技巧，就是怎么讲才能引起别人的兴趣，给别人留下深刻的印象，产生一定的影响。

事实上，发言要经历两个阶段，即准备阶段和表述阶段。

（一）准备阶段

有些会议可能事先告诉与会者讨论的议题，使与会者有足够的时间做准备，这时可以充分酝酿发言的内容并列出发言提纲。有些会议或活动事先并不知道主题，甚至不知道自己将要发言。这种情况的发言就很仓促了，但尽管如此，仍然要在"临场"状况下做三方面的准备：

一是认真听清楚会议或活动的主讲人是如何表述的，所讲的中心问题是什么，主要观点是什么。方便的话尽可能做好笔记。

二是根据主讲人的观点先做出自己的判断，考虑该赞成还是该反对，该肯定还是该否定，该发挥还是该补充，思考出自己的认识和想法。

三是快速思考如何表述自己的观点。可能的话列个提纲。表述自己的观点要注意抓住三个环节：我对这个问题是怎么看的；我为什么这么看；我觉得这个问题应当怎么办。

（二）表述阶段

表述阶段就是正式发言，一般可为三个层次：

第一层，提起话题。发言要开门见山，直接进入话题。切忌先说形势如何好，我们贯彻什么精神非常坚决，或说一通某某的发言如何高明，再说"我也说点想法"，兜一个大圈子，让人生厌。开门见山不等于不讲技巧；相反，巧妙地提起话题，有助于吸引听众。

第二层，发表看法。发表看法就是对自己所说的这件事做出评价。

先要说明你说的是哪一方面的事，这事现在是什么情况，到了什么程度，影响面多大；然后说明你对这事是关切还是担忧，是肯定还是否定，是赞扬还是批评，把自己的认识说出来，明确表示自己的态度。例如：

"最近，有一些年轻的同志乘公交车带一个塑料袋子，不仅把自己的纸屑果皮装在里面，还把别人丢的也装进去，下车时再送进垃圾桶。这是一种新风尚，成为都市里一道亮丽的风景线，有关部门应当因势利导，把它发扬光大。"

如果是专题讨论发言，即只能围绕主持人指定的题目发言，可以先对某方面的事情做出"是"和"非"的判断，以表明自己的观点，然后分几个方面对观点予以说明。可用一、二、三来表示，问题讲完，简单概括一下即告结束。例如：

"把我市两年内建成全国性的文明城市，这个想法很好，但从时间上来看不现实，原因有三：第一……第二……第三……所以，我认为这个目标要重新调整。"

第三层，表明主张。就是对出现的某种情况或某种问题，下一步应当怎么办，提出自己的想法和意见。主张应当具有实际意义，并且是合理的、可行的。

表明主张是发言的主要部分。它不仅要说明应当怎样做，而且要说明为什么要这样做。事实上"为什么要这样做"是对"应当怎样做"的必要性和可行性的分析，是说服别人接受自己的主张的基础。因此，"为什么要这样做"要说得有理有据，既要对现实情况有很强的针对性，又要具有长远发展的独到眼光。

据《史记》记载：西汉初期，刘邦对都城建在哪里的问题向大臣们征求意见。讨论中提出了两种不同的方案：一种是建都关中，这是刘敬提出的方案，刘邦听后犹豫不决，没有表态；另一种是建都洛阳，这是其他大臣们的意见。这些大臣都是华山以东六国的人，他们不愿国都西迁。他们找出的理由是："洛阳东边有地势险要的城皋，西边有险要的崤山、渑水，背靠黄河，面对伊河、洛河，这种牢固的地势十分坚固易守。"留侯张良是同意迁都关中的。他通过对洛阳和关中做详细的比较，发表了自己的看法："洛阳虽然有这些天然的险要，但它的腹地太小，方圆不过几百里，况且土地瘠薄，如果敌人从四面包围，这不是打仗用武的地方。至于关中，左边有崤、函的险要，右边有陇、蜀的大山区，肥沃的土地有千里，加上南面有巴蜀的富饶农产，北方有可放牧的大草原。从军事防守看，凭着西、南、北三面而防守，只用东方一面控制诸侯即可。从交通控制看，如果诸侯安定，利用黄河、渭水运输天下物资，供应西方的京城所需；如果诸侯有叛乱，大军顺流而下，黄河、渭水足够承担运输任务。这就是人们所说的金铸的千里城池、天然府库。"正是由于张良的主张是在分析比较的基础上得出的，因而有明显的合理性、可靠性，具有采纳的价值。刘邦最终决定建都长安（今陕西省西安市西）。

（三）表述技巧

在讨论、座谈会上，我们经常会看到这种现象，与会者有时面面相觑，谁都不说，有时是你说一通我再重复一通，多数情况下是老调重弹，没什么新意，有时发言者又不讲究说话技巧，这样就很容易把会议搞得枯燥无味。因此，发言一要话题新颖，二要注意表述技巧。

1. 话题新颖主要把握两个方面

一是看法、认识有新的角度；二是能说出别人没有想到的问题。

讨论发言有时容易被某一个方面的问题所吸引，而不知不觉中忽视另外的重要问题。你如果能说出人人心中皆有，人人口中皆无的问题来，那也不失为一种高明，不失为独具慧眼。

2. 注意表述方法的选择

讲究表述技巧的目的是为了引起别人重视，促使别人集中注意力。我们前面几个章节中讲到的一些口头表达的技巧，在发言中都可以灵活运用。除此之外，发言如何提起话题的技巧也很重要。

我们以青年文明志愿者的事迹为例，看下面提起话题的方法。

（1）悬念法。例如：

"今天早晨在车上，一个很帅气的小伙子，弯腰捡别人丢掉的橘子皮，一车人几十双眼睛唰唰唰扫过去，你说这小伙子怎么样？"

（2）先抑后扬法。例如：

"你说，大学毕业，有文化，身体又好，干什么不行？捡垃圾——今天早上我在车上就碰到两个……"

（3）卖关子法。例如：

"我说一件事，事不大，却真称得上细微之处见风尚啊！"

（4）提问法。例如：

"最近有一种现象不知大家注意到没有……"

（5）故事法。例如：

"今天早上，我下车以后碰到一位姑娘，站在路边东张西望，样子还挺焦急，我以为她丢东西了，过去一问，我说：'姑娘你怎么啦？'她回答我：'我找不到垃圾桶……'"

再看下面的范例：

某市人代会，讨论建设文明城市的问题。政府工作报告中对旧城改造、各类企事业单位的规范布局、花园式建设以及市民的行为规范提出了较为详尽的方案。代表们在讨论时大都表示赞成或提出了一些补充意见。但是，有一个代表却独树一帜："报告所提的方案是不错，但树立市民的文明意识是一个很重要的问题，报告没有考虑。要使市民爱我城市，才会有积极为建设文明城市做贡献的主动性。而要让市民爱我城市，市政府应当在这个城市值得爱上下功夫，而目前我市在过桥收费、环境卫生、交通秩序、经商秩序等方面都不同程度地存在问题，这些问题恰好是市民反映比较强烈的问题，市政府只有认真解决这些问题，市民的热情才会激发出来，才会与市政府同心同德，否则，文明城市的建设就会失去群众基础。"

这个代表的意见不仅得到了全体同志的认同，后来也被市政府所采纳。

三、发言的要求

一是集中问题。发言由于自由性很强，场合相对随便，容易把话讲散。有的人一开口就是关于产品销售问题、关于安全生产问题、关于职工收入问题等，说一大堆问题，结果既没有说透也没有说清，说的人费了力，听的人不耐烦。例如，有个单位的财务科长在会上介绍他们所做的工作，一口气说了十八项，会后做了个调查，结果除几个做了笔记的人，其他人竟不知道他说了些什么。

二是观点鲜明。对问题持什么看法，要明确表态，不能闪烁其词。观点明确是"发言"的基本要求。对尚未认识清楚的问题，要实事求是说明，不要含含糊糊，模棱两可。

三是条理清楚。发言最忌颠三倒四，让人听起来如坠五里云雾。说出自己的看法，予以分析并尽可能有事例作为说明，提出怎么办的主张。一层一层，清楚明了。发言要令人信服才有价值。

四是语言简洁明快。发言是直接面向听众，发言的语言一定要简洁明快，干净利索，避免冗长。另外，不要使用一些深奥难懂的词句，话要说得准确、通俗易懂。

五是不要附和别人的意见。发言最忌一开口就是我同意张三的意见，我赞成李四的观点，王五讲得很好，马六的说法有道理，之后把人家的话重复一遍，等于放录音机。所以，讲出与众不同的观点和主张是发言要追求的目标。

六是要讲熟悉的问题。发言要讲自己最熟悉的内容，回避那些一知半解和道听途说得来的材料。同时平时要多了解情况，多研究、思考问题。独特的观点和主张不是凭空想出来的，是靠平时掌握情况、多研究问题进而归纳和总结出来的。

第二节 表达意见

一、表达意见的含义和特点

表达意见，通俗地讲就是平时说的提意见。即把自己对某些事情的看法与想法向一定范围的人说出来。

表达意见有五个特点：

一是主动性。一般是心里有事放不下，要找某个人说出来，一吐为快。这是一种主动行为。

二是灵活性。时间和场合的确定没有严格的限制。早一天提，晚一天提，上午提，下午提，办公室提，家里提，路上提，当面提，电话里提，只要对方有空就行。

三是针对性。它有具体的事，有明确的对象。不能没事找事，也不是见了谁都可以提。所谓"无事不登三宝殿"就是这个道理。

四是说服性。提意见不见得一定会被人接受。但在动机上是为了说服别人，具有设法让人接受的主观准备。

五是实用性。提"意见"不是发牢骚，泄私愤。"良药苦口利于病，忠言逆耳利于行"，给人以帮助，是提意见的根本目的。

意见一般可分为两种：

一种是建议性意见。一般是提意见的人通过对某件事情或某项决定的观察、了解和思考，认为应当怎样做更为合理、更为有效，或者认为应当予以纠正、予以终止，为此而说出自己的想法，提出自己的主张。建议性意见只是供他人或上级参考，被提意见者根据实际情况可能采纳，也可以不采纳。

另一种是批评性意见。就是指出别人的错误和缺点并做出评论。批评的对象不受限制，可以是组织，也可以是个人，可以是熟悉的，也可以是不熟悉的。

二、怎样表达意见

（一）表达意见的准备

表达意见应做三项准备：

一是弄清情况。你所看到的不足，你所发现的问题，到底是怎么一回事？不能光凭表面印象就下结论，要做翔实的调查。有时表面的东西与实际情况有很大差距，甚至相反。如果不弄清情况，"意见"就可能盲目。即使确实有问题，也要搞清根本原因在哪里，有哪些制约因素。这样你的意见才更准确，更有针对性。

二是想出办法。解决问题要结合实际情况，从采取什么策略，达到什么目标，采取什么措施等方面考虑清楚，这样意见才有价值。

三是打好腹稿。腹稿应包括四个层次：

第一，怎样提起话题。提意见不免给别人"揭短"的印象，因而委婉入题，话说得中听是很重要的。不要一开口就引起对方的对立情绪。

第二，要说什么问题。有了委婉的开头，就要尽快进入正题，不要唠叨半天不知道到底要说什么。应先简单地说说某个事情的现状，巧妙地把问题摆出来。

第三，分析解决问题的必要性。诚恳地说出自己的看法，目的是使对方对存在的问题引起重视。分析应当有根有据，立场客观，事理透彻，令人信服。这是意见能否被人采纳的基础。

第四，提出解决办法，明确你的主张。其包括某件事情应当采取的策略与思想定位，应当达到的目标，采取什么样的措施等。这些应体现提意见者看问题的高度，具有前瞻性，新颖而不脱离实际。

（二）表达意见的方法

一要适事。意见必须是紧急的事、重大的事、上级需要知道的事；工作发生错误、疏漏、需要纠正、补救的事；或者自己反复思考认为确实要解决的事。

二要适时。发表意见要抓住时机。重大的事、紧急的事不要犹豫、等待，尤其是不要雨后送伞，当事后诸葛亮，以免贻误工作；另一方面，有些事情却要选择领导不忙的时候或心情比较好的时候去说。

三要适地。发表意见要看场合。有些事适宜公开场合说，有些事却只适合在个别场合说。如何选择场合，应首先预测一下效果，这是非常重要的。

四要适度。提意见要注意分寸，适可而止。并非所有的人都开明，都胸怀豁达；而且你的意见也未必一定完全正确。实在听不进意见的人绝不可纠缠，可以等待机会，千万不能动怒动气。

【案例】

某单位工会主席向党委书记提意见："某科长跟他爱人闹别扭，时间长了只怕会影响工作，这事党委要重视才是。"

书记回道："这是我的事吗？"

工会主席说："这事找厂长不合适吧？可不是厂长管的事。"

书记说："我要你找厂长了吗？你是干什么的？"

工会主席满腹委屈，悻悻而出。

党委书记说话是生硬了一些，但工会主席向党委书记提的这个意见确实不妥，其原因：一是事情的性质够不上找领导的程度；二是调解职工家庭矛盾本来就是工会的事。所以他的意见被挡了回来。

三、表达意见的要求

一是要有善意。意见有很强的心理因素，有时甚至是因为自己对某件事情"不满"而引起的，它与情绪密切相关。提意见要与人为善，使他人"利于行"。该不该提，有没有必要提，是利己还是利人，必须冷静权衡。

二是要态度平和。说话的态度对提意见的效果是至关重要的，彬彬有礼，坦诚以待，口气温和，委婉入题，设身处地，这些都是非常重要的态度。出言不逊，盛气凌人，强词夺理，是缺乏修养的表现。

三是要有耐心。有的人不善于听取别人的意见，话还没说完就把你顶回来，甚至说你是找茬，这都是常有的事。这时尤其要有耐心，先听对方把话说完，再解释对方的误解，对自己的技巧做些调整后继续说下去。当然，硬是碰上那种不可理喻的人，就没有必要坚持，否则会引发对立情绪，造成双方难堪。

四是要见好就收。意见说完了，要赶紧结束。切不可因为别人对你的意见表示赞赏，你就兴致大发，节外生枝，滔滔不绝地说下去，这样既会耽误别人的时间，又会冲淡你前面的主题。

五是要选择机会。俗话说："出门观天色，进屋观颜色。"对方情绪不好的时候，对方正忙的时候，对方休息的时候，不要强人所难。一般要预约一下，如果是打电话提意见，要先问一下对方现在方便不方便。选准了机会，也许你就成功了一半。

思考题

1. 发言有何技巧？有何要求？

2. 表达意见有何要求？

第三节 领导讲话

一、领导讲话的特点

领导讲话是领导参与公务活动的一种方式，是实施领导职能的重要途径。无论是高级领导还是基层领导，无论是机关领导还是企事业单位领导，只要做领导工作，就离不开讲话。在某些场合，领导即兴讲话，不需要讲话稿，但在正式场合，为了提高讲话质量，需要事先写好稿子或提纲。

领导讲话有四个基本特点：

一是政策的鲜明性。既要与宪法及相关法律、党和国家以及上级机关的方针政策相一致，又要与本单位的内部政策相统一。这是领导讲话的最重要的原则。

二是目的的明确性。或动员或指挥，或疏导或宣传，或总结或号召，或传达或贯彻，或要求或布置，如此种种，每一个讲话都有明确的目的。根据这一特点，起草讲话稿的时候要摸清领导要讲什么，将产生什么样的效果和作用。有了明确的目标，在起草工作中才能具有较强的自觉性、针对性、主动性和科学性，减少和避免盲目性和不确定性。

三是口径的统一性。不论是正职领导还是副职领导讲话，其口径都要与整个班子的认识一致，不能各吹各的号，各唱各的调。

四是风格的个体性。每一个领导讲话都有自己的个人风格、个人特色，在写讲话稿的时候应当考虑这种"个性化"。

二、领导讲话稿的高度

既然是领导，讲话当然要有高度，这实际上是职业要求。所谓高度，就是思考问题、分析问题时能高屋建瓴，高瞻远瞩。所以在领导讲话稿的起草过程中应把握以下问题。

（一）正确领会领导的意图

这是写出高度的前提。起草人事先应与领导沟通，讲什么，怎么讲，先听听领导的意见，并做好笔记。特别是领导提出的一些观点、思路，要一一记下来。在动笔之前列一个提纲送给领导看看，以便对领导意图掌握得更加准确。初稿出来以后送给领导审阅，根据领导意见再做修改。

（二）精心加工和提炼材料

领导讲话稿的立意来自材料，讲话中又要引用大量材料来说明问题，起草人要写好讲话稿，就必须充分调动已掌握的政策信息、现实情况和历史资料，以便把领导讲话写得有血有肉、生动实在，有特色、有分量。

1. 认真分析材料

其主要考虑两点：一是这个材料反映的是个别现象还是普遍现象，是暂时现象还是代表着一种趋势；二是材料所反映的是什么意义，要善于从材料中升华观点，形成新思想、新理念。

2. 对材料进行比较和筛选

选择具有典型意义的、代表性强的事例、数字，从而增强讲话稿的说服力和逻辑性。

3. 对材料进行核实

领导讲话一旦说出口就会产生影响，说对了是正面影响，说错了是负面影响，正因为政策性很强，就要避免把话说错。一般来说，当前的领导同志大都具有较高的文化水平，语言上不大可能出错，要错就错在材料上。所以起草人一定要把材料核实准确，保证万无一失。

（三）追求创新

创新本身就是高度的体现，观点陈旧、认识肤浅、思想僵化、套话连篇的讲话是不可能有高度的。创新可以从以下三个方面考虑。

1. 源于实践，高于实践

思维是对实践的反映，但这种反映不应该是机械的映像，而应当是对实践感性认识的升华。

2. 力排众议，澄清是非

领导讲话必须是非清晰，观点明朗，旗帜鲜明，这样才能起到导向的作用、指导的作用。20世纪90年代初期，我国关于"姓'资'姓'社'"的问题一直争论不休，邓小平在1992年南方谈话的时候，力排众议，澄清了这个问题。他说："要害是姓'资'还是姓'社'的问题。判断的标准，应该主要是看是否有利于发展社会主义社会的生产力，是否有利于增强社会主义国家的综合国力，是否有利于提高人民的生活水平。"使长期以来困扰人们的这一重大理论问题，如驱云见日，清新明朗。

3. 反思传统，引领未来

传统的东西有很多精华，需要我们去继承和发扬，但传统的思维定式中也有糟粕和错误，领导者的责任是坚持和宣传真理，而不是盲目作历史的传声筒。一个高明的领导应当审时度势，弃旧扬新，敢开先河。1942年毛泽东同志《在延安文艺座谈会上的讲话》，正是对过去文艺舞台上和文学作品中多是帝王将相、才子佳人唱主角这一延续了几千年的现象的反思，提出了文艺为人民大众服务，以及文艺如何为人民大众服务的根本问题，即著名的"两为"方针，为我国的文艺工作的发展指明了前进方向。

三、领导讲话稿的谋篇布局

谋篇布局，就是谋划讲话稿的篇章结构。谋篇，要围绕主题，也就是根据领导主要讲什么问题来展开内容。讲话稿的主题通常是由领导来定的，起草人要做的是依据这个既定的主题谋划篇章结构。有的领导既交代主题，又交待篇章结构，在这种情况下，起草人员要积极地参谋，予以具体设计和完善。

一般来说，领导讲话稿可分为五个部分，即标题、称谓、开头、主体、结尾。这里重点介绍主体部分的谋篇布局。

主体部分通常按照"提出问题—分析问题—解决问题"这一思路来组织结构，提出问题就是我今天要讲什么，这个问题目前是个什么情况。

分析问题则可以从三个方面展开：为什么会发生这样的问题；出现这样的问题是好还是不好；存在这样的问题有什么影响、有什么后果。

解决问题就是回答怎么办？也就是提出解决问题的办法。

结构形式常见的有以下三种。

（一）层次组合式结构

即将讲话分为几个部分来写，在视觉上看层次分明、醒目。具体又有以下几种不同情况。

1. 以小标题分层次

例如，邓小平1979年3月30日在党的理论工作务虚会上关于《坚持四项基本原则》的讲话，以三个小标题分成三个板块：

（1）形势与任务；

（2）实现"四个现代化"必须坚持"四项基本原则"；

（3）思想理论工作的任务。

2. 以顺序号分层次

例如，邓小平1980年8月18日在中央政治局扩大会议上所作《党和国家领导制度的改革》讲话，以一、二、三、四、五将全文分为五个层次。

3. 以块块分层次

不加小标题也不用序列号作标志，但几大块仍然很明显，如总结工作和部署工作一类的会议报告，一块是前一阶段的工作总结，一块是下一阶段的工作方针和任务。一般每一大块中又分若干小块。

（二）逻辑推导式结构

一是依照内在的逻辑关系来安排内容。例如，邓小平1985年3月7日在全国科技工作会议上作了《改革科技体制是为了解放生产力》的讲话之后，又即席作了《一靠理想、二靠纪律才能团结起来》的讲话，记录整理出来的讲话分四个自然段，具有很强的逻辑性。

第一段提醒大家要做到"四有"，并强调理想和纪律特别重要；

第二段专门讲理想；

第三段主要讲纪律，谈理想和纪律的关系；

第四段强调共产党员一定要严格遵守纪律。

整个讲话紧紧扣住团结的主题，着重阐述理想与纪律对团结的重要性。

二是按照由浅入深的思维特征安排内容。例如，邓小平1978年12月13日在中央工作会议闭幕会上所作的《解放思想，实事求是，团结一致向前看》的讲话，四块小标题分别是：

（1）解放思想是当前的一个重大政治问题；

（2）民主是解放思想的重要条件；

（3）处理遗留问题为的是向前看；

（4）研究新情况，解决新问题。

四个部分明显地表现出层层递进、步步深入的关系。

（三）并列式结构

即几个板块之间没有递进关系，只是并列关系。常见的也有以下两种形式。

1. 标题式并列

例如，邓小平1979年11月2日在中央党、政、军机关副部长以上干部会议上所作《高级干部要带头发扬党的优良传统》的报告，讲了三个问题：

（1）高级干部的生活待遇；

（2）认真选拔接班人；

（3）切实关心群众生活。

这三个问题之间显然是并列关系。

2. 提示性并列

围绕一个主题，从多个方面进行阐述。一种是每一个问题的开头都用"关于"介词，以示要讲什么问题；另一种是每个问题开头有一个主题句，形成独立的角度，但总体上又不脱离主线。例如，毛泽东 1949 年 3 月 13 日在党的七届二中全会上所作的关于《党委会的工作方法》的讲话，通篇 2700 字，讲了 12 个问题。

上述三种结构形式究竟采用哪一种，在实际中一般遵循两条原则：一是根据主题的需要；二是根据领导的意图。

四、领导讲话要注意的问题

（一）要正确导向

领导讲话要体现党和国家的意志、人民的意志，看人看事不能带偏见，下结论不能带个人情绪。立党为公，执政为民，这是一条基本原则。

要用历史唯物主义和辩证唯物主义分析问题，绝不能宣传唯心主义。林彪讲"中国几千年才出现一个天才"，什么思想的"顶峰"，"一句话顶一万句"，都是典型的唯心主义。有一个基层单位的领导说，我们厂的办公楼要建在坡上，这样单位的发展才会走上坡路。可见其缺乏马克思主义的基本常识。

要有高度，要有风度。领导讲话的意义在于鼓舞人、启迪人，任何时候都不能流露出灰心丧气的情绪，即使是遇到很大困难，也要坚持鼓舞士气，用有说服力的道理和事实给群众指出光明的未来。同时，领导讲话要出言谨慎，注意分寸。特别是不可激化矛盾，加深对立情绪。2005 年 10 月 27 日，法国巴黎北郊克利希苏布瓦镇的两名男孩在躲避警察时不幸触电身亡，该市数百名青少年上街抗议。在这个时候，法国内政部长萨尔科奇在讲话中称他们为"暴民"，并表示要用"铁腕"手段来平息暴乱。媒体认为，萨尔科奇的极端言行引起了郊区移民居住区居民不满，给事态火上浇油，乃至骚乱波及多个城市，纵火、抢劫等破坏行为嚣张一时。

（二）要紧紧扣住一个中心

一般来说，领导讲话一次只讲一个主题。有的领导常常一次讲话要讲多个主题，"东扯葫芦西扯瓢"，问题一大堆，让人听得心烦意乱，会议一散什么也没记住。这是领导讲话之大忌。

（三）宜短不宜长

有话则长，无话则短，这是领导讲话要特别提倡的。有的领导一张口就不着边际，大话、套话，一耗就是两三个小时。浪费时间、浪费精力，也影响工作。对这种现象，解决的办法是要做到"四不"：不讲与主题无关的事，不讲大家耳熟能详的事，不讲过去讲过的事，不讲没有意义的事。在这方面我们不妨学学西方有些国家开会计算会议成本的办法。

（四）语言要生动活泼

语言生动活泼，才能增强讲话的吸引力，可以考虑下面一些技巧：

第一，引用典故。毛泽东同志讲话善用典故，信手拈来，挥洒自如。例如：用"愚公移山"的典故，讲排除万难去争取反帝反封建斗争的胜利；讲"农夫与蛇"的典故，号召"将革命进行到底"等，让人听得津津有味，不知不觉从典故中得到启迪，明白道理。

第二，运用比喻。毛泽东同志在《抗日战争胜利后的时局和我们的方针》一文中，在讲到抗战的胜利果实应该属于谁时，以种桃树、浇桃树、摘桃子作比喻，说明胜利果实是属于抗战军民的，既形象生动，又深刻有力。

第三，选用古语。在讲话中适当选用一点古语来帮助说明观点，效果也很好。例如，某同志在"企业评政府"的讲话中引用了《梁史》中"屋漏在上，知之在下"这句古语，简洁、深刻地说明了"企业评政府""下评上"的意义，与会者听后留下了深刻的印象。

第四，采用群众语言。群众语言是丰富多彩的，通过加工提炼选用到领导讲话中来，不仅通俗易懂，而且可以增强亲切感。例如，某领导同志在讲发展农村经济时提出通过出口创汇"赚洋钱"，推广"骑着黄牛奔小康"的经验等，这样的群众语言无疑增强了讲话的感染力。

【案例】

改革科技体制是为了解放生产力

（1985 年 3 月 7 日）

我们今天到这里来，是祝贺你们会议的成功，是表示对科学技术、对知识的尊重。

七年前，也是三月份，开过一次科学大会，我讲过一篇话。主要讲了两个意思，两句话。一句叫做科学技术是生产力；一句叫做中国的知识分子已经成为工人阶级的一部分。当时，所以要讲这两条，是因为有争论。七年过去了，争论已经解决了。结论是谁做的？是实践做的，群众做的。

我很高兴，现在连山沟里的农民都知道科学技术是生产力。他们未必读过我的讲话。他们从亲身的实践中，懂得了科学技术能够使生产发展起来，使生活富裕起来。农民把科技人员看成是帮助自己摆脱贫困的亲兄弟，称他们是"财神爷"。"财神爷"这个词，不是我的用语，是农民的发明。但是，他们的意思，同我在科学大会上讲的话是一样的。

我也很高兴，科技界的同志这几年做了很多工作。我们国家的经济搞得不错，光景一年比一年好。人民是满意的，全世界是公认的。这里面，有你们的一份功劳。中央要求科技界面向经济建设。你们是出了大力的。同志们不仅出了很多科技成果，而且以主人翁的态度，为国家出了许多很好的主意。我们的科学家、教授、工程师，走到工厂，走到地方，到处都受欢迎，到处都请你们谈战略，谈远景，谈规划。科学技术专家这样广泛地参加经济、社会决策活动，是我国几千年历史上从来没有过的。科技专家在我们国家里的政治地位社会地位已经同过去大大不同了。你们的工作做得越好，越有成绩，就会使全国人民越加懂得知识的可贵，推动大家都来尊重知识，学习知识，掌握知识。人们正在通过你们的工作，来评价科学技术在现代化建设中的地位，评价科学技术人员的作用。

现在要进一步解决科技和经济结合的问题。所谓进一步，就是说，在方针问题、认识问题解决之后，还要解决体制问题。去年，中央作了经济体制改革的决定。全世界都在评论，认为这是中国共产党的勇敢的创举。现在，中央还要作科技体制改革的决定。你们这次会议为中央做出科技体制改革的决定作了准备。这个决定草案，我看是个好文件，这个文件的方向，同整个经济体制改革的方向是一致的。经济体制、科技体制，这两方面的改革都是为了解放生产力。新的经济体制，应该是有利于技术进步的体制。新的科技体制，应该是有利于经济发展的体制。双管齐下，长期存在的科技与经济脱节的问题，有可能得到比较好的解决。

改革经济体制，最重要的、我最关心的，是人才。改革科技体制，我最关心的，还是人才。人才问题，别的不说了，今天就讲两点。第一，能不能每年给知识分子解决一点问题，要切切实实解决，要真见效。第二，要创造一种环境，使拔尖人才能够脱颖而出。改革就是要创造这种环境。人才是有的。不要因为他们不是全才，不是党员，没有学历，没有资历，就把人家埋没了。善于发现人才，团结人才，使用人才，是领导者成熟的主要标志之一。这两点，请各单位讨论一下。

我们奋斗了几十年，就是为了消灭贫困。第一步，本世纪末，达到小康水平，就是不穷不富，日子比较好过的水平。第二步，再用三五十年的时间，在经济上接近发达国家的水平，使人民生活比较富裕。这是大局。我们在国际上要争取和平的环境，在国内要排除一切干扰。我们这些人能做的工作，只是为大家创造条件。有了干扰，就排除它一下。发现有什么东西束缚了大家，帮助大家想点办法，解放出来。工作还是要靠大家去做。希望大家放开手脚，把经济搞上去，把生产力搞上去。

（邓小平同志在全国科技工作会议上的讲话《邓小平文选》第三卷）

第四节　述职报告

一、述职报告的含义和特点

述职报告是指担任领导职务的干部或单位负责人，按照制度规定或工作需要，向主管部门、董事会以及本单位选出的群众代表，陈述本人前一段时间在经营管理中，履行岗位职责的情况，对是否实现本岗位的任内目标做出自我评价。

述职报告以书面形式递交，但通常都是口头报告，或者先口头报告然后再递交书面稿。

述职报告具有工作总结和工作报告的一些共同特点，但同时具有区别于二者的不同特点。

述职报告的特点：

一是态度的诚实性。述职就是述说自己在某个领导岗位上履行职责的实绩和不足，是组织和群众了解一个领导称不称职的情况来源之一。因此，要如实介绍和评价自己，有什么说什么，不能有意识地拔高自己，隐瞒问题和失误，要体现对组织和群众的忠诚老实。

二是表述的特定性。述职报告所述的时间段是特定的。半年、一年或者一届，一般是组织规定，不能自作主张。所述内容范围也是特定的。述职报告所述的内容与分管工作的范围是相等的。如同是正职，党内正职和行政正职的工作内容是不同的；同是副职，主管经营的与主管生产的工作内容是不同的。

三是评价的慎重性。述职报告是个人的阶段性历史资料，一般都要进入档案。因此，在进行自我评价、自我鉴定的时候，一定要慎重。功过是非、贡献大小、责任大小，都要客观真实，既对组织和人民负责，也对自己负责。同时，自我评价是与组织评价、群众评价相统一的。自我评价的一切不实之词，都会在组织和群众鉴定时产生负面效应。因此，从这个意义上讲，述职报告的慎重性是由组织和群众的检验尺度决定的。

二、述职报告的写作

述职者在口头述职之前，应当认真准备书面报告。这不仅有利于述职的准确性、慎重性和稳妥性，而且在一般情况下上级要求呈交书面文稿。述职报告书面稿的准备，主要考虑三个问题，即明确写作目的、突出写作重点、合理安排层次。

（一）述职报告的写作目的

述职报告的写作有三个目的：

从组织的角度看，是考察干部政绩，识别干部优劣，培养干部能力，提高干部素质，因才施用的重要手段；从群众的角度看，是领导干部接受民主监督的有效途径；从述职者自身来看，是履行岗位职责以及工作是否称职的自我检验，是为了总结成功的经验和失误的教训，以便在今后的工作中扬长避短，使自己不断走向成熟的自我调控措施。

（二）述职报告的写作重点

述职报告的重点是写前一阶段的工作实绩，并且围绕实绩说明履行岗位职责的适应性，亦即能否胜任这一岗位的工作以及对完成本职工作所表现的事业心、责任心，为完成本职工作所采取的措施、方法等。有的人写述职报告按德、勤、能、绩、廉一项项地套，其实大可不必。一个领导干部任期内的工作最重要的是有没有政绩，有多大政绩。突出政绩，将德、勤、能、廉四者体现其中。当然，政绩不是写出来的，是做出来的，要用典型的事例说明工作所取得进步的程度，并且实事求是地对自己做出评价，以诚实的态度对待组织和人民。

（三）述职报告的层次结构

述职报告要从六个层次上安排结构。

第一层：开头部分。要清楚地交代三点：所述职的时段；所担任的职务和主管的工作；述职期内工作实绩的概况。所谓概况就是概括说明自己所主持的工作的主要效果，最好能用数据说明。这一层要写得尽可能短。

第二层：归纳前一时期抓的几项主要工作。之所以要归纳，一是为了使所述事项显得集中，二是有利于突出重点，不至于使人感到零乱。归纳应按工作的性质分类，而不应按时间分类。陈述所做的工作不仅要说明本人做了什么，更重要的是要说明做得怎么样，要说效果。这一部分实际上是写政绩，要注意体现述职者立党为公、执政为民的境界，做好工作的事业心和责任心。这是述职报告的主要部分。

第三层：归纳取得工作成绩的原因，亦即做好上述工作采取了哪些有效措施和方法。这是与上一个层次紧密联系在一起的。这一部分主要是体现述职者的工作能力和水平。

第四层：归纳前一时期履行岗位职责存在的问题。这是为了一分为二、实事求是地评价自己，也是实事求是评价客观环境。

第五层：分析存在问题的原因。这既有利于自己从中吸取教训，以便日后加以改正，又有利于使组织和群众了解实情，实事求是地看待存在的问题。

第六层：亦即结尾部分。对是否完成了岗位目标，是否称职做一简要结论；然后简要地谈一下今后的设想和进一步搞好工作的决心。

三、述职报告要注意的问题

一是必须实事求是。述职报告不同于一般的表态，一定要写得实实在在，既不要夸大成绩，也不必过分谦虚。分析存在问题的原因，是自己的责任就大胆承认，不是自己的责任或不应负主要责任，要说明客观原因。

二是必须照标准评价。评价的标准就是岗位职责规定的责任范围和目标。离开这个标准就失去了评价的依据。

三是必须注意群体效用。任何工作都不可能独自一个人完成，它有上级的正确指导，也有同级的配合和协助，更有下级的支持和努力。表达时语言要得体，要有利于组织和群众的理解和接受。

四是必须体现个性。每个述职者由于岗位不同，管理能力和工作方法不同，因而工作业绩一定要有别于他人，突出自己的特点，不要照抄照搬他人，跟别人一个面孔，一个套路。

五是必须清晰简洁。在准备书面稿的时候，要考虑口头表述的特点，跟其他讲话一样，要避免过多的书面语言。层与层、段与段之间要合理停顿，语气谦虚，但声调要抑扬顿挫。另外，简洁也是很重要的，事无巨细，时间拉得太长会使听众不耐烦。适度的篇幅本身就是对事物把握能力、概括能力和表达水平的体现。

【案例】

2003 年工作述职报告

××高等职业学院副院长×××

随着 2003 年的结束，我进入了人生的第 50 个年头，已不年轻。但既然在这个位子上没下来，待一天，就要考虑三百六十五天的事；干一年，就要想十年、二十年以后给学院造成的影响。我分管学生工作、招生和就业工作，深知自己肩上担子的分量，深知只有把心用到位，把责任尽到位，把工作做到位，殚精竭虑，做到无愧于学生，无愧于学校，无愧于组织的重托，才能胜任副院长的职务。

下面我从三个方面述职。

一、事业心比较强，对学院、对自己分管的工作是负责任的

招生是学院的首要任务。我全年差不多一半的时间在外面，历经 11 个地区 39 县。在向社会作宣传的同时，先后到 3 个矿务局、14 个地（县）煤炭局、19 个煤矿联系行业内生源。每天奔波十多个小时，晚上七八点钟才休息是常有的事。记得去××地区的××煤矿，已是夜幕降临，人地生疏，路途偏僻，找不到吃晚饭的地方，找不到旅社。赶到矿里时已是深夜 12 点钟了，40℃的高温天气，没有水洗澡，既无奈又滑稽。但是想起 2002 年在安化境内过雪峰山遇上山洪暴发，被关了 15 个小时，相比之下倒是很满足了。耕耘虽然辛勤，收获却也令人满意，2003 年行业内招生学历教育与短期培训达到××××人，比上年增加 1.5 倍。其中短训班毛收入突破××××万元。社会普通高职专科招生××××人，比上年增长 27.8%，两项综合创历史最好水平。

学生在校期间最让人揪心的是人身安全。上半年的四五月份闹"非典"，我主持防治工

作，那一段神经绷得很紧，手机 24 小时开机。晚上 12 点以前没睡过觉。由于校园条件的限制，管理难度大。我除了及时向领导小组汇报情况、提出建议以外，还加强检查督促。几次晚上"防非办"和学生处、治安室的同志查堵网吧的学生，我都在现场指挥，抓处理落实。

由于新生人数增加，居住拥挤，安全问题更加突出。我要求学生部门和班主任把防火防盗防突发事件作为日常管理的重中之重。由于"两桥""农舍"是木板装修，很容易失火，我带领总值班的同志和学生部门的同志几乎每周检查一次，在力所能及的范围内及时处理了一些安全隐患。这一学期结束了，南北两院的学生是平安的。

2003 年的毕业生就业，直接受到"非典"的影响。我们并没有因此而放松这项工作。就业部门的同志在"非典"风声很紧的情况下，冒着风险走南闯北，安排了××××名学生就业，就业率比去年提高 6%。

二、努力探索，树立新的教育理念，在人才的培养上形成了一套基本的思路

这两年，在依法治校、以德治校的前提下，我强调从计划经济那种行政管理手段管学生的模式下脱离出来，树立服务为本、情感教育的新理念。我在实践中探索了一些适合我院特点的思路。在学生的培养目标上，我把培养标准简化为：既会做人又会做事。会做人，一是爱国家、爱事业，道德、品质好，二是有善于交际的能力；会做事就是有谋生的本领和适应岗位的身体素质。在对学生肩负的社会责任的认识上，我强调，学生是社会主义的建设者和改造者，因而我们在人才的培养上，一定要为国家大业培养人才，对民族未来负责。须知高等院校是先进生产力的孕育园地，是先进文化的旗手和开拓者。

近两年我一直提倡建立现代师生关系，我把这种关系概括为：权利义务平等的合作关系、共同谋划未来的战略伙伴关系和感情真挚的朋友关系。老师要培养学生成才，同时也要培养自己成才，要与学生一起成长。

我把做学生工作的内容概括为导向、服务、管理三原则。

我把做学生工作的要求概括为感情到位、工作到位、责任到位、制度到位四个方面。

我把校园文化分解为精神文化、物质文化、制度文化、团队文化四个系列。

我的这些理念和思路，得到了广大班主任和学生工作部门同志的认同。学生管理工作逐步形成了规范化、科学化、协调化的局面。

三、明确目标，突出重点，不断创新，努力提高工作水平

做任何事情，都要有明确的目标，才不会盲目行事，做无用功。2003 年的招生工作，我年初就明确了：高职部分有大的突破，成教部分力争稳中有升，短期培训创历史水平。总体上稳中有升。

在具体操作中：

1. 成教招生以争取报名点为重点。通过努力，我校成为××地区唯一报名点，为扩大生源形成了天时地利人和的条件，报考我校的考生为该点其他院校总数的 8 倍。

2. 招生宣传工作明确各部门领导为责任人，以调动广大职工积极性为重点。

3. 学历班招生以高职专科为重点；成教大专以企业送培为重点。

在学生工作强调德才兼备、注重综合素质这一目标下，我要求不同时期有不同的工作重点。新生入学初期以稳定为重点；学生稳定下来以后以培养健康向上的精神风貌为重点；巩固提高阶段以综合素质教育为重点；毕业前夕以上岗的适应性教育为重点。这些工作，在方法和手段上力争有所创新。例如，让高年级比较优秀的学生担任新班副班主任；指派老生做

新生的稳定工作等，提高了思想工作的可信度。

连续两年的大型迎新生篝火晚会，使新生感到了学校的真诚、校园的温馨；每月一次的校园之星的评选和展览，校园小报的出版，各种文体活动和社团活动的频繁开展，成为正面引导学生奋发向上的思想阵地。安定团结、健康向上的局面正在形成。

概言之，我只是做了应做的工作，与组织和师生员工的要求还有很大距离。在新的一年里，我决心认真贯彻"三个代表"思想，脚踏实地地工作，为学院的发展做出更大的贡献。

2004 年元月 7 日

第五节　事迹报告

一、事迹报告的含义及其特点

事迹报告是个人或集体的代表，在某种专题会议上，将所做过的不平凡的事情向听众介绍。

事迹报告的特点主要表现在：

一是遵命性。它是为上级机关召开经验交流会、组织巡回报告团服务的，因而它是按照上级指示进行的，而且所讲的内容须事先经上级审稿。

二是典型性。"事迹"体现的是一种先进的时代精神，它对于弘扬高尚品德和人性的真善美，推动社会主义精神文明建设具有榜样作用。内容多是成功的经验和个人的高尚行为介绍。

三是单一性。一般选择单位或个人事迹的某一个角度进行介绍，而不是多侧面地总结。因此，它有一个相对集中的主旨，注重突出被介绍对象的特点。

四是感召性。在表述方法上，不用条款组合和事项组合的结构方式，而是用真实感人的故事，叙述被介绍者做过的一件一件的事情。它要求讲得情真意切，具有感染力和号召力。

二、事迹报告写作前要做的两项工作

事迹报告必须事先准备讲稿。讲稿有的是报告人自己写的，有的是有经验的写作人员整理的。不论是何种情况，都应当做以下两方面的准备。

（一）做好调查，掌握资料

接到事迹报告的写作任务之后，要做的第一件事就是去了解写作对象的情况，掌握第一手资料。这个工作一般分四步走：

第一步，与领导交谈。领导对被写对象的情况掌握比较全面，与他们交谈不仅能直接搜集到一些资料，更为重要的是可以对被写对象形成一个总体印象，对其基本情况和主要特点有个初步了解，使后面的调查如何深入有较明确的目标。

第二步，搜集已经成文的资料。其主要指被写对象前段时期的总结、汇报材料以及他人写的调查报告、新闻报道、表扬稿、内部简报等，只要是有的，就都搜集来，并且浏览一遍，以加深对被写对象的印象。

第三步，召开座谈会。召开座谈会是开展调查，掌握第一手资料的主要方法。召开座谈

会之前对要了解的问题应列出提纲，同时确定参加座谈会的人员。参加座谈会的人员要具备三个条件：熟悉情况；有代表性；愿意说话。

召开座谈会时，要注意五个问题：以平易近人的姿态同与会者交谈；既要让人充分说话，又要注意引导谈话不离开会议的主题；对有价值的问题要问得仔细、具体；要认真做好笔记；最后要和与会者谈谈被写对象的特色是什么，之所以成为"先进"的主要原因是什么。

第四步，个别采访。这主要是对座谈会谈得不透的问题做进一步的了解；同时对先进个人和先进集体中做出贡献的当事人，需要直接与他们本人谈情况的，也以个别采访为宜。个别采访要注意四个问题：一要预选约定时间，使对方有思想准备，切不可冒失登门；二要注意方法，可以从拉家常或谈工作上的其他问题切入正题，一般不宜单刀直入；三要作记录时尽量不引起对方不安。四要平易近人，给对方以信任感。

（二）定主旨，定角度

一个先进单位或先进个人往往各个方面都不错，但事迹报告最好只写其一个侧面，以取得窥一斑见全豹的效果。这主要是瞄准角度，突出被写对象的特色，突出被写对象"高人一筹"的地方。例如一个企业，经济责任制落实得好，按劳分配搞得好，打破大锅饭搞得好，领导班子建设搞得好等，但比较起来按劳分配搞得最好最有特色，我们就专写其是如何抓按劳分配的。确定了角度也就产生了主旨，这里说的主旨指的是要告诉读者一个什么样的核心问题。

角度的准确选择和主旨的高度概括是决定事迹报告分量轻重和成败的关键，因而作者要认真分析已掌握的资料，并参考领导意见和座谈会上提出的一些观点，做到从实际出发，实事求是。

主旨的确定要有应有的高度。一定要抓住事物的本质，深入挖掘其思想内涵，写出被写对象的闪光点来。当然，"高度"必须忠实于客观，绝不可人为地拔高。

三、事迹报告的结构

事迹报告的结构由标题、署名和正文三部分组成。

（一）标题

标题的写法主要有三种形式：

一是陈述式。用浅显通俗的句子表述所写对象的工作特点，如《我厂贯彻按劳分配原则的几点做法》《安全生产常抓不懈》。

二是设问式。用提问的方式表述自己的工作特点，如《我们是怎样贯彻按劳分配原则的》《我们是怎样抓党支部建设的》。

三是揭示经验式。用精练的语言，将经验或工作的最主要特点概括出来。这种标题常常是由两个半句组成，如果能用对偶，语言会显得更为精练，如《推销搞得活　超市人超多》《推行目标成本管理　提高企业经济效益》。

（二）署名

署名放在标题以下空一行的中央，要写先进单位的全称，个人材料姓名前面要加所在单位的名称。署名的字号要比标题小。

（三）正文

正文由开头、主体和结尾组成。

1. 开头

开头介绍基本情况，主要是四个方面的情况：

（1）概况。写集体的，要说明单位性质、规模、主要产品、职工构成情况等；写个人的，要说明所在单位、身份和做什么工作等。

（2）时间。即写的是哪一段时间的事情。

（3）背景。即某项工作进行之前的基本情况。下文写主体时要向读者回答"我们是怎样做工作的"，而在开头介绍背景的目的是说明"我们是在什么情况下做这项工作的"，或者说"我们做这项工作的起因是什么"。背景是主体部分展开的基础，因而在开头部分占的分量较重。

（4）效果。即工作主要成绩或重要贡献。开头部分切忌空泛议论，既要简练，又要具体。概况、时间、效果要三言两语交代清楚。背景的篇幅也要短小。

2. 主体

事迹报告的主体只写好的做法或者先进的事迹。它要告诉读者或听众：我们是怎样努力做工作的、我们做得好的原因是什么、采取了一些什么好的做法。要抓住被写对象的"闪光点"，挖掘出高尚的思想境界，并以一系列的事实从不同的侧面展开思路。

在写主体时，要把握三条：

（1）要紧紧扣住主旨，把"我们是怎样做的"归纳成几个方面（习惯上归纳成三个方面，也有的归纳成四个方面），这样显得事迹突出，条理清晰，给人以深刻的印象。如果加上小标题，就更会条理清楚。例如，有一篇介绍个人事迹的报告，标题引了主人公的一句口头禅，"办法总比困难多"。下面用了三个小标题，其结构方式是：

办法总比困难多（总标题）

挑着困难上台阶（第一小标题）

在探索中开创新局面（第二小标题）

硕果来自艰辛（第三小标题）

它紧扣主人公不怕困难、勇于开拓这一主旨，一个小标题反映一个方面，三个小标题使内容形成一种紧密连贯、层层递进的态势。

在归纳的基础上，要对每一个方面的具体做法作充分的阐述。所谓充分，就是要通过对前段实践情况的介绍，使经验能够成立，使读者信服，使读者感到值得借鉴，值得学习，值得推广。

（2）要从实际出发，写出带有规律性的东西来。什么是规律性呢？当我们把握了工作的效果（成绩）之后，就应该分析一下被写对象的实践过程，看看前段在什么样的指导思想下做了什么事情，采取了哪些措施，以及这些做法、措施与效果之间有何联系。如果我们确认这个联系是必然的，那么，这些指导思想、做法和措施，就是决定实践活动成功的带规律性的东西。我们把它归纳、概括出来，成为经验和体会。

这里要特别注意的是：做了什么和如何做的，写法上与总结、报告不同。一方面，表述时要体现一种因果联系；另一方面，事例不能干巴巴的，要有故事性、情节性，甚至要运用悬念和曲折的技巧，要以感动人为表述目的。

（3）要实事求是，避免片面性。写经验，写做法，写措施，写效果，都要符合实际情况，概括归纳不等于艺术加工，不能任意拔高、夸大，同时看问题不能片面，不能搞"一贯正确"。

3. 结尾

一般情况下，用几句话概括全文，突出主旨，强调自己做法的正确性。有时还可以用三言两语概括自己存在的不足和今后进一步搞好工作的决心。有的事迹报告事完笔止，不另写结尾。

最后另起两到三行注明完稿的年、月、日。年、月、日在台上不需要说出来，但讲话稿一般需要存档，所以注明完稿的年、月、日是必要的。

【案例】

说说儿子向群

李德清

我的儿子李向群是一个普通的孩子。

我家过去很穷，托国家改革开放和党的富民政策的福，我带领全家做服装生意，终于过上了富裕的日子。向群初中毕业后，和他哥姐一样，随我一起做生意，很快就成为一个带车跑运输的小老板。可是，向群自己并不满足，他想当兵、想报国。

经过连续两年的报名体检，他终于如愿以偿，于1996年12月7日接到入伍通知书，成为一名光荣的解放军战士。他高兴得手舞足蹈，一进家门就抱着他妈猛跳猛转。儿子要出远门了，我和他妈真是千言万语，想叮嘱的话儿很多很多，最后只归结为一句话：共产党是代表人民利益的，咱家祖孙三代承受着共产党的恩情。可是，家里还没有一个共产党员，你到部队可要好好干，一定要干出个好党员回来！

1998年6月，一身戎装、胸挂一枚三等功奖章的向群从部队回来探亲，就在人们称赞他当兵一年多就荣立三等功的时候，他妈妈悄悄问他，入党没有，向群一下子就脸红了，他郑重而又满怀自信地说："妈，您放心，下次我一定入了党再回来。"他妈妈鼓励他说："今年不行，明年再争取，再不行就转志愿兵，当10年兵总可以入党吧。"

同年8月，李向群在抗洪第一线光荣地加入了中国共产党，实现了他自己、实现了我家几代人的心愿。然而，仅仅8天之后他就离开了我们。他，还没有来得及把这个喜讯告诉我们啊！他所在的部队的领导带我们去同向群的遗体告别，我们一眼就看见儿子身上覆盖着鲜红的党旗。

我听说向群参加抗洪时，将身上带的钱悉数捐给了灾区，还没有来得及交党费，我就找到团领导，递上2000元。我说："这是向群的党费。"

向群到部队不久，给我们来信说，部队生活很紧张，他有点不习惯；军事训练搞不上去，心里很着急。有一次，我利用出差机会到部队去看他，连队批给他一天假，要他陪我玩一玩。可他跟我说："阿爸，今天陆军学院的教官到我们营上课，讲部队新装备知识，若耽误就很难补回来。"

我回家不久，收到向群的信，他说："阿爸，您千里迢迢来看我，没有陪你玩一玩，我心里很过意不去。下次有机会，一定陪您老人家好好游游桂林山水。"

读了向群的信，联想到亲眼所见的他在部队的表现，使我感到儿子进步大了。他，把亲情藏在心底，把在部队学习训练摆在第一位，遇事分得清孰轻孰重，真是懂事了。当兵要当个好兵！争取早日入党，当上先进分子。这个意愿使他以英雄模范为榜样，严格要求自己，处处争上游。我分明感觉得到儿子内心的充实，儿子思想境界的升华。他的觉悟和素质的提高，超越了我的期望值，我们做家长的，真的把心放下了。

去年6月间，向群回家探亲没几天，就从电视新闻中看到广西等地接连发生洪涝灾害，他开始坐不住了，心神不宁。一天晚上11点多，他急匆匆地对我们说："阿爸，阿妈，部队肯定有抗洪任务，我想明天赶回部队去。"我们知道儿子的脾气，平时邻里乡亲有什么事他都要帮一把的，他帮人解危济困是奋不顾身的，何况眼下人民受灾、国家有难？我问他怎么走，他说坐船过海，再转乘火车到桂林。我知道他巴不得马上就回到连队——人都说探亲的时候会归心似箭。于是我建议说，抗洪抢险跟打仗一样，你还是坐飞机走吧。他一听正中下怀，露出孩子般欣喜的笑脸，连声说："好！好！"

第二天，我开车送向群去飞机场，途中绕道海口服装市场，匆匆与正在那里忙碌着的他的妈妈告别。后来，他妈妈常常为此责怪我说，要不是急着送儿子上飞机，儿子就可以和她多讲几句话了。这一走，竟成了永诀。

那天下午，我正在服装厂处理一些事，有人急忙跑来喊我接电话。原来，是向群所在团的领导打来的，告诉我说向群病重，住在武汉总医院，要我和他妈妈马上赶去。我的心一下提了起来，隐约感觉向群出事了！天快黑的时候，我又接到向群战友的电话，说向群牺牲了。我腿一软，一屁股瘫坐在藤椅上，眼泪跟开闸似的直往下淌。当时，向群他妈妈在外忙活着还没回来，向群还有七八十岁的奶奶和姥姥，她们怎么承受得住这个打击呀！我悲伤地走出家门，在街上晕头转向地转来转去。我已经10年没有抽烟了，这时却忍不住走到烟摊前，我怕会难以控制地放声大哭。

晚上，我支支吾吾地对老伴说，阿群病了，部队领导让我们明天去武汉看一看。他妈妈先是一惊，再一看我的脸色完全不对头，眼泪就唰地一下涌出来了。此后，她的眼泪再也没法儿断线。她一遍又一遍地追问："阿群到底得了什么病？有没有危险？会不会出什么事？"我没法回答她，我除了使劲咬牙，就是使劲抽烟。我们一夜没睡。

第二天，我和他妈妈坐飞机赶到武汉，一出机场，早已迎候在那里的团领导就跑过来，紧紧握着我们的手，一句话还没说，眼泪先哗哗流下来了。向群他妈妈全明白了，顿时伤心欲绝，几次哭昏过去。

当时长江第七次洪峰就要到了。形势依然严峻，抗洪抢险任务依然十分紧张。我想，儿子走了，洪水还没走。我应该替儿子继续抗洪，了却他的心愿。我向部队首长再三请求："让我们到儿子牺牲的地方去参加抢险，完成他没有完成的任务吧！"部队首长答应了我们的要求。8月26日晚上，我穿上儿子的迷彩服、救生衣，并在救生衣上写上我的名字：李德清。我决心和儿子生前战友一起，战斗到取得抗洪抢险的最后胜利。这就是我和我的全家，对儿子、对亲人的爱的表达。

出发之前连队集合，我站在队列里，只听连长大声点名"李向群！"又听全连官兵齐声答"到！"那一刻，我内心充满庄严感觉，儿子没有死！向群他活着！他的挚爱情怀，已经和他的战友，和他的事业，和祖国人民的利益融为一体！我真想大声说："谢谢了！"可是心里一热，眼泪一个劲儿流，什么也说不出来了。那天晚上，我一直在大堤上干到12点多钟。第二天上午，我继续和连队一起，投入加固堤坝的战斗。我一袋一袋地扛着沙包，一趟一趟地奔跑，整整干了一个上午。向群的战友们劝我休息，我不肯；装土的少给我装一点，我也不干。我说"向群扛多少我就扛多少，向群是怎么干的我也怎么干！"

向群的妈妈怀着对儿子的无限追念，来到向群生前所在班，把全班战士的脏衣服、鞋子、袜子抢过来，一件件洗干净，晒干后又一件件叠好。

我们还把荆州市、公安县给我们的两万元慰问金就地捐给了灾区。我们爱儿子。我们也要像儿子一样，爱祖国，爱人民！

（摘自《解放军报》1999 年 10 月 23 日）

【简析】

个人事迹报告与写单位的经验材料有所不同。个人事迹报告应当着重挖掘人物的思想形成过程，极力展示其精神境界。本文抓住李向群在优裕的经济条件下所表现的"想当兵，想报国"的崇高精神，通过参军、立功、抗洪、入党等故事，写出了英雄平凡中见伟大。同时，得到噩耗的悲痛、通过其父代交党费、到部队化悲痛为贡献等片断，使人感到，正因为有了不平凡的父母，才培养了伟大的战士。为英雄的成长找到了思想之根。

以生动的事例展开平实的叙述，以事写人，以事托人；融情于笔端，感人于肺腑，这是这篇报告的特色。

思考题

1. 领导讲话有哪些基本特点？怎样写出领导讲话稿的高度？

2. 领导讲话怎样谋篇布局？起草领导讲话稿要注意哪些问题？

3. 述职报告有何特点？怎样安排述职报告的层次结构？其写作重点是什么？

4. 怎样准备事迹报告？怎样安排事迹报告的结构？

第六节　致词

国家机关和企事业单位，为了加强合作，拓展业务，增进友谊，重要的交往活动需要举行礼仪仪式；一些公民有时也有庆典活动。其中主要人物的致词，就成了不可或缺的内容。

所谓致词，就是在举行某种仪式的时候，或者某种礼仪交往中，所发表的口头或书面的文辞。它对沟通宾主的情感，点明活动的主题，突出仪式的意义，烘托现场的气氛，有着重要作用。

使用频率最高的致词有欢迎词、欢送词、答谢词、祝贺词等。

一、迎宾欢迎词

迎宾欢迎词是在迎宾仪式上，由主人对来宾表示欢迎所做的致词。

它主要由称呼、表示欢迎的话语和结尾语三个部分组成。如果要作为一种存档依据，所拟写的文稿，要加标题和落款，只是在宣读欢迎词的时候，并不念出来。

（一）标题。一般写法是：在欢迎×××仪式上的致词。

（二）称呼。称呼是当面招呼所有来宾用的表示彼此关系的名称。例如，"尊敬的××先生及夫人，女士们、朋友们"。其位置在标题以下空两行，顶格写。

（三）主体。即表示欢迎的话，要表达四层意思：

第一层，对来宾表示欢迎。通常要点明主要来宾的单位、姓名，在姓名后面加上职务或者"先生"、"女士"之类的称呼。对来宾的同行者也要概括性地打招呼。

第二层，对双方的关系做出评价。就是双方合作以来关系如何、业务领域是否得到发展等方面予以概括性的说明。评价要有客观的、积极的、向前看的态度。

第三层，说明来宾到访的意义。就是来宾这次访问，对双方未来的发展前景将带来怎样的影响。

第四层，表示礼貌性的挽留和加强合作的希望。

（四）结尾语。对来宾表示祝愿。祝愿这次来访获得成功。

（五）落款。即致词人的职务、姓名和年、月、日。这些内容事先主持人会有说明，在致词仪式上致词人无须念出来。

【案例】

在欢迎×××先生宴会上的致词

尊敬的×××先生及夫人，女士们、先生们、朋友们：

今天，我们在这里举行隆重的宴会，宴请我们的老朋友——来自××国××公司的总裁×××先生及夫人一行。首先我代表本公司董事会，对远道而来的贵宾表示热烈的欢迎和诚挚的敬意。

××国××公司与本公司已经有了六年的合作历史，六年来，我们不仅是合作的伙伴，同时也是事业上的朋友，我们之间有了很好的信任，建立了亲密的友谊，对此，我们双方都是十分满意的。

×××先生这次率团来访，必将拓宽我们的业务领域，扩大我们的合作空间。我真诚地希望，×××先生及夫人一行能在这里多逗留一些时间，为我公司的发展提出更多宝贵的意见，传授更多宝贵的经验。

祝×××先生的访问取得圆满成功！祝各位贵宾身体健康、旅途愉快！

$$××××公司董事长×××$$
$$××××年××月××日$$

二、会议欢迎词

会议欢迎词，是在扩大经贸领域的交流而举行的邀请性会议，或者某种专题性论坛，以及有必要举行仪式的会议的开幕式上，主办单位的主管领导人对与会者所做的欢迎性致词。

会议欢迎词的格式与迎宾欢迎词基本相同。

（一）标题。一般写法是：在×××会上的致词。这也是仪式上无须念出来的。

（二）称呼。就是向与会者打招呼，如"尊敬的××先生及夫人，女士们、朋友们"。其位置在标题以下空两行，顶格写。

（三）主体。这一部分通常为四个层次：

第一层，介绍参加会议的主要人物、介绍与会的代表来自哪些方面（不必具体到人，如今天到会的有学生代表、工人代表、农民代表），并表示欢迎。

第二层，简要说明会议的背景，也就是这次会议是在什么前提下召开的。

第三层，说明举行本次会议的重要性和必要性。这是会议欢迎词分量最重的部分，但也要注意概括，不能过于具体。

第四层，对会议做个预见性的评价。

【案例】

×××会议欢迎词

各位领导、各位专家、各位朋友：

大家早上好！

由国家×××委员会和×××人民政府等发起组织，×××发展改革委员会、××省经济委员会、××省科技厅和××大学等部门和单位承办的全国×××会议，今天隆重开幕了。首先，我代表××大学，对本次学术会议的召开表示热烈的祝贺，并向参加会议的各位院士，国家有关部委和有关部门领导，各位专家学者及会议代表表示热烈的欢迎！

全国×××会议在我校召开，探讨风力机空气动力学问题，交流国内外风能利用和风电产业发展情况，共商我国风电产业发展大计，不仅将有力地推动全国、尤其是××省的风能利用和风电产业的发展，也必将大大促进我校风能技术研究中心建设，推动我校风能技术学科的发展。在此，我代表××大学，对×××委员会、×××有关机构和×××学会等全国性学术组织在我校举行如此重要的学术会议表示真诚的谢意！向给予本次会议指导帮助并亲临会议的领导表示衷心的感谢！

××大学是我国西部地区一所办学历史悠久、学科门类较全、社会影响广泛的理工科院校。这所学校前身是创立于××××年的……作为一所西部高校，能够承办本次学术会议，是促进我校学科建设再上水平的一次良好机遇。我们真诚感谢各位院士、各位领导和专家学者对本次学术会议的支持和参与。我们将认真做好会议组织和接待工作。真诚地欢迎各位院士、各位领导和专家学者对我们的工作多提宝贵的意见及建议。

预祝本次学术会议圆满成功！

谢谢大家！

×××年××月××日

致欢迎词要注意以下问题：

一是语气热情、友好、温和、礼貌，这是欢迎词的基本要求。

二是要简洁、精练、口语化。一般事务性内容不出现在欢迎词里，可以写入"会谈公报""会谈纪要"等文件中。欢迎词的语言基调是礼节性的。

三是要巧妙地表达自己的原则立场。欢迎者与被欢迎的人，都各自代表自己的单位或国家讲话。在某些场合，既要表示友好，还要通过婉转的方式巧妙地表达己方的原则立场。

四是要尊重对方的风俗习惯，不讲对方忌讳的内容。

三、答谢词

答谢词是在某些社交场合主人致欢迎词，或欢送词之后客人为了对主人的热情接待和访问期间的精心安排表示感谢，所发表的致词。

答谢词的格式与其他致词大体相同。

（一）称呼。先跟主人及主人方面的在场人员打招呼，如"××总裁，女士们、先生们"等。

（二）开头。应对主人所做的各项安排给予高度评价，对主人的盛情及有关方面做的工作表示感谢。

（三）主体。一般写三个方面：一是对这次访问取得的收获和留下的美好印象给予肯定；二是这次访问的意义、将产生的影响；三是对双方关系今后的发展提出自己的看法和希望。

（四）结尾。最好是主体部分的意思表达清楚就结束，用再次表示感谢收尾。

致答谢词应注意以下问题：

一是凡是致词都要注意口语化，要让人容易听懂，答谢词也不例外。

二是它同欢迎词一样，要巧妙地表达自己的原则立场。

三是答谢词的篇幅应尽量短小，致词的时间不应比主人致词的时间长。

【案例】

国民党主席连战在与胡锦涛会见时的答谢词

（2005 年 4 月 29 日）

胡总书记、各位女士、先生：

今天本人跟内人以及中国国民党三位副主席，率领很多的朋友，大家一起应胡总书记的邀请能够来访问大陆，我要在这里首先表示最由衷的感谢。

诚如总书记刚才所讲，今天的聚会是国民党和共产党六十年来的头一次，也是在两岸的情况之下 56 年来党和党见面交换意见最高层次的一次，难能可贵。

我也很坦诚地来跟各位提到，那就是这一趟来的并不容易。我一再讲台北、北京，台北、南京距离不远，但是因为历史的辛酸，让我们曲曲折折，一直到今天才能够见面。所以我说，有点相见恨晚的感觉。

当然，中国国民党、中国共产党，我们过去曾经有过冲突，我们都知道这些历史的过程。但是历史毕竟已经走过去的事情，我们没有办法在此时此刻再来改变历史，但是未来却是掌握在我们的手里。

当然，历史的进程不会是很平坦的，但是这个不确定的时代，不确定的未来，尤其给我们提供了很多很多的机会，假如我们都能够以正面的态度勇敢地来面对，以迎接未来这种主导的理念，来追求未来，我相信"逝者已矣，来者可追"。

我个人觉得，两岸今天形势的发展，实在是让我们非常的遗憾，因为在 1992 年，各位都知道，经过双方的努力，不眠不休，夜以继日的努力，当时参与的很多位都在场，我们终于能够建立一个基本的共识。在那个基础之上，我们在 1993 年进行了辜振甫先生和汪道涵先生的会谈，打破了 40 多年来的一个僵局。两岸的人民同声叫好，对未来充满了希望。我那个时候主持行政的工作，也是全力地在配合，表达我个人以及国民党坚定的一个意向，辜、汪两位先生会谈之后，事实上带来两岸大概有八年之久的非常稳定的、发展的、密切交流的时间，非常正面的发展。

但是遗憾的是，过去这十多年来所发生的事情，大家都很了解。离开我们这样一个共同塑造愿景的进程受到了很大的挫折。但是，我也感到一个非常令我们欣慰的事情，那就是胡总书记在一两个月前所提到的对和平的一个呼吁，和平的一个愿景，可以说给我们一个很大的正面的思考方向。

今天，我个人虽然是国民党的主席，也是带着一份人文的情怀，一种和平的期盼，同时也是身为民族的一分子，来到这个地方。

我觉得我们来到这里，有几项意义，可以跟各位做一个报告：

第一，今天有人还只在从五十年前甚至于六十年前国共之间的关系、思维、格局来思考这个问题，来评断我们的访问，但是我觉得，我们已经远远超越了那个时代，已经远远超越了那个格局。

今天诚如刚才总书记讲的，我们是以善意为出发，以信任为基础，以两岸人民的福祉做依归，以民族长远的利益做目标。我相信，我仍在这样的基础之上，绝对应该避免继续对峙、对抗，甚至于对撞，要的是和解，要的是对话。所以，我们也相信，这样的做法有民意的基础，有民意的力量，我在这里不必再麻烦大家举很多的数据。

第二，和平都是大家所希望的，但是和平必须要沟通，沟通必须要有架构。什么是架构？国民党跟中国共产党，在1992年提到了"一中各表"的基础，我们也希望能够继续在这样的基础之上建构两岸共同亮丽的未来和远景。

第三，我想借这个机会特别指出，现在是我们可以总结过去历史的一个契机，让我们把握当前，让我们共同来开创未来。

所以，在这样的一个理念之下，我非常盼望，过去那种恶性的循环不要让它再出现，我们尽我们的力量能够建立一个良性的循环，从点到面，累积善意，累积互信，我相信这种面的扩充会建立一个非常坚实的基础，而不是像这种恶性的循环，怨怨相报，由点而线而面，其结果互信完全崩盘，善意不再，结果是我们大家都受到损害。

所以，今天我以这些心情很坦诚地跟总书记和各位女士先生提到我个人亲历的一个历程。

这次56年以来头一次国民党主席和副主席，党的干部能够到南京紫金山中山陵向中山先生致敬，心情感伤、复杂，但是我们也非常的感谢。中山先生弥留的时候一再要大家和平奋斗来救中国，和平奋斗事实上不是那个时候的一个专利，而是大家要共同努力，一直到今天，我都信奉不渝。

秉持这样的精神，我都相信双方假如继续加强我们相互的理解和信任，我相信一定会给我们两岸所有的人民带来更好的、更多的安定，更好的、更多的繁荣，同时更重要的是给两岸带来亮丽光明的希望和未来，这是我今天在这里首先跟总书记和各位表达的一些意见。谢谢！

（《握手在春天——连战、宋楚瑜应邀访问大陆》人民出版社2005年版）

四、欢送词

（一）欢送词的特点

欢送词是主人在某种较为隆重的场合，向即将离别的来宾和与之同行的亲友发表的致词。欢送词最显著的特点：一是惜别性，主人舍不得客人或亲友离开的情感溢于言表；二是期盼性，字里行间不免有希望客人一路平安、希望友谊长存的感情流露。

（二）欢送词的格式

欢送词的格式同欢迎词一样，由称呼、表示欢送的话和结尾语三个部分组成。

表示欢送的话应当分四个层次：

第一层，说明现在为什么人举行欢送仪式，主人是以什么身份、代表谁向宾客表示欢送的。

第二层，回顾和阐述来宾访问期间，双方在哪些问题上达成了一致的立场，取得了哪些进展；陈述加强合作和交流给双方带来的益处，阐述其深远的历史意义。如果是私人欢送词，应注意回顾双方良好的过去、深厚的情谊，以后的情感会怎么样。

第三层，表达主人对双方今后合作愉快、合作领域扩大的希望；欢送个人的则希望双方如何加强联系、加深友谊；希望对方事业发达、前程似锦以及希望对方身体健康等。

第四层，表示祝愿。祝对方一路平安和日后健康。

（三）致欢送词要注意的问题

一是欢送词的抒情意味很浓，但要注意感情基调不要过于低沉，要给人以鼓舞，尤其是公务的交往更应把握好言辞的分寸。

二是一定要注意了解来宾来访期间的活动情况，访问所取得的进展（如交换意见，形成共识，签署了什么样的联合公报，发表了什么样的联合声明，有哪些科技、贸易、文化及其他方面的合作等）。只有掌握了这些情况，内容才会丰富、准确。

【案例】

中台办主任陈云林在北京首都国际机场
欢送亲民党大陆访问团一行致词

（2005 年 5 月 13 日）

亲民党大陆访问团的全体成员、各位朋友：

今天，北京的各界人民和台商代表在这里欢送亲民党宋主席、张副主席以及全体访问团的成员，今天北京的天气是"东边太阳西边雨，道是无晴却有晴"，真道是"天若有情天亦老，人间正道是沧桑"。

访问团的所有的成员，在这短短的九天里，从西安到南京，从南京到上海，从上海到长沙，最后到北京，这九天里融入在我们两岸兄弟一家情的亲情之中，九天的时间虽然短暂，但是瞬间可以创造历史，这九天的瞬间已经在两岸关系史上留下了历史的永恒。

在改善两岸关系的漫长道路上，我们还会遇到几多的波折，几多的艰辛，宋主席、张副主席和亲民党的各位朋友还可能几经磨难，但是不管有多大的磨难，我们坚信人民会终于理解我们。

亲民党反对分裂我们共同家园的斗争，请你们相信，你们的背后将永远站立着包括台湾同胞在内的13亿我们的兄弟姐妹、父老乡亲。飞机已经启动，各位就要登程，我们衷心地感谢亲民党、宋主席、张副主席以及各位在九天的访问里，留给了我们大陆所有同胞难忘的记忆，带来了台湾同胞对大陆同胞的深情厚谊，我们也借此机会希望亲民党代表团的所有成员，带去我们对海峡彼岸我们的骨肉同胞深厚的情谊和良好的祝愿！

我们相信宋主席和张副主席率领的亲民党大陆访问团的"搭桥之旅"必将架起我们海峡两岸心灵沟通的彩虹！

（《握手在春天——连战、宋楚瑜应邀访问大陆》人民出版社 2005 年版）

五、祝词

（一）祝词的功用

祝词是在庆祝节日、举行庆典等社交活动时，领导人向合作单位或公众表示祝贺的致词。

祝词适用的范围十分广泛。国际交往、国内各种场合的集会、宴会、喜庆活动等，都经常用祝词来表达祝愿之情。祝词的运用，可以促进不同国家之间、政党和组织之间的友好往来，起到沟通思想、联络感情、增进友谊、促进交流和加强合作的作用。

常见的祝词有：祝贺词、祝寿词、祝酒词等。

（二）祝词的格式

祝词由称呼、开头、主体、结尾、落款五个部分组成。

称呼。祝词的称呼是对被祝贺对象的称谓，要求与前面几种致词相同。

开头。祝词的开头有两种方法：一种是表明对某种活动或者某种庆典的祝贺之意，这是开门见山的方法；另一种像演讲一样开头，运用一些技巧。

主体。可以分三个层次来写：

第一层，对被祝贺单位所取得的进步表示欣慰、表示祝贺。

第二层，陈述对方的发展对自己或自己所代表的单位的意义。

第三层，对对方光明前景的展望。

主体部分要尽可能生动，有激情，有新意，最好能选择一个角度，围绕一个中心话题发表自己的见解。

结尾。用一句话祝愿对方美好的未来。

落款。致词人的单位和日期。由于主持人已经作了介绍，就不必念出来。

（三）致祝词的要求

一是要充满诚意，情感炽烈，富于启发性、鼓动性和感染力。

二是要短小、精悍，紧凑有力。

三是祝词属于演讲词的范畴，无论是口头语言还是体态语言，都应当讲究技巧。

【案例】

谨祝各位圣诞快乐

〔英〕温斯顿·丘吉尔

各位为自由而奋斗的劳动者和将士：

我的朋友、伟大而卓越的罗斯福总统，刚才已经发表过圣诞前夕的演说，已经向全美国的家庭致友爱的献词。我现在能追随骥尾讲几句话，内心感到无限的荣幸。

我今天虽然远离家庭和祖国，在这里过节，但我一点也没有异乡的感觉。我不知道，这是由于我本人的母系血统和你们相同，抑或是由于本人多年来在此地所得的友谊，抑或是由于这两个文字相同、信仰相同、理想相同的国家，在共同奋斗中所产生出来的同志感情，抑或是由于上述三种关系的综合。总之我在美国的政治中心地——华盛顿过节，完全不感到自己是一个异乡之客。我和各位之间，本来就有手足之情，再加上各位欢迎的盛意，我觉得很应该和各位共坐炉边，同享这圣诞之乐。

但今年的圣诞前夕，却是一个奇异的圣诞前夕。因为整个世界都卷入一种生死搏斗之中，使用着科学所能设计的恐怖武器来互相屠杀。假若我们不是深信自己对于别国领土财富没有贪图的恶念，没有攫取物资的野心，没有卑鄙的念头，那么我们今年的圣诞节，一定很难过。

战争的狂潮虽然在各地奔腾，使人们心惊胆战，但在今天，每一个家庭都在宁静的、肃穆的气氛里过节。今天晚上，我们可以暂时把恐惧和忧虑抛开、忘记，而为那些可爱的孩子们布置一个快乐的晚会。全世界说英语的家庭，今晚都应该变成光明的和平的小天地，使孩子们尽量享受这个良宵，使他们因为得到父母的恩物而高兴，同时使我们自己也能享受这种无牵无挂的乐趣，然后我们担起明年艰苦的任务，以各种的代价，使我们孩子所应继承的产业，不致被人剥夺；使他们在文明世界中所应有的自由生活，不致被人破坏。因此，在上帝庇佑之下，我谨祝各位圣诞快乐。

（《世界名人演说精粹》江西人民出版社 1991 年版）

注：这是丘吉尔 1944 年冬访问美国时所作的一段圣诞祝词。祝词从共同的血缘，共同的文字、信仰出发，将自己同美国人民的心联结在一起，把自己融化在听众之中。这种精心求同的演讲策略使双方的情感一下子拉近。这是一篇构思充满智慧的祝词。

第七节　开幕词与闭幕词

一、开幕词和闭幕词的含义

开幕词是举行隆重的会议、会展或重要活动，由领导人或活动主办方负责人在开幕时的讲话。

闭幕词与开幕词相对应，是会议、会展、活动闭幕时，由领导人或主办方负责人在闭幕时的讲话。

二、开幕词包括的内容

第一，对与会者的称呼。例如，"女士们、先生们、同志们、朋友们"，或者是"各位代表、各位来宾"等。应根据会议或活动的性质和参加者的身份确定。

第二，开头段。简要交代会议（会展、活动）的名称、届次、主题和背景。主题指的是会议或活动的基本精神，背景是指本次会议或活动是在什么新形势、什么环境下进行的。

第三，主体部分。一是概要说明以往的成效：即上次会议或活动结束以来这项工作的主要成果和进展，一般用高度概括的语言予以表述。二是本次会议（会展、活动）的意义、主要内容、主要任务、要解决的主要问题、要达到的基本目标和要求。三是对会议（会展、活动）的展望和企盼。

第四，结束语。对与会者的祝福和对听众表示致谢。

开幕词的要求：

一是要有积极向上的基调。开幕词应当鼓舞与会者的信心，调动与会者真诚合作，为完成会议目标共同努力的积极性。

二是要简洁流畅。开幕词宜短不宜长，语言精练、语句畅达、言辞恳切、情感真挚是其表述的基本特点。

【案例】

武汉市第三届社区体育运动会开幕式致词

武汉市人民政府副市长　×××

武汉市社区体育运动会迎来第三个华诞，这是对武汉群众体育改革成果又一次检验，也是市民体育健身活动的集中展示，对于深入贯彻《中华人民共和国体育法》，推进《全民健身计划纲要》的实施，促进人民身体健康和武汉经济社会协调发展，具有十分重要的意义。

武汉市社区体育运动会起步早、立意高、规模大、形式新，深受全市人民喜爱，成为市民群众踊跃参与的体育盛会，在全国产生了较大影响。自我市率先面向市民举办社区体育运动会以来，我市体育事业蓬勃发展，群众体育活动高潮迭起，尤其是社区体育凸现出强劲的张力，成为城市跨越式发展中的一道亮丽风景线，使楚汉名城更富激情与活力，更显生机与魅力。

近年来，武汉市牢牢把握服务社会发展，服务精神文明建设，服务群众身心健康的基本方向，以争创体育先进社区为主线，在"全民"上下功夫，在"健身"上做文章，努力满足人民群众日益增长的健身需求，逐步形成了政府、社会、个人三者有机结合，社区、单位、家庭共同发展的社区体育新格局。目前，全市健身人群不断扩大，体育人口不断增多；25个市级单项体育协会常年组织开展体育活动，2600多名社会体育指导员积极指导市民健身；全市共投建全民健身路径676条、健身苑50个，拓展大中型晨晚练点1979个；涌现出全国城市体育先进社区12个、省级城市体育先进社区17个，市级城市体育先进社区28个，并创建国家级全民健身工程12个、省级全民健身俱乐部6个。社区体育的发展为武汉的社会稳定、经济发展、文化繁荣做出了积极贡献。

当前，武汉市正处于加快发展的重要时期，市委、市政府规划了全面建设小康社会的美好蓝图，确立了强市富民的宏伟目标。要实现这一目标，必须进一步发展体育事业，进一步提升全民健身意识，进一步激发市民参与运动、关爱生命、珍惜健康热情，推动城市经济和社会发展。我们将坚持社区体育社区办、社区体育全民参与的宗旨，全力以赴地办好武汉市第三届社区体育运动会，努力把这次大会办成展示改革开放和城市建设新成就的盛会，办成开创体育事业和社区文明建设新局面的盛典，办成广大市民携手共进迈向新时期的盛大节日。

预祝武汉市第三届社区体育运动会圆满成功！

（《中国体育报》2004 年 6 月 26 日）

三、闭幕词包括的内容

（一）对与会者的称呼。

（二）开头段。对本次会议（会展、活动）取得的成效、收获用一两句话做出评价，如"圆满成功""顺利结束"之类的话，并宣布致闭幕词。

（三）主体部分。简要总结本次会议（会展、活动）有哪几项成就或收获。收获一般用概括的语言表述，如果收获较大，可以分条列出。闭幕词只概括成就，不说存在什么问题。即使在某些重要事情上存在意见不一致的情况，也应用隐性的语言巧妙表述，如"关于大学是否继续扩招的问题，我们将作进一步的探索"。

另外，对成就或收获的表述，既是对会议（会展、活动）的总结，也是对会议（会展、活动）所形成的共识的概括，而且是未来开展工作的指导方针。这三者的有机统一，常常成为闭幕词的基本特色。要能起到对未来工作具有鼓舞信心、激励斗志的作用。

（四）结束语。提出落实本次会议（会展、活动）精神的希望。对与会者致谢和祝福。宣布闭幕。

【案例】

**×××地区铅锌银矿找矿方向及工作部署
研讨会闭幕致词**

各位领导、各位专家、各位代表：

为期四天的×××地区铅锌银矿找矿方向及工作部署研讨会就要闭幕了，我代表×××地矿局对这次会议所取得的丰硕成果和会议的圆满成功，表示热烈的祝贺！

作为本次会议承办单位中的一员，我有幸与各位领导和来自北京、天津、宜昌、西安、武汉、内蒙古、湖北等地的一大批地学专家以及来自陕西、山西、湖北、河南等省"地调院"同行共同工作、学习、生活了几天。各位领导和专家不辞辛劳来到×××，并深入野外一线检查指导我们的工作，以渊博的知识，科学求实的态度，民主、和谐、严谨的学风，对我省×××地区铅锌银矿找矿工作给予了细心指导和高度评价，使我深受感动。特向你们再一次表示最诚挚的感谢！

××省是一个资源大省，×××地区又是我省重要的矿产聚集区之一，各位领导和专家对如何加快和加大这一区域矿产资源调查评价及科学研究、综合开发利用的速度和力度提出了许多宝贵的意见和建议，必将对该区乃至××全省的这方面工作带来极大的促进作用和深远影响。会后，我局将及时召开专门会议，认真贯彻落实这次会议的有关精神，按照这次会议的意见和要求，进一步调整×××地区的找矿工作部署，改进我们的工作方法，力争取得新的突破，取得更多、更大的成绩，以此来回报中国地调局、华北项目办及各位专家、学者对我们的关爱！

这次会议在××召开，我们受中国地调局的委托承担会务工作，虽然我们会同×××地矿局、××县政府、×县地矿局作了一些努力，但毕竟受条件所限，加之经验不足，接待和服务工作中有许多不如意、不周全的地方，恳请各位予以批评谅解，并请中国地调局和华北项目办明年再给我们一个机会，请更多的领导和专家到我们××来，到我省西南来检查指导工作，我们一定将会议办得更为精彩和周全，当诸位下次再来时，一定会更多一些欢愉，再少一点遗憾！

最后，预祝各位在返回的途中一路顺风，并祝各位身体健康，工作顺利，万事如意！

（《中国矿业》2003 年第 5 期）

思考题

1. 怎样致迎宾欢迎词和会议欢迎词？应注意什么问题？
2. 致答谢词要表达哪三个方面？应注意什么问题？
3. 欢送词要表达哪四个层次？应注意什么问题？
4. 祝词要写清哪三个层次？致祝词有何要求？
5. 怎样致开幕词和闭幕词？

第四章 沟通

假如人际沟通能力也是同糖或咖啡一样的商品的话，我愿意付出比太阳底下任何东西都珍贵的价格购买这种能力。

——洛克菲勒（美国）

沟通是信息交流的重要手段，它就像一座桥梁，连接着不同的人、不同的文化和不同的理念。良好有效的沟通能让交流的双方充分理解彼此的意愿，达成共识。

美国著名未来学家奈斯比特曾指出"未来竞争是管理的竞争，竞争的焦点在每一个社会组织内部成员之间及其外部组织的有效沟通上"，管理者与被管理者之间的有效沟通是一切管理艺术的精髓。不同的沟通方式，迥异的沟通效果。

第一节 沟通综述

在人类的生存活动和社会活动中，"沟通"是一项不可或缺的内容。我们只要多留心周围的事情便会发现，任何情侣、夫妻、亲属、邻里之间以及商业、社交、公务、管理等活动都离不开与人沟通。

婴儿从出生开始，就要学习与父母沟通以及认识世界；幼儿通过与伙伴沟通，实现游戏和玩耍；学生必须与教师沟通，才能获得知识；青年必须与异性沟通，才能获得爱情；下级应该与上级沟通，以获得理解和支持；老板必须与下属沟通，以完成经营目标；商家必须与客户沟通，以改善经营；政治家必须与民众沟通，以获得支持。事实上，人在醒着的状态时约70%的时间都在做这样或那样的沟通。与人交谈、读书看报、上课听讲、看电视、听广播、上网聊天等都属于沟通。既然沟通与我们的生活这样密切相关，那么我们就有必要掌握一些沟通的知识，让沟通架起一座人与人之间交流的桥梁。

一、什么是沟通

美国著名的普林斯顿大学对一万份人事档案进行分析发现："智慧""专业技术"和"经验"只占成功因素的25%，其余75%取决于良好的人际沟通；哈佛大学就业指导小组调查结果显示：在500名被解职的男女中，因人际沟通不良而导致工作不称职者占82%。企业执行力不好，其中最大的问题源自于沟通，也就是说，执行者没有搞清楚整件事情的来龙去脉就开始执行操作，这种错误概率肯定非常高。

那么，究竟什么是沟通呢？关于沟通的解释，可谓众说纷纭、莫衷一是。一般认为，所谓沟通是指：为了设定的目标，把信息、思想和情感在个人或群体间传递并最终达成协议的过程。

二、沟通的特点

(一) 沟通必须有发起方

首先，沟通必须有发起方，即谁主动去沟通。例如，教师给学生上课，教师就是发起方；下属找上级汇报工作，下属就是发起方；上级找下属谈话，上级就是发起方。

(二) 沟通有明确的目的性

沟通都是带有目的的。例如，教师上课是为了把知识传授给学生；下属找上级沟通通常是为了向上级汇报工作情况，寻求理解或支持；上级找下属沟通的目的通常是表扬、批评、提拔，或者调整下属的工作岗位等。

一般来讲，沟通的目的主要包括：

向被沟通者寻求支持或理解；

与被沟通者达成协议或谅解；

向被沟通者介绍、汇报情况；

向被沟通者宣传观点、理念等；

在被沟通者处寻找工作、销售等机会；

向被沟通者销售产品等。

(三) 沟通是信息的传递

沟通的实质是信息的传递，我们可以通过语言、表情、姿势、动作、文字、图片等各种手段传递信息。

(四) 沟通是一个双向、互动的反馈和理解过程

我们每天都在进行沟通，但这并不表明我们是一个成功的沟通者。沟通不是一种纯粹单向的个体行为，而是一个双向、互动的活动。例如，你告诉了对方你所要表达的信息，但这并不意味着对方已经与你沟通了。因为沟通的目的不是行为本身，而在于结果。如果对方并未对你发出的信息做出反馈，那就没有达成沟通。

三、沟通的种类

一般来说，沟通可分为口头沟通和书面沟通。沟通中的绝大部分信息都是通过口头来传递的。口头沟通方式灵活多样，既可以是两人之间的娓娓深谈，也可以是群体中的雄辩舌战；既可以是正式的磋商，也可以是非正式的聊天；既可以是有备而来，也可以是即兴发挥。口头沟通是所有信息沟通中最直接的方式，其优点是快速传递和即时反馈，其缺点是信息在传递过程中存在失真的可能性。

书面沟通是指通过书面记录进行沟通的方式，如通过书信、电子邮件、报刊、图书等方式进行沟通。书面沟通时，信息发送者与接收者双方都拥有沟通的记录，且沟通的信息可以长期保存，可作为法律证据等。此外，如果对信息的内容有疑问，完全可以过后查询，这一点对企业来说尤为重要。书面沟通的另外一个优点是：通过记录信息，可以促使人们对自己要表达的东西更认真地进行思考。

我们后面所研究的几种沟通方式均为口头沟通。

四、常见的沟通障碍

（一）沟通障碍的主要来源

沟通障碍主要来自三个方面：发送者的障碍、接受者的障碍和信息传播通道的障碍。

1. 发送者的障碍

在沟通过程中，信息发送者的情绪、倾向、个人感受、表达能力、判断力等都会影响信息的完整传递。其障碍主要表现在：

沟通目的不明确；

表达能力不佳；

信息传送不全；

信息传递不及时或不适时；

知识经验的局限；

对信息有意识或无意识的过滤。

2. 接受者的障碍

从信息接受者的角度看，影响信息沟通的障碍因素主要有如下几个方面：

信息译码不准确；

对信息有意识或无意识的筛选；

对信息的承受力不佳；

心理上的障碍；

受主观因素或现有认识的影响；

受情绪影响。

3. 信息传播通道的障碍

信息传播通道的问题也会影响到沟通的效果。信息传播通道障碍主要有以下几个方面：

选择沟通媒介不当。例如，对于重要事情而言，口头传达效果较差，因为接受者认为"口说无凭、随便说说"而不加重视。

几种媒介相互冲突。当信息以几种形式传送时，如果相互之间不协调，便会使接受者难以理解传递的信息内容。例如，领导表扬下属时面部表情很严肃甚至皱着眉头，就会让下属感到迷惑。

沟通渠道过长。组织机构庞大，内部层次多，从最高层传递信息到最低层，或从低层汇总情况到最高层，中间环节太多，就容易使信息损失较大。

外部干扰。信息沟通过程经常会受到自然界各种物理噪音、机器故障的影响或被其他事物干扰，或者双方距离太远，沟通效果都会受到影响。

（二）克服沟通障碍的主要方法

针对前面各种常见的沟通障碍，可采用如下方法加以克服。

1. 沟通要有认真的准备和明确的目的性

沟通者自己首先要对沟通的内容有正确、清晰的理解。重要的沟通最好事先征求他人意见，每次沟通要解决什么问题、达到什么目的，不仅沟通者清楚，而且要尽量使被沟通者也清楚。此外，沟通不是下达命令、宣布政策和规定，而是为了统一思想、协调行动，所以沟通之前应对问题的背景、解决问题的方案及其依据和资料、决策的理由和对组织成员的要求等做到心中有数。

2. 沟通内容要确切

沟通内容要言之有物，有针对性，语意要确切、准确，要避免含糊的语言，更不要讲空话、套话和废话。

3. 沟通要有诚意

有人对经理人员的沟通做过分析：一天中用于沟通的时间约70%左右，其中撰写占9%，阅读占16%，言谈占30%，聆听占45%。但一般经理都不是一个好听众，效率只有25%。究其原因，主要是缺乏诚意。缺乏诚意大多发生在自下而上的沟通中。因此，要提高沟通效率，必须诚心诚意地去倾听对方的意见，这样对方也才能把真实想法说出来。

4. 提倡平行沟通

所谓平行沟通，是指车间与车间、科室与科室、科室与车间等在组织系统中同一个层次之间的相互沟通。有些领导者整天忙于当仲裁者的角色，而且乐于此事，想以此显示自己的重要性，这是不明智的。领导的重要职能是协调。但是，这里的协调主要是目标的协调、计划的协调，而不是日常活动的协调。日常的协调应尽量鼓励在平级之间进行。

5. 提倡直接沟通、双向沟通及口头沟通

在国外，曾对经理们进行过调查，请他们选择良好的沟通方式：55%的经理认为直接听口头汇报最好，37%喜欢下去检查，18%喜欢定期召开会议。另外一项调查是：部门经理在传达重要政策时认为哪种沟通最有效，共调查了57人。其中，选择召开会议口头说明的有28人，亲自接见重要工作人员的有18人，在管理公开会上宣布政策的有6人，在内部备忘录上说明政策的有5人。这些都说明，倾向于面对面的直接沟通、口头沟通和双向沟通者居多。

6. 设计固定沟通渠道，形成沟通常规

常规沟通渠道的形式很多，如定期会议、报表、情况报告、相互交换信息等。

总之，克服沟通障碍不只是工作方法问题，更根本的是管理理念问题。发达国家的现代企业流行"开门政策""走动管理"，是基于尊重、了解实情、组成团队等现代管理理念，沟通只是这种理念的实现途径。因此，如何克服沟通障碍以及如何建立高效、通畅的沟通，都不应就事论事地解决，而应站在管理理念和价值观的高度，妥善地加以处理。

五、大学生沟通技巧与艺术

（一）大学生掌握沟通技巧的重要意义

一般说来，具有良好人际关系的学生大都具有开朗的性格和热情乐观的品质，从而能够正确认识、对待各种现实问题，化解学习、生活中的各种矛盾，形成积极向上的优秀品质，迅速适应大学生活。相反，如果缺乏积极的人际交往，不能正确地对待自己和别人，心胸狭隘，目光短浅，则容易形成精神上、心理上的巨大压力，难以化解心理矛盾。严重的还可能导致病态心理，如果得不到及时的疏导，可能形成恶性循环而严重影响身心健康。

孔子曾说过，"独学而无友，则孤陋而寡闻"。沟通可以帮助我们加深对自身的认识，以及对别人的认识。在沟通的过程中，彼此从对方的言谈举止中认识了对方；同时，又从对方对自己的反馈和评价中认识了自己。交往面越宽，交往越深，对对方的认识越完整，对自己的认识也就越深刻。只有对他人认识全面，对自己认识深刻，才能得到别人的理解、同情、关怀和帮助。沟通是协调集体关系、形成集体合力的纽带，同时一个良好的集体能促进青年学生优良个性品质的形成，如正义感、同情心、乐观向上等都是在民主、和睦、友爱的人际关系中成长起来的。良好的沟通还能够增进学生的集体凝聚力，成为集体中最重要的教育力量。

目前，一项针对大学生职业适应能力的调查显示，有 41.98% 的学生认为沟通能力的训练是"找工作时对自己特别有帮助的教育内容"，大大超过了专业能力训练（14.9%）、基础知识与技能的训练（17.5%）和心理素质教育（17.5%）等其他知识能力。而在回答"通过择业，你感到自己特别欠缺的素质是什么"时，选择沟通能力的比例最高，达 34.8%，排在分析与解决问题的能力（28.8%）、操作技能（25.9%）、基础知识（4.6%）之前。

良好的社交心理素质与沟通技巧不是与生俱来的，只有在社会化过程中不断地接受系统训练才能获得。而目前，沟通能力的培养恰恰是教育教学内容中的薄弱环节。

（二）大学生沟通处事的技巧建议

大学生在沟通处事时应掌握一定的技巧：

1. 看穿但不说穿。很多事情，只要自己心里有数就好，没必要说出来。

2. 高兴就笑，让大家都知道。悲伤，就假装什么也没发生。

3. 在不违背原则的情况下，对别人要宽容，能帮就帮，不要把人逼到绝境。

4. 快乐最重要，和让自己快乐的人在一起，远离让自己伤心的人和事。

5. 不要总在别人面前倾诉自己的困境，袒露自己的脆弱。

6. 没有十全十美的东西，没有十全十美的人，关键是要弄清楚自己到底想要什么。得到想要的，肯定会失去另外一部分。如果什么都想要，只会什么都得不到。

7. 在某些情况下，善忘是一件好事。它可以使人变得宽容和大度，而不是终日拘泥于一些微不足道的事情。

8. 两个人同时犯了错，站出来承担的那一方叫宽容。

9. 对自己不喜欢的人，可以报之以沉默、微笑。

10. 不要做刺猬，尽量不与人结仇，有些事情也没必要记在心上。

11. 学会妥协的同时，也要坚持自己最基本的原则。

12. 不要停止学习。不管学习什么，语言、厨艺、各种技能……

13. 钱很重要，但不能依靠别人或父母，自己一定要有自力更生的能力。

14. 不要太高估自己在集体中的力量，因为选择离开时就会发现，即使没有自己，太阳照常升起。

15. 过去的事情可以不忘记，但一定要放下。

16. 即使输掉了一切，也不要输掉微笑。

17. 不管做了什么选择，都不要后悔，因为后悔也于事无补；人生就是不断在做选择题，不断地后悔只会带来无尽的烦恼。

18. 不要因为冲动说一些过激的话。

19. 不要轻易许下承诺，做不到的承诺比不承诺更可恶。

20. 不要觉得不了解也会有爱情。在不了解的时候，仅仅是喜欢；当彼此的缺点暴露出来以后，很多时候喜欢也就结束了。

21. 多数情况下说话可以很直接，直爽总比虚伪好。

小测试

你是否令人讨厌？

对下列题目做出"是"或"否"的选择。

1. 在匆忙行走的路上，别人向你打招呼"你好啊！"你会停下脚步同他聊聊吗？

2. 与朋友交谈时，你是否老是以自己为中心？

3. 聚会中不到人人都疲倦时，你不会告辞吗？

4. 不管别人有没有要求，你都会主动提出建议，告诉他应该如何去做吗？

5. 你讲的故事或轶事是否总是又长又复杂，别人需要耐心去听？

6. 当他人在融洽地交谈时，你是否会贸然插话？

7. 你是否经常会津津有味地与朋友谈起一些他们不认识的人？

8. 当别人交谈时，你是否会打断他们的谈话内容？

9. 你是否觉得自己讲故事给人听，比别人讲给你听有意思？

10. 你要朋友信守诺言，常提醒他"你记得否……"或"你忘了吗……"如果他们忘记了，你是否会坚持说他们一定记得？

11. 你是否坚持要朋友阅读你认为有趣或值得一读的东西？

12. 你是否打电话时说个没完，让其他人在一旁等得着急？

13. 你是否经常发现朋友的短处，并要求他们去改进？

14. 当别人谈到你不喜欢的话题时，你是否就不说话了？

15. 对自己种种不如意的事情，你是否总喜欢找人"诉苦"？

评分规则：每题答"是"记1分，答"否"记0分。将各题得分相加，统计总分。你的总分如果超过5分，说明你有许多方面令人讨厌，在日常交往中要注意改进。

【案例】

沟通中的角色问题

著名的英国女王维多利亚与其丈夫阿尔伯特相亲相爱，感情十分和谐。但是由于维多利亚是一国之君，成天忙于公务，出入于社交场合，而她的丈夫阿尔伯特却和她相反，对政治不太关心，对社交活动也没有多大的兴趣，因此两人有时也闹一些别扭。

有一天，维多利亚女王又去参加社交活动，而阿尔伯特却没有去。当女王回到寝宫时已是深夜，只见房门紧闭着。于是女王走上前去敲门。

房内，阿尔伯特：谁呀？

女王回答道：我是女王。

但是门没有开，女王再次敲门。

房内阿尔伯特又问道：谁呀？

女王略带气愤地说：维多利亚。

门还是没有开。女王徘徊了半晌，又上前敲门。

房内阿尔伯特仍然耐心地问：谁呀？

女王温柔地答道：你的妻子。

这时，门开了……

点评

每个人在生活中都扮演着多种角色。例如，我们是老师眼中的学生，长辈眼中的晚辈，同学眼中的同学，朋友眼中的朋友。那么，我们应该根据沟通对象的不同，把握好自己的角色定位。在本例中，维多利亚虽贵为女王，但对于丈夫而言，她的角色是妻子。所以，应站在妻子的角度理解丈夫的所思所想，与丈夫进行沟通。

第二节　工作交流

一、工作交流的定义

这里说的工作交流，简单地说，就是与工作相关联，彼此以口头形式进行的沟通行为。它包括机关、企事业单位的工作人员，在从事办公、生产、经营及其他业务活动中，因指挥、执行所发生的上传下达和情况反馈，也包括个人与组织、组织与组织之间的相互沟通。

工作交流实际上是信息的搜集、加工、整合与利用的重要形式之一。而实物和文献在传递信息时都有各自的局限性。口头信息对这种局限性的弥补具有重要意义。口头信息在学术研究、科技活动和经济建设中有不可低估的作用。一个企业所需的信息，不一定都能从文献上得到，美国一些公司的档案系统就保留着口述档案供分析研究用。

二、工作交流的特点

由于工作交流是一种职场语言行为，责任是交流的核心标志，"公事公办"是语言的基本特征。具体而言，它具有以下特点。

（一）交流的严肃性

工作中不论是指挥、安排、督促，还是汇报、反馈情况，都必须对讲话的内容负责任，因为所说的话都会产生不同的后果，所以，说什么、怎么说，必须严肃、准确、慎重、规范。

（二）内容的明确性

内容明确，意思清楚，才能使听话的人准确掌握情况，做出准确的判断，以利于正确决策或执行，确保工作顺利开展并取得良好效果。工作交流不允许语言含混不清，不知所云，模棱两可。

（三）表述的简洁性

为了提高工作效率，工作交流必须语言简洁，内容精练，时效性强。所谓时间就是金钱，效益就是生命，也应当在工作交流上体现出来。有的西方国家的企业开会要计算会议成本，限制发表意见的时间，这是值得借鉴的。

（四）语言的适应性

国家推广普通话，交流时提倡采用普通话，这是华夏民族语言的努力方向。但让 13 亿人都用普通话交流，肯定要有一个过程，甚至是一个漫长的、艰巨的过程。因此，在现实生活中，要达到顺利沟通的目的，要求沟通的双方能够互相适应对方的语言，说出来的话要让对方能够完全听懂，包括体态动作，要让对方能够完全明白。若不然，就会影响工作，造成交流障碍。

三、工作交流的特殊要求

口头的工作交流，表达是否科学、准确、恰当和到位，直接关系到工作效果，在实践中我们应当掌握其特殊要求。

（一）要直率，但不能粗率

因为工作过程始终追求的是目标的实现，每一个环节都有很强的时效性，同时又具有风险性，无论是指挥者还是执行者，表达时必须表里如一，直言相告，不能吞吞吐吐，否则可能"贻误战机"，严重的会造成工作的损失。但是，直率不等于盲目、冒失，不经思索，不合时宜，不分对象，只图说得出口，那就变成粗率了。例如，有一个煤矿，主管安全的领导下基层检查工作，他走到井口的时候，正好一批工人准备下井。他当着众人的面对其中的采煤队长说："你们要时刻把安全放在第一位呀，昨天××县一个小煤窑瓦斯爆炸死了十几个人知道吗？所以你们绝对不能违章作业！"他说这话本来是善意的提醒，但工人下井的时候最忌讳说"死"字，结果由于情绪不稳定而影响了一个班的生产。在现实生活中这种事可以说屡见不鲜。粗率不仅在工作中可能产生负面影响，而且也有损于说话者的形象。

（二）要平易，但不能失态

这一点对于领导者尤其重要。布置任务，安排工作，不能总是用命令的口气，在很大程度上要通过语言的技巧调动下属的积极性。特别是做思想说服工作，做疏导工作，说话谦和，不摆架子，平易近人，创造一种和谐的人际环境，使下属在愉悦的氛围中开展工作。但什么事情都有一个度，过于随意，口无遮拦，甚至插科打诨，那就有失领导身份，轻则冲淡交流主题，重则有损个人和组织形象。有一个上司给下属安排工作，希望他把事情办好，最后来一句"在家靠父母，出门靠朋友，这事就全靠你帮忙了"。给人的印象是在搞江湖义气，很不严肃。还有一个基层单位的领导，给下级作指示时爱用歇后语，但由于他用的歇后语大多很粗俗，每次只要他说话，女同志便纷纷离场，弄得十分尴尬。另外，体态语言的运用也要得体，有的人不分男女老幼，总喜欢手往人家肩膀上搭，往人家身上拍，常常引起别人的反感。年纪大的人会觉得侮辱了他的人格，女同志则认为你心术不正。所以，不失态是工作交流时应当特别注意的问题。

（三）要谦逊，但不能虚伪

谦逊是一种美德，也是一种风度。自以为是，把别人当作说教的对象，这是工作交流的大忌。谦逊的标志是诚实、实在。但谦逊过了头就是虚伪。一个说话虚伪的人，只会失信于人，只能让人产生警惕心理，交流的效果可想而知。某单位的一位领导，准备把一名中层干部调到一个艰苦的岗位上去，找他谈话时不是从工作需要、能力胜任和服从安排的要求上做工作，而是一开口就说："这事考虑来考虑去，我也不好找别人，我们之间兄弟一样的，有事不靠兄弟靠谁？所以你看在老兄的面子上，把这个担子担起来。"谁知这个中层干部是个急性子，根本不买账，一句话顶了回去："别老是讲兄弟一样的，我都听厌了。你不跟哪个人都是讲兄弟一样的吗？我担当不起，这事我也干不了，你另请高明吧。"结果不欢而散。如何掌握谦逊与虚伪的区别呢？我们在开口说话之前，要先想一想自己是否出自真心，是否持有诚意，只要内心是坦诚的，说出话来就不会有虚伪之感。

（四）要谨慎，但不能含糊

工作交流是很严肃的事情，开口之前一定要考虑成熟，想想自己的话符不符合客观实际，符不符合政策和本单位的大政方针，说出来有什么作用，有什么后果。所谓慎思、慎言，深思熟虑，三思而后说，这都是争取少出错或不出错的重要前提。但如果为了避免不说错话而过于谨小慎微，瞻前顾后，什么事都是"研究研究""考虑考虑""再说吧""再看吧"，那就等于什么也没说，听的人不知所云，执行起来无所适从。有个街道办事处的领导向县政府领导汇报，说他们那里垃圾堆在马路边上，既堵塞交通又影响居民环境，群众反映强烈，希望县里投资建个垃圾站。那位县领导只说了三句话"是一个问题""你们的想法不错""绝不允许交通和居民环境受影响"，就再没有了下文。这事后来被媒体曝光，那位县领导反过来责怪办事处对他的指示贯彻不力，让人啼笑皆非。在现实生活中更有甚者，就是要滑头，撂担子，不作为，明哲保身，但求无过，这是最不可取的。

实际生活中的工作交流，有领导给下级作指示、上司给下属布置工作、下级向上级报告工作、相互之间介绍情况等形式。

第三节 领导指示与布置工作

一、领导怎样向下级作口头指示

（一）口头指示的特点

向下级作口头指示，一般是领导人在当面听取下级的汇报以后，或者通过其他途径掌握了下级的情况，及时提出的一种指导性、表态性意见。口头指示一般有当场指示和电话指示两种。

口头指示有三个特点：

第一，表态性。就是对下级的汇报表明态度，对下级所做的工作做出客观的评价。

第二，政策性。虽然是一种口头表态，但因为是代表上级机关说话，所以所讲的内容必须体现党和国家的方针政策，体现上级组织或管理部门的统一意志。

第三，指导性。根据下级前段工作的情况，提出有高度、有见地、符合政策、符合实际的、切实可行的努力方向。

（二）口头指示的内容

口头指示一般由两部分组成：

1. 对下级汇报的情况表态。表态要体现"一分为二"的辩证思想，既肯定成绩，又指出问题。成绩要突出具有特色的部分，特别是下级的干得好的做法、创造性的经验，要予以充分肯定。目的是给下级"打气"，使下级发扬光大。指出问题主要是提醒下级对那些趋向性的、影响全局的问题引起重视，以便吸取教训，改进工作。

2. 对今后的工作提出指导性意见。主要针对三个方面：

一是下级在贯彻上级和管理部门的政策、意图上没有引起重视或重视不够的问题；二是针对下级当前存在的主要问题；三是下级虽然做了工作，但力度不够的问题。

第二部分是指示的重点，一般要分条表述，既便于自己能说清楚，也便于下级做记录。

（三）口头指示要注意的问题

1. 注意准确性。只有准确，指示才有分量，否则下级将无所适从。一方面，在下级汇报的时候要集中精力，认真倾听，最好能边听边做笔记；另一方面，在可能的情况下，不妨事先走走看看，做些调查。在这一基础上，能明确提出下级应当从哪些方面努力，而不是模模糊糊，或脱离实际，使下级感到困惑，造成执行上的困难。

2. 注意针对性。一定要就事论事，有的放矢，抓准问题，把话说在点子上。如果问题比较多，要突出主要问题，抓大放小。有的领导由于对情况掌握不全面，或者业务不熟悉，常常对一些次要的问题过于强调，而对可能影响大局的问题却轻描淡写，一句带过，本末倒置。

3. 注意概括性。指示要简明扼要，提纲挈领。对下级汇报的成绩和问题只是扼要地点一下，不要照葫芦画瓢重复一遍。作指示要注意条理化，一二三四，清清楚楚，以便于下级能理解、能记住。

4. 要注意"度"，不论是肯定成绩还是指出问题，都要注意分寸，恰到好处，以起到鼓舞和鞭策的作用。

【案例】

对晋绥日报编辑人员的谈话

......

同志们是办报的。你们的工作，就是教育群众，让群众知道自己的利益，自己的任务，和党的方针政策。办报和办别的事一样，都要认真地办，才能办好，才能有生气。我们的报纸也要靠大家来办，靠全体人民群众来办，靠全党来办，而不能只靠少数人关起门来办。

......善于把党的政策变为群众的行动，善于使我们的每一个运动，每一个斗争，不但领导干部懂得，而且广大的群众都能懂得，都能掌握，这是一项马克思列宁主义的领导艺术。我们的工作犯不犯错误，其界限也在这里。当着群众还不觉悟的时候，我们要进攻，那是冒险主义。群众不愿干的事，我们硬要领导他们去干，其结果必然失败。当着群众要求前进的时候，我们不前进，那是右倾机会主义。......这些问题有许多同志还不懂得。我们的报纸要好好地宣传这些观点，使大家都能明白。

报纸工作人员为了教育群众，首先要向群众学习。同志们都是知识分子。知识分子往往不懂事，对于实际事物往往没有经历，或者经历很少。……要使不懂得变成懂得，就要去做去看，这就是学习。报社的同志应当轮流出去参加一个时期的群众工作，参加一个时期的土地改革工作，这是很必要的。在没有出去参加群众工作的时候，也应当多听多看关于群众运动的材料，并且下功夫研究这些材料。……报社的同志也要经常向下边反映上来的材料学习，慢慢地使自己的实际知识丰富起来，使自己成为有经验的人。这样，你们的工作才能够做好，你们才能担负起教育群众的任务。

《晋绥日报》在去年六月的地委书记会议以后，有很大进步。内容丰富，尖锐泼辣，有朝气，反映了伟大的群众斗争，为群众讲了话。我很愿意看它。但是从今年一月开始纠正"左"的偏向以后的这一时期，你们的报纸却有点泄气的样子，不够明确，不够泼辣，材料也少了，使人不大想看。你们现在正在检查工作，总结经验，这样很好。总结了反"右"反"左"的经验，使头脑清醒起来，你们的工作就会有改进。

经过检查工作、总结经验以后，我相信，你们的报纸会办得更好。应当保持你们报纸的过去的优点，要尖锐、泼辣、鲜明，要认真地办。我们必须坚持真理，而真理必须旗帜鲜明。我们共产党人从来认为隐瞒自己的观点是可耻的。我们党所办的报纸，我们党所进行的一切宣传工作，都应当是生动的，鲜明的，尖锐的，毫不吞吞吐吐。这是我们革命无产阶级应有的战斗风格。我们要教育人民认识真理，动员人民起来为解放自己而斗争，就需要这种战斗的风格。用钝刀子割肉，是半天也割不出血来的。

（《毛泽东选集》第四卷）

二、上司怎样向下属口头布置工作

（一）口头布置工作的特点
口头布置工作就是上司向下属当面交代任务的一种安排性发言。
它有四个特点：
1. 权威性。既然是交代任务，就是必须执行、必须完成的，它具有很大的"命令"成分。
2. 明确性。它要让下属知道做什么、怎么做、什么时候做完。
3. 可行性。布置工作要从实际出发，要考虑目前具备的条件，任务的轻重要考虑通过努力是能够完成的，应尽可能留有余地。当然也不能保守，任务太轻同样不利于调动积极性。
4. 实际性。布置工作虽然具有"命令"的特点，但又要给下属结合实际情况发挥创造性和主动性留有空间。

（二）口头布置工作的方法和内容
第一步，先跟下属打招呼，提示下属注意。口气尽可能热情一点，让人感觉有一种亲切感。例如，"各位朋友，早上好！"
第二步，说一句动听的话，进入话题。例如，"你们辛苦了。现在有一项新的任务要你们完成。"
第三步，交代工作内容。这是布置工作的主要部分。
工作内容包括：

（1）要完成的任务，即具体工作项目、工作数量和要达到的标准等。

（2）对完成任务的要求，包括责任要求、时间要求、步骤要求、质量要求、安全要求、保密要求等。

（3）说明完成任务的措施，也就是通过哪些途径、采用哪些方法来确保任务按时完成。例如，技术力量的调整、工作时间的调整、设施设备的调度以及配套的安全措施、环境措施、经济措施等。

（4）简要分析完成任务的意义，面临的有利条件和存在的困难。目的是使下属心中有数，激发主人翁意识，并且正确估计形势，树立完成任务的必胜信心。

第四步，提出希望，说一句鼓励的话。例如，"你们是最棒的，你们一定能出色完成这次任务，我等候你们的好消息。"

（三）口头布置工作的要求

1. 要明白、具体。口头布置工作与作指示不是一回事，它既不对前段做的事情表态，也不对今后的努力方向作原则性的指导，而是直接下达具体的工作任务，其性质是指令性的。因此，一定要把任务、要求、措施说明白，说具体，便于下属操作。

2. 要言简意赅。布置工作一般受到时间和地点的局限，常常具有紧迫性，因而切不可长篇大论，应当紧紧抓住做什么、怎么做、什么时候做完等问题做出清晰的交代。

3. "严格"与"尊重"相结合。对下属布置工作是讲原则的，是不容许下属抵触的。但作为上司，要尊重下属的智慧、尊重下属的人格，对下属提出的建议要认真倾听，绝不可独断专行。要善于调动下属的主动性和创造性，以便使工作做得更好。

【案例】

东汉末期。曹操的军队进攻刘备，新野危在旦夕。刘备举城迁往樊城。孔明调兵遣将，号令御敌。

孔明聚诸将听令，先教云长："引一千军去白河上流头埋伏。各带布袋，多装沙土，遏住白河之水；至来日三更后，只听下流人喊马嘶，急取起布袋，放水淹之，却顺水杀将下来接应。"

又唤张飞："引一千军去博陵渡口埋伏。此处水势最慢，曹军被淹，必从此逃难，可便乘势杀来接应。"

又唤赵云："引军三千，分为四队，自领一队伏于东门外，其三队分伏西、南、北三门，却先于城内人家屋上，多藏硫黄焰硝引火之物。曹军入城，必安歇民房。来日黄昏后，必有大风；但看风起，便令西、南、北三门伏军尽将火箭射入城去；待城中火势大作，却于城外呐喊助威，只留东门放他出走。汝却于东门外从后击之。天明会合关、张二将，收军回樊城。"

再令糜芳、刘封二人："带二千军。一半红旗，一半青旗，去新野城外三十里鹊尾坡前屯住。一见曹军到，红旗军走在左，青旗军走在右。他心疑必不敢追。汝二人却去分头埋伏。只望城中火起，便可追杀败兵，然后却来白河上流头接应。"

孔明分拨已定，乃与玄德登高瞭望，只候捷音。

（《三国演义》第四十回）

这是出自《三国演义》里诸葛亮火烧新野的故事。诸葛亮给下属布置工作，有明确的目标，有具体的任务，有清晰的分工，有如何执行的步骤，使下属知道做什么、怎么做、什么时候做完。而作为他本人，却又把整盘棋如何走，安排得井井有条。此战曹军损失惨重，成为诸葛亮的神来之笔。

第四节　下级向上级报告情况

一、下属向上司口头报告情况的特点和内容

（一）口头报告情况的特点

下属向上司口头报告情况，是指对前一段时间的总体工作或者对某一个方面的工作的口头汇报。

它有三个特点：

一是被动性。这样的报告一般是应上司的要求做出的，具有随机性和临时性。汇报哪一方面的情况，汇报哪一阶段的情况，是由上司临时决定的，因而它对下属来说往往处于"被动"状态。

二是真实性。下属汇报的情况是上司行使管理方略的重要依据，因而它要求真实反映情况。任何不准确的、虚假的、甚至错误的情况，都会造成管理的失策或者失误。

三是价值性。不论是介绍情况还是分析问题，都应当是重要的事情，事关工作大局的事情，具有典型意义的事情，要有代表性和规律性，能为上司提供具有参考价值的东西。

（二）怎样口头报告情况

向上司报告情况，这是工作中经常遇到的问题。那么，究竟向上司报告哪些情况，说一些什么内容？这是由工作的具体性质决定的。

每一项工作有不同的性质，报告的内容自然不一样。但不管具体内容是什么，概括起来说，一般要报告的主要是三种情况：第一种是前一阶段的工作情况；第二种是当前发生问题的情况；第三种就是对未来的某一情况进行预测的报告。

这三种情况，报告的侧重点是不同的，这就必须听清楚上司的提问，看上司要求你报告哪一方面的情况。上司要求你报告的，就应当有条理地说清楚，上司没有要你报告的，就不要节外生枝。

二、怎样报告工作情况

报告工作情况有两种类型。

（一）专项性工作报告

所谓专项性工作，是指某一个具体项目的执行情况或进展情况，譬如说环境治理、学生减负等。一般要说明以下问题：

1. 这项工作或这个项目是从什么时候开始的，已经进行了多长时间，涉及哪些方面。

2. 目前进度如何，也就是工作进行的程度是否与事前计划的要求一致，是否符合预期目标。这是报告的重点。报告"进度"时要注意当前指标与计划指标的比较，尽可能用数据

量化说明。

3. 如果工作效果明显，要抓住重点说明做得好是因为采取了哪些有效措施；如果进度没有达到预期目标，则要说明主要原因。

4. 说明下一步的打算。

(二) 阶段性工作报告

所谓阶段性工作就是过去一段时间进行的工作。这种报告常常是综合性的。一般应说明以下问题：

1. 首先要确定报告的时间段，是一周的、半月的、一月的，还是一季的。这是根据上司的要求确定的，如果上司没有说，你可以很礼貌地问一下。

2. 开始最好用几个主要数据概要地说明基本情况。用诸如产量、质量、安全、利润等这样的基本指标，来反映前段工作的概貌，用以说明成绩是主要的还是问题是主要的，是前进了还是倒退了，是发展了还是停滞了，使上司对前段情况有一个整体印象。

3. 说明开展工作的主要做法。这是报告的重点。应当表述清楚两方面的内容：一个是工作方针、经营策略。例如，企业的产品销售"瞄准欧美市场、暂不开发国内市场"与"只销国内市场，不销国外市场"就是两种不同的方针。方针策略正确与否，直接决定着工作效果的好坏。另一个是工作措施。就是前段的工作是采取什么样的方法、什么样的途径进行的。要突出有意义的、有特色的、有创新的、效果比较好的来说；与"情况"无关的、意义不大的要省略。这实际上是回答你为什么能把工作做好。

4. 说明还存在什么问题，以及产生问题的原因是什么。下一步准备怎么解决存在的问题。这样能体现你诚恳的态度和实事求是的精神，以及你工作的主动性。

5. 简单说明下一步工作的打算。

【案例】

某电厂采购员小周被派去邻省参加煤炭订货会归来。科长让他直接向主管供应的夏副总经理汇报情况。小周遵命去见夏副总经理。小周敲门进去时，夏副总经理正伏案起草文稿，他犹豫了一下，但还是说明了来意："夏总，我们科长让我来跟您汇报一下订货会的情况。"

"哦。你说吧。"夏副总经理抬起头来，但手里仍然捏着笔，思维还没有完全从文稿中跳出来。小周拿着热水瓶帮夏总把茶添上，递过去。夏总在接茶的空当儿集中了精力，同时邀请小周坐下来。

"夏总，××省的煤炭价格正在往下跌。"小周提起话题。夏总精神一振，"价格往下跌？怎么回事？"

小周简单汇报了订货会的规模、与会的供需单位以及订货意向。然后强调"跌价是这次会议的热门话题……""为什么会跌价？"夏总表现得极为关心。

"我了解的原因主要有四个方面"，小周接着汇报，"一是该省煤炭产量增加，开始出现供大于求的现象；二是外省煤炭流入该省，销售形成了一种竞争态势；三是该省的钢铁企业压价；四是该省的发改委控制煤炭外流量。这次订货会上，有的产煤公司每吨煤已经降价15%。"

夏副总经理说："这对我们来说倒是个好事。你这个信息很重要。"

"夏总，我还有几点想法。"

"你说。你说说你的想法。"

"会议期间我跟几家产煤公司进行了沟通，他们愿意卖煤给我们，发改委限量外销的问题由他们负责申报。我提了两个要求：一是购煤改预付款为货到付款；二是 50 万吨以上每吨煤在原价基础上降价 19%。对方对第一条表示同意，第二条可以商量。我建议我们加大该省煤炭进货量，既可以减轻流动资金压力，又可以降低成本。"

夏总说："你的意见很好，我们再研究一下。"

......

分析小周的汇报，有五个特点：

第一，开始小周以为科长事先跟夏副总经理约定了汇报时间，见面后才发现去得有些唐突，但他通过给夏副总经理添茶，既试探出了夏副总经理这会儿是否愿意听汇报，又使夏副总经理集中了精力；第二，说煤炭降价的事，引起了夏副总经理的兴趣，话题选得好；第三，主次分明，汇报的其他内容一般大同小异，是领导熟悉的，因而只是简单介绍了一下，重点放在降价的信息和降价的原因上，这样使汇报有了意义，而且又不占用领导太多的时间；第四，中间几次有意停顿，而不是一口气说完，这样既引起领导的重视，又给了领导思考余地，注意与领导互动，这种方法是值得借鉴的；第五，汇报之后附带提出建议，为领导决策提供了依据。

三、怎样报告发生问题的情况

这主要是指对突发事件和意外情况的汇报。通常要从以下五个方面来说明：

一是什么时候发生了什么问题，包括具体时间、地点、规模、过程、涉及的人员、所造成的损失或影响。这是报告的重点部分，既要清晰、扼要，又要准确、真实。

二是问题发生后采取了哪些措施，包括如何制止事态的扩大，如何挽回损失，如何加强管理等。同时应说明采取措施后有何效果。

三是发生问题的原因。如果原因还在调查中，就不能说得很肯定，只能说可能的因素供上级参考。

四是这次问题应吸取的教训。如果原因已经弄清楚，就要主动向上级表明自己应当吸取的教训。这既是敢于负责的表现，也是表明自己加强管理的决心。

五是下一步准备怎么做，即改进工作的具体措施。

四、口头报告情况要注意的问题

第一，要注意自己所处的位置。因为面对的是上司，所坐的位置不能高于上司，也不能站着报告，形成一种居高临下的态势。同时也不能使自己处于过于低矮的位置。如果是边走边谈的走动式报告，则要让上司走在自己右边稍前的位置。

第二，不要慌张。"报告"往往是突然的，事先没有心理准备，所以要设法缓解自己的紧张情绪，对报告的内容要做出快速反应。可以通过给上司搬椅子、倒茶等办法来使自己镇定。

第三，要突出重点，抓住要领。应该简单的一定要简单，千万不可滔滔不绝，口若悬河。说话不要重复，可说可不说的话坚决不说。

第四，要条理清晰。一层层地讲下来，不可颠三倒四。

第五，要速度适中，吐词清晰。

第六，注意表情。不可手舞足蹈，高声大笑。目光要正视，神态要自然。不可抓耳挠腮，左顾右盼。

第五节　口头介绍情况

一、口头介绍情况的基本要求

在日常的工作和生活中，经常要向别人介绍某些情况。例如，关于某个人的介绍；关于某件事的描述；关于某种物体的说明；关于一个单位的概况等。

口头介绍情况的基本要求是：

一是通俗易懂，让人一听就明白。特别是介绍本单位本系统的情况，对外行人要避免说行话。所谓隔行如隔山，行话多了会造成交流困难。

二是真实可信，实实在在。对事实不夸大不缩小，坦诚待人是很重要的。特别是涉及己方的优势与长处时，切忌"王婆卖瓜，自卖自夸"。介绍他人的情况也要实事求是，客观公正。

三是重点突出，主次分明。内容平分秋色、表述缺乏头绪的介绍会带来很大的负面影响。

四是简单明了，概括性强。向人介绍情况要严格控制时间，切忌拖泥带水，啰唆重复。

二、对人的介绍

对人的介绍，一般是根据别人的要求做出的，如对人的考察、了解。介绍到什么程度，具体还是粗略，视对方的需要而定。通常从四个方面介绍：

一是基本情况。其包括姓名、性别、年龄、文化程度、政治面貌、所属籍贯、所属民族、所在单位、从事的专业、担任的职务等，有时可能还要介绍家庭背景和经济状况。

二是个人特点。其包括道德品质、思想倾向、敬业精神、工作作风、专业水平、办事能力、性格特征、个人特长、个人爱好、处世态度等。

1939 年 12 月 21 日，白求恩逝世一周年，毛泽东同志在延安干部会上作了《纪念白求恩》的演讲。演讲中是这样介绍白求恩的：

白求恩同志是加拿大共产党员，五十多岁了，为了帮助中国的抗日战争，受加拿大共产党和美国共产党的派遣，不远万里，来到中国。去年春上到延安，后来到五台山工作，不幸以身殉职。……

白求恩同志毫不利己专门利人的精神，表现在他对工作的极端的负责任，对同志对人民的极端的热忱。……从前线回来的人说到白求恩，没有一个不佩服，没有一个不为他的精神所感动。晋察冀边区的军民，凡亲身受过白求恩医生的治疗和亲眼看过白求恩医生的工作的，无不为之感动。……

白求恩同志是个医生，他以医疗为职业，对技术精益求精；在整个八路军医务系统中，他的医术是很高明的。……

我和白求恩同志只见过一面。后来他给我来过许多信。可是因为忙，仅回过他一封信，还不知他收到没有。对于他的死，我是很悲痛的。现在大家纪念他，可见他的精神感人之深。

毛泽东同志的介绍，着重分四个方面赞扬了白求恩同志的国际主义精神、毫不利己专门利人的精神、对技术精益求精的精神和毫无自私自利之心的精神。

三是个人贡献。其包括立功受奖的情况、合理化建议的采用情况以及科研成果、技术成果、工作和学习成果等。

四是存在的不足。金无足赤，人无完人，谁都不可避免会有缺点，一分为二地介绍情况，也体现了实事求是的态度。

对人的介绍要特别注意的是，一定要客观、公正、谨慎。涉及自己亲人的问题，涉及别人的隐私问题以及道听途说的问题，要尽可能回避，如果有人紧追不舍，则应婉言相拒。

三、对"事"的描述

对事件清楚地予以描述是一种很重要的表达能力。它包括八个方面：

一是时间，即事件是什么时候发生的。哪一天，几点几分，时间要具体。

二是地点，事件发生在什么地方。"地方"要有明确的方位，如街道名、道路名，在什么地段，现场有何明显的标志，或者距某个标志物往东、往西、往南、往北多少距离。

三是原因，事件是怎么引起的，属于什么性质。

四是人物，任何事情都离不开人。在这个事件中涉及哪些人，这些人是哪个单位的，他们做了些什么。

五是状况，包括现场的场面、事情发展的程度。有些事还必须用数据表示，譬如一场篮球赛，甲队进球多少，乙队进球多少，最后比分多少。

六是过程，从事件的发生到结束，具体经历了一些什么环节。

七是结果，就是事情是怎么结束的。

八是问题，事情虽然过去了，但还存在什么问题，也应一并介绍。以上说的是事后描述事件。如果是事中描述就不必这样具体了。

事中描述只需说明现在在什么地方发生了什么事，初步分析是什么原因，有什么要求。例如，汽车在野外抛锚，就要说明方位，估计是什么问题，需要提供什么样的帮助等。

【案例】

一天晚上，某消防中队值班室火警电话铃声骤响，电话员迅即拿起了话筒。

"喂，你是消防队吗？我们这里起火了，快派消防车来！"

"先生，请您慢点儿讲，什么地方起火了？"电话员认真询问。

"是我们村的木材加工厂着火。"

"请问，您是那个区？哪个乡镇？哪个村？要讲清楚。"

"是刘村的、刘村……"

"哪个刘村？在什么地方？请讲清楚。"

"姓刘的刘，就是刘村。就在马路边上。哎呀，怎么跟你说不清楚。"还没等电话员问完，报警的人却搁下了电话。

　　消防队辖区内有东刘、西刘、大刘、小刘、上刘、下刘等十余个刘村，分布在 3 个乡镇，究竟是哪个刘村呢？急得电话员连连跺脚。

　　经验丰富的中队长，一面令执勤的消防官兵全副武装待命出车，一面拿起电话，把所有叫"刘村"的，一个一个打电话询问（当时的座机还没有来电显示），10 多分钟后，终于找到了失火的刘村。

　　当消防车跑了 40 多华里路赶到现场时，6 间厂房已燃起冲天大火，消防战士立即投入抢救，奋战了一个多小时才将大火扑灭。但因耽误了时间，造成了极大损失。然而，一些不明真相的群众还在埋怨消防队来得太晚了。当浑身湿透、冻得发抖的消防战士听到这些议论时，真是哭笑不得。

（《应用写作文体》1994 年第 12 期）

　　报警的人没有把发生火灾的具体地点说明白，致使消防部门无所适从，贻误了时机，造成了重大损失。

四、关于"物"的说明

　　"物"的说明，包括对产品、什物、人文景观和某种学科、理论、原理的介绍。

　　产品、什物的介绍一般应当说明其名称、用途、功能、特点、标准、材质、耗能情况、适用范围、生产地址、科技含量如何等。值得注意的是，如果是本厂生产的产品，有外宾在场时，对生产流程和技术方面的介绍不能过于详细，要考虑技术保密。

　　人文景观的介绍应着重概括其特点、描述其形态。如果对相关的知识有一定了解，可以进一步与类似的事物作些比较，也可以对其历史、现状和今后的发展趋势进行说明。

　　向非专业人士介绍某种学科、理论、原理，最好能跳出理论的圈子，用人们熟悉的事物来比拟、演示，用通俗的语言说明深奥的道理。

　　《世说新语》有这样一段记载：顾恺之从会稽郡探亲回到荆州，人们问他越中山川究竟怎样秀丽，顾恺之答道："千峰竞秀，万壑争流。草木蒙笼生长在山上，像是云蒸霞蔚。"

　　顾恺之寥寥数语，用"竞秀""争流""云蒸"描绘出了江浙地方的动态之美、梦幻之美，形象生动，引人遐想。

　　晋朝时王济（山西太原人）和孙楚（山西平遥人）在一起讲说各自家乡的土地和人物如何美盛。王济说："我们那里的土地广阔平坦，那里的流水平淡而清冽，那里的人民廉洁而真诚。"孙楚说："我们那里的大山崔巍嵯峨，那里的流水湍急而涌波，那里的人民磊落而颇有豪气。"（《世说新语》）

　　王济和孙楚讲说的是同样的事物，但讲出的情况完全不一样，可见抓住特点非常重要。

五、自我介绍

　　日常的自我介绍有两种：一种是把自己的情况介绍给别人，如日常交往、应聘工作、应聘职务、聚会、课堂等；另一种是代表单位，把单位的情况介绍给别人，如接待活动、联系业务、互访、竞职、就职、演讲等。

　　自我介绍有四点要求：

　　一是内容有所选择。一般要考虑对方的心理需求，说什么，不说什么，说到什么程度，是有选择的。

二是突出重点。这是围绕自己的介绍目的来说的，介绍的详略由表达的动机决定。

三是用词恰到好处。过于谦虚，过于夸张，都是不合适的。尤其不可用溢美之词评价自己。

四是语言简洁。啰里啰唆，滔滔不绝，一发不可收，是不礼貌的。一定要掌握好时间，注意内容的概括性。

（一）个人自我介绍

个人自我介绍内容的确定，应兼顾实际需要和所处场合，并应具有鲜明的针对性，切不可"千人一面"，一概而论。

1. 公务活动自我介绍

工作式的自我介绍，要以工作为自我介绍的中心话题。内容应当包括本人姓名、供职的单位及其部门、担负的职务或从事的具体工作等三项要素。姓名应当一口报出，不可有姓无名，或有名无姓。供职的单位及其部门，有可能最好全部报出，具体工作部门有时也可以暂不报出。担负的职务或从事的具体工作，有职务最好报出职务，职务较低或者无职务，则可报出目前所从事的具体工作。例如：

"您好！我叫胡冬明，古月胡，春夏秋冬的冬，光明的明；是深圳××公司财务部会计。特到贵公司来取经，请您多指教。"接着根据对方的反应，介绍自己的来意，和希望达到的目的。

2. 求职和应聘职务的自我介绍

一般是根据面试主持人和主考官的要求来介绍的。这种介绍常常由两部分组成：

第一部分是按照对方的提问回答问题，问什么答什么，要既简洁、礼貌，又落落大方。

第二部分还是对方要求的，一般对方为了更深入了解你的能力，往往规定你用三四分钟时间对自己作个概要介绍。

这时要把握四点：一是突出自己经历中的亮点。所谓亮点，是指特长和成果。例如，"我比较注重创造性思维，曾经发明了腿脚伤残人使用的'登楼拐杖'，获得国家专利"。又如，"我已经有了三年产品销售经验，在××公司工作期间，先后为××产品开辟了国内将近一半地区的市场，并且打开了欧洲市场"。二是介绍时不能空谈，要多举实例，力求真实。三是不要重复已经回答了的问题。四是不要超过规定时间。

3. 竞职和就职自我介绍

这种介绍的要求有以下几方面：

一要坦诚，这是一种交心式的介绍，所选择的内容，要能渗入听众的心田，要给听众留下值得信任、心灵相通的印象。

二要紧紧扣住所担任工作的性质说话。这一点是非常重要的。事实上是要让听众相信，自己的经历证明自己能胜任这项工作。从某种意义上说，既是为听众打消顾虑，也是为听众树立对自己的信心。

三要体现对人民、对国家、对集体的感情。这是做好工作的动力之源。

四要体现做好工作的信心和决心。

以上要求，在介绍时要主观动情，客观表达。切忌把自我介绍变成表态和表决心。

（二）单位情况介绍

单位概况介绍是在接待外单位客人或社交、外交场合对己方情况所做的介绍。常有三种情况：第一种是单位概况；第二种是介绍己方的经营理念、处事观点，以求达到与合作者沟通的目的；第三种是根据别人的要求介绍，问什么介绍什么，这是一种被动介绍。

1. 单位概况介绍

单位概况介绍是一种对外宣传方式，目的是为了借机提高单位的知名度。介绍的内容包括：

一是单位的沿革，就是单位发展和变化的历程。

二是单位的隶属关系，即由哪个部门主管。

三是单位的性质，如是国有的、集体的、民营的、合资的还是外资等。

四是单位现状，包括单位规模、员工人数、经营方略、经营项目、拳头产品、营销空间、利税表现等。

五是科研成果和技术水平，包括重大的发明创造、技术攻关成果、应用哪些先进技术等。

六是获得的荣誉，包括是否获得过重大奖项、在一定区域的影响、哪一级重要人物曾经来视察等。

七是发展前景，主要是单位的发展规划、市场走向等。

上述内容不一定每一个单位都会全部具备，要是确实存在的才介绍，根本不存在的当然不在介绍之列。另外，介绍的时候也应有所选择，原则是突出重点，高度概括，能短则短。所谓突出重点，最要紧的是介绍己方的有特色的东西、有分量的内容。

2. 经营理念和施政方针的介绍

这主要是为了处理与合作单位和竞争对手的关系，把己方的运作理念和施政方针告诉外界，以求得他人的理解和认同，从而达到建立和谐外部环境的目的。这种介绍要把握三条：

一是要善于随机应变。这种介绍往往是在他人产生疑问或认识模糊的情况下发生的，具有突发性，因而要见机行事。

二是介绍的中心目的是要求得他人的理解和认同，或者是消除误解，化干戈为玉帛，化火气为甘霖。

三是诚意是基础，合作是目标。既坚持原则，又以坦率的态度诉求各方。以诚待人，以信取人。

【案例】

1955 年周恩来总理参加万隆会议，由于当时某些同美国结盟的国家对中国存在对立情绪，有一些代表发表反对和平共处、反对共产主义的言论，还有人对中国的政策表示怀疑，散布中国对邻国在搞"渗入和颠覆活动"，从而使会议气氛紧张起来。

周恩来对各种意见作了冷静分析，轮到中国发言时，他临时决定将事先准备了几个月的发言稿印发给与会者，针对对中国的误解作了另一番讲话。

他上台的第一句话就是："我们不是来吵架的"，开门见山，"我们共产党从不讳言我们相信共产主义和认为社会主义制度是好的。但是，在这个会议上用不着来宣传个人的思想意识和各国的政治制度，虽然这种不同在我们中间显然是存在的。""中国代表团是来求同而不是来求异的。在我们中间有无求同的基础呢？有的。那就是亚非绝大多数国家和人民自近代以来都曾经受过，并且现在仍在受着殖民主义所造成的灾难和痛苦。这是我们大家都承认的。从解除殖民主义痛苦和灾难中找共同基础，我们就很容易互相了解和尊重，互相同情和支持，而不是互相疑虑和恐惧，互相排斥和对立。""我们的会议应该求同而存异。"周恩来还就不同的思想意识和社会制度问题，宗教信仰自由问题，所谓颠覆活动问题阐述了中国的政策，谈到中国尊重有宗教信仰的人，中国从无颠覆邻邦政府的企图。

（《海南日报》2005 年 4 月 19 日）

周恩来总理入情入理的发言、照顾大局的精神、提出的求同存异的原则，使会议气氛重新又轻松起来。他自始至终贯彻中国政府确定的求同存异、平等协商的精神，得到与会代表的尊重和理解，会议最终确定了中国提出的和平共处的五项原则。

3. 根据别人的要求作介绍

这种介绍，其内容具有不可预见性，因为别人提什么问题，己方并不清楚，完全处于一种被动状态。在方法上要把握三条：

一要听懂对方问话的意思，并略微思考一下怎么答合适。如果确实没有听明白，可以客气地请对方重复问题，如"不好意思（或者说对不起），能不能请您再说一遍？"切忌盲目回答，答非所问。

二是既要讲究礼貌，又要讲究原则。有的人提的问题可能是善意的，只是为了消除疑问；而有的人也可能来者不善，别有他意，这时应对的方法是，在语言和口气上不要激怒对方，在内容上却要有理有节，据理力争，以便澄清是非，消除误解。

三是准确阐述。这种回答式的介绍，一方面要注意针对性，准确回答对方的问题，另一方面要准确表述己方的情况。要防止问题抓准了，但没能把己方最重要的事情说清楚。例如，对方问电力部门："今年夏天居民用电能不能保证供应？"电力部门的人回答说："优先供应。"那么优先到什么程度？对方显然不会满足这样的回答。因此，准确回答是释疑的基本要求。

【案例】

东汉末期，诸葛亮出使东吴，劝其联合抗曹。东吴大臣张昭问诸葛亮：你跟了刘备之后，为什么刘备连连失败？

诸葛亮在回答时是这样介绍的："吾主刘豫州，向日军败于汝南，寄迹刘表，兵不满千，将止关、张、赵云而已。此正如病危羸弱已极之时也，新野山僻小县，人民稀少，粮食鲜薄，豫州不过暂借以容身，岂真将坐守于此耶？夫以甲兵不完，城郭不固，军不经练，粮不继日，然而博望烧屯，白河用水，使夏侯惇、曹仁辈心惊胆裂：窃谓管仲、乐毅之用兵，未必过此。至于刘琮降操，豫州实出不知；且又不忍乘乱夺同宗之基业，此真大仁大义也。当阳之败，豫州见有数十万赴义之民，扶老携幼相随，不忍弃之，日行十里，不思进取江陵，甘与同败，此亦大仁大义也。寡不敌众，胜负乃其常事。昔高皇数败于项羽，而垓下一战成功，此非韩信之良谋乎？夫信久事高皇，未尝累胜。盖国家大计，社稷安危，是有主谋。非比夸辩之徒，虚誉欺人；坐议立谈，无人可及；临机应变，百无一能。诚为天下笑耳！"这一篇言语，说得张昭并无一言回答。

（《三国演义》第四十三回）

第六节　交谈

一、交谈的含义和特点

（一）交谈的含义

交谈，也就是互相接触谈话，是一方出于某种动机，在一定场合引发的双方或多方的一种思想交流。这里的交谈一般指的是当面交谈。

交谈大体上有三种形式：

一是日常的对话。例如，向别人打听某种事情；临时性地请人协助办理一件事情；为了消遣找人聊天；旅途中或某些场合因孤单寂寞想找人说话等。这种交谈一般不限对象，不限场合，事先没有明确的内容，常常是即事而谈，即兴而谈。

二是"谈话"。就是通常说的做思想工作，做说服工作。谈话有确定的对象，事先有明确的内容，一般情况下场合也是确定的。它可以是上级与下级、老师与学生、长辈与晚辈之间引导性的谈话，也可以是平等关系的沟通性谈话；它可以一对一地谈，也可以多个人一起谈。

三是属于社交行为的交际交谈。这样的交谈虽然内容不一定确定，但通常对象和场合是确定的，有当前的或潜在的目的。它可以是个别交际，也可以是群体性的交际。

（二）交谈的特点

交谈有四个特点：

1. 目的性。交谈是为了沟通思想，解决问题；或者是为了增进了解，加深友谊；或者是为了表明思想，影响别人；或者是为了统一看法，达成共识，加强团结；或者是办理事情、了解情况；或者是寻找乐趣、消遣解闷等。总之交谈是带有一定动机的。

2. 平等性。交谈不是发指示，下命令，它具有信息交流、情感沟通和参与功能。即使是做思想说服工作，也要有一种平等的心态。平等相待是交谈达到成功的基础。

3. 技巧性。交谈要做到使对方愿意听也愿意说，谈得拢，讲得来，而不是话不投机，白费口舌，这是需要讲究艺术和技巧的。

4. 互动性。说话方所说的话能引起对方的回应，并且让对方积极投入到话题中来，互相响应，才能共同把话题引向深入。

二、交谈的要素

不论是哪种形式的交谈，都具有三个要素，即话题、交谈顺序和交谈礼仪。

（一）话题

任何形式的交谈都会有话题。即便是一般性的交谈或者某些情况下的交际交谈，可能会不断转移话题，但它每一个阶段必定有一个具体话题，如果没有话题就会无话可谈。而做思想说服工作的话题就更是具体单一的了。

（二）交谈顺序

交谈是按照一定的顺序进行的，说者和听者双方互相配合才能使交谈顺利进行下去。即便是两个人对话，也应当是有问有答。或者是甲说——乙听/乙听了再说——甲听/甲听了又说……如此交互展开。而多个人一起交谈，譬如说甲、乙、丙、丁、戊五个人一起聊天，甲提起话题，乙做回应，丙、丁、戊听而不说；甲再针对乙回应，乙又回应甲，丙、丁、戊还是不说话，因为他们插不上话，这样下去，这场聊天就变成了两个人的对话，剩下的三个人就成了多余的了。所以，多个人交谈就更应当照顾顺序，使每个人都有大致相等的机会和时间说话。如果冷落了别人，说的人最终可能处于难堪的境地。

（三）交谈礼仪

尊重别人是交谈最基本的要求。讲究礼仪是交谈能否顺利展开和发展的关键。

下面这些礼仪用语是交谈时经常用到的：

经常见面说"您好"；初次见面说"久仰"；许久不见说"久违"；来了客人说"欢迎"；等待客人说"恭候"；陪伴客人说"奉陪"；邀请别人说"赏光"；别人应邀说"赏脸"；探望别人说"拜访"；别人来访说"光临"；中途退席说"失陪"；起身作别说"告辞"；让人别送说"留步"；与人分手说"再见"；征求意见说"指教"；请人指点说"赐教"；接受意见说"领教"；请人帮助说"劳驾"；托人办事说"拜托"；表示感激说"谢谢"……

三、交谈的要求

交谈总的要求是谈吐有度，文明高雅。具体要注意以下两方面的问题。

（一）重视交谈的修养

1. 避免高谈阔论。不论哪种形式的交谈，都应注意自我节制，不要以自我为中心，滔滔不绝，忽视他人的存在，不给别人说话的机会。尤其是某些社交场合，不要喧宾夺主。另外要注意声调柔和，不可大嗓门，说话跟吵架似的，手舞足蹈，唾沫横飞，既不礼貌也不雅观。

2. 注意专心倾听。别人说话的时候不能三心二意，心不在焉。要认真听对方说话，并不时微微点头或轻轻"嗯""啊"有声，以示对对方意思的理解或认同。

3. 态度热情友善。表情愉悦开朗，温和爽快，说话热情洋溢，这是交谈应有的风度。切忌目光呆滞，紧张激动，冷若冰霜。

（二）遵守交谈规则

在人际交往中，交谈并非"知无不言，言无不尽"，或者"无话不谈"。事实上交谈是有禁忌的。一般来说，交谈要做到三谈四不谈。

1. "三谈"

所谓"三谈"是：

一谈有意义的话题。一方面，从交谈的内容来说，不论谈什么，都应追求真善美，摒弃假丑恶；另一方面，从交谈的机会来说，不能没事找事图消遣，即便是朋友聊天也要看对方是否有空闲，"无端的浪费别人的时间无异于谋财害命"（鲁迅语）。

二谈有共同兴趣的话题。一要选择双方共同关心的话题；二要创造说话投机、感情投缘的气氛；三要照顾对方的文化层次、年龄段和职业特点，不要只顾自己兴致勃勃，而不顾对方是否明白或是否感兴趣。

三谈有思想境界的话题。家事、国事、天下事，能谈的事都可以谈，但一定要体现正确的世界观、人生观和价值观。

2. "四不谈"

所谓"四不谈"是：

一不谈有损国格、贬低政党、贬低单位、贬低他人的话题。爱谈这种话题的人往往是喜欢评头品足、缺乏务实精神的人。尤其是怨天尤人、伤时骂世，更是缺乏修养的表现。

二不谈涉及机密的话题。保守党和国家的秘密、单位的秘密，是每一个公民应尽的责任和义务。不论是对家人还是亲朋好友都必须谨言慎谈，绝不可口无遮拦、无所顾忌。即使是有人有意询问，也要巧妙回避。

三不谈拨弄是非的话题。谈论这种话题既不利于创造良好的人际关系，也是个人人格缺失的表现。遇到这种喜欢说东家长、西家短的人要有警惕性，"见人且说三分话，未可全抛一片心"，须知常说是非者，便是是非人。

四不谈敏感的话题。可能揭出对方短处的话，戳到对方痛处的话，有损他人自尊心的话，打击他人自信心的话，涉及异性生理的话，事关他人隐私的话，容易激发矛盾的话等，不能随心所欲、信口开河，还是话到嘴边留半句，事到临头再三思的好。

（三）把握交谈的三个阶段

1. 怎样开始交谈？

（1）不应在有无关人员在场时开始交谈。如果你要找的人正在同别人说事，应当说一声："您忙吧，我一会再来。"以示你有事找他，然后礼貌地退出来在一旁等待。而不应当横插一杠子进去"抢场"，要是这样就会显得鲁莽无礼，给你后面的交谈设下了障碍。如果是别人找你，而你正在与人说话，应客气地安排对方到别的地方等一下，当你原来的交谈结束以后，再及时将后来的人请进来。

（2）交谈开始前要观察对方的情绪。如果你去访谈的人正在气头上或者心情不好，就不要继续你的话题，应当借故尽快离开，以待下次再找机会。正所谓"与人讲话，看人面色，意不相投，不须强说"。

（3）不应单刀直入，要委婉地进入话题。交谈与写文章"开门见山"不一样，张口入题，使对方没有思想准备，显得粗率、唐突，是有失礼节的。如果谈的是意见相左的问题，不作些铺垫就脱口而出，有可能引起对方反感，造成话不投机的局面。

（4）从客气话开始。例如，"您最近很忙吧？""有一段时间没见您了。""您最近身体好吗？"等，制造出一种亲切和谐的气氛。

（5）某些时候要从自我介绍开始。一是没见过面的人，应当说："敢问您是某某先生吧？很冒昧来打扰您。"接下来要主动介绍自己的姓名和从业单位、职务，或在自我介绍的同时递上名片，然后再说明来意。二是虽然与对方见过面，但要考虑对方对你印象不深，或者相隔时间太久而已经忘记，也应当作自我介绍，不然会使对方很尴尬，甚至因为记不清你是谁而对你保持警惕，必然影响交谈效果。

2. 怎样展开交谈？

（1）抓住交谈的三个环节。这三个环节是：

一是打招呼。任何交谈都应当从"打招呼"开始。有的人找人办事开口就是"喂"，还有的人连"喂"都不说，把手一伸，就一句"给我拿本书"，或者"给我签个字"之类的话。

既不礼貌也缺乏素养，给交谈造成障碍。

　　称呼应视对象而定。熟悉的人，辈分或职务比自己高的，可按职务、辈分、职业等来称呼，如"科长""叔叔""老师""医生"等；辈分或职务与自己相当的，用尽可能亲近的称呼，如"同学""兄弟""先生""女士"等；辈分比自己低、年龄比自己小的，可称"小同志""小伙子""小妹妹""姑娘"等，关系较密切的也可直呼其名。不熟悉的人，可估测对方的年龄称呼，前面最好加"您好"之类的问候语，如"您好，大叔""您好，阿姨"或者"你好，先生""你好，女士"等。

　　二是提问。一般交谈都是从提问引发话题的。熟人见面，问一件事情，交谈就开始了。例如，"您出差回来了？""您最近很忙吧？""最近学习紧张吗？""您散步去吧？""你们家又买新家具了？"等。生活中可提的问题很丰富，提问时不应过于呆板，尤其是朋友聊天，可以活泼一些。相声大师侯宝林与著名数学家华罗庚相交甚好。据传一天两位大师饮酒聊天，甚是开心。侯宝林问华罗庚："2＋3在什么情况下等于4？"华罗庚想不出"2＋3怎么会等于4"，一时语塞。侯宝林一本正经地说："你怎么糊涂啦，就是数学家喝醉酒的时候啊！"引得华罗庚哈哈大笑。

　　当然提问也要注意是否合适，面对不熟悉的人提问，要恰到好处。譬如接待客人说"您常来郑州吗？""听口音您像是湖南人吧？"而不能说"我们郑州跟你们长沙比怎么样？大些吧？"或者说"你们湖南人说话不太好懂是吧？"在旅途中想和别人说话，你可以问"您刚从沈阳上的车吧？"而不宜问"您到哪里去？"有的人因为对你有所警惕而不愿意回答你。再如"姑娘你二十出头了吧？""你成家了没有？"这类问题很容易使人尴尬，最好不要问。总之，向陌生人提问的原则，一是别人便于回答的问题；二是别人愿意回答的问题；三是能引起别人兴趣的问题。

　　三是自我介绍。自我介绍的目的是让人信任你，尽快缩短与他人思想、情感上的距离。自我介绍的内容也要视对象而定。跟陌生人一般应介绍自己的姓氏、来自什么单位、从事什么职业。例如，"我姓陈，来自辽宁，在一所大学当老师，教中文的。请多指教。"而熟人则不需介绍这些，可以就最近的某一件重要事情来介绍，如"我去了一趟张家界，感觉真不错"。或者说"承蒙你的关心，我高级工程师职称解决了"。这样的介绍还是属于没话找话，为了进一步引发话题。但如果是去找人办事的，就可以直接一点，如说"我申报了高级工程师，其他条件估计没多大问题，就是考英语有些困难，得麻烦你指点指点"。

　　（2）注意互动。首先，与人交谈不能以自我为中心，这是互动的前提。有的人一开口就是自己的水平如何、自己的能力如何、自己的家庭如何、自己的女朋友如何，如此这般，眉飞色舞，津津乐道，只把对方当作聆听和诉说的对象。这是在交谈时要特别注意控制的自我陶醉心理。其次，不能随意打断别人的谈话，打断别人的谈话是妨碍互动的关键。因为这样会扰乱人家的思路，使人家觉得扫兴而中止谈话。再次，要善于引导别人说话。一是用适当的停顿来促使别人说话；二是请教别人的长处，以引发对方的兴趣，这是打破僵局的技巧。人都有一个特点，喜欢谈自己的事、自己的家庭、个人的某些能耐、某方面的爱好等。交谈时不妨投其所好，等话匣子打开以后再巧妙地转到正题上来。还有，由衷的称赞对调动对方的表达积极性也是行之有效的。人受到称赞以后，必然激发出兴奋情绪，说话就会情不自禁起来。总之，善于让人说话，而且善于让人说真话、实话，善于引起对方心灵的共鸣，保持互动态势，交流才有实质性意义。

（3）遵循思维习惯。请看下面的案例：

一个学生因交不齐学费去找班主任。

学生：老师，我只能交一半的学费。

班主任：那怎么行？我们班就你一个人交一半，不行！

学生：不是吧？×××不也没交齐吗？怎么就我一个？

班主任：人家交的可不止一半。说只交一半的就只有你。你交一半就不给你注册，你自己考虑清楚。

学生又急又气，又不知怎么说，抹着眼泪转身走了。交谈不欢而散。

这里学生的说话省略了两个重要部分：一是为什么学费只能交一半，二是另一半什么时候交。另外，攀比别人无助于问题的解决。班主任的回话同样太简单化，不问学生原因，不问学生的想法，就凭自己的主观判断下结论，未免太草率。

这个学生如果先说暂时只能交一半的原因（事实上他是一年的学费先交一学期的，后来了解到是因为母亲住院用了不少钱），把来龙去脉讲清楚，便于班主任了解情况，再说明余下的一半，下学期开学时交清，班主任完全可能同意（后来也是这样处理的）。由此可见，要说清一件事，应当按照"是什么、为什么、怎么办"这一顺序来表达，其效果就会大不一样。尤其是"为什么"——这是说事的理由，如果说得情真意切，有根有据，必定能打动对方。

人们了解一件事，从心理需求上说，就是要知道是什么、为什么、怎么样，这是一种客观的思维规律。我们进行思想交流，应当按照这样一种思维定式把事情说清楚。有的人说话没头没脑，不知道一件事从哪里说起，或者省略该说的内容，或者跳跃性很强，让人知其然而不知其所以然，甚至"丈二和尚摸不着头脑"，造成交流的障碍，这是交谈达不到目的的根本原因。当然，表述一件事情，也不能生搬硬套"是什么、为什么、怎么样"这样一种顺序，有时把位置颠倒一下，会显得更有艺术性。

3. 怎样结束交谈？

（1）不应在双方致力于某一问题的讨论时，因情绪失控而突然结束交谈。如果一时出现僵持局面，应设法把话题转移一下，待气氛缓和下来，或有礼貌地打住交谈，为以后的交谈留下空间。

（2）不要勉强把话拖长。当感到双方的言语渐趋减少，交谈内容较少时，应当马上道别。否则，软磨硬泡会把前面的交谈成果抵消。

（3）当对方发出暗示性的结束信息时，要赶紧结束交谈。如果对方很忙，或失去交谈兴趣时，会用体态语言做出结束交谈的暗示，如心不在焉、游目四顾、看表、改变坐姿等。遇到这些情况应知趣地离开。

（4）要恰到好处地把握时间。在结束交谈之前，要有短暂的时间准备，话题应从容转向，不能匆忙离场，这样会给人以粗鲁无礼的印象。

（5）善意的笑容是结束交谈的最佳句号。因为最后的印象会久久地留在对方的记忆中。

（6）有时用一句美好的祝愿结束交谈会产生很好的效果。如果能引用一句名言或者格言将更觉高雅。

四、几种常见的谈话技巧

（一）与下属谈话的技巧

与下属谈话包括领导与下级谈话，老师与学生谈话，长辈与晚辈谈话等。

与下属谈话要贯彻三条原则：一是平等相待，不可居高临下，给对方造成心理压力；二是坚持"疏导"方针，循循善诱，入情入理，以达共识；三是出于诚意，这是谈话成功的基础，正所谓心诚则灵。要真正关心他人的进步，善意帮助他人提高思想认识，能换位思考，设身处地考虑对方的问题，不带偏见，不以偏概全。

谈话的技巧有：

第一，选择地点。不同的环境对人的情绪有不同的影响，人们对情景的认知会影响他们的心理和行为。因此，谈话必须根据内容选择恰当的地点。

一般有些严肃的谈话，应选择在正式场合，如办公室、会议室等，以引起对方的重视。这里还要注意的是，上司的位置不宜偏僻，座位不应低于下属，双方距离要适中。

疏导、安慰、鼓励性的谈话，可以在轻松的环境中谈，如散步。期盼性的谈话，可以在登门拜访时谈，显示对对方的尊重与器重，如慰问遇到困难的职工、挽留要求调走的职工或希望某人承担某项工作等，要有一种礼贤下士的作风。

第二，婉转开头。谈话与书面写作不同，书面写作提倡开门见山，谈话不宜直截了当。可以从拉家常或其他事情说起，在轻松愉快中慢慢引入到谈话中心。当然也要把握一定的"度"，不要冲淡主题，不要把闲聊的时间拉得太长。

第三，针对问题。与下属谈话是因为有某方面的问题要解决，一方面要就事论事，不算旧账；另一方面又要不回避矛盾，紧扣谈话目的。

第四，注意态度。要以尊重、信任为谈话的基调，营造平等、诚恳的氛围，使交谈在和谐、亲切的情景中进行。切不可以居高临下的态度、霸道的作风对待下属，也不应虚情假意，装模作样。要做到推心置腹，真诚相待。特别是涉及自己工作中的失误要勇于作自我批评，对对方的问题要实事求是地分析，对对方的要求要根据单位的政策和规定恰如其分地表态。谈话后要认真抓好落实，必要时给被谈话人反馈意见。

第五，善于倾听。谈话是信息的双向交流，认真倾听对方的意见既是上司风度的表现，同时也有利于准确、全面地掌握情况，对交谈的成功具有重要意义。认真倾听对方的意见还可以消除沟通障碍，提高沟通的水平。仔细倾听表示对对方的关注、兴趣和尊重，能激发对方发表意见的愿望，使对方敢于讲真话。如果对方不愿谈或不讲真话，那么谈话就达不到目的。

倾听时应注意以下两点：一是不要急于下结论。急于下结论会使对方感到你没有耐心或不愿意听取他的观点，从而影响了对方发表意见的积极性，使交谈陷入僵局。二是不要干扰、转移对方话题。否则谈话就不能深入、透彻。

第六，不吝啬赞扬。有时一句赞扬的话对于激发下级愉悦的情绪、调动下级的积极性比什么都重要，有的人吝啬赞扬，这也是谈话效果不佳的一个重要原因。

第七，结束谈话时要给对方留下好印象。如果达成了共识，要对对方说几句鼓励和肯定的话；如果谈得不理想，也要心平气和，劝导对方再考虑一下，以便为下一次谈话打下基础。

【案例】

某成人高校一学生干部在球赛时，与裁判（学生）发生争执，推搡中裁判倒地负伤被送医院，当时这事在全校造成很大影响。事后班主任找该学生谈话，用公事公办的口气说了三条意见：撤销学生干部职务；给予纪律处分；赔偿伤者的全部医药费。该生虽然自知有错，但抵触情绪很大，提出："如果要赔偿医药费就不接受处分，如果要处分就不赔偿医药费。"这次谈话未果。

后来学生处处长找该学生谈话。时间是晚上，地点在办公室。

处长：来了，请坐。喝茶吗？来，我给你倒杯茶。

学生：（坐，接茶）谢谢！

处长：其实我们很熟悉。

学生：这回就更熟悉了。

处长：我是说过去就熟悉你。你是学生干部，为学校做了很多有益的工作，老师和同学对你评价还不错呢。

学生：（掠过瞬间的振奋）这回一下就把事情搞砸了……

处长：这事可做得不好。当时要是冷静一点，不就什么事也不会发生？人都进医院了，还缝了针吧？是不是？

学生：其实我也很后悔。

处长：也没有必要后悔，关键是勇于承认错误，敢于承担责任。听说你思想还不通，把班主任给顶回去了。

学生：觉得对我不公平。我是说硬要这样处理，我大不了走人，不读书了！我是有单位的，怕什么！

处长：这不是解决问题的办法。你要不吸取教训，到单位就保准不再出这样的事？我猜你的想法是，因为是单位送你来读书、培养你，所以你害怕受处分后学校向单位通报，影响你的前途，于是干脆来个破罐子破摔。这话可能重了一点，但你是这个思想。对不对？

学生：（沉默一会）单位要知道了这件事，我这书就白读了。

处长：是不是向单位通报这不是关键，关键是你能不能认识错误。你不认识错误，向单位通报了也没有解决你的思想问题；你如果认识错误了，诚心诚意改正，不向单位通报又有什么要紧？这事怎么处理，处理得公不公平，能不能消除不良影响，最终的结果，其实主动权就掌握在一个人手里……你知道是谁吗？

学生：我知道，是您！

处长：不对！这个人就是你自己。

学生：怎么会是我自己？

处长：你是个聪明人，又有工作经验，你先想想吧，如果你态度诚恳，能主动消除影响，学校不就好处理了吗？

学生：（思索了一会，突然地）处长，你不用说了。我明白你的意思了。

处长：好，我们暂时谈到这里。还有想不通的，我们再找机会沟通。

（谈话结束）

第二天，该学生主动找到班主任，表示愿意接受全部处理意见。

第三天，他又主动在全校早操时作了公开检讨。过了两天，受伤的学生找到学生处处长，强烈要求不给该学生处分。处长同班主任商量后决定：该学生干部赔偿全部医药费 280 元；以辞职的方式不再担任学生会干部。因为达到了教育的目的，免予纪律处分。该学生与伤者化解了意见，二人均愉快地投入学习。

【分析】

学生处处长与该生的个别谈话，时间、地点、沟通的方法都是恰当的，既肯定了他的优点，又批评了他的错误，指出了他的问题所在，并且帮他找到了解决问题的办法。以情动人，以诚服人，所以取得了较好的效果。

（二）与上司谈话的技巧

与级别、地位、辈分比自己高的人谈话，也是生活中很重要的一个部分。一般应考虑的技巧有：

一是要有明确的目的。跟上司谈话，具有明显的"请示""申请""进谏"性质。或者是工作上需要得到上级的支持，或者是因某些问题把握不准需要上级给予指示，或者是上级对某种重大问题认识不到位而"进谏"等。一定是有事非说不可，不说不行。否则不要轻易去打扰上司。

二是要预约。与上司谈话不是说找就找，想去就去，这不仅是个礼貌问题，同时也是属下素质的体现。临时动议，贸然前往，必定影响上司的工作，甚至影响上司的情绪，自然也会影响谈话的效果。因此，预先约定，按上司规定的时间和地点去谈话，这是一个基本要求。

三是见面时要不卑不亢。见到上司要态度诚恳、友好，仪表整洁，仪态大方；但不必过于谦恭，更不应畏首畏尾，神色慌张。不要主动跟上司握手，当上司伸出手来时，要热情地迎上去，但不可紧紧握着上司的手摇晃。

四是要给自己找到一个适当的位置。上司站着时自己不能坐下，上司坐下后要在离上司不远的地方坐下来，坐在上司对面稍微侧一点。座位不能高于上司，但也不能太低，太低会造成心理压力。

五是要先于上司说话。如果与上司不是很熟悉，要先作自我介绍，包括姓名、工作单位、职务等。如果很熟悉，就直接向上司说明来意，尽快进入正题。

六是要简要说明情况。对要办的事说清来龙去脉，便于上司了解情况。说明情况要把握两点：条理清晰，重点突出，这要在见面之前理清思路，打好腹稿；要扣紧办事目的。说明情况实际上是申述办事理由的一部分，千万不要本末倒置。

七是要着重阐述理由。理由要充分、恰当。要让上司觉得这事应该办、能够办。阐述理由的过程实际上是说服上司的过程。说服绝不是软磨硬泡，更不能纠缠，要使上司相信你说的确实很有道理，而且在他的权力和能力范围之内是可以解决的，这样才能达到办事的目的。所以，你在与上司谈话之前，一定要把理由想好，同时在谈话的过程中要随机应变。

八是要提出明确要求。要达到什么目的，问题要解决到什么程度，一定要明明白白说出来，切记不要含糊，模棱两可。

九是要向上司致谢。不论事情办成与否，都应当向上司表示谢意。这既显示你的风度，也为以后办事打下基础。

【案例】

战国时期，赵国的赵太后刚刚执政，秦国就急忙来进攻。赵太后向齐国求救。齐国说："一定要用长安君来做人质，援兵才能派出。"长安君是赵太后最疼爱的儿子，赵太后不肯答应，大臣们极力劝谏。太后公开对左右近臣说："有谁敢再说让长安君去做人质的，我一定吐他一脸！"

有个叫触龙的臣下决定去见太后。太后气冲冲地等着他。

触龙做出快步走的姿势，却慢慢地挪动着脚步，到了太后面前谢罪说："老臣脚有毛病，不能快跑，很久没来看您了。我私下原谅自己，但又总担心太后的贵体有什么不舒适，所以想来看望您。"

太后说："我全靠坐辇走动。"

触龙问："您每天的饮食该不会减少吧？"太后说："吃点稀粥罢了。"

触龙说："我近来很不想吃东西，自己却勉强走走，每天走上三四里，就慢慢地稍微增加点食欲，身上也比较舒适了。"

太后说："我做不到。"太后的怒色稍微消解了些。

触龙说："我的儿子舒祺，年龄最小，不成材；而我又老了，私下疼爱他，希望能让他递补上黑衣卫士的空额，来保卫王宫。我冒着死罪禀告太后。"

太后说："可以。年龄多大了？"触龙说："十五岁了。虽然还小，但我希望趁我还没入土就托付给您。"

太后说："你们男人也疼爱小儿子吗？"触龙说："比妇女还厉害。"太后笑着说："妇女更厉害。"触龙回答说："我私下认为，您疼爱燕后就超过了疼爱长安君。"太后说："您错了！不像疼爱长安君那样厉害。"

触龙说："父母疼爱子女，就得为他们考虑长远些。您送燕后出嫁的时候，摸住她的脚后跟为她哭泣，这是惦念并伤心她嫁到远方，也够可怜的了。她出嫁以后，您也并不是不想念她，可您祭祀时，一定为她祝告说：'千万不要被赶回来啊。'难道这不是为她作长远打算，希望她生育子孙，一代一代地做国君吗？"

大后说："是这样。"

触龙说："从这一辈往上推到三代以前，甚至到赵国建立的时候，赵王被封侯子孙的后继人有还在的吗？"

赵太后说："没有。"

触龙说："不光是赵国，其他诸侯国君被封侯的子孙的后继人有还在的吗？"

赵太后说："我没听说过。"

触龙说："他们当中祸患来得早的就会降临到自己头上，祸患来得晚的就降临到子孙头上。难道国君的子孙就一定不好吗？这是因为他们地位高而没有功勋，俸禄丰厚而没有劳绩，占有的珍宝太多了啊！现在您把长安君的地位提得很高，又封给他肥沃的土地，给他很多珍宝，而不趁现在这个时机让他为国立功，一旦您百年之后，长安君凭什么在赵国站住脚呢？我觉得您为长安君打算得太短了，因此我认为您疼爱他比不上疼爱燕后。"

太后说："好吧，任凭您指派他吧。"于是就替长安君准备了一百辆车子，送他到齐国去做人质，齐国的救兵才出动。

（《战国策 触龙说赵太后》）

触龙在赵太后宣布拒绝听取意见并且已经动怒的情况下，冒险去跟赵太后谈话。他先从关心赵太后的身体开始，平息了赵太后的怒气，拉近了自己与赵太后的感情距离；然后假借请求赵太后关照自己的儿子引入话题，说明如何疼爱子女的道理，入情入理，以情动人；进而从长安君的未来考虑，阐述了应当让其建功立业、树立自己的威望，回避了类似"天下兴亡，匹夫有责"这样的大道理，站在对方的角度考虑问题，最终说服了赵太后。正所谓"精诚所至，金石为开"。

（三）交际交谈技巧

交际的实质是与别人保持良好关系以及如何影响别人。

交际是每一个人最基本的生活内容，无论是个人交往、社交场合或者是探亲访友，一个善于交谈的人，所表现的是随机应变的能力、处事的智慧和个人素养，不仅直接影响到交际效果，同时也关系到个人形象。交际交谈，实质上是一种情感的沟通和思想的交流，它要解决的是两个问题：一是说什么；二是怎么说。"说什么"是内容，是要办的事；"怎么说"是方法、是技巧。要把事办好，达到目的，说话的方法和技巧是非常重要的。

1. 制造交谈气氛

社交场合与不相识的人碰在一起，见面时先自报家门，主动告诉对方自己的姓名和职业，同时双手递上名片；待对方看过你的名片或点头之后，你应请对方首先入座；接下来很礼貌地询问对方的姓氏和职业，如"敢问您贵姓？""你在哪里高就？"总之通过你的热情、友好的态度设法使气氛轻松愉快。

如果是熟人，就可以随便一点，但也最好从问候开始。譬如说"最近好吗？""这段时间忙不忙？""我们有一段时间没见面啊！"等等。

2. 善于打破僵局

社交场合刚开始常常无话可说，场面比较尴尬，这时候你要设法打破僵局，找到话题。话题的选择不妨采取下述办法：

（1）扬长避短。谈别人擅长的话题。闻道有先后，术业有专攻，每个人总有某一方面的强项，不妨以请教的口吻引起话题。

（2）中心开花。围绕他人关心的、熟悉的、较为重要的事情引发话题。

（3）即景发挥。利用现场的景物、场地特点引发话题。

（4）投石问路。通过谨慎询问对方的情况引入话题。

（5）即兴发挥。从在场人员正谈论的感兴趣的事情引发话题。

3. 掌握交谈分寸

话题展开以后，谈什么、谈到什么程度，用什么方法谈，必须有所选择。一般要遵循三条原则：

（1）尊重为本。不能以自我为中心，把别人当成听众。要给别人说话的空间，并且认真倾听别人说话。交谈的过程也是自我素养展示的过程，要给别人留下好印象。

（2）明确目的，注意节制。交谈如果有预定的目的，就要选择机会说出来，并且很有策略地把道理讲清楚，设法说服别人接受你的意见。如果纯粹是一种礼节性的交往，就应当注意广交朋友，为拓展业务打下基础。但如果话不投机，内容涉及是非问题，交谈就要有节制。另外，对对方了解不多时，谨慎一些也是必要的。

（3）谨慎询问，出言优雅。交谈难免要相互询问对方情况，但一般不要涉及疾病、死亡、年龄、婚否、收入等私人生活方面的问题；与女性交谈不要涉及体态、保养之类的问题，正所谓"出言要顺人心"。对方不愿回答的问题不要追问，对方反感的问题应表示歉意，或立即转移话题。谈话不议论外人，不议论别人单位的内部事务。不要随便议论宗教问题。

谈话中要使用礼貌语言，如"您好""请""谢谢""对不起""打搅了""再见"等。一般见面时先说"早上好""晚上好""你好""身体好吗？""见到您很高兴""请关照""请包涵"之类的话。切不可谈吐粗俗、插科打诨、出言不逊。

（4）态度坦诚，语言幽默

与人交谈不要做作、卖弄、张扬，说假话。要以诚恳、实在、谦逊、彬彬有礼的态度出现在社交场合。

同时说话要尽可能生动、幽默。幽默最好从自嘲开始，但千万不能损别人。

（5）在愉快的气氛中结束谈话

交谈结束时，如果本次交谈比较投机，或者对方有可能成为你的新的客户或者新的供应商，不要忘记留下对方的电话号码、通信地址、电子邮箱，并表示希望经常联系；如果谈话中发生了不愉快，也不应计较，主动说一句"如有得罪，请多多包涵"，然后握手告别，以显示你的大度。

【案例】

吴建民先生说："我在国外任大使期间，有一次，我国民航总局要购买法国某公司的空管设备，可对方要价较高，大约1.3亿美元，而国内则明确规定价格要控制在1亿美元以内，怎么谈也谈不拢。后来，民航总局给我发来传真，希望我为此做一点工作。法国经济界对大使是很尊重的，我约见该公司老总，他就很客气地主动到使馆来见我。我对他说：做生意当然要赚钱，但你考虑一下大与小的问题及近期与远期的关系。假如你一次要赚很多，可能长远的钱就赚不到了。如果北京、上海、广州等地都买你的设备，请算一算中国有多少个机场？将来你的市场会怎样？所以，希望你们能把价格降下来。由于大使是代表国家的，大使的讲话在一定意义上就是一种国家行为。我与他谈话不久后，法方的价格就降了下来，与中方达成了协议。"

（《大地》2005年第十八期）

（四）面试谈话技巧

求职者应聘工作，一般要经过面试关。谈话成功与否，直接关系到应聘的结果。因此，面试谈话必须讲究技巧。

1. 怎样应对面试谈话

（1）先打招呼，自报家门，说明来意。例如：

"×先生（女士）您好，我是××，是来应聘的。"

（2）如果对方伸过手来，你应赶紧迎上去握手。待对方坐下后，你再在他对面坐下来。

（3）要求对话明确、流利。面试一般是对方问话，自己答话。注意认真听清对方所提的问题，不要答非所问。回答问题的时候意思一定要明确，不要躲闪、回避；表述事情要流畅、利索。

（4）自我介绍要突出重点。对方往往会问到你自己认为适合做什么工作、能胜任什么工作，并且可能要你作一番自我介绍。你在回答提问或者作自我介绍的时候，一定要突出重点。

首先要针对用人单位的岗位需求来说自己的情况，这一点要特别把握好，就是你说的情况要让对方感到你恰好是所需要的人才，至少是能用的人才。

其次要设法把话题引到自己的能力和特长上来。所谓能力，一是既包括普通教育的学历，也包括接受专业培训的经历；二是社会实践活动和工作经历，如果有成果和收获的实例更好（包括值得一提的荣誉）。特长是指自己比较精通某一方面的知识，如能说两门外语并且很熟练；或者具有与众不同的技能，如记忆力特别好，语言感悟能力特别强等。不论是回答问题还是自我介绍，既要大胆推销自己，又不能让人觉得你张扬、自吹。

把握好时间，言简意赅、条理清晰是很重要的，因为这本身就是一种能力的展示。

（5）注意语言的选择。慎用"最""绝对""非常""一贯"之类的形容词和感叹词；避免粗话和带脏字的口头禅；慎用专门术语。因为，一方面，如果对方不熟悉，会产生被你捉弄的感觉；另一方面，如果对方比你更专业，你就可能陷入尴尬的境地。

（6）不要打断对方说话。不要觉得很投机就随意插话、抢话；对方说的情况不准确，也要让人家把话说完，然后心平气和地予以纠正。

（7）不要勉强拖延谈话的时间。当对方告诉你等候消息或认为你不合适时，不要纠缠，应当果断而礼貌地离开。对方的态度不明朗，但有看手表、频繁地改变坐姿，或游移视线等"体态语言"时，要知趣地结束谈话。

（8）在愉快的气氛中结束谈话。不论面试的结果如何，都要理智、冷静、轻松愉快。这样做，一方面，可以给对方留下好印象，这也是给自己留有机会；另一方面，是对自己意志与心态的一次磨炼。

谈话结束时，若招聘单位面试人员让你提问，你不必客气，一定要问，否则对方会以为你对工作没有太大的兴趣或性格不够主动。但是，涉及薪水、待遇、职位等方面的问题不宜主动提出，提问要着重于招聘单位的经营方式、发展与前景等方面的问题。

2. 面试谈话要注意的问题

一是要在面试前做好准备。面试前要对招聘单位做个基本了解，同时对你应聘的职位有所了解，其次要回忆在自己以往的工作当中，有哪一次是做得特别出色的，你有哪方面的工作经验等。

二是在面试时不要说有意转职，或者说你们的单位比我原来的单位好。

三是应约面试要按时到达，不能迟到。

四是要注意穿着整洁。最好不要穿牛仔服。男士避免穿带有花纹的衣服，女士亦以简洁大方为好。总之，过于暴露、花里胡哨会给人留下不好的印象。

3. 面试谈话应避免的表述错误

在面试谈话中，由于表述不当而导致面试失败的例子屡见不鲜，下列错误是常见的：

（1）缺乏主见。没有明确的职业发展计划。这种人的口头禅是："你们招什么人，我就干什么活。"一位面试官问一位求职者："未来五年，你对自己的职业发展有什么计划？"面试者说："走一步看一步吧。"面试官马上在他的名字后面打了一个叉。一个没有目标的人很难有责任感和进取心，面试被淘汰是情理之中的事。

（2）自命不凡，目中无人。有的人因为文化层次较高，专业能力较强，常常端着一副"天之骄子"的架子，恃才傲物，却恰恰使面试官生厌。

（3）一开口就打听待遇。见了面试官就问"你们这里每月能拿多少钱，吃住怎么安排，有没有年终奖"的人，是最令用人单位反感的。一位人事经理说："求职者关心待遇的心情是可以理解的，但八字还没有一撇，一开口就讨价还价，是不成熟的表现，而且让人担心日后办事会斤斤计较。"

（4）贬低别人，抬高自己。这是所有错误中最令人难以忍受的。不是说人家能力差就是说别人为人不好。即使是人家真有把柄抓在你手里，这种做法也不会被面试官称道。

（5）卑躬屈膝，唯唯诺诺。有些人为了面试成功，极尽阿谀奉承之能事，甚至对无理的要求也照单全收。切莫以为这样面试官就会动心，公司招的是人才而非奴才。

（6）慷慨陈词，却言之无物。有的应试者大谈个人成就、特长、技能，一腔激情，振振有词，可是如果挤出语言中的水分，便会发现其实言之无物。结果你留给面试官的印象是好高骛远，华而不实。

（7）超时演说。有的人不能在规定的时间内完成自我介绍，不把延时当一回事，绝不是好现象。主考官的结论是：说明你缺乏控制能力。这预示着你计划能力不强。一个办事没有计划的人是不受用人单位欢迎的。

【案例】

东汉末年有个叫祢衡的，才高性傲。

最初，他为了谋取官位，写好一份自荐书，来到都城河南许昌，却不知去找何人。因为，当时云集在许昌的人才，他一个也不放在眼里。即使对司空掾、陈群和司马朗也不放在眼里，竟说："我怎么能够跟杀猪卖酒之人同在一起？"有人劝他参拜尚书令荀彧和荡寇将军赵稚长，他却说："姓荀的白长了一副好相貌，他的面孔只可借来吊丧用；而赵某则是酒囊饭袋，吃饭时可以做陪客。"孔融把他推荐给曹操，他不但托言不出，而且对曹操大骂一顿。曹操海量，不予计较，让他做了击鼓的小史。有一天，曹操大宴宾客，让祢衡击鼓助兴。可万万没料到，祢衡一扫斯文，当着众人的面竟然一身脱了个精光，让曹操好没面子。曹操很生气，强行将他押送到荆州牧刘表处，想借刘表之手杀了他。

刘表和荆州的一些人士，知道他颇有才华，所以对祢衡十分赏识。祢衡到荆州后一直受到上宾的待遇。刘表让祢衡掌管文书，且说道："文章言议，非衡不定。"但祢衡并未因此而改掉他的老毛病，仍然目空一切，傲视他人。一次，正逢祢衡外出，刘表让其他秘书起草了一份文件，谁知待祢衡回来后，竟连看也不看，就将已经起草好的文件撕了个粉碎，然后，疾速写好一份公文给刘表。虽然得到了刘表的夸赞，可其他秘书却个个气愤，由此得罪了不少同僚。祢衡越来越张狂，他不但不把其他共事之人放在眼里，还经常说他们的坏话，就连刘表，他也常常话中带着讥讽。刘表本来就心胸狭窄，哪能容得下祢衡放肆，当然刘表也不愿意做这个恶人，于是把祢衡打发到江夏太守黄祖那里去了。

黄祖是个性情暴躁的人。祢衡到了江夏之后，黄祖也颇赏识他的才华，让他起草文件。祢衡有才，文章写得也漂亮，再加上新到一处，干劲也很足。黄祖说经他手的文稿"轻重疏密，各得体宜"，"如袒腹中之所欲言也"。黄祖对他十分满意。他与黄氏父子的感情都很好。

可是，时间一长，祢衡的狂妄之态又显露出来。一次，黄祖于战船之上设宴款待宾客，祢衡当着宾客说三道四，全不顾黄祖的面子。黄祖阻止他，他却骂黄祖说："你这个死老头，少啰唆！"黄祖哪里受得了这个，一怒之下，下令将祢衡拖出杖打。祢衡遭打，仍然狂骂不已。黄祖索性下令将其斩杀。黄祖手下的人早已恨透了祢衡，竟无一人劝阻。祢衡死于公元196年，年仅26岁。

一个人即便才华横溢，如果不会交际，就如同背着一袋黄金在街上走，却没有零钱打电话。祢衡是交际失败的典型，谋一份职对他来说是十分困难的事情，几次被炒鱿鱼，最后连性命也丢了。

第七节　电话交谈

与面对面的交谈不同，电话交谈是一种有距离的交谈，在可视电话没有普及的情况下不能看到对方的表情，肢体语言几乎难以发挥作用，说话的态度和情感主要依靠语气和声调来表现。同时，多数情况下打电话是要付费的，它是一种有价交流。由此可见，电话交谈受到时空的制约。

电话交谈，按传输形式，可分为打进的电话和打出的电话；按传输性质，可分为公务电话和私人电话。这里讲述的主要是公务电话。

恰到好处的电话交谈，不仅可以提高工作效率，创造友好气氛，而且能使人留下对己方单位和个人的良好印象。讲究通话艺术，避免粗俗、生硬的语言，注意简洁表述，控制通话时间，是电话交谈要特别注意的。

一、电话交谈的要求

（一）声音柔和、礼貌、清晰

任何时候都应当表现出耐心，平心静气。切忌大嗓门和高分贝的音量。讲话时应直接对着话筒，嘴和话筒应保持 2.5～4 厘米的距离。吐词既要让对方能听懂，又要让对方能听清。

（二）语调热情、亲切、愉快、轻松

要给人留下友好、高雅、有诚意帮助人的印象。不要说话不耐烦，冷冰冰的，给人以不好打交道、傲慢、缺乏修养的感觉；也不能娇声娇气，甜蜜有余，态度轻浮，有失庄重。总之，真诚与适度是电话交谈的基础。

（三）语言简洁

很多人打电话啰唆，想到哪说到哪，缺乏概括性，缺乏条理性，不仅浪费双方的时间，也耽误别人，影响工作效率、损失电话费。语言简洁是打电话的起码要求，事先应理清思路，不说多余的话，不说重复话。一般公务电话，尽可能控制在三分钟以内。

（四）做好记录

尤其是公务电话，应当准备专门的记录本和不易退色的笔，便于随时使用。记录本可分为接电话和打电话两种，必要时还可以分成多个类别。接电话要记清接电话的时间、来电话

的具体单位、来电话人的姓名及职务、详细内容。打电话最好将要说的事先拟一个提纲，以免漏项；打电话时要记录时间、接电话的单位、接电话人的姓名和职务（目的是促使对方负责）；打完电话以后，如果事先没有列提纲的，应把通话提纲补写在记录本上。

二、接电话的语言艺术

（一）如何应答来话

第一阵铃声响过之后，应该马上接电话；电话长时间空响着，不仅是对对方的失礼，而且可能会激怒对方，或碰巧让自己的上司听到铃声，进而引起上司的不快。不管在什么情况下，在拿起电话尚未通话时，接电话的人不能继续和旁边的人讲话，同时要用手势或暗示制止他人的喧哗。拿起听筒之后，应先致问候，并主动报出己方的单位和自己的姓氏，如"您好！这里是××集团公司营销部，我姓王。"如果对方明确提出要找某某人接电话，应当回答"好的，您稍等。"如果对方要认定一遍所要找的单位："您是××营销部吗？"你应当回答"是的，请问您要找我们这里的哪一位？"如果对方要找的人不在，就说"对不起，某某先生到市里开会去了，一会回来我让他给您去电话好吗？"

（二）需要慎重处理的电话

有时候，由于某些原因，找人的电话不宜立即递给被找的人，即使对方要找的人就在身旁，特别是你的上司。为了查明对方的身份，不妨这样问"我可以问一下您是谁吗？"根据对方的回答，迅速判定如何应对。但是，不宜说"我可以告诉他（她）是谁来的电话吗？"或"我可以说是谁来的电话吗？"这样就等于暗示他（她）要找的人就在旁边。如果要找的人不愿听电话，会使双方感到难堪。如果对方告诉你要找的人的姓氏，你应当重复一遍对方的话，如"您要找的是我们李经理吗？"这样做的意思等于是问被找的人是不是愿意接电话，一般你的上司或同事对于不愿接的电话会用摇头或摇手告诉你，你应当礼貌而巧妙地做出处理，但决不能说"他（她）不想接你的电话"，或者说"他说他不在办公室"。这样你就给他们双方制造了矛盾，也会损害单位的形象。

（三）直接接听的电话

如果要找的人就是你本人，你就应当一边听一边记，而且不时口里轻声"啊""嗯""对""是嘛"地附和，以表示你在认真听，但不能过于频繁。如果没有听清楚，应当说"对不起，麻烦你把刚才的话重复一遍好吗？"通话完了，要说"再见"，然后轻轻地放下话筒。

如果对方要了解你们单位的某些事情，应当把握两条原则：一是不能泄密；二是所了解的必须是属于你的职权范围内的事情。否则，应委婉拒绝。譬如说，"对不起，我对这方面的情况不是很了解。"或者说"您等一下好吗？我另外请一位先生跟您说行吗？"如果对方同意，你必须将问题迅速写在纸上，递给你的上司或其他业务主管人员，使他们有一个心理准备。如果对方询问的是产品的一般技术问题，你应当针对问题以简单明了的语言予以回答，切不可答非所问，也不能含混不清，要快速考虑怎样表达才能使对方听明白。内容较为复杂的话，可以用建议性的口气告诉对方："这样吧，我给您发传真过来好了。""我给您发个电子邮件吧。""我给您把资料寄过去吧。"然后记下对方的传真号或者电子邮箱等联系方式。放下电话后要立即履行诺言，并复电告诉对方已经发出。

（四）接听干扰电话

平时不免会接到一些令人烦恼的电话，如利用电话推销产品，或者同一个人反复打错电话，干扰了你的工作或公司的工作。面对不愉快的电话，下面三条处理方法是很重要的。

一是须知礼貌是永恒的原则，不能把自己的烦恼转嫁给对方。

因为对方很可能也是不得已，你不愉快没有必要让对方也不愉快。有这样一个故事，某年春节，在某部门值班的老金接到一个打错的电话，他们的对话是这样的：

"喂，小金吗？"

"小金？什么小金？"

"你不姓金？"

"我是姓金，我是老金！"

"看你，没大没小的，我是你姑姑。"

"啪——"老金把电话挂了。

一会儿又来了。

"小金吗？我话还没说完，你怎么搞的？"

"你打错了！""啪。"老金又挂了。

过会儿又来了。

"大过年的，什么事嘛，连姑姑的电话也不接？"

"我告诉你打错了，你说你烦不烦！"

"你不姓金吗？"

"世上姓金的多的是，都是你侄子？"

"那你是哪里？"

"我是哪里？告诉你吧，你还真找对了地方——我这里是火葬场！"

电话当然没有再来，但给对方带来的不愉快可想而知。

这位老金的失误在于，一开始就应当告诉对方自己是什么单位（当然不是火葬场），并提醒对方拨错号了，才不失处事的礼节。不应当因为被人叫了"小金"而以牙还牙。

二是自己解决问题，而不是随意把电话转给上司或者其他同事。

有的人明明知道是推销产品或招揽业务的电话，却这样说："我不管这事，我们李经理在这里，你跟他说吧。"这样你无意中告诉了对方你们经理姓李，给对方的推销宣传提供了进一步的条件，不仅让你的经理为难，同时经理也为你的愚蠢恼火。

三是知道对方是推销电话，你也不能发火，应当客气地予以拒绝。

例如，说"对不起，您说的这种商品我们有专门的进货渠道，我们正在执行合同"。或者说"你说的这种商品我们这几天接的电话比较多，在你的前面已有很多业务人员来过电话了。"一般来说，对方会知趣地挂掉电话。当然也有个别不死心的，可能会找出他的价格比别人低、质量比别人的好等理由来纠缠，你可以说，"是吗？不过我们的确没有购买您的商品的计划。我这会很忙，对不起，我挂电话了"。

三、打电话的语言艺术

（一）准备

打电话看似简单，其实可以反映出打电话的人的办事水平与表达能力。因此，事先做好下面两项准备工作是必要的。

第一，查清号码。这是为了防止打错电话，也有利于提高工作效率，节约资源。在拨号之前，把对方的电话号码弄清楚，并默记于心。设有分机的公司更应如此，必要时把两级号码写在纸上。

第二，拟一个提纲。要保证打电话时表达流畅，不漏掉一些事情，事先理清思路是很重要的，并把思路提示性地写在纸上。而对于内部通知和情况通报，还须将提纲记在专用的本子上备查。另外涉及人名、地名和数据，也应当在提纲中出现，凭心记难免不出差错。同时由于口音的差异，还要考虑怎样才能让对方听懂。譬如，南方有的地方说话"四、十"难辨，"黄、王"不分，事先应当注音或者选择好表述方法。

（二）表述要领

一是礼貌开头并确认对方的身份。

包括问候和自报家门，如"你好，我是××市财政局"。接下来确认对方，"请问您是××电子器材公司吗？"这样做一是以防自己拨错号，二是以防因为对方换了电话号码而误拨。另外，对接电话的人也要问清姓名和职务，可以这样说"请问您的大名是……您负责哪一方面的工作？"这样做的目的是促使对方负责，让对方明白，接了这个电话以后应当报告上司，或者亲自去落实电话的内容。

二是先说出主题。就是把要说的事用一句最简短的话告诉对方。

例如，"有一个整治小金库会议的通知"。

三是重要的事情提醒对方记录。某些重要的事情为了防止对方遗忘，要求对方做好书面记录。例如，"关于我们公司给贵公司所发货物的品种和到货时间，麻烦您记录一下"。

四是有条理地表述。所说的内容应根据事先拟定的提纲或腹稿，按一定的顺序一项一项地表述，以便对方能正确理解。如果内容较为复杂，一件事与另一件事之间要注意停顿，必要时用序码表述，如第一、第二、第三……

五是重要内容的核对。告诉对方的事情中重要的部分，在结束通话之前要核对一遍，如时间、地点、数据以及报告重要情况、传达上级指示、重要的业务往来等。

另外，找人的电话，如果你要找的人不在，需要接电话的人转告并要求对方回电话，可以这样说"我有重要事情跟某某先生谈，麻烦您转告，请他回来以后给我回个电话，我的电话号码是×××××××××。谢谢！"不能随随便便这样说"他知道我的电话，你跟他说就是"。这样对接电话的人是很不尊重的。

打出去的电话，通话完毕，应当说"谢谢！再见！"而且不应当先于对方挂电话。

【案例】

某总经理办公室秘书电话通知开会，电话是这样打的：

"嘟嘟……"电话铃响六声后才接通。

"营销部吗？"

"您好！我是营销部。请问您是……"

"我是总经理办公室。你们上班时间怎么没人？"

"没人？有人啊！"

"有人还不接电话？"

"啊！对不起，我刚才有事离开了一下。"

"上班时间到处串，我看你是不想干了！"

"你是成心找茬是吗？你要有事就说，要不我挂电话了。"

"有个通知，要你们经理明天到公司总部开会。不得缺席！"

"明天……"

"啪。"电话挂了。

第二天上午：经理按往常的惯例八点半来到总部开会，找了几个会议室却不见动静，一打听，偏偏这次的会是下午两点开，他只好下午两点来。但会议一开始，总经理就让他汇报一季度的营销情况，营销部经理一听傻了眼，他根本没做准备，只好结结巴巴凑合了事，被总经理狠狠批评了一顿。会后一查原因，问题出在电话上，打电话的和接电话的都脱不了关系。接电话的人由于接听不及时而激怒了对方，打电话的人则盛气凌人，语言使用不当，接电话的人又缺乏耐心，双方只顾赌气，竟然把会议时间和会议准备这样的重要内容疏忽了，致使会议没有达到预期目的，双方均受到了严厉处分。

虽然是上级管理部门，对晚接的电话也不应当轻率责怪，或许对方的确情有可原。即使是擅离职守，也要事后通过其他途径去了解清楚，而你这时的根本任务是要向对方表述一件更为重要的事情，不可本末倒置。尤其是用训斥的口吻对待对方，与电话语言的要求是格格不入的。作为接电话一方，无人接听和不能及时接听是管理不严密的表现，接通之后应当主动致歉，即使对方怒不可遏，也要努力克制自己，针尖对麦芒绝不是好的处理方法。相反，说话彬彬有礼，巧言息事宁人，是接电话者应有的修养和气质。人手紧的办公室，可以使用录音电话作为辅助手段来解决及时接听的问题。

思考题

1. 大学生日常口头沟通要注意哪些问题？

2. 工作交流有何特殊要求？有何特点？

3. 领导给下级作口头指示要注意哪些问题？

4. 口头布置工作一般包括哪些内容？

5. 阶段性工作报告要说明哪些事项？

6. 口头报告情况要注意哪些问题？

7. 口头介绍情况有哪些基本要求？

8. 自我介绍有哪些要求？怎样作自我介绍？

9. 交谈怎样开始、展开、结束？什么叫"三谈四不谈"？

10. 与下属谈话要讲究哪些技巧？

11. 与上司谈话有哪些技巧？

12. 交际交谈有何技巧？

13. 面试谈话要注意哪些技巧？

14. 电话交谈有何要求？接电话怎样讲究语言艺术？打电话怎样把握表述要领？

第五章　谈判

一、谈判的含义和特点

谈判是合作双方或多方以达成协议为目标，为了解决某种重大问题的分歧，以使各方在利益上各得其所而进行的会谈。

它以语言交流为主要媒介，充分交换意见，努力争取对方认同自己一方的主张，以求达成最终的合作共识，并形成书面文书。当然，谈判也有无果而终的。常见的谈判有政治谈判、军事谈判、外交谈判、商务谈判等。而在日常生活中订立合同、发生某些借贷关系、市场上的讨价还价等，其实也是谈判。可以说只要有人与人的交往就会有谈判存在，只不过有些简单的谈判无须形成书面协议。

谈判的特点是：

一是合作性。双方应本着善意、谅解、协商的原则，为实现共同目标而努力。互惠互利，真诚合作，实现双赢，既是谈判的基础，也是谈判的目的。

二是利益性。谈判双方都有各自的利益，谈判过程中都会为了使自己获得最大的利益而讨价还价，说服对方。比较复杂的谈判，像外交谈判，虽然不可能所有的问题都达成一致，但最终要体现互惠的原则。

三是技巧性。谈判免不了要争执，但谈判不能靠简单的争执解决问题，它要运用语言、心理、风度和情报掌握能力等综合素质斗智斗法。

四是原则性与灵活性的结合。谈判既要为维护本方利益，坚持基本的原则，守住自己的底线，又要体现灵活性。适当的妥协和让步是正常的，反之，固执己见、铁板一块的谈判是不会成功的。

二、谈判的程序

完整的谈判一般要经过六个阶段。

（一）导入阶段

导入，主要是介绍参与谈判的所有人员，互相有个初步了解。一般以自我介绍较为合适。作为本方人员，应通过介绍，了解对方人员的姓名、职务、社会地位等背景情况，同时对其气质、性格、风度等做出感性的判断。

在这一阶段应制造一种轻松愉快的气氛，如聊聊社会新闻、旅途情况、风土人情等话题。但要把握时间，不宜过长。

（二）概谈阶段

概谈就是各自介绍本方要达到的目标和基本意图。因为是初始阶段，概谈具有摸底的性质，所以要注意隐藏不想让对方预先知道的资料，不能把谈判的筹码一次性地和盘托出。

在交谈技巧上要掌握以下几点：

创造软性环境。开始发言时，要用简短的语言沟通关系，拉近双方的感情距离。譬如说"今天我们共同研究××问题，我方有诚意与贵方合作，希望讨论的结果能够使双方都满意"。

判断与比较对方意图。当本方概要介绍结束后，要请对方发表意见。对方说话时要认真倾听，观察其表情和预期的反应，并判断对方的意图和目标与本方有何差别。

言辞适度，态度温和。说话要通俗易懂，不要引起对方的误解或令对方费解。语气和遣词造句要谨慎，千万不要一开始谈就引起对方不快甚至激怒对方。

把握时间，言简意赅。说话要吐词清楚，简单扼要，层次分明。一般用时不要超过30分钟。

（三）明示或摊牌阶段

谈判过程中，双方必然产生分歧，明智的做法是将不同意见及早提出来，直接摆到桌面上谈，使双方的意图逐渐明朗化。面对分歧，一方面要维护本方的根本利益，另一面，在不损害本方利益的基础上，为了达到预期目的，做一些适当的妥协和让步也是必要的。

【案例】

1972年，时任美国总统尼克松和国家安全事务助理基辛格访问我国，中美经过会谈准备发表联合公报。

2月24日，基辛格与我国外交部部长乔冠华开始了关于台湾问题的实质性谈判。乔冠华提出的中国方案中：在谈到美方观点时，即美方观点是"美国希望和平解决台湾问题；将逐步减少并最终从台湾撤出全部美国武装力量和军事设施"。基辛格对这一方案拒绝了，谈判没有取得进展。

2月25日下午，在乔冠华向周恩来汇报、基辛格向尼克松汇报之后，两人再次碰头，都拿出了新方案，双方都作了让步。尼克松、周恩来也参加了半小时谈判。

尼克松坦率地对周恩来摆出了公报在台湾问题上措辞过于强硬的难处。

周恩来表示可以考虑美方经过修正的论点。周恩来请示了毛泽东，得到了批准。尼克松也同意接受经过中方修正的论点。当晚基、乔再次会晤，商谈解决台湾问题的措辞问题，美方的表述是：

美国方面声明，美国认识到，在台湾海峡两边的所有中国人都认为只有一个中国，台湾是中国的一部分。美国政府对这一立场不提出异议。美国政府重申对由中国人自己和平解决台湾问题的关心。考虑到这一前景，美国政府确认从台湾撤出全部美国武装力量和军事设施的最终目标。在此期间，美国政府将随着这个地区紧张局势的缓和逐步减少它在台湾的武装力量和军事设施。

但是，在去杭州的飞机上，美国国务卿罗杰斯等专家向尼克松提出了一大堆意见，重要修改竟有15处之多。例如，对"在台湾海峡两边的所有中国人都认为只有一个中国"这句话，认为说得太绝对了，建议将"所有中国人"改为"中国人"。

无奈之下，尼克松让基辛格再找乔冠华谈。乔冠华明确告诉基辛格"现在离预定发表公报的时间不到 24 小时了，怎么来得及重新谈判呢？"

乔冠华暂停了会谈，去找周恩来总理请示。

周恩来说："冠华，公报的意义不仅仅在它的文字，而在它背后无可估量的含义。你想一想，公报把两个曾经极端敌对的国家带到一起来了。两国之间有些问题推迟一个时期解决也无妨。公报将使我们国家，使世界产生多大的变化，是你和我在今天都无法估量的。"

乔冠华恍然大悟："总理，我明白了。"

周恩来又说："我们也不能放弃应该坚持的原则。修改公报文本的事，还要请示主席。"

毛泽东听了汇报，口气十分坚决地回答："你可以告诉尼克松，除了台湾部分我们不能同意修改之外，其他部分可以商量。"主席停顿了片刻，又严厉地加上一句话"任何要修改台湾部分的企图，都会影响明天发表公报的可能性。"

于是，基辛格与乔冠华当夜再次会谈。最终，尼克松与周恩来草签了《中美联合公报》。

（陈敦德著《新中国外交谈判》中国青年出版社）

周恩来在原则问题上毫不含糊，但在语言表述上又表现出灵活性，既维护了祖国的尊严，又适度满足了对方的要求，而且其光明磊落的外交风格赢得了对方的钦佩。

（四）交锋阶段

由于谈判的对立状态趋于明显，双方都会为自己能获得最大利益使出浑身解数，据理力争，甚至可能出现唇枪舌剑的论战场面。但越是如此，越要注意语言的文雅和科学，避免生硬和粗鲁的言辞。双方利益的冲突是谈判发展的命脉，意见分歧是正常现象。这时要特别注意的是：一方面，要立场坚定，不要被对方的气势所打垮；另一方面，面对对方的质询，甚至是出格的言辞，要有儒将风度，以柔克刚，以争取双方都能有所让步，实现转机，达成共识。实现谈判目标才是目的所在。

（五）妥协阶段

通过交锋，双方对对方的要求有了更明确的了解，渐渐冷静下来，这时要考虑在不损害基本利益的前提下做出适度的让步。至于谁先让步，关键是看能否取得谈判的主动权，以便推动谈判的顺利进行，因势利导，求得整体平衡。要特别注意的是，如达不到谈判的目的，本方的根本利益受到损害，盲目做出让步，就不是成功的谈判了。

（六）协议阶段

谈判各方如果已经意见一致，实现了谈判目标，最后的程序就是草拟文书。对文书上的表述要认真推敲，字斟句酌，最后举行签字仪式，双方首席代表在协议书上签字，整个谈判过程结束。

三、谈判的应对

（一）做好谈判前的准备

谈判前主要做好两方面的准备：

一是分析对方情况。包括分析对方的强项和弱项，分析对方哪些问题是可以谈的，哪些问题是没有商量余地的，什么问题对对方来说是重要的，重要到什么程度，对方可能会反对哪些问题，对方会有哪些需求，对方的谈判会采取怎样的策略，什么问题是对方希望达成协议的等。

二是分析自己的情况。这些情况包括：这次谈判要说的主要问题是什么；有哪些敏感的问题需要回避；应当先谈什么，采取什么样的顺序，什么样的策略；我们了解对方哪些问题；本方掌握哪些强项和优势，本方的弱势是什么；本方可以做哪些让步；本方希望对方做哪些让步等。

总之，做准备的目的是为了知己知彼，掌握谈判的主动权。

（二）把握谈判的立足点

谈判应该立足于寻求双赢。谈判并不是无休止地讨价还价，更不是蛮横不讲理。谈判没有胜败之定论，成功的谈判每一方都是胜者。谈判应是基于双方的需要，寻求共同最大利益的过程。在这一过程中，每一方都渴望满足直接与间接的需要，但必须顾及对方的需要，本着互惠互利的精神，谈判才能成功。之所以把谈判对方称作对手，而不称为敌手，道理是显而易见的。

（三）把握谈判的底线

任何谈判肯定都会有让步，没有让步就不称其为谈判。但问题是在哪里让步，让到什么程度，这就必须清楚自己的底线。有了底线就有了底气。无原则的退让就成了屈服，那是不公平的谈判。

【案例】

据我国前世贸谈判首席代表龙永图先生回忆：20 世纪末与美国进行世贸谈判时，在谈判的最后环节，中美之间只剩 7 个问题无法达成共识。在中美双方准备"后事"时，朱总理"板着脸孔"对大家说："今天一定要签协议，不能让美国人跑了，我跟他们谈。"结果，朱总理在谈判桌上让大家捏了一把汗。当美国人抛出前三个问题时，总理都只有一个回答："我同意"。我着急了，这不是要全盘放弃嘛！我不断给朱总理递条子，写着"国务院没有授权"，没想到朱总理一拍桌子说："龙永图，你不要再递条子了。"我当时真没面子。想不到，当美方抛出第四个问题时，朱总理说："后面四个问题你们让步吧，如果你们让步，我们就签字。"美方五分钟后同意了中方意见。

龙永图说："事实证明，后面四个坚持没有放弃的问题，如汽车贸易等是我们的底线，这就是对优先次序的判断。"

（《南方都市报》2000 年 10 月 21 日）

（四）听是谈判的前提

在谈判桌上，双方都要说明自己的情况，陈述自己的观点，都要为自己的利益说服对方。但值得注意的是，这种"说服"建立在听的基础上，甚至要少说多听。这是因为只有仔细听清了对方的陈述，才能获取对方的信息，摸清对方的底细，增加谈判的筹码。切记不可在对方意见表达不完整时急不可耐地予以反驳，这样做是愚蠢的，不仅容易使谈判陷入僵局，而且会丢失大量的信息。在谈判中，要尽量鼓励对方多谈他们的情况。而自己在这个过程中要边听边分析并不断向对方提出问题，确保自己完全正确地理解对方。

（五）谈判中应重视提问

提问有两个意义：一是通过提问，不仅能获得平时无法得到的信息，而且还能证实自己以往的判断。这样有利于及时调整策略，包括调整谈判目标，争得谈判的主动权。二是通过提问，促使对方设身处地考虑本方的情况，在提问中巧妙地表明本方的观点和立场，让对方明白在某些问题上做出让步的必要性。这样做比直接反驳对方要巧妙得多，有利于谈判气氛的控制。

要注意的是，对对方的回答要认真做好记录，为后面的讨价还价做准备。

（六）讲究答复的技巧

谈判中对方同样会提出一些问题，怎样答复是需要讲究技巧的。一般来说不能对方问什么就答什么，被别人牵着鼻子走，否则就会误入对方设置的"语言陷阱"。

回答提问有四点要求：

第一，要正确理解问题的实质，包括对方提问之中的弦外之音。在没有弄清对方的真正意图之前千万不要轻率回答。

第二，要掌握回答问题的要点。哪些问题不值得回答，哪些问题只需要回答一部分内容，哪些问题需要认真解答，都要做到心中有数。

第三，要善于回避问题。回避有很多方法，或故意使用模糊语言，或故意偷梁换柱，或找借口以搪塞，或干脆明言不在本人职权范围之内等，以避免对方纠缠、追问。

第四，要善于拒绝。当对方提出办不到的要求时，要巧妙地回绝。不能随便给对方许愿，也不能模棱两可，使对方还抱有不切实际的幻想。但是拒绝的态度要诚恳，措辞要委婉。如有可能，可以从对方的角度来说明拒绝的利害关系。也就是说，所以要拒绝，是为对方着想，对他有好处。总之，既能拒绝，又能使对方理解。

四、谈判要注意的问题

（一）举止端庄，注意风度

谈判者代表的是单位形象，应当衣着整洁，态度温和，平易近人，性格开朗，外柔内刚。有气质，有风度，讲原则，不固执。谈判能高瞻远瞩，着眼未来。即使谈判失败，也要给对方留下好印象。

（二）谈吐自然，说理到位

做到业务熟悉，知识面广，逻辑性强。说话能抓住要领，切中要害。语言平稳朴实，不牵强附会，不强词夺理。

（三）反应敏捷，洞察力强

对对方的意图和对方谈判代表的特点，能准确判断。对对方的发言能临机应对，能准确分析对方的弱势，找准谈判的突破口。条件允许的话，谈判前尽可能掌握对方更多的信息，以便取得主动权。

（四）善于合作，求同存异

一方面，在摊牌以后，对本方的观点要以光明磊落的态度表达出来，对争执中相持不下的问题要求同存异。在谈判陷入僵局时不要气馁，要设法创造"柳暗花明"的局面。

思考题

1. 谈判有哪些特点？
2. 谈判的各个阶段有何要求？
3. 怎样应对谈判？

第六章　辩论

一、辩论的含义和种类

辩论，就是彼此用一定的理由来说明自己对事物或问题的见解，揭露对方的矛盾，以便最后得到正确的认识或共同的意见。

辩论可以分为两大类：

一是自由辩论。自由辩论是人们在社会生活中对某些事情与别人有不同看法而发生的争论。一般没有固定的规则，也不一定产生结果，多数情况下是不了了之。

二是专题辩论。专题辩论是辩论中最基本最有意义的形式。其特点是：有组织有准备，常常要按预定的程序展开；有明确的目的；通过辩论提高人们的独立思考能力，正所谓事实越辩越清，观点越辩越明。

常见的专题辩论有：法庭辩论，社交辩论，决策辩论，赛场辩论，谈判辩论，竞选辩论。

二、辩论的准备

辩论的准备分为无意识的准备和有意识的准备。无意识的准备是指并没有打算去参加某种辩论，但平时却能吸取多方面的知识，掌握一定的语言表达技巧，具备较强的逻辑思维能力，而一旦与人发生争论时，就可调动思维库中的积累，力争在争论中占上风，以显示自己说服人的能力。

有意识的准备，是为了应对专题辩论所做的有针对性的准备工作。

它应当包括以下几个方面：

一是揣测对方提出的基本论点和可能提供的证据，分析对方在这个问题上存在的观点上的漏洞，完善自己驳倒对方的理由。

二是搜集不利于对方而有利于自己的资料和证据，搜集资料要围绕议题、围绕论点来进行，可以分三步走：抄写（或复印），剪贴（按表达需要分别贴在各个分论点下面），锤炼（对资料、证据精加工）。

三是分析对方和自己在表达时可能出现的错误。

四是考虑辩论的技巧。

五是理清表达的思路。首先要把道理想清楚，至少要通得过自己这一关，如果连自己都觉得勉强，辩论起来肯定没有说服力。事前越是对自己苛刻，整理出来的思路就越是经得起推敲和考验。这是非常重要的一环。同时要考虑表达层次，不能在逻辑上出现漏洞，成为对方攻击的把柄。

六是做到熟练。用"模拟对话"的办法检验一下效果，之后把"模拟对话"背诵下来。

准备工作的充分与否，是辩论成败的关键。"台上三分钟，台下十日功"，手中有"粮"，才能心里不慌。

三、临场辩论技巧举要

（一）倾听对方发言，做好应战准备

倾听对方发言无非是两个目的：一是准确把握对方立论。对方的基本论点是什么，一定要听真切，弄清其说话的真实意义。这里要注意以下三个问题。

1. 准确判断对方论点

对对方论点的准确判断是至关重要的，误判、错判，只会使自己被动，所谓抓鸡不成蚀把米，反给对方抓住了把柄。

【案例】

1993 年复旦大学队与台湾大学队在"人性本善"的辩论中，台大队对复旦队的立论作了一个错误的预测，二辩在陈词中把复旦队有关"恶"的阐述推测为人的本能和欲望。请看这段辩词：

好的，对方同学又指出了另外一点，说人的恶是因为人有欲望，人有这样的本质。那我就不懂了，为什么欲望一定带来"恶"性呢？我今天喜欢一个女生，这个女生也喜欢我，我们都想跟对方结婚，我们组成美好的家庭，这是恶吗？再说嘛，人有本能，人肚子饿了就想吃饭，那人跟狮子不就是一样了吗？……

［《狮城舌战》（十年珍藏本）复旦大学出版社 2003 年版］

事实上复旦大学队的观点是"恶是人的本能和欲望无节制的扩张"。这样一来由于预期和实际的偏差，导致了台大队的攻击总是不到位，因而便处于被动状态而节节失利。

2. 找出对方阐述问题中的错误

这些错误可能在以下几个方面：

（1）立论错误。传说亚里士多德的一个学生告诉亚里士多德："我发明了一种能溶解一切物质的液体。"亚里士多德答道："那是不可能的。"学生肯定地说"事实就是这样。"亚里士多德问他："那么，你用什么容器来装这种液体？"学生哑口无言。亚里士多德是这样抓住他的错误的：既然能溶解一切，就没有一种容器可以装它，既然没有一种容器可以装它，这种液体就不存在。

（2）证据错误。包括证据不能说明问题和证据不足两个方面。譬如说屋漏雨，必须维修。屋怎么会漏雨？因为天花板有渗水的痕迹。结果一问，是因为有人在楼上洗地板渗的水，而并非漏雨。证据不足是律师法庭辩论常用的武器。

（3）常理错误。前人已有科学定论的东西，或者是国家法律法规明文规定的问题，却提出悖论。譬如说："你难道怀疑地球不是方的吗？""你难道相信相对论站得住脚吗？"

（4）逻辑错误。一是明显的与实际情况不符，譬如说，"世界上每一个人都是爱好和平的"，"只要我们刻苦学习，就必然取得优异成绩"。二是表述不严密，"我的矛能戳穿任何东西，我的盾任何东西都戳不穿"，自相矛盾。还有概念不周延，譬如说，"我们必须重视三农问题，九亿农民才是真正的劳动人民"。农民是劳动人民，但劳动人民不只是农民。如此种

种逻辑错误是表述中最容易出现的问题。

（5）计算错误。一是计算方法的错误；二是计算中影响因素考虑不周全；三是忽视了长远利益。

【案例】

中美贸易逆差一直是美国各界纠缠的问题，朱镕基1999年访美时，指出了对方对数字不合理的计算：

……中美贸易逆差的数字被大大夸大了。根据美方统计，1998年美方逆差是569亿美元，而中方的统计是211亿美元，两者差距很大。美国斯坦福大学教授刘遵义作了深入的研究，认为这两个数字都不准确，原因是这些数字在计算进口时包括了运费和保险费，而在计算出口时都没有包括；其次，没有考虑到中美贸易很大一部分是从香港转口的，而在香港的附加值很高；此外，也没有考虑走私的因素。据此，这位教授估计，中美贸易逆差大约是365亿美元。

……中国对美国的出口绝大部分是劳动密集型、低附加值消费品，或者是资源性消费品。这些产品美国早在15年前就停产了。因此，这种出口与美国的产业并没有竞争，而是有利于美国的经济调整，有利于美国发展高科技产业的。如果美国停止从中国进口这些产品，而改从别的国家进口，美国每年就要为此多付出200亿美元。这个数字是根据世界银行报告所提供的数据推算出来的。

（《中国青年报》1999年4月16日）

朱镕基不仅指出对方的计算缺乏科学性，而且从对方的角度考虑其利害得失，指出了发展中美关系美国是受益的，很有说服力。

（二）科学阐述问题，形成先声夺人之势

辩论不只是针对对方提出的问题来论高下，辨是非，同样要明确表述自己的主张、意图。例如，在谈判桌上、在竞选辩论中、在答记者问的时候，常常如此。诸葛亮"舌战"群儒，他是以自己的基本主张为基础的：即吴、蜀两家必须联合抗曹，否则就有灭亡的危险。他所"战"的是反对这种主张的谬论。

在辩论中，要想取得辩论的主动权，就要抢在论敌之前迅速集中有利论据，树立起有利于己方的论点，击中论敌命题的要害，这样既可以使论敌陷于被动，又能给听众一种"先入为主"的印象，创造心理优势。

1. 开门见山

辩论发言一开始，就单刀直入亮出己方观点，这样既为发言者确立辩论中心，也便于听众分析思考。例如，南京大学与上海大学队进行的一场辩论赛，辩题是"实施环境保护，是否会降低经济增长速度"。正方队员一上场就声明：

我们是环境保护的坚定拥护者，我们希望既保护环境，又增长经济，但鱼和熊掌不可兼得。为了人类的生存与发展，为了子孙后代的幸福，我们主张宁可适当降低经济增长速度，也要保护好环境。

2. 先亮敌论

就是先把对方的观点摆出来，然后进行反驳论证。这种方法以攻为主，目标明确。例

如，辩论"常在河边走，哪会不湿鞋"可以做如下阐述。

有些人散布这样一种奇谈怪论："常在河边走，哪有不湿鞋？"言下之意是：长期从事某项工作，借职务之便，谋点儿个人私利是难免的。在现实生活中，这种"河边湿鞋"者确有人在：以办户口之权索贿受贿；借人事管理之职为子女亲属招工提级；乘出国洽谈生意之机慷国家之慨换取外商"馈赠"；趁财务管理之便任意将公款装进自己的腰包。但这些人，毕竟是少数，不能代表社会的主旋律。事实上廉政奉公的事例是数不胜数的……

3. 正反比较

在辩论开始时，把己方论点和对方论点同时亮出，在鲜明的对照中甄别是非，分清真理和谬误。还是辩论"常在河边走，哪有不湿鞋"，亦可这样阐述：

现在有一种奇谈怪论，说是"常在河边走，哪有不湿鞋？"它的寓意是，长期从事某项工作，借职务之便谋取点私利是在所难免，合情合理的。

果真如此吗？不！

"常在河边走"确有"湿鞋"的可能，但这只是可能，不是必然。

……

"常在河边走，哪有不湿鞋"是为搞以权谋私等不公正之风进行辩护的谬论。正确的说法应该是"常在河边走，贵在不湿鞋"！

（三）运用多种技巧，果断明辨是非

辩论就是要指出问题孰是孰非，也就是通过自己的阐述来说明己方观点的正确，对方观点的错误。在临场辩论中，应运用多种技巧，果断地驳倒对方。辩论的技巧很多，现举例如下。

1. 正本清源

面对歪曲事实的论点，不可简单地指责对方，否则反而显得自己理亏。必须还以事物的本来面目，以正视听。

【案例】

朱镕基到日本访问，一个日本老人问他，"对日本有人否认南京大屠杀如何看？""我们很多日本人认为南京大屠杀根本没有发生过，你对这件事怎么看？"

朱镕基明确说：南京大屠杀是历史事实，有充分的证据，是不能否认的。

历史是不能忘记的，忘记就意味着背叛。掩盖或者淡化历史是没有任何好处的。吸取教训，才能使两国人民世代友好下去。

（《中国青年报》2000 年 10 月 15 日）

2. 智破诘难

有的人提出莫名其妙的论点，无法跟他讲道理，不妨用智慧语言把他挡回去，使他无话可说。

【案例】

一次，一个美国记者采访周恩来总理时，在他的办公桌上发现了一支美国产的派克笔，于是使用讽刺的口吻说："请问总理阁下，作为一个大国总理，你为什么还要用我们美国生产的钢笔?"周总理机智地说:"这是一位朝鲜朋友的战利品,是他作为礼物送给我的,我觉得这礼物也的确很有意义,就收下了。"这个美国记者讨了个没趣,无言以对。

(《文萃报》2006 年 1 月 15 日)

3. 顺水推舟

表面上认同对方观点,顺应对方的逻辑进行推导,并在推导中根据己方需要,使对方观点在所增设的条件下不能成立,或得出与对方观点截然相反的结论。

【案例】

2000 年江泽民回答台湾记者的提问。

记者:"请问江主席,两岸如果真的开战岂不是相煎何太急?"

"你这个话是引用曹植的诗句。煮豆燃豆萁,豆在釜中泣。本是同根生,相煎何太急!"江泽民话锋一转,"如果有人搞'台独',出现相煎何太急的局面,那是他们造成的。本是同根生,本是一个中国,为什么要搞'台独'?"

(《人民日报》2003 年 3 月 8 日)

4. 借矛攻盾

借矛攻盾就是常说的以其之矛攻其之盾。对方以某种根据立论,表面上似乎很有力量,这时不妨顺着对方的意思说下去,然后反戈一击,用对方的根据推翻对方的论点。

【案例】

左宗棠率湘军出关收复新疆,军队所到之处,入侵者望风而逃。

眼看大英帝国扶植的阿古柏政权面临覆灭,英国公使威妥玛找到左宗棠,说:"中华地大物博,以仁义立国,为什么容不下小小的阿古柏,非要斩尽杀绝呢?这未免太不人道了吧?"

左宗棠反讯道:"贵国信奉天主,到处建教堂,讲人道,何不在英伦三岛上划块土地叫阿古柏立国活命呢?"威妥玛闻言哑言。

威妥玛以中国应仁义立国为由,要中国为依附英帝国的阿古柏政权留一块生存之地。左宗棠借用其仁义之矛反戈一击,要威妥玛所代表的英国发扬"人道"主义,在英伦三岛上划块叫阿古柏立国活命的土地。由于左宗棠要英国所做之事的理由正是威妥玛要中国所做之事的理由,所以威妥玛虽然心中一百个不愿意却又无法反驳,只得哑言不语。

(赵如清《演讲与口才》2005 年 7 月)

5. 击其要害

对方本来就有软肋,却偏偏要诡辩,不妨抓住其要害,猛击一掌,戳其痛处。

【案例】

一位从广岛来的日本人说,他本人对日本在战争中的残酷行为深感内疚,但如果中国总是要求日本道歉,什么时候才能结束?

朱镕基说:客观事实是,日方直到现在也没有在正式的文件中向中国人民道过歉。我看这值得日方认真思考。

(《中国青年报》2000 年 10 月 15 日)

6. 主动出击

用有力的论据，充足的理由，主动向对方发起进攻，迫使对方自认理亏，从而使自己处于不败之地。

7. 避轻就重

对方可能转移视听，诱导他人情感的变化而形成有利于他方的局面。这在法庭辩论中尤为常见。例如，青年李某故意伤害邻居小孩案件，辩护人往往阐述被告人平时表现如何好，尊老爱幼等，并提出了大量助人为乐的材料来证实，其意图就是想说明被告人主观恶性不深，应从轻处罚。旁听群众此时也表露出对被告人的同情。此时，公诉人不要就事论事去评价而进入辩护人的圈套，应抓住行凶者的犯罪后果这一重点问题，将注意力转移至被害这一方来。可用大量翔实的资料，向法庭介绍被害人平时是个非常懂事的孩子，在学校里也是好学生，由于被告人的犯罪行为造成被害人躺在病床上已近半年不能康复。不仅给被害人家里带来很大经济负担，而且更给被害人肉体带来巨大痛苦。此时，旁听群众对被告人的同情已经转化成了愤怒，法庭气氛朝着有利于公诉方发展。

8. 借力打力

有时候对方的论点尖酸刻薄，而且表面上看似很有力度。这时候回击不宜用"你没道理""你没有根据"这种简单的否定语。以硬对硬并不能解决问题，甚至可能引起无益的争执。最好的办法是抓住对方的逻辑错误，借力打力，也就是借对方的错误击倒对方。

【案例】

东汉时候有个孔融，十岁的那年跟父亲去拜访司隶校尉李膺元。李膺元为孔融的聪敏感到惊奇。把他的能言善辩介绍给后来入堂的太中士大夫陈韪。陈韪不以为然，对孔融说道："小时候十分聪明的孩子，长大了未必聪明。"孔融应声道："想必您小的时候也一定十分聪明。"陈韪被说得一时无言以对。

四、辩论要注意的问题

（一）要拓宽知识面

辩论要求立论新颖，思维敏捷，论据有力，论证合理。这就要求一方面要善于积累知识，掌握丰富的材料。另一方面要学点逻辑知识，有时间还可以读点儿《孟子》这类有哲理的书。另外，平时多注意别人是如何说理的，有机会听听辩论赛，听听法庭辩论，从中学习别人的辩论技巧。

（二）要练好基本功

辩论要吐词清楚，语言通俗，表意明晰；要多用短句，少用甚至不用难懂的专业术语。同时要注意风度，培养气质。

（三）要有自己的辩论风格

初学辩论可以模仿别人，但时间长了就应当形成自己的特色。个人的辩论风格对辩论效果有很大影响。

美国媒体评价：布什辩论完全是平民化作风，基本都是大白话，听众一听就明白他想说什么，仿佛是布什钻进了那些听众脑海中一般。

克里与布什恰好相反，他一开口就是"政策"和"专家意见"之类的词语。克里辩论时更像是一名老师，不仅精确而且复杂。不过这也并非缺点，只是另外一种风格。

（四）辩论时要善于沉着应战

不论是何种场面，不论对方的问题怎样尖锐，都应当沉着、冷静。准确地判断对方的论点，回击要命中目标，切不可乱了自己的方寸。2004 年美国竞选总统时，另一候选人克里在攻击布什的伊拉克政策时，用一句话形容"在错误的时间、错误的地点，发动了错误的战争"。由于布什紧张，他在回击克里时，竟然用克里"在错误的时间、错误的地点，发动了错误的战争"的话来做解释，结果闹出笑话，被媒体大肆渲染。

思考题

1. 辩论中怎样听对方发言？

2. 辩论有哪些技巧？

3. 辩论要注意哪些问题？

第二篇　实践挑战篇

口才特别训练课程

课前说明：

总计七课时，每节课程安排一周左右完成。

1. 学习完全靠自觉。

2. 要活学活用，勇于实践。训练与生活很好地结合起来，才能练好口才。

3. 与同学们或室友一起训练，不拘于场地，随时随地都可进行。

4. 坚持每天训练。只有坚持到底，你才能成功。

第一课　树立自信　克服恐惧

一、紧张从何而来？

人为什么会上台紧张，产生恐惧心理？甚至有些人对陌生的面孔、严厉的上司、漂亮的异性、大庭广众的聚会都会产生恐惧心理。

主要有下面几个原因造成了人的恐惧心理？

第一，环境的改变。人总是对陌生的环境有一种恐惧感。对熟悉的环境有着一种舒适感，对陌生的环境就会产生不舒适感、不安全感，这种不舒适感就会产生紧张、恐惧心理。

第二，追求完美的心态。有些人总是存在追求完美的心态，一方面是过分地追求完美，过分地在乎别人的看法，另一方面是自己能力和经验不足，于是一看到别人的目光，一站到台上就会紧张起来。多数人都不肯把自己暴露出来，特别是最怕暴露自己的缺点，结果越是紧张，越是表现不佳。这也是正常的现象。

第三，过去失败的阴影造成的影响。过去在公众场合讲话失败的阴影也会影响自己的发挥，使自己紧张起来。特别是有些人小时候受家庭环境的影响，或者青少年时期曾经受过伤害，或者曾经有过印象非常深刻的失败经历，这些事情对人的影响最大。许多患有自卑心理、自闭症状的人都是因为幼年或青少年时期的生活环境造成的。

第四，没有经验，没有经过训练，没有一个良好的讲话的环境。许多人都想改变自己，但是因为生活中不可能提供这样一个讲话的舞台给大家去实际操练，因而许多人想改变却是没有办法去改变，因为像课堂这样一个公开进行讲话训练的环境，在社会上还是比较少的。

二、让讲话更加轻松

针对以上讲话恐惧的原因，我们要有针对性地进行克服，才能做到在台上和台下一样轻松自如地讲话和沟通：

1. 针对追求完美心态的心理，要有一个认识：其一，世界上没有十全十美的人和事物，任何人都有他的优点，同时也都有他的缺点，每个人都是独一无二的，最伟大的演说家也同样有他的缺点，因而没有必要追求过分的完美；其二，任何比较完美的演说家都是从不完美开始的，没有人一下子能够达到侃侃而谈的状态，每个人的成功都是经过不断演练的结果。今天的出丑，正是为了明天的出众、出彩。如果想一下子出众、出彩，不经过刻苦的练习是不可能的。其实，在我们这个环境，大家都是为了来锻炼口才，提升自己，因而没有必要仍然维护自己的架子、怕出丑，否则最后必然进步不会很快。在这里，大家可以尽情地放下自己的尊严、面子，放开自己的胸怀，勇于走上台来，这样才会突破自己，改变人生！

2. 针对因为过去失败的阴影受影响的情况，其实我们也没有必要太在意过去的阴影。如果让过去的阴影影响自己一辈子，那是最愚蠢的做法。要知道，过去不等于未来。只要现在努力，过去的失败并不能影响现在的成功。其实，我们之所以总是封闭自己，生活在过去的阴影里面，主要是因为我们没有走出来，没有敞开自己的心扉。只有敞开自己的心门，让阳光扫走一切阴影，我们的心才能变得光明起来。因此，过去的失败并不可怕，最好的办法就是自我解嘲，把过去的失败的东西掏出来，让大家看到，也就无所谓了。我们今天的练习方式就是要求你们讲一讲自己失败的经历，给大家分享一下，讲出来，心理就轻松了。

3. 针对环境的改变以及没有经验没有经过训练等情况，其实很简单。面对陌生的环境，我们不断地去熟悉它，让它变得熟悉起来，变得舒适起来就行了。我们给大家想办法创造一个这样的公众演讲平台，就是给大家提供一个模拟的陌生的环境，大家可以不断地在这里练习练习再练习。其实只要大家坚持来练习，我们可以相信，每一个人经过两个星期左右的训练就可以基本解决紧张问题，两个月基本上可以做到在台上侃侃而谈了。我们每个人都要经过这一关，先从恐惧、害怕上台，到上台不恐惧，比较轻松自如，再到喜欢上台、争着上台，到最后变成在台上不肯下来。这就是我们的训练模式：先要敢说，然后是能说，到最后要会说，说得精彩。

三、克服紧张感的一些小技巧

1. 上台之前做深呼吸，有助于调整自己的情绪。

2. 运用言语不断激励自己。人的潜意识的力量是巨大的，不断地激励自己其实就是在利用潜意识的力量，当我们的大脑中不断地输入这些激励的话语时，假的也会变成真的，我们就会逐渐变得的自信起来。

3. 寻找热情友好的面孔。在台上紧张，好多现象是因为我们看到了陌生的面孔。因此，我们可以不断地寻找热情友好的面孔，这样可以得到放松。

4. 运用一下动作来转移自己的注意力。例如，手握拳头，给自己打气；在台上走动一下，舒缓一下情绪，等等。

5. 自我解嘲法。自我解嘲法是一个很好的方法，不妨把自己的紧张原因、紧张表现，当众自我解嘲，可以缓解内心的紧张。紧张是一种能量的聚集，讲出来以后，就是把自己的这种不恰当的能量释放开来，就可以有效地解决紧张问题。

今日训练

1. 从今天开始，每次坐车、候车、在书店看书、校园里散步、操场上运动时，遇到身边的陌生人，尝试去打招呼，介绍自己。第二天，立即给刚认识的陌生人去一个电话或者发一条微信。坚持一个月，你的人际关系立即倍增。

2. 和你的搭档（同学或室友）一起训练。找一个类似讲台的地方，一个人站在讲台上用心去讲，其他人坐在下面认真听。每人上台自我介绍，然后，讲一件自己因为讲话失败而痛苦的一件事情。（注：以后有些课程的训练都需要自备一个小型的模拟讲台）

3. 和你的搭档一起，目光对视，相距一米距离，用你的眼睛去看对方的眼睛。尽量不要眨眼睛。五分钟时间。在看对方时，以一种警察看小偷的眼光去逼视对方，双方进行目光对抗。

做这个训练时，一开始可能不习惯，可以先从一个眼睛看起。慢慢练习几次就习惯了。以后，每天训练一次，尽量尝试和各种不同的人进行目光对视。

（注：生活中目光对视时要表情自然，不宜长久地对视，免得引起对方的敌意）

第二课　特色的自我介绍

介绍自己的名字是当众讲话的基本功，也是众多当众讲话场面必不可少的环节，如何学会具有特色地介绍自己的名字，让别人一听就能记住，并能对号入座，这是非常关键的。

比如，有两个同学，一个叫巩红梅，一个叫邢芸。

巩红梅是这样介绍的：

我姓巩，名红梅。巩是巩俐的巩，也是巩汉林的巩，虽说跟他们一个姓，但我的艺术细胞却比不上他们。但是，我的名字有骨气——红梅，就是笑傲寒风、飞雪迎春的红梅。希望大家记住我，我叫巩红梅。

邢芸，是这样介绍的：

我姓邢，就是左边一个开字，右边一个耳朵旁的邢字，芸字，是上面一个草字头，下面一个云彩的云字。父母给起的，我也不知具体的什么意义。谢谢大家。

明显的，两人介绍，前一个就会一下子让人记住，而且赢得了听众的掌声，赋予了自己名字积极的意义。后面的介绍就是太普通的一般人的介绍方法。所以大家一定要学会如何艺术地介绍自己的名字。

自我介绍，一般有几个要素：姓名、籍贯、职业、爱好等。

一、姓名

关于姓名的介绍有下列几种方法。

1. 赋予名字积极的意义。

比如，前面的巩红梅的介绍就是的。再如，赵杰，这个名字，如果说：赵，是走之旁，加一个叉，杰是木字下面四点。这样就一般了。没有新意。如果说：赵，是赵钱孙李的赵，百家姓中第一姓，杰，是英雄豪杰的杰，我的理想就是要做一个堂堂正正的英雄豪杰，不枉第一姓的称呼。

2. 故事法，讲述名字的来历或者编一个关于名字的故事，也是比较好的方法。

例如，孙迎菊，可以这样介绍：

我叫孙迎菊，据我妈妈讲，在我出生的那天，我家窗台的一那盆菊花一夜之间就绽放出来，于是我妈妈就给我起了这个名字。

再如，涂忆洪，可以这样介绍：

我叫涂忆洪，洪，是洪水的洪。在我出生那年，我们家乡发生了洪涝灾害，国家损失惨重，我爸爸不顾我刚刚出生，就去参加了抗洪救灾工作。因此，我妈妈就为我起了"忆洪"这个名字，希望我们能够时刻想起那段艰难的岁月，珍惜现在美好的时光。

3. 与名人挂钩。与名人挂钩，可以利用名人效应，让别人更容易记起自己。

比如，有一位同学，叫周江平，他是这样介绍的：

我叫周江平，周是周恩来的周，江是江泽民的江，平是邓小平的平。三位伟人都是我最崇拜的偶像，因而我时时刻刻都把偶像挂在嘴边，鞭策自己做一个对社会有益的人。

4. 谐音法。利用谐音也能很好地给人留下想象的空间，留有余味。

例如，我们刚才讲的：邢芸，这个名字，如果这样介绍，效果就好多了：

我叫邢芸，芸是芸芸众生的芸。我告诉大家一个秘密，你们要经常喊我的名字，你们就会得到好运。因为我的名字的谐音就是：幸运！请大家记住我，我会带给你们幸运的！

再如，刘学，这个名字，就可以这样介绍：

大家好，我叫刘学，刘是刘少奇的刘，学是学习的学。我叫刘学，但从小学到大学，我并没有留过级，而后来，我确实去美国留学了半年，现在可谓：名副其实啊！

5. 图像法。就是营造一种图像，让别人想象一下，这样更能让人记住你的名字。

比如，余江雁，这个名字，就可以这样介绍：

大家好，我叫余江雁，请大家想象一下，在长江上空，有一只大雁在展翅飞翔，搏击长空，那就是我，余就是我的意思啊！请大家记住我的名字：长江上空的一只翱翔的大雁。

6. 和地名挂钩。和自己名字相关的地方挂钩，既让对方记住了自己的名字，又能知道一些其他信息。

比如：李淮河，可以这样介绍：

我姓李，来自江苏，在秦淮河边长大，因而我名字就叫作李淮河。

7、调侃法。有些场合用一些调侃自己的方式，给人以轻松的记忆，效果也是非常好的。

比如：秦珅，这个名字，可以这样介绍：

我叫秦珅，秦是秦桧的秦，珅是和珅的珅，虽然这两位都是大奸臣，但我确实是个大大的好人。心地善良，有情有义，既和秦桧无缘，也与和珅不沾边，希望大家记住我，也请相信我，一个大好人：秦珅。

再如，宋德让，这个名字，有人这样介绍：

我叫宋德让，大家都喜欢和我交往、做生意，因为他们说和我做生意不吃亏，因为我"送了"，还"得让"着他们。

二、籍贯

介绍籍贯，有下面几种方法。

1. 与当地的人文历史挂钩

例如，扬州。

我来自江苏扬州，扬州自古出美女，扬州八怪名闻天下，扬州又是江泽民的故乡，希望大家有机会可以到扬州一游。

例如，南昌。

各位朋友，我来自南昌，中国革命斗争的第一枪就是在南昌打响的。

2. 与地理方位挂钩

例如，哈尔滨。

各位朋友，我来自哈尔滨，中国最北边的省会，松花江上的最大城市。

例如，桂林。

我来自桂林，著名的旅游胜地，桂林山水甲天下，想必大家都非常向往。

3. 与当地小吃特产挂钩

例如，茂名。

我来自广东茂名，著名的荔枝之乡。

例如，清远。

我来自清远，大家都知道，清远有天下闻名的——清远鸡！

三、职业

介绍职业，尽量要赋予职业积极的意义和形象化的比喻。

例如，教师。

我的职业是教师，所以常常被人们称为人类灵魂的工程师。

例如，计算机工程师。

我的职业是网络维护工程师，我是虚拟世界的修理工。

例如，销售。

我的职业是推销员，就是"走出去、说出来、把钱收回来的"，靠口才吃饭的人，所以我要通过学习口才来提高自己的口头表达能力。

四、爱好和性格特点

介绍自己的爱好和性格特点时，可以采用三点论，不要太多，要有集中概括能力。

例如，我有三个特点：第一，喜欢交友，希望在座的各位都能和我成为很好的朋友。第二，是旅游，全国我已经走遍了三分之二，还有三分之一希望与在座的各位一起游玩。第三，喜欢看书，各种各样的书都喜欢看，可惜记性不好，看后就忘。

今日训练

每个同学上台，介绍一下自己的名字、籍贯、性格特点及心目中理想的职业。尽量将今天所学的东西用起来。争取最好的介绍效果，让下面的同学一下子就能记住自己的名字。同时，特别提醒注意，每位同学介绍一下自己的特长，你讲一下你能回答哪一方面的问题，你有哪一方面的问题需要提问？每人两分钟，举例如下。

大家好，我叫×××；

我的名字的含义是＿＿＿＿＿＿＿＿＿＿＿，我来自＿＿＿＿＿＿＿＿＿＿＿。

我的职业是：＿＿＿＿＿＿＿＿＿＿＿。

我有三个特点：＿＿＿＿＿＿＿＿＿＿＿。

我能回答一个关于＿＿＿＿＿＿＿＿＿＿＿＿＿＿的问题。

我有一个问题希望能够得到大家的指导，这个问题是＿＿＿＿＿＿＿＿＿＿＿＿＿＿＿；

谢谢大家。

（现场不需要其他同学解决台上同学的提问，可以鼓励大家在下课后请教相关的同学。如果时间允许，可以让相关的同学上台解答一下某个问题）

第三课　态势语言

所谓"态势语言"，就是指综合运用人的手势、眼神、走动、表情、沉默等肢体语言来达到传递信息的一种方式。

美国心理学家艾伯尔·梅柏拉曾对语言等行为传递信息的效果进行过多次实验，最后得出一个非常有趣的结论：课堂信息传递的总效果＝7％的文字＋38％的有声语言＋55％的态势语言。演讲者的风度、仪表、神态，应给观众留下最佳的"第一印象"。心理学理论"晕轮效应"认为：一个人给别人的第一个印象往往是人们对其做出判断的依据。

例如，阿凡提遇见一个巫师，二人约定用手势来"说话"。巫师伸出一个指头，阿凡提立即伸出两个。巫师又伸出一个巴掌，阿凡提伸出拳头。巫师很满意，走了。旁边的人问巫师是什么意思，他说：我伸出一个指头，说胡大只有一个，阿凡提却用两指头，说胡大是两个，因为在胡大的道路上，穆罕默德圣人代表他；我伸出五个指头是问他，一天五遍的祈祷都做完没有，他的拳头捏得紧紧的，表示一点也不放松。看来阿凡提是个真正虔诚的教徒。这话传到了阿凡提那里，他大笑起来，解释说：巫师伸一个指头，是说要挖掉我一只眼，我用两手指告诉他，我要抠他一双眼。他伸开五指说要打我一巴掌，我告诉他要回敬一拳头。由此可见动作不能代替语言，以上两人都是根据自己的想象去理解对方的意图，因而造成误解，但一讲出来就清楚了。所以动作必须配合语言。多做手势，如果不能增加人的注意力，就必定要分散别人的注意力，因而动作要控制，适可而止。

态势语言分为：手势、目光、表情、仪表、肢体动作。

一、手势的作用

（一）表现演讲者的决心，态度和信心

同志们，我们一定能把党风整顿好。（右手掌由右上方向左劈下，猛力握成拳头）

（二）有利于意思的传达

就在那座山的后面，发现了一个金矿。（用手一指）

（三）给听众留下深刻的印象

这，就是为了共和国的高高站立。（左下向右上，握成拳）

二、手势的分类

1. 指示手势，指示具体对象，它可以使听众看到真实的实物。例如，说到"你、我、他"或者"这边、那边、上头、下头"时，可以用手指一下，给听众以实感。"今天，这里有没有特务？你站出来，你出来讲，凭什么要杀死李先生？"

2. 象形手势，用来模拟形状，给听众一种形象的感觉。比如，讲到袖珍电子计算机只有这么大，双手比划一下，听众就可知道它的大小了。

3. 象征手势。启发思维，引起联想。例如，"祖国的未来，前程似锦"，右手向前方伸出，以示未来。

4. 单势、复势

单势一只手，复势两只手。

（1）一般情况下，用单势；情感特别强烈，可用复势。

（2）会场的大小，会场大，听众多，可用复势。

（3）内容的需要。

"同志们，千万要注意，这次试验是非常关键的一次。"（举起右手食指）（举两个食指则不对）

"同志们，让我们尽快地行动起来吧！"单手上扬则无力，双手向上扬起，显得有气魄，有声势，有情感。

三、手势活动范围

整个手势范围，可分为三个区域。

1. 肩部以上，称为上区，表示理想的、想象的、宏大的、张扬的内容和情感，如殷切的希望、胜利的喜悦、幸福的祝愿、未来的展望、美好的前景等。

"只有这样，才会有充实的生活，才会有灿烂的人生。"

"你这美丽的国土，我又回到了你的身边。"

（双手，手心向上，上区）

"欢呼吧，跳跃吧！我们成功了！"

"攀登吧，无限风光在险峰！"

（一只手，手心向上，上区）

2. 中区：肩部至腹部，表示记叙事物，说明事理。一般来说演讲者的心情比较平静。

"我早期的生活经历像流动的小溪，我在里边尽情玩耍。"

（一只手，手心向上，中区）

3. 下区：腰部以下，表示憎恶、不悦、卑屑、不齿的感觉。

"他这人太卑鄙了，无法和他相处。"

（一只手，手心向上，下区）

"这是很有诱惑力，不过，让它见鬼去吧！"

（单手，手心向下，下区）

四、手掌的运用

1. 手心向上，胳膊微曲，手掌稍向前伸，表示贡献，请求，承认，赞美，欢迎、诚实等意思。

"我想大家是能够做到的。"

（单手，掌心向上，中区）

"让我们奏起欢快的音乐——跳舞吧！"

（两只手，手心向上，中区）

2. 手心向下，胳膊微曲，手掌向前伸，表示神秘、压抑、否认、反对、制止、不愿意、不喜欢。

"愤怒的人们会把你从这里清扫出去！"

（双手，手心向上，下区）

"死一般的沉寂笼罩着下边。"

（单手，手心向下，中区）

3. 两手由合而分开，表示空虚、失望、分散、消极。

"一个人如果没有远大的理想，那他将一事无成。"

"我实在没有办法。"

（手心向上，下区）

4. 两手由分而合，表示团结、亲密、联合、会面、接洽、积极。

"为了一个共同的目标，我们走到一起来了。"

"我们要团结起来，把这个工作做好。"

5. 手掌上竖，指尖向上表示制止，也可表示强烈的感情。

"别做傻事。"

（单掌上竖，中区）

"唱吧，这是块自由的土地！"

（单掌上竖，上区）

"他们欢呼：胜利了，胜利了，胜利了！"

（双掌上竖，摇动，上区）

五、拳的运用

用得少，表示愤怒、破坏、决心、警告等，非到感情剧烈时，一般不要用，也不可多用。

"这个仇，我们一定要报。"

"我们是最棒的！"

"我们一定能够突破恐惧，树立自信，走向成功！"

（单手握拳，立于胸前，上区）

六、注意事项

1. 适合：一是内容与形式要适合，说的意思要与动作所表示的意义要相适；二是多少要适合，着重表达的要用，可要可不要的一般不用。

2. 简练：每一个手势，力求简单、精练、清楚。

3. 自然、协调：声音、姿势、表情要密切配合，大方得体，不矫揉造作。

4. 一般情况下边走边做手势不行，做完了之后才走动。

5. 手势的起落和话音的出没要同时进行。

七、面部表情

店小二的特点：脸笑、嘴快、脚勤。笑脸开店，顾客盈门，生意兴隆。

张飞开店则不行，一脸凶相，说话吼声如雷，使人心惊胆寒，惧而远之。演讲也如此，有的面部表情清淡如水，看不出喜怒哀乐，似乎已经麻木。

例如，讲到"同志们，当我听到中国女排荣获世界冠军时，再也抑制不住内心的激动，我欢呼，我歌唱，我跳跃"。这种情况下面部表情应该欣喜、激动。

再如，讲到"蒋筑英同志就这样和我们永别了，他的去世，使我们失去了一位好同志，也是我国光学事业的一个很大损失"。这时候要表现出哀伤和痛惜之情。

要注意训练自己情感的灵敏感，要能够迅速、敏捷地捕捉到文字中蕴含的情感，并将其投射到自己的内心深处，同时自然流露、反映在自己的面部表情上，和有声语言表达同时发生，并在适当的时机结束。

八、目光

视线向上，是思索，向下是忧伤，闭目表示悲悼。演讲的过程中要注意与听众做适当的目光交流，要时刻牢记你是在说给别人听，听众的反响如何？他们是否认可你的观点？坚定、真诚、自信的目光会增加听众对讲话者的好感，提高认同感，这一点非常重要。相反，无视听众的反应，目光游移、飘忽，或干脆谁都不理，自顾自讲下去，会给人缺乏自信的感觉，甚至令听众产生反感。

九、头

自然转动。高昂（感情积极）；低下（忧伤、怀念、叙述）。

"这，就是我们最崇高的志向！"（昂起）

十、脚

右脚稍微在前，左脚稍微在后，成 45 度夹角。

不能并立、平分式或稍息式。

今日训练

一、根据以下的语句提示，一边朗读，一边做出相应的动作。（可以对着镜子练习）

1. 真理、荣誉、正义是他的动机。（一只手，手心向上，中区）

2. 向所有的人宣布这一消息。（两只手，手心向上，中区）

3. 乐曲的音调越来越高。（一只手，手心向上，上区）

4. 伟大的人物也躺在他们倒下的地方。（一只手，手心向上，下区）

5. 高大的建筑物突然陷入地下。（两只手，手心向下，下区）

6. 仁慈的大声疾呼"和平，和平！"但是没有和平。（两手，手心向上，下区）

7. 月光洒落在树枝上。（一只手，手心向下，中区）

8. 沿着这寂静的小路，他快步走去。（一只手，手心向下，中区）

9. 风助火势，火乘风威，火苗越升越高。（单手，手心向上，上区）

10. 夜幕笼罩了群山。（手心向下，上区，单手）

11. 环绕他的四周，升起了无形的墙。（单手，手心）

12. 你这胆小鬼，走起来像条虫。（手心向下，下区）

13. 不要过分利用我的爱。（单手，手掌竖立，中区）

14. 年轻的朋友们，我们的事业是伟大的，我们的前途是光明的。（双手，手心向上，上区）

二、下面一篇文章，要求每位学员上台，用肢体语言把它表演出来，边讲边表演，同时允许有一定的创新。

很久以前，在一个原始森林里，有一条小河，小熊和妈妈住在河的一边，小熊姥姥住在小河的另一边。河上有一只独木桥。每天早上，小熊妈妈都要拿着一袋蜂蜜，渡过独木桥，到桥的另一边去给姥姥送蜂蜜。

这一天，小熊妈妈生病了。于是，小熊妈妈把小熊叫到床前，说："小熊啊，妈妈生病了，你也长大了，你今天一个人去帮姥姥送蜂蜜吧。"小熊高兴地说："好的，妈妈，你放心吧，我一个人能行。"于是小熊就拿着一袋蜂蜜去给姥姥送去。

小熊拿着蜂蜜来到了独木桥边，小熊一看，河流很急，河水很深，独木桥很窄，这怎么过去啊，以前都是妈妈带着我过去，这一次，我怎么敢过去呢？

小熊心虚了。这时来了一只小兔子，小熊就叫道："小兔，你带我过桥吧。"小兔说："这不很简单，你看我怎么过去啊，你就怎么过去。"于是小兔一蹦一跳地过去了。但是，小熊还是不敢过河，这时来了一只水牛，于是小熊又叫道："水牛伯伯，你带我过桥去。"水牛说："好吧，你看我过桥啊。"于是水牛"呼呼"地一步一步地过去了。

小熊还是不敢过去。这时，来了一只狐狸，狐狸闻到了蜂蜜的香味，于是说："小熊啊，我帮你过河去，你能不能分一点蜂蜜给我呢。"小熊犯愁了，心想，这是给姥姥送去的啊，可不能给他。于是说："你走开，我不要你带我过河。"于是狐狸灰溜溜地走开了。

这时，来了一只小花马，小熊说："小马哥哥，你带我过桥去。"小马说："好啊，你抓住我的尾巴就行了。可抓牢啊。"于是小马带着小熊一步一步走过桥去，边过桥，小马还边唱："妹妹你大胆地往前走啊，往前走，不回头……"

三、请三位同学一起上台，一位同学出题目（可以是成语，一个动作，或是一种动物），另一学员用肢体语言比划，另一学员猜想出是何种意思。再相互轮换。

四、老师出一些词语，写在纸条上，请任意一位学员上台，随意抽一张，然后表演，其他同学看他表演的是什么动作，再比较标准答案。

五、请同学上台来，讲述自己最喜欢的一个小故事，尽量多运用肢体语言来辅助表达。

六、每个学员从讲台右侧，依次上台，对大家进行问候，再从左侧下台。内容只讲三句话：各位同学，大家晚上好！我叫×××，来自××，希望能与大家成为好朋友（或其他×××）。谢谢各位！（下台）（注：上台前的目光交流、步伐、站立后的目光、表情、招呼

语、下台的步伐等等。同学间互相点评，并提醒不当的姿势）

七、对着镜子，练习自己的站姿是否挺拔（五点一线，头、肩、臀部、脚跟、小腿肚），目光是否坚定，表情是否自然放松。

八、课后练习（自信当众讲话的秘诀）。

从今日开始，尽量做到下列五点：

1. 你的讲话音量现在开始提高一倍以上。

2. 你走路的速度现在开始提高一倍以上。

3. 你现在开始注意抬头挺胸收腹，养成习惯。

4. 现在开始不管什么场合开会，有可能尽量坐在第一排。

5. 现在开始，不管参加什么学习、会议，争取第一个举手发言。

第四课　沟通技巧

当今社会，"沟通"已经成为一个人事业能否成功的重要因素。沟通包含了诸多方面，我们这里主要介绍"567"法则，让同学们在最短的时间内，能够掌握沟通的真正要领。沟通过程中，难免会遇到对方不满意，与对方争吵甚至令对方发火事情，这里有"五个灭火器"，请大家要牢记在心，善于利用"灭火器"，才能平息对方怒气，才能沟通到位，争取最好的解决办法，而互相争吵是没有作用的，只会使事情越来越糟。

五个"灭火器"

1. 立即承担错误

2. 勇于承担责任

3. 让他人尽情宣泄

4. 对他人表示同情、理解

5. 坦然接受最坏的结果

六把"安心剑"

第一剑：接纳真实自我

第二剑：接纳对方的真实现状

第三剑：表达信任和关注他人

第四剑：放弃改变他人的企图

第五剑：避免危险的词汇和事件

第六剑：模仿他人的语言和行为

模仿他人的情绪和面部表情。模仿他人的语调和语速。模仿他人的语言、文字。模仿他人的肢体语言。模仿他人的价值观。

沟通过程中，肯定认同技巧的"七大经典话术"，希望大家能够记下来、背下来，并充分地去应用。只要真正练好这七句话，可以说是无往而不胜。

"七大经典话术"

1. 你说得很有道理。

2. 我理解你的心情。

3. 我了解你的意思。

4. 感谢你的建议。

5. 我认同你的观点。

6. 你这个问题问得很好。

7. 我知道你这样做是为了我好。

今日训练

一、以"七大经典话术"为训练模式，每位同学上台，模拟客服人员，推销你公司生产的一种商品（可以是你熟悉的任何一种商品），先花一分钟时间介绍一下这种商品，下面的同学充当客户，给你提出各种尖锐的问题，看你如何接招应付？注意，每次都要先用上面的七句话术，来化解问题，然后用两三句话来解决问题。

二、请两位同学任选下列一组角色，上台模拟实际情况进行沟通，要求运用以上讲的"话术"排解问题。

1. 小王和同学们一起去饭店吃饭，结果发现菜里面有一只苍蝇，小王叫来了饭店经理，与之交涉，经理如何应对？

2. 小张下楼时，不小心踩了脾气非常暴躁的女同学小李一脚。小李非常生气，小张如何与之解释沟通？

3. 小周和小钱都是班级干部，学习成绩相当，工作表现差不多。这次评选优秀学生干部，老师推荐了小周。小钱不服气，找到老师，老师如何说服小钱？

4. 小强是班级中的才子，能写善画，可是性格保守、内向，不爱与人交往，小周作为系学生会主席，想说服小强加入学生会发挥自己所长。小周如何打动小强呢？

5. 学校对学生管理非常严格，上课迟到就要扣分。但是，小孙由于某种原因，今天又因为迟到被扣分了，他该如何向班主任老师解释？

6. 杨女士的儿子正在上小学，但非常迷恋打游戏机，经常逃课去网吧打游戏，学习成绩不断下降。杨女士决定和儿子沟通一下。她如何说服儿子呢？

7. 小高刚买了空调。正好有朋友来访，小高打开空调后发现不制冷，天气又很热，小高火冒三丈，打电话给厂家服务人员发火，厂方服务人员如何沟通？

8. 黄先生第一次去见恋人陈小姐的岳父母，并请他们吃饭，但自己因为路上塞车，晚到了整整一小时。陈小姐及其父母很不高兴。黄先生如何向他们做出解释？

9. 小刘看中一件早已非常喜欢的衣服，但是觉得价格有点儿贵，想压点儿价。老板也看出她想买，想卖个好价钱，怎样才能让小刘把钱爽快地掏出来买呢？

第五课　言之有物——如何讲故事

一、什么是言之无物？

我们平时讲话，经常觉得自己或别人的说话缺乏内容，显得空洞，不容易记住，听过就忘了，为什么呢？就是因为"言之无物"，显得干巴巴的。言之无物，给人的特点是：内容空泛，无实质性的东西，全篇空洞说教，使人昏昏欲睡；缺乏形象性，没有重点，听后容易忘记；不生动，没有强烈的时境感；没有真实感，举事例也会显得苍白无力。

二、"言之有物"的秘密

要做到"言之有物"，让自己的语言内容充实，我们必须记住下面的"5W"公式，经常运用"5W"，可以让自己的语言充满生气和活力。

When 什么时间（可以是真实的时间，如年月日；也可以是实指时间，如现在、此时、昨天、上个月、我小时候、读书时期、毕业期间、前不久；还可以是虚指时间，如很久以前、从前、在古代、有一天等）

Where 什么地点（具体地点，可以是大的区域，如国家、省份、地区；也可以是某个点，如房间、办公室、会议室、电影院等）

Who 什么人（物）（可以指人、物、某个东西、特定对象等）

What 什么事（具体发生的事件、情节）

Why 为什么（原因是什么、产生什么样的结果）

充分运用好"5W"公式，将使我们讲话，特别是讲故事，显得有声有色，极大地提高我们的口头表达能力。主要作用如下：

一是使故事本身更显得真实，事例更显得具有说服力。

二是富有情节，生动形象，更能吸引人。

三是让听众容易记住，且能回味无穷。

四是有利于我们整理思绪，边说边想"5W"公式，讲话就会有条理，不零乱，不颠三倒四，内容会完整，不丢三落四。

为什么有人讲话枯燥无味，有的人讲得生动活泼。有人说我知识积累不够啊！那为什么一个五岁小孩子都能滔滔不绝地说话，我们不能呢？小孩子讲的都是些什么话？讲大道理？小孩子大都在讲故事：这个小朋友怎么样了，那个阿姨怎么样了，小孩子在讲事例。所以滔滔不绝讲话的公式就是：评述性语言＋事例＋评述性语言＋事例。

举例：我们讲体育活动。如果只讲评述语言：打羽毛球对身体有好处，可以增加身体的灵活性，打网球可以增强你的耐力，讲讲就没话说了，一定要加事例。例如，打羽毛球对身体有好处，可以增加身体的灵活性，我以前体重 80 公斤、很笨。有一天我去一个朋友那儿，他特别爱打羽毛球……这样讲三天也讲不完。

三、让故事听起来更精彩

让故事听起来更精彩就要在两个方面下功夫。

（一）内容上

首先，利用"五W"公式对事例在内容上进行艺术性的加工。例如，某地，考古现场，一座王妃的墓葬，两具骸骨紧紧拥在一起，无法分开。根据以上元素编写一个完整的爱情故事。

要利用"五W"公式来编写。

Who 何人：柳妃、父母、初恋情人、老师、萧生、帝王。

When 何时：幼年、少女时代、走入宫廷、母仪天下。

Where 何地：家乡、都城。

What 何事：幼年的经历、少时的故事、第一次相见的经过、怎样入宫、如何走向权力顶峰、香消玉殒。

Why 何因：为什么会相遇、为什么要入宫、为什么会有这样的结局。

其次，故事演讲的魔术公式：事例（80％）＋寓意（10％）＋建议（10％）。

在有限的时间内用最简练的语言把要说的意思表达出来，从心理学上讲，人的注意力在十分钟时间内最集中，兴趣最高，高水平的演讲者在组织内容时，会每十分钟加入一个高潮点。

请同学谈谈你去过的某一个著名景区给你留下的印象，限时三分钟。

聪明的办法是：选取某一个印象重点讲，三分钟之内你不可能每一个景点都讲到。

（二）表现形式上

怎样演绎故事。

1. 定准基调、符合主题

一是声音的基调，就像唱歌一样，你要起多高的调子；二是内容的基调，根据具体的内容来定调，婚礼祝词和追悼会悼词绝对不会一样。（举例：怎样朗读《囚歌》。举例：颁奖稿念成追悼会的语气）

2. 肢体语言、绘声绘色

利用目光、表情、肢体语言夸张练习。有些故事如果不用态势语言配合表达很难出效果。

举例：请同学上台讲故事——《四个学生吃薯条》。

老师怀疑四个学生抽烟，测试他们，第一个用两个手指夹薯条；第二个把薯条放入嘴中后，乱拍口袋找打火机，老师马上拿出一个打火机打火，这家伙把嘴凑上去，一边说谢谢；第三个一不小心酱蘸多了，俩手指捏着薯条弹，就像弹烟灰；到第四个时，老师说：有三个学生已被我查出来抽烟，被叫到外面去了，你给他们带点薯条吧，这个学生拿起薯条就往耳朵上夹。四个家伙在外面罚站，还一边吃薯条一边在讨论：你说老师怎么知道我们抽烟呢？这时老师一声咳嗽，"老师来了"，这四个家伙一起把薯条扔在地上，伸腿乱踩。

3. 保留对话，进入角色

对话具有仿真性，把人物的神态演示出来，纯粹描述性的语言表达人物不丰满，在讲时多用直接引语，少用间接引语。

故事 1

医生：你是不是觉得呼吸非常困难？病人：是的，一呼吸就特别疼。医生：告诉你一个好消息，再过两个月你就不疼了。病人：为什么？医生：因为再过两个月你就不用呼吸了。

故事 2

护士：你在给谁写信啊？神经病：写给我自己。护士：那你写了什么内容呢？神经病：你神经病啊！我还没收到，我怎么知道内容呢？

故事 3

理查德先生：小约翰，你可以去帮我买支冰棒吗？约翰：不。理查德：我可以给你一个先令，可以买两支，其中一支是你的。怎么样？约翰：好的。（过了一会儿，小约翰跑回来了，嘴里含着半支冰棒。）约翰：唔，给，先生，这是找您的零钱。理查德：我的冰棒呢？

约翰：没了。唔，阿姨说，就剩我这一支了。

以上故事如果用纯叙述性语言来讲，就不会那么生动了。

4. 声情并茂、抑扬顿挫

同学们都有过这样的感觉，个别的老师讲课始终都是一个调，听一会儿就想睡觉，当众讲话这样可不行，必须要抑扬顿挫。

重音

在一个乌漆墨黑的夜晚，有一个人在一条寂静的胡同里走着。忽然（重音），前面飘来一个蒙着面纱穿着白色（稍重音）衣服的人。他吓（重音）了一跳：这三更半夜的，蒙着面纱，还飘忽不定的，这不是存心吓人吗？但是他又不敢问那个人，就赶紧走过去了。走过去之后，他又想回头看看那个人到底是什么样子的，但他又怕回头看见鬼怎么办，于是他就强忍着没有回头去看。他这样走了不久，又遇见一个同样蒙着面纱的人，只是这个人穿的衣服颜色与第一个人不一样罢了。等那个人走过去后，他想看但还是没有勇气去看，但他走了不久又遇到一个蒙着面纱的人，这回等那个人走过去之后，他再也忍不住回头看了一眼。就是这一眼，让他后悔莫及。你们猜他看到了什么？

停顿

利用停顿抒发情感，控制节奏，调动听众的情绪。

接上面故事：他看到那个人背后写着两个字（停顿）：机会。有时候，机会就像是蒙着面沙的小偷，来的时候悄无声息，去的时候你损失惨重。

语调、节奏

当讲述好事情时，音量要适当加大，语速要适当加快，停顿相对缩短，（如"去年，我的业绩翻了两番，我被提升为经理，工资长了三级"，模仿如果用慢节奏会是什么效果）；而在讲述不幸的事情时，音量要适度降低，停顿稍加延长，语速相对放慢，节奏徐缓（我赔了100万元，还欠外债200万元，我的女朋友和我分手了，我所有的朋友都不理我了，我真想——）

5. 其他技巧

（1）适当提问，增加互动。例如，你们猜他看到了什么？

（2）补白不能太多，少于二层。

（3）用词造句尽量简单，口语化。

四、如何做到言之有趣——讲话过程中注意互动

经常运用一些提问、游戏等形式展开互动，使讲话生动活泼。

幽默，是言之有趣最直接最好的工具。言之有趣要求我们必须掌握一些幽默技巧，这需要在生活当中反复地揣摩、实践，更需要你不断地敞开自己的心胸，做一个开朗乐观的人。

另外，希望大家经常阅读幽默故事和小品，背诵一些诗词、格言、对联、歇后语等，积累素材。当我们头脑中有这些素材时，就可以随时拿来用，久而久之就能言之有趣了。

今日训练

一、每人讲一则故事，互相点评

注意：

1. "5W"技巧。

2. 声情并茂。

3. 保留对话。

4. 肢体语言。

5. 引申寓意。

二、常见的一些幽默的技巧

1. 巧用同音字、错别字。使语意发生转移，言此而指彼，令人捧腹。

苏东坡和佛印和尚在河边散步，看见一只狗在啃骨头，苏东坡说："狗啃河上（和尚）骨。"佛印答道："水流东坡诗（尸）。"

2. 运用比喻。

3. 运用歇后语、顺口溜。

4. 运用对比法。

5. 运用颠倒是非法。

6. 正话反说。例如，一个好朋友好长时间不见，如果发胖了，你说"你近来发福了"就不理想。如果换成"啊，你越来越苗条了！"反而具有强烈的幽默感。

7. 刻意夸张。

8. 大词小用。

例如，两个好朋友，不来往了，你可以说：我们断交了。如果后来和好如初，你可以说：我们恢复了外交关系。

9. 胡乱释义。

如甲、乙打架，甲咬下了乙的鼻子。县官审案。甲说鼻子不是他咬的，而是乙自己咬下的。县官说："鼻子比嘴巴高，怎么能够咬到？"甲说："他踩在凳子上咬下的。"这就是胡乱释义。

10. 叠加法。

三、课后练习

希望大家能够做到"6个10"：

背10句名人名言；记10句歇后语；讲10个故事、笑话；精研10篇经典的演讲稿；观看10次现场演讲；当众演讲或辩论10次。

第六课　言之有序——"黄金三点论"和"矛盾论"

我们在讲话中最常见的毛病就是，言之无序，具体表现就是：颠三倒四，丢三落四，前后矛盾，主次不分，没有重点，啰里啰唆，没有条理。

如果我们的讲话能够做到条理清晰，主次分明，重点突出，我们就已经成功了一半。好多同学经过一段时间锻炼以后，已经能讲了，在台上一讲七八分钟，还不愿下台，但却讲得不好，抓不住重点，没有条理。所以，我们一方面要突破敢讲，敢讲以后还要学会"会讲"，最终达到讲得精彩、讲得精练的水平。

如何做到讲话条理分明呢？最主要的就是我们的思维要清晰，要有逻辑性。这里介绍两种最常用的方法，一是"三点论"，二是"矛盾论"，大家运用这两种方法就能迅速理顺思维，组织语言。

"三点论"简单说就是把问题按照某种顺序分成三个方面或三个阶段、三个层次等来分别阐述；"矛盾论"简单说就是一分为二地看问题，从正反、内外、主客观等两个方面来对照论述。不管是"三点论"还是"矛盾论"，其目的就是快速地把一些理念有序地整理出来，使语言表达更清晰，更有条理，逻辑性强。

这两种方法用在即兴发言、撰写文章等方面都很有效，而且非常容易掌握。如果运用得当，可以让我们边想边讲、边讲边想，有助于我们组织语言，避免思维混乱的情况发生。

三点论，有很多例证，从这些例证中，我们能够体会"三点论"的普遍应用性。

例如，时间：过去、现在、未来；初期、中期、后期；第一个十年，第二个十年，第三个十年。

例如，地点：大陆、香港、台湾；家中、单位、市场；上、中、下。

例如，人物：自己、对方、第三者；买方、卖方、中间人；上司、自己、下级。

例如，事件：时间、地点、人物；起因、经过、结果；背景、内容、寓意。

其他方面：结果、因素、现象；生理、心理、情绪；准备、执行、检讨，等等。

矛盾论，也可叫作矛盾分析法，包括：一分为二看问题、普遍性与特殊性相结合、具体问题具体分析、坚持两点论和重点论的统一。矛盾分析法是我们认识事物、解决矛盾的根本方法，是马克思主义哲学上的原理。因篇幅所限，这里不作深入讨论，请大家课后参考相关资料。

关于"三点论"和"矛盾论"，这里介绍一些我们经常用的话术，大家可以记住，活学活用：

1. 我发表三点意见＿＿＿＿＿。
2. 我就三个方面谈一下自己的心得＿＿＿＿＿。
3. 我就产品、市场和服务三个方面进行阐述＿＿＿＿＿。
4. 我们的任务是分三步走：＿＿＿＿＿。
5. 我们目前有三个需重点解决的问题＿＿＿＿＿。
6. 事物的发展，内因决定外因，关于这件事＿＿＿＿＿。
7. 我认为这件事不能一概而论，应该具体问题具体分析＿＿＿＿＿。
8. 我们要辩证地看待这个问题＿＿＿＿＿。
9. 凡事都有正反两个方面，既要看到＿＿＿＿，又要看到＿＿＿＿。

今日训练

每人轮流上台就现在比较突出的某些现象发表你的见解，要求运用"三点论"和"矛盾论"的技巧。

第七课　终极挑战——即兴演讲

即兴演讲，指演讲者被眼前的事物、场面、情景所触发，临时兴之所至，当场发表的演讲。

即兴演讲最突出的特征是：毫无准备。演讲者必须快速展开思维，并以最快的速度找出恰当的语言来反映自己的思维。这就需要演讲者具备敏捷的思维能力和敏锐的语言感应能力。即兴演讲是锻炼思维和口语表达能力的最有效的演讲形式，也是难度最高的形式。

一、即兴演讲的特色

1. 篇幅短小精悍。即兴演讲是临时起兴，毫无准备，不容易长篇大论，一般都是要求尽可能在比较短的时间里阐明一个道理。另外，即兴演讲的场合多是生活中的一个场景，或答辩，或聚会，演讲者只是表达一下自己的心意和看法或者情感，因而不需要很长的篇幅。

2. 时境感强。即兴演讲现实性非常强，到什么山唱什么歌，什么场合说什么话，因而即兴演讲一定要切合现场的气氛，或严肃，或诙谐，或喜庆，或伤感等。时境感相当强烈。

3. 就事论事有感而发。即兴演讲必须从眼前的事、时、物、人中找出触发点，引出话题，然后再将心中的所思所想说出来，因而即兴演讲都是演讲者真实思想的流露，言为心声。

4. 形式自然灵活多变。即兴演讲形式灵活，可以采取多种形式，就事论事，或引发一个故事分享，或发表一段感言，或就某个问题进行辩论，或来一段即兴点评等，形式不限，只要有感而发能表达自己的某一种感受或是观点就行。

二、即兴演讲的技巧

1. 学会快速组合。即兴演讲因为现场没有充裕的时间去准备，因而必须尽快地选定主题，然后将平时积累的相关材料围绕主题，进行快速组合，甚至边讲边思考。

2. 学会抓触点。所谓触点，就是可以由此引发的事或物。即兴演讲需要因事起兴，找到了触点就找到了起兴的由头，就可以有话可说。先从由头慢慢地边思考边说下去，就容易打开思路。

3. 做到言简意赅。关键在于能够紧紧抓住主题，围绕主题选材，组织结构，争取做到言有尽而意无穷，令人回味。

今日训练

即兴演讲的训练方法，有两种：

一种是就某个词语进行即兴演讲。要求学生上台以后，下面的同学给他出一个词语作为题目，要求两秒钟之内要能够张口讲话。

关于词语的训练技巧，学生可以掌握下面的公式进行快速组合，边讲边思考：

宽度＋深度＋事例＋结论

宽度：事物的解释，包括种类、结构、颜色、功能等。（占15％）

深度：事物的原理、发展历程、前景等，也可以是象征意义、引申意义等。（占15％）

事例：结合自身的或是他人的相关事例来讲述，以便佐证要表述的内容。（占60％）

结论：用一句话来表述所要讲述的一个观点。（占10％）

事例是重点，因为只有事例才具有说服力，整个讲话内容才不会显得空洞，即兴演讲才有生气。

即兴演讲方法之二：散点连缀法训练。

散点连缀法即将几个表面上看似没有关联的，甚至毫不相干的景物、词语，通过一定的语言表达方式，巧妙地连缀起来，组合成一段话，表达一个完整的意思。

例如，校友、咖啡、遭遇，三个词语，可以即兴演讲组成如下一段话：

在一次校友会上，我们几个老同学聚在一起聊天，主人问我喝什么饮料，我说来杯咖啡吧，咖啡加点糖，甜中有苦，苦中有甜，二者混在一起有股令人回味无穷的滋味，我想这正好与我们这代人的经历遭遇相似，分别几年了，我们都已经走向了不同的岗位，回想起来，真是有苦有甜啊！

无论多么散的事物，只要我们认真研究他们之间的关系，给它一个恰当的思想，总能把它们结合起来，表达出一个观点。这种训练方式非常有效，同学们可以平时在生活中经常运用。

每名学生依次上台，下面的同学给他出三个毫不相干的词语，要求快速组合成一段话，并能表达出一个中心思想，如果能够引出一段有回味的故事更好。